行政法研究双書 30

公共制度設計の基礎理論

原田大樹 著

弘文堂

「行政法研究双書」刊行の辞

　日本国憲法のもとで、行政法学が新たな出発をしてから、六〇有余年になるが、その間の理論的研究の展開は極めて多彩なものがある。しかし、ときに指摘されるように、理論と実務の間に一定の乖離があることも認めなければならない。その意味で、現段階においては、蓄積された研究の成果をより一層実務に反映させることが重要であると思われる。そのことはまた、行政の現実を直視した研究がますます必要となることを意味するのである。

　「行政法研究双書」は、行政法学をめぐるこのような状況にかんがみ、理論と実務の懸け橋となることを企図し、理論的水準の高い、しかも、実務的見地からみても通用しうる著作の刊行を志すものである。もとより、そのことは、本双書の内容を当面の実用に役立つものに限定する趣旨ではない。むしろ、当座の実務上の要請には直接応えるものでなくとも、わが国の行政法の解釈上または立法上の基本的素材を提供する基礎的研究にも積極的に門戸を開いていくこととしたい。

塩　野　　　宏
園　部　逸　夫
原　田　尚　彦

はしがき

　行政法学はこれまで、国家の行政活動に対する規範的要請を探究してきた。それゆえ、その対象である国家が、一方では民営化等の進展によって、他方では政策実現過程のグローバル化によって、その地位や役割を変化させていることは、極めて深刻な理論的課題を行政法学に突きつけている。2000年に研究活動を開始してから、私の問題関心は一貫してこの点にあった。修士論文「福祉契約の行政法学的分析」（法政研究69巻4号（2003年）所収）および博士論文『自主規制の公法学的研究』（有斐閣・2007年）では、このうち民営化に代表される複線化の問題を主要な検討課題としていた。その後、2008年から2年間、ドイツ・コンスタンツ大学で在外研究の機会を得たことを契機に、国際自主規制を媒介項にして研究対象を政策実現過程のグローバル化をめぐる多層化の問題にも拡大した。本書は、複線化・多層化した政策実現空間における行政法学の新たな理論的フォーメーションを、制度設計論の観点から模索してきたこれまでの研究の中間的な総括を試みたものである。本書のライトモティーフについては、はじめに「本書の問題意識―『公共制度設計』とは何か」をご参照頂ければ幸いである。

　本書に収録された各論文を読み返してみると、多くの先生方との貴重な出会いが私の自由奔放な研究活動の基盤となっていることに改めて気づかされる。なかでも、指導教官である大橋洋一教授（九州大学名誉教授・学習院大学教授）との出会いなくしては、行政法学研究のおもしろさや楽しさを私が実感することは決してなかった。研究成果として今なお不十分であることは重々承知しているものの、本書を大橋洋一先生に謹呈させて頂き、今後の更なる研鑽を期すこととしたい。

　本書は、塩野宏先生のご推薦により、伝統ある行政法研究双書の30巻目として公刊されることとなった。日本の行政法学の伝統と革新を体現され、我々後進に常に研究者としてのあるべき姿を示してくださっている塩野先

生からのご推薦は、私にとってこの上ない喜びである。また、京都大学への移籍後間もない時期に本書が公刊できるのは、高木光先生、岡村忠生先生、仲野武志先生の多大なご助力とご支援があってのことである。さらに本書は、京都大学法学部百周年記念基金からの出版助成を受けて刊行されている。山本克己研究科長をはじめとする京都大学大学院法学研究科の先生方のご厚情に心より感謝申し上げたい。

　本書の基礎となっている研究は、科学研究費補助金（特別研究員奨励費）「福祉・介護・医療サービス供給に関する契約手法の行政法学的分析」（2002～2004年度）、同（若手研究（Ｂ））「自主規制の公法理論及び制度設計論に関する比較・実証研究」（2006～2007年度）、同「国際金融市場規制法における政策の形成・実施・執行過程に対する公法学的・動態的分析」（2010～2012年度）、JSPS科研費（基盤研究（Ｃ））「自由貿易体制の進展に対応する国内行政法理論の構築：公益事業と社会保障を中心として」（2013年度）の助成を受けたものである。また在外研究の際には、日本学術振興会海外特別研究員（研究課題名「国際機構・国家・自治組織間における政策・法規範効力調整ルールに関する公法学的研究」）として助成を得た。さらに、本書第１章は稲盛財団研究助成「グローバルな政策実現過程の成立条件と主権国家の統治機構への影響 ―原子力安全分野を素材として」（2012年度）の、本書第２章は経済産業省戦略的国際標準化推進事業「適合性評価の社会的役割と法的課題」（2011年度）および同省国際標準開発事業「自由貿易体制における適合性評価の法的位置づけ」（2012年度）の、本書第８章は公益信託山田学術研究奨励基金奨励金「不法行為法における行政法と民事法の役割分担 ―環境法・消費者法領域を中心として」（2011年度）の研究成果の一部でもある。大学と研究者を取り巻く環境が年々厳しくなるなか、こうした研究助成が得られたことに心より感謝申し上げるとともに、経済的に苦境にある若手研究者に対する支援制度が今後とも存続することを念じてやまない。

　また、寺本振透教授（九州大学）は、実務の鋭敏な感覚と学際的で広範な知見によって常に私に学問的刺激を与えてくださるとともに、本書の基

礎となっている諸論文の執筆中には研究環境の面でも手厚いご配慮を頂いた。研究環境を支えてくださった寺本教授と本田美穂さん（九州大学テクニカルスタッフ）にもこの場を借りて御礼申し上げたい。

　本書刊行のご提案を弘文堂の北川陽子さんから頂戴したのは、2013年夏のことであった。極めて短い作業期間であったにもかかわらず、本書の刊行に向けて迅速で緻密な作業を行ってくださったことに厚く御礼申し上げる次第である。最後に、興味関心の向くままに研究活動に没頭する私を常に支えてくれる両親にも、この場を借りて感謝の気持ちを伝えたい。

　　　2014年3月

原田　大樹

Dieses Buch, das der „Habilitationsschrift" im deutschen System entspricht, ist ein Teil der Ergebnisse unter Zugrundelegung meines Forschungsaufenthaltes als Gastwissenschaftler und JSPS‐Stipendiat an der Universität Konstanz von 2008 bis 2010. Ich bedanke mich herzlich für die Betreuung und wissenschaftliche Anregungen von Herrn Professor Dr. Hans Christian Röhl.

目　次

はしがき　*i*
初出一覧　*x*

はじめに　本書の問題意識―「公共制度設計」とは何か …………*1*
 I　公共制度設計論の理論的意義……*1*
 II　第I部「多元的システム論の構想」……*3*
 III　第II部「公共制度設計の基礎理論」……*4*

第I部　多元的システム論の構想

第1章　多元的システムにおける行政法学 ……………………*8*
 I　はじめに……*8*
 II　政策実現過程のグローバル化の現状……*9*
  1　地球環境保護　*9*
  2　国際金融市場規制　*12*
  3　原子力利用規制　*15*
  4　グローバルな政策実現過程の類型論的分析　*18*
 III　多元的システムにおける国家の役割……*25*
  1　国際化とグローバル化　*25*
  2　多元的システム―公共部門の複線化・多層化　*26*
  3　多元的システムにおける国家の役割　*28*
 IV　公法理論の段階的適用……*30*
  1　国際機構　*31*
  2　自治組織　*33*
 V　多元的法関係の動態的調整……*35*
  1　規範定立段階　*36*
  2　執行段階　*38*
 VI　多元的システムと行政法学……*41*
  1　公共部門の多層化の整序理念　*41*
  2　権力分立としての多層化構造　*43*
  3　多元的システムにおける制度設計論　*45*
 VII　おわりに……*47*

第2章　多元的システムにおける正統性概念 …………………………49
- I　はじめに……49
- II　適合性評価制度の社会的役割—強制・任意峻別論の相対化……52
    - 1　第三者認証の導入　53
    - 2　任意分野における適合性評価の他制度との結合　55
    - 3　適合性評価手続の共通化　56
- III　認定の質の確保—2つの正統性モデル……60
    - 1　適合性評価の質の確保の必要性　60
    - 2　市場競争による正統性—日本法　62
    - 3　法的規律による正統性—ドイツ法　65
- IV　多元的システムにおける正統性概念……71
    - 1　国家的任務としての認定作用　71
    - 2　正統性概念の動態的理解　75
    - 3　適合性評価における補完的正統化要素　80
- V　おわりに—適合性評価への法的アプローチ……91
    - 1　適合性評価の規律枠組　91
    - 2　適合性評価への法的アプローチ　92

第2章補論　国際的行政法の発展可能性
——書評：斎藤誠「グローバル化と行政法」 ………95
- I　はじめに……96
    - 1　グローバル化に対する行政法学の対応　96
    - 2　グローバル化に対応する分析枠組　98
- II　水平関係……100
    - 1　公法抵触法を論ずる意義　100
    - 2　具体的な類型論の展開　102
- III　垂直・協調関係……105
    - 1　開かれた国家　105
    - 2　開かれた正統性概念？　106
- IV　行政法総論改革……108
    - 1　行政法総論（一般行政法）の理論的意義　108
    - 2　具体的な理論構築の方向性　110
- V　おわりに……111

第3章　複線化への理論的対応 …………………………………………114
- I　はじめに—複線化への理論的対応……114
- II　民営化と再規制の概念……114
    - 1　民営化の概念と類型　114
    - 2　再規制の概念　117

III　再規制の手法―日本法の現状分析……117
　　　1　組織法的手法　117
　　　2　作用法的手法　120
　　　3　救済法的手法　123
　IV　日本法の課題……123
　　　1　日本法の現状に対する評価　123
　　　2　日本法の課題　124

第3章補論　行政法学から見た制度的契約論
　　　　　――書評：内田貴『制度的契約論』……………………130
　I　はじめに―制度的契約論の"衝撃"……130
　　　1　行政法学からの注目点　130
　　　2　本補論の課題　131
　II　行政法学のアイデンティティ……132
　　　1　政策実現志向の民法学　133
　　　2　リベラリズム民法学　134
　　　3　紛争解決志向の民法学　136
　III　民営化対応法への理論的アプローチ……139
　　　1　私行政法　139
　　　2　公共部門法論　140
　IV　おわりに……142

第4章　多層化への理論的対応 …………………………………143
　I　はじめに……143
　II　国際自主規制とその機能……145
　　　1　国際会計基準　145
　　　2　国際規格　154
　III　国際自主規制による公法理論改革……161
　　　1　国際自主規制と公法理論　161
　　　2　理論構築の模索　165
　IV　おわりに……170

第II部　公共制度設計の基礎理論

第5章　立法者制御の法理論 ……………………………………178
　I　はじめに……178
　II　制度設計への行政法学的アプローチ……180
　　　1　個別制度設計論に見る行政法学の評価基準　181

　　　　2　立法に対する行政法学の評価基準　*187*
　Ⅲ　立法の質の評価基準……*188*
　　　　1　立法の質の評価基準の類型　*190*
　　　　2　制度設計の思考過程と立法の質の評価基準　*198*
　Ⅳ　立法者制御の法理論……*200*
　　　　1　立法者制御の法理論の特色　*200*
　　　　2　立法者制御の法理論の課題　*202*
　Ⅴ　政策手法論の発展可能性……*212*
　　　　1　政策手法とその意義　*212*
　　　　2　規制的手法　*216*
　　　　3　給付的手法　*225*
　Ⅵ　おわりに……*233*

第5章補論　法秩序・行為形式・法関係
——書評：仲野武志『公権力の行使概念の研究』…*235*
　Ⅰ　はじめに……*235*
　Ⅱ　本書の構成と研究方法……*237*
　　　　1　本書の構成　*237*
　　　　2　研究方法上の特色　*238*
　Ⅲ　利害調整法としての行政法……*241*
　　　　1　「団体なき団体主義」——凝集利益に対する裁判上の保護　*241*
　　　　2　「参画＝不服申立て観」——行政手続と司法手続の関係　*245*
　Ⅳ　法秩序・行為形式・法関係……*247*
　　　　1　秩序構造を規律する行政行為　*248*
　　　　2　行政過程における権利・利益の類型論　*252*
　　　　3　法秩序・行為形式・法関係　*254*
　Ⅴ　おわりに……*256*

第6章　政策形成過程の構造化　……*257*
　Ⅰ　はじめに……*257*
　Ⅱ　政策実現手法と現代美術……*258*
　　　　1　文化行政法学の不存在？　*258*
　　　　2　現代美術の特性と政策実現手法　*260*
　Ⅲ　政策目的形成と現代美術……*265*
　　　　1　文化に対する国家の不作為義務？　*265*
　　　　2　現代美術の特性と政策目的形成　*268*
　Ⅳ　おわりに……*271*

第7章　財政への法的規律 …………273

Ⅰ　はじめに……273
Ⅱ　財政民主主義へのメタ・コントロール手法……274
　1　法律による実体的規律　274
　2　予算手続に対する規律　275
　3　部分最適化による規律　277
Ⅲ　財政民主主義へのメタ・コントロール手法の法的課題……278
Ⅳ　おわりに……280

第8章　政策実現過程の複線化 …………281

Ⅰ　はじめに……281
Ⅱ　集団的消費者利益の特質―保護法益……283
　1　消費者の保護されるべき「利益」　283
　2　事業者の違法・不法な「利益」　288
Ⅲ　集団的消費者利益の担い手―実現主体……290
　1　利益帰属主体と利益実現主体　290
　2　利益実現主体の組織と機能　292
　3　事業者団体による消費者利益保護の可能性　295
Ⅳ　集団的消費者利益の実現―実現手法……309
　1　利益代表資格の観点　309
　2　利益実現の実効性の観点　313
Ⅴ　おわりに……317

第9章　政策実現過程の多層化 …………319

Ⅰ　はじめに―政策基準の意義と特性……319
Ⅱ　政策基準の法形式……320
　1　法律・条約・条例　320
　2　行政基準・行政計画　327
　3　財政基準　330
　4　自主規制基準　332
Ⅲ　政策基準の手続ルール……334
　1　手続ルールの一般原則　334
　2　議会手続　335
　3　審議会手続　336
　4　意見公募手続　337
Ⅳ　政策基準の実体ルール……338
　1　実体ルールの一般原則　338
　2　政策基準定立における裁量　340
Ⅴ　具体例―千葉県障害者差別禁止条例……342

　　　　1　条例制定過程の特色　*343*
　　　　2　条例化の目的　*345*
　　　　3　具体的な制度設計方法　*346*
　　　　4　垂直的関係の調整方法　*349*

第10章　多元的システムにおける本質性理論 ……………………*351*
　　Ⅰ　はじめに……*351*
　　Ⅱ　行政上の規範の多元性……*352*
　　　　1　国際金融市場の規制枠組　*352*
　　　　2　国際機構レベルでの規範形成　*355*
　　　　3　国内レベルでの規範形成と執行　*360*
　　Ⅲ　本質性理論の終焉？……*363*
　　　　1　本質性理論から見た国際金融市場規制　*363*
　　　　2　国内議会の「本質的」決定？　*364*
　　　　3　国際機構の「正統性」？　*367*
　　Ⅳ　おわりに……*371*

事項索引　*374*

初 出 一 覧

第Ⅰ部　多元的システム論の構想

第1章　多元的システムにおける行政法学
- 「多元的システムにおける行政法学―日本法の観点から」新世代法政策学研究（北海道大学）6号（2010年）115-140頁
- 「政策実現過程のグローバル化と国民国家の将来」公法研究74号（2012年）87-99頁
- 「政策実現過程のグローバル化と公法理論」新世代法政策学研究（北海道大学）18号（2012年）241-266頁

第2章　多元的システムにおける正統性概念
- 「多元的システムにおける正統性概念―適合性評価を手がかりとして」行政法研究1号（2012年）49-81頁
- 「適合性評価の消費者保護機能」NBL985号（2012年）80-89頁

第2章補論　国際的行政法の発展可能性
- 「国際的行政法の発展可能性―グローバル化の中の行政法(1)」自治研究88巻12号（2012年）80-100頁

第3章　複線化への理論的対応
- 「民営化と再規制―日本法の現状と課題」法律時報80巻10号（2008年）54-60頁

第3章補論　行政法学から見た制度的契約論
- 「行政法学から見た制度的契約論」北大法学論集（北海道大学）59巻1号（2008年）408-395頁

第4章　多層化への理論的対応
- 「国際自主規制と公法理論」法政研究（九州大学）75巻1号（2008年）1-28頁
- 「国際会計基準採用の法的課題」ジュリスト1380号（2009年）2-7頁
- 「TPP時代の行政法学―政策基準の国際的平準化を手がかりとして」ジュリスト1443号（2012年）54-60頁

第Ⅱ部　公共制度設計の基礎理論

第5章　立法者制御の法理論
- 「立法者制御の法理論―政策決定の「質」向上のための一試論」新世代法政策学研究（北海道大学）7号（2010年）109-147頁

- 「政策実施の手法」大橋洋一編『政策実施』（ミネルヴァ書房・2010年）53-75頁

第5章補論　法秩序・行為形式・法関係
- 「法秩序・行為形式・法関係――書評・仲野武志著『公権力の行使概念の研究』」法政研究（九州大学）74巻3号（2007年）661-682頁

第6章　政策形成過程の構造化
- 「現代美術と行政法学」現代民事判例研究会編『民事判例Ⅲ――2011年前期』（日本評論社・2011年）128-135頁

第7章　財政への法的規律
- 「財政民主主義へのメタ・コントロールとその法的課題」行政法研究1号（2012年）126-133頁

第8章　政策実現過程の複線化
- 「自主規制の制度設計――貸金業規制を中心として」法政研究（九州大学）74巻4号（2008年）817-840頁
- 「集団的消費者利益の実現と行政法の役割――不法行為法との役割分担を中心として」現代消費者法12号（2011年）17-29頁
- 「集団的消費者利益の実現と行政法の役割」消費者法4号（2012年）12-17頁

第9章　政策実現過程の多層化
- 「政策の基準」大橋洋一編『政策実施』（ミネルヴァ書房・2010年）77-98頁
- 「障害者差別禁止」条例政策研究会編（北村喜宣編集代表）『行政課題別条例実務の要点』（第一法規・1998［2007］年）3121-3144頁

第10章　多元的システムにおける本質性理論
- 「本質性理論の終焉？――国際金融市場規制を素材として」新世代法政策学研究（北海道大学）11号（2011年）259-282頁

はじめに

本書の問題意識──「公共制度設計」とは何か

I 公共制度設計論の理論的意義

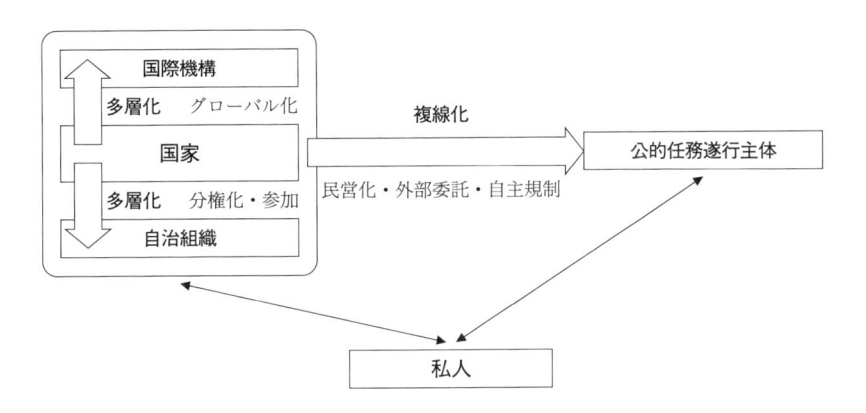

```
┌─────────────────────┐
│     国際機構         │
│ ↑ 多層化  グローバル化 │    複線化
│     国家            │ ─────────────→ 公的任務遂行主体
│ ↓ 多層化  分権化・参加 │  民営化・外部委託・自主規制
│     自治組織         │
└─────────────────────┘
                ↖            ↗
                   私 人
```

　日本の行政法学の過去30年にわたる新たな理論的潮流として、国家以外の公的任務の担い手への注目と、制度設計論の重視を挙げることができる。
　第1の潮流は、民営化論への理論的対応に起源を持つ。日本でもドイツでも、行政法学の成立から現在に至るまで、国家だけが公的任務の唯一の担い手であったわけではない。しかし、行政法学の理論化の際に国家と私人の二元的な図式が選択されたため、公的任務を非国家主体が担う場合であっても、理論的にはこれを例外的な現象と見て、非国家主体を国家の側に包含させる方法が取られた。しかし、民営化に代表される公的任務の私的主体への拡散（以下「複線化」という）は、質的・量的に見てこのような理論的対応を困難とするさまざまな具体例を生じさせた。さらに、日本の行政法学において1970年代以降有力化した方法論としての公法・私法二元

論の弱体化は、権力的作用を指標とする行政法学の考察領域の確定を見直す契機になった。これによって行政法学は、権力的作用に限らず非国家主体が担う作用の全般を視野に収めることができるようになった反面、これらを行政法学固有の方法で理論的にどう位置づければよいのかという解決困難な問題が生ずることになった。加えて、21世紀に入って顕在化した政策実現過程のグローバル化の問題は、こうした図式に国際機構・国際民間組織への公的任務の拡散（以下「多層化」という）という新たな要素を突きつけるものとなった。

　第2の潮流は、行政訴訟を念頭に置いて議論の構築を図ってきたそれまでの行政法学に対して、法学的方法論の限界を指摘し、行政実務の実態分析や生理現象としての行政作用により注目すべきとの理論的提言がなされたことを契機とする。行政実務の中で重要な役割を果たしていながらそれまで法律学からの分析が十分に及んでいなかった行政指導や行政規則にも光が当てられ、またそのような知見を前提に、行政行為以外の行政の行為形式にも注目する行政過程論が、行政法学における標準的なフォーメーションとなった。この行政過程論は、法制度を設計する場合にどのような行政上の手法が用いられるべきかという制度設計論とも親和的であり、行政学や経済学などの政策科学との学際的な交流が可能な議論領域が誕生することとなった。

　本書は、この2つの理論的潮流を接続し、公的任務が国家以外の主体によっても担われる多元的システムのもとでの行政法学の理論的基礎を、主として制度設計論の観点から提示することを目的とする。第Ⅰ部「多元的システム論の構想」は、公的任務遂行の複線化・多層化の現状や、これに対する公法理論の対応可能性を、ドイツ法（EU法）やアメリカ法との比較法研究の成果も踏まえて展開するものである。また第Ⅱ部「公共制度設計の基礎理論」は、多元的システムのもとでの法制度設計論を、政策実現過程においてどのように構築すべきかを、具体的な政策課題を踏まえて検討している。本書のもとになっている論文は、2007年から2012年までの6年間に公表したものであり、それぞれ固有の執筆動機に基づいている。本書刊行に当たっては、これらを単に再録するのではなく、本書全体のコンセ

プトに対応させる形で類似の論点を扱っている論文を一本化し、また初出論文の際には必ずしも明確に示されていなかった論点を補充した。さらに、個別政策課題に関する議論を2014年時点にまでアップデートさせ、引用文献についても初出時以後に発表された興味深い論攷を積極的に追加している。ただし、書評を内容とする3本の論文（斎藤誠「グローバル化と行政法」、内田貴『制度的契約論』、仲野武志『公権力の行使概念の研究』に対する書評）についてはその性格上、初出時の構成・内容を維持し、章（第2章・第3章・第5章）に付属する「補論」という形式を取った。本書の具体的な構成は以下の通りである。

II 第Ⅰ部「多元的システム論の構想」

第1章「多元的システムにおける行政法学」では、国家作用が私的主体へと拡散し（複線化）、政策実現過程がグローバル化する（多層化）現状のもとで、公法学にはどのような理論的課題が突きつけられているのか、またそれに対してどのような理論的対応が考えられるかを示す。本書の問題意識を示すとともに、その理論的解決策の方向性をも提示する本書全体の総論としての意義を有する章である。

多元的システム論が直面する最大の課題は、行政作用（社会管理作用）の決定や執行の担い手に、伝統的な意味での民主政的正統化がなされていない点である。この問題が最も先鋭化する具体例である適合性評価を素材に、民事法・国際私法の議論状況も参照しながら、正統性概念の再構築を図ることに取り組んだのが、第2章「多元的システムにおける正統性概念」である。本書の立場は、正統性と正統化の概念を区別し、正統性を幅広く捉えた上で、伝統的な民主政的正統化以外の補完的要素による正統化を条件つきで認めるものである（開かれた正統性概念）。

多元的システムに対する行政法学の理論的対応は、民営化に代表される複線化の場面と、政策実現過程のグローバル化の場面とでやや異なる。第3章「複線化への理論的対応」では、現在日本法で採られている民営化に対する再規制の法技術を確認し、立法者の規律責務の観点から、複線化へ

の理論的対応の今後の方向性を検討する。

　これに対して、政策実現過程のグローバル化への理論的対応は、ドイツ(EU)においてもアメリカにおいても、緒に就いたばかりである。第4章「多層化への理論的対応」では、ドイツの国際的行政法 (Internationales Verwaltungsrecht) 論や、アメリカのグローバル行政法 (global administrative law) 論の動向も踏まえ、わが国の公法学がこの問題に対応する方向性を示すこととしたい。

III　第II部「公共制度設計の基礎理論」

　第5章「立法者制御の法理論」は、制度設計論としての行政法学がいかなる方法で法政策学に寄与できるかを明らかにすることを目的としている。行政法学の制度設計論への注目は、行政法学に新たな議論の場を創出し、学際的なアプローチから新たな知見がもたらされた。他方で、行政法学が他の政策科学(とりわけ経済学)との関係で、どのような点において独自性のある寄与をなしうるのかは、なお明らかではない。そこで、法律学から制度設計論を展開する場合の基礎的な考え方や評価軸を示すのが、本章の課題である。

　制度設計論としての行政法学においては、政策目的は立法者が明確に決定しており、これを実現するのに最も適切・有効な手段を選択する判断基準として行政法学の知見が参照されることが、通常は想定されている。しかし現実には、政策目的は立法段階においてもなお明確化されず、また政策手段との相関性の中で目的が形成されることもしばしばある。さらに、政策課題によっては、政策目的を明確に設定することが上位規範(とりわけ憲法)との関係で控えられることもある。こうした問題状況においても行政法学は、政策形成過程をメタ・レベルで構造化することによって、制度設計に一定程度の寄与をなしうる。第6章「政策形成過程の構造化」では、文化・芸術政策を素材に、この局面における行政法学の寄与可能性を検討する。

　制度設計論としての行政法学による政策形成へのメタ・コントロールの

もう1つの局面が、「財政」問題である。行政法学においては従来、経済的手法の議論の中で、財政との関係が断片的には議論されてきた。しかし、政策実現を枠づけ、制約する要素としての財政という見方は、これまで正面から取り上げられてこなかった。さらに、国家財政を健全化するために近時試みられているさまざまな法的規律をどのように行政法理論上評価するかについても、議論の蓄積は少ない。そこで第7章「財政への法的規律」では、制度設計論と財政との関係について考察することとする。

　ある政策目的を実現するために非国家主体を取り込むことは、これまでも幅広く行われてきた。伝統的には、業界団体に一定の業務を行わせる方式が支配的であったものの、最近は消費者団体などに訴権を付与する方式が模索されつつある。そこで第8章「政策実現過程の複線化」では、消費者行政における団体の役割・機能に注目し、その行政法学的な意義を明らかにする。

　多層化した政策実現過程においては、多様な政策基準が用いられている。そこで、それらの政策基準の形成過程において政策調整を図ったり、政策基準が相互に矛盾する場合の効力調整を図ったりすることが、行政法学には求められることとなる。第9章「政策実現過程の多層化」においては、政策基準の多様化の現状と、これらを相互に調整するメカニズムについて検討することとする。

　制度設計論としての行政法学は、唯一の制度設計者として国家の立法者を想定していた。しかし、多元的システムのもとでは制度設計者は複数存在し、それぞれが独自の社会管理過程を形成すると同時に、それらが複雑に絡み合う構造が生み出されている。そこで、立法者の制度設計責任を強調する本質性理論に対しても、理論的な見直しが必要となる。第10章「多元的システムにおける本質性理論」では、国際金融市場規制を素材に、法律の留保の観点から多元的システムにおける制度設計論の議論を捉え直し、国際金融市場規制法の知見を行政法総論へ理論的にフィードバックする可能性を展望することとしたい。

第 I 部

多元的システム論の構想

第1章
多元的システムにおける行政法学

I　はじめに

　近代国民国家は、少なくとも理念上は領域内の公権力と公益実現を独占し、これと国民・市場・社会とを対置させるという構造が、わが国における公法学の思考の基礎となっていた。この理解を前提に、行政法学はその学問的対象を国家と定め、その国内における活動の特殊性を主として研究してきた[1]。しかし、市場のグローバル化や地球規模の問題への対応の必要性を背景に、国際協調の進展や国際基準の増大に代表される政策実現過程のグローバル化がさまざまな分野で進行している。行政活動が国境を越えて展開する現象そのものは確かに19世紀から存在しており、これを対象とする公法学からの研究も存在した[2]。これに対して現在進行している事態は、国民国家の存立そのものを脅かしつつあるところに大きな特色があるように思われる。このようなグローバルな政策形成・実現の過程が、日本国内の政策実現や公法学にどのような影響を与えるのかを分析することが、本章の目的である。なお本書においては、政策基準が定立されるまでの「政策形成過程」と、政策基準が個別に適用されて最終的に実現される「政策

---

1)　例えば、美濃部達吉『日本行政法上巻』（有斐閣・1936年）41頁は、行政法を「行政に関する国内公法」と定義する（同様の定義をするものとして、田中二郎『新版行政法上巻［全訂第2版］』（弘文堂・1974年）24頁）。

2)　代表的なものとして、Karl Neumeyer, Internationales Verwaltungsrecht Bd. 4, 1936; Harrop A. Freeman, *International Administrative Law*, 57 YALE L.J. 976, 978 (1948). 国家主権の側からこの問題にアプローチした重要な研究として、石川健治「国家・国民主権と多元化社会」樋口陽一編『講座憲法学2　主権と国際社会』（日本評論社・1994年）71-108頁。

実施過程」を包括する概念として「政策実現過程」という語を用いることとし、何が実現されるべき政策なのかは政策形成過程において決まるものと考える。また政策実現過程の「グローバル化」として本章が焦点を当てるのは、主として多国間の政策・法規範効力調整である。[3]

　本章では、具体的には以下の手順で考察を進める。まず、政策実現過程のグローバル化が顕著な具体例として、地球環境保護・国際金融市場規制・原子力利用規制の 3 つを取り上げ、その現状を提示する。そして、これら以外の法分野における現状も念頭に置きつつ、グローバルな政策形成・実施の過程を 3 つの類型に分け、そこに見られる公法学上の問題点を摘示する（II）。この作業から従来の公法学における「国際化」の議論と本章が問題にしている政策実現過程の「グローバル化」との問題状況の相違を明確化した上で、これに関係する公法学上の問題点を解決する考察枠組として「多元的システム論」を提示し、その中での国家の役割を検討する（III）。多元的システム論における具体的な検討課題は、国家のもとにこれまで蓄積されてきた公法法理を国家以外の公的任務遂行主体にも段階的に適用すること（IV）と、多様な主体の間での動態的な調整過程を規律する原則を提示すること（V）である。その上で最後に、多元的システムにおける行政法学のあり方を、制度設計論の発展可能性の観点から素描することとしたい（VI）。

II　政策実現過程のグローバル化の現状

1　地球環境保護
(1)　政策形成過程
①　地球環境保護における政策形成過程の特色としてしばしば指摘されるのが、枠組条約の多用である。枠組条約とは、条約自体には国家の一般的義務を定めるにとどめ、具体的な規制水準や方式については議定書などの

---

3)　行政学の観点からこうした諸事例を幅広く検討したものとして参照、城山英明『国際行政論』（有斐閣・2013年）。

形式で後に定める文書で決定する方式をいう[4]。1976年の地中海汚染防止条約（バルセロナ条約）で初めて導入され、1985年のオゾン層保護条約（モントリオール議定書）や1992年の気候変動枠組条約（京都議定書）など広範に用いられている。枠組条約は、一方では各国間の利害対立を吸収しあるいは科学的な証拠が不十分な場合にでも応急的な措置を採りうる手段として[5]、他方では条約締結後も締約国会議の場を通じて条約の目標を徐々に達成する政策形成の動態化の手段として機能している[6]。

② 地球環境条約は締約国に対して何らかの義務を課していることが多い。日本国憲法のもとでは、条約は批准されれば国内法的にも法規範としての性格を有する（憲法98条2項）。しかし条約上の義務は国家を名宛人とし、それも実現手段を問わないいわゆる「結果の義務」を課していることが多い。そのため、実務上は「担保法」と呼ばれる条約の国内実施に必要な立法措置が執られるのが通例である[7]。例えば、有害廃棄物の越境移動を規制するために1989年に採択された「有害廃棄物の国境を越える移動及びその処分の規制に関するバーゼル条約」（バーゼル条約）を実施すべく、1992年に「特定有害廃棄物等の輸出入等の規制に関する法律」（バーゼル法）が制定されている[8]。担保法は条約と国内法規の抵触関係を解消し、条約実施組織や条約実施基準を明確化し、司法による解決も可能とする機能を有する[9]。

4） 兼原敦子「国際環境保護と国内法制の整備」法学教室161号（1994年）42-46（43）頁、西井正弘編『地球環境条約』（有斐閣・2005年）33頁〔西井正弘〕。
5） 久保はるか「国際環境条約の国内受容に関する一考察」甲南法学（甲南大学）48巻4号（2008年）631-702（664）頁。各国間の利害調整のために条約づくりでしばしば用いられる手法につき参照、高倉成男『知的財産法制と国際政策』（有斐閣・2001年）268-272頁。
6） 鶴田順「国際環境枠組条約における条約実践の動態過程」城山英明＝山本隆司編『融ける境 超える法5 環境と生命』（東京大学出版会・2005年）207-232（213）頁、北村喜宣「環境条約の国内実施―特集にあたって」論究ジュリスト7号（2013年）4-10（8）頁。
7） 北村喜宣「国際環境条約の国内的措置」横浜国際経済法学（横浜国立大学）2巻2号（1994年）89-122（96）頁、松田誠「実務としての条約締結手続」新世代法政策学研究（北海道大学）10号（2011年）301-330（314）頁。
8） 鶴田順「日本におけるバーゼル条約の実施とその課題」新世代法政策学研究（北海道大学）9号（2010年）105-127頁。
9） 小森光夫「条約の国内的効力と国内立法」村瀬信也＝奥脇直也編・山本草二先生古稀記念『国家管轄権』（勁草書房・1998年）541-571（556）頁。

(2) 政策実施過程

① 地球環境保護に関する国際法規範の実施に関しては、条約によって常設機関（条約事務局等）を設立し、そこに対して条約の実施措置等を報告することを加盟国に求め、常設機関がその内容を審査する報告審査制度が発達している（例：ワシントン条約・気候変動枠組条約）。また、国家責任や紛争解決手続といった伝統的な履行確保制度とは別に、条約実施機関が締約国の不遵守に対して協議を行い、非司法的な方法で遵守の促進を行う不遵守手続が発達している[10]。例えばワシントン条約では、事務局による助言→調査・警告・公開の通知→商業取引停止勧告という3段階の手続が予定され、履行監視への非政府組織の事務局に対する援助も機能している[11]。さらに、京都議定書のクリーン開発メカニズム（CDM：Clean Depelopment Mechanism）の実施に関しては、国連に設置されたCDM理事会が各国の行政機関を介在させずに認証排出削減量（CER：Certified Emission Reductions）の発行を行い、ここに民間主体である指定運営機関（DOE：Designated Operational Entity）が関与する制度が形成されている[12]。

② 地球環境条約の国内実施は、国内における担保法の立法とそれに基づく行政的な執行措置によって実現されることが通例である。しかし、条約の内容と担保法や行政による執行措置との整合性を確保することは容易ではない。例えばバーゼル条約に関しては、条約上の規制対象物質の確定を、締約国会議が定める附属書に委ねている。バーゼル法の規制対象もまた条約附属書に委ねられており（同法2条）、附属書改正の受諾の判断に国会が関与しない現状をも踏まえると、法治主義との緊張関係が指摘できる[13]。ま

---

10) 西村智朗「国際環境条約の実施をめぐる理論と現実」社会科学研究（東京大学）57巻1号（2005年）39-62（46）頁。
11) 西井編・前掲註4）412頁〔遠井朗子〕。NGOによる条約の履行監視の一般的意義につき参照、磯崎博司『国際環境法』（信山社・2000年）258-264頁。
12) Charlotte Kreuter-Kirchhof, Neue Kooperationsformen im Umweltvölkerrecht, 2005, S. 356ff.
13) 附属書の内容変更が国内法の規定に直接反映されると解釈する立場に立つと、この規定は動的参照（米丸恒治「『民』による権力行使」小林武他編『「民」による行政』（法律文化社・2005年）52-80（69）頁、山本隆司「日本における公私協働」稲葉馨＝亘理格編・藤田宙靖博士退職記念『行政法の思考様式』（青林書院・2008年）171-232（195）頁）を認めたことにな

たバーゼル法14条が規定する措置命令の要件には、条約にはない「人の健康又は生活環境に係る被害を防止するため特に必要があると認めるとき」という要素が含まれており、国内法化の際に加えられた比例原則的な考慮によって、条約が期待した水準の執行措置との齟齬が生じている。[14]

2　国際金融市場規制

(1)　政策形成過程

①　国際金融市場規制における政策形成過程の大きな特色は、条約等に基づき設立された国際法上の法人格を持つ組織ではない国際的組織体が政策形成の実質を担っていることにある。金融分野では、国際決済銀行のもとに設置されているバーゼル銀行監督委員会がさまざまな基準を定立しており、各国の中央銀行や金融規制当局の職員が関わっている。[15] 証券分野では証券監督者国際機構(IOSCO：International Organization of Securities Commissions)、保険分野では保険監督者国際機構(IAIS：International Association of Insurance Supervisors)が同様に国際基準の定立の場として機能しており、各国の規制当局の職員が参加している。これらの諸組織は、各国の行政機関の代表者がその権限の範囲内で相互協力を行う政府間行政連携機構(TRN：Transnational Regulatory Networks)と呼ばれている。[16] これらはインフォーマルな組織であるにもかかわらず、国際金融市場規制

　　る。これに対し、附属書の内容変更をわが国が受諾するかどうかの判断が外務省告示によってなされると考えれば(環境庁水質保全局廃棄物問題研究会編『バーゼル新法Q&A』(第一法規・1993年)54頁、島村健「国際環境条約の国内実施―バーゼル条約の場合」新世代法政策学研究(北海道大学)9号(2010年)139-164(144)頁)、国内における議会と行政の権限配分問題に帰革する。

14)　島村・前掲註13) 159頁。同「環境条約の国内実施―国内法の観点から」論究ジュリスト7号(2013年)80-89(84)頁は齟齬の要因を、「環境以外の政策的配慮」「規範的な逸脱要請(憲法や法の一般原則による限界設定)」「条約の動態性への対応」の3つに整理する。

15)　両者の関係につき、Enrico Leonardo Camilli, *Basel-Brussels One Way? The EU in the Legalization Process of Basel Soft Law,* in GLOBAL ADMINISTRATIVE LAW AND EU ADMINISTRATIVE LAW 323, 327 (Edoardo Chiti & Bernardo Giorgio Mattarella eds., 2011).

16)　Pierre-Hugues Verdier, *Transnational Regulatory Networks and their Limits,* 34 YALE J. INTL' L. 113, 118 (2009).

に対して極めて強い影響を与えるさまざまな政策基準（例：バーゼルⅢ・信用格付機関の基本行動規範・保険監督基本原則）を策定している。

② さらに、証券分野と関わりの深い企業会計基準に関しては、国際的な民間組織である国際会計基準審議会（IASB：International Accounting Standards Board）が国際会計基準（IFRS：International Financial Reporting Standards）を策定している。1999年に欧州連合（EU）が国際会計基準を域内で全面採用する方針を打ち出して以降、各国の会計基準を国際会計基準に近づけるコンバージェンス（convergence）が進み、現在では各国の国内会計基準を国際会計基準と一体化してしまうアドプション（adoption）に向けた動きまでも見られた[17]。これらの国際金融市場規制における国際的な諸基準は、国内においては行政基準や不確定概念を利用してほぼそのままの内容で受容されている。TRN や民間組織には十分な民主政的正統化がなされていないにもかかわらず、国内議会によるコントロールを受けない諸基準が国内の金融規制行政に大きな影響を与えている[18]。

(2) 政策実施過程

① 立地場所を簡単に変えられるにもかかわらず破綻すると国際的に甚大な影響を与える金融業の特色を前提とすると、国際金融市場規制の分野では国際的に規制水準を平準化する必要性が高い。しかし規制を執行するのはもっぱら各国の規制行政機関であって、国際的な規制執行組織は発達していない。それゆえ、国際金融市場規制においては各国間の執行協力が不可欠となる。証券規制に関しては IOSCO、保険規制に関しては IAIS が、そのための場としても機能している。例えば、国境を越える不正行為に対

---

17) 原田大樹「国際自主規制と公法理論」法政研究（九州大学）75巻1号（2008年）1-28（7）頁、同「国際会計基準採用の法的課題」ジュリスト1380号（2009年）2-7（3）頁［本書第4章参照］。
18) 原田大樹「本質性理論の終焉？」新世代法政策学研究（北海道大学）11号（2011年）259-282（269-270）頁［本書第10章参照］。立法で商法上の会計基準の特例を定めることはありうるものの、わが国ではこれまで謙抑的な立法実務が見られる。その背景には、商法のルールを尊重し、これに対する政策目的による逸脱を最小限にしようとする考慮や、会計基準設定主体がデュープロセスを経て根拠を示して決定したことを政治が覆すことへの慎重な姿勢があるという。この点につき参照、弥永真生「会計基準に対する民主主義的影響」同『会計基準と法』（中央経済社・2013年）145-183頁。

応するため、IOSCO は2002年に各国証券監督当局間の協議・協力及び情報交換に関する覚書 (Multi-MOU：Multilateral Memorandum of Understanding concerning Consultation and the Exchange of Information) を策定し、情報交換協力の範囲・手続・情報の取り扱いなどを定めている。2005年の IOSCO 総会においては加盟国に対して MOU への署名が促され、日本は2008年に署名している[19]。同様の MOU は IAIS でも策定されている[20]。銀行規制に関しては、バーゼル銀行監督委員会が1975年に策定したバーゼルコンコーダット (Basel Concordat) が国際的に活動する金融機関に対する監督活動の分担と執行協力に関する手続準則を定めている。さらに2008年には金融安定化フォーラム (FSF：Financial Stability Forum)[21] が、金融システム上重要な金融機関ごとに母国規制行政機関と主要ホスト国行政機関とが監督カレッジ (College of Supervisors) と呼ばれる監督グループを設立して情報共有を行うしくみを提案し[22]、同年の金融危機後に日本でも金融庁がみずほフィナンシャルグループなどに対して監督カレッジを設置した。

② 証券分野においては、政策実施の局面で自主規制が大きな役割を果たしている。証券市場に対しては監督行政機関と並んで証券取引所が自主規制を行っており、両者は相互補完の関係にある[23]。証券取引所は電子取引システム (ECN) との競争で以前ほどの収益を上げることができなくなっており、これを背景に取引所の国際的な再編と自主規制の越境が進行している[24]。他方で、国境を越える取引所の合併は国益を損なうとの危惧感も生じており、シンガポール取引所とオーストラリア証券取引所の合併計画やロンドン証券取引所 (LSE) とカナダのTMXグループとの合併計画が、2011

---

19) 水川明大「IOSCO・マルチ MOU（多国間情報交換枠組み）への署名について」月刊資本市場274号 (2008年) 55-66 (57) 頁。
20) 来住慎一「国際保険監督規制の現状と課題」共済と保険51巻9号 (2009年) 30-37 (36) 頁。
21) Peter Nobel, Internationale Standards im Finanzmarkt, in: Eugen Bucher u. a. (Hrsg.), Norm und Wirkung: FS Wolfgang Wiegand, 2005, S. 869-898, 879ff.
22) FINANCIAL STABILITY FORUM, REPORT OF THE FINANCIAL STABILITY FORUM ON ENHANCING MARKET AND INSTITUTIONAL RESILIENCE 41-42 (2008). 参照、佐藤隆文『金融行政の座標軸』（東洋経済新報社・2010年) 311頁。
23) 原田大樹『自主規制の公法学的研究』（有斐閣・2007年) 30、151頁。
24) 大崎貞和「証券取引所の競争と統合」法律時報81巻11号 (2009年) 22-27頁。

年に相次いで中止された。[25]

3 原子力利用規制
(1) 政策形成過程
① 原子力平和利用に関する国内法規範は国際的な規範と密接に結びついている。1953年のアイゼンハワー大統領国連総会演説を契機とする原子力平和利用のための国際機関設立構想は、1957年の国際原子力機関（IAEA）設立に結実した。当初想定されていた、世界の核物質を一元的に管理する機関としてのIAEAという構想は実現せず、[26]わが国にはアメリカ等との二国間の原子力協定に基づき、核燃料が供与されることとなった。この日米原子力安全協定の内容と原子力基本法に盛り込まれようとしていた民主・自主・公開の原則（同法2条）とが抵触するのではないかとの議論が原子力発電導入期の段階ですでに展開されていた。[27]1961年に制定された原子力損害の賠償に関する法律もまた、1957年の日英動力協定の締結時に、イギリス側が事故の際の免責条項を入れることを強く要求したことを契機としている。[28]日本は同時期に策定された原子力損害賠償に関するパリ条約やウィーン条約に加盟しなかったものの、これと類似の内容の法制度を持っている。[29]さらに、2001年の同時多発テロを受けて2005年に改正核物質防護条約が採択され、同年に国連で核テロリズム防止条約も採択された。日本は2007年に核テロリズム防止条約を批准し、「放射線を発散させて人の生命等に危険を生じさせる行為等の処罰に関する法律」を制定することで同条約の国内実施を行っている。[30]改正核物質防護条約については国内法上の効力をまだ生じていないものの、日本は改正条約と同水準の内容を持つ

---

25) 「ロンドン・カナダ証取　合併合意を撤回」日本経済新聞2011年6月30日夕刊。
26) 下山俊次「原子力」山本草二他『未来社会と法』（筑摩書房・1976年）413-560 (474) 頁。
27) 入江啓四郎「日米原子力協力協定」ジュリスト87号 (1955年) 15-21 (16) 頁、川上幸一『原子力の政治経済学』（平凡社・1974年）269頁。
28) 日本原子力産業会議編『日本の原子力(上)』（日本原子力産業会議・1971年）121頁。
29) 飯塚浩敏「原子力責任条約概観」『原子力損害賠償に係る法的枠組研究班報告書』（日本エネルギー法研究所・2007年）1-29 (6) 頁、原田大樹「行政法学から見た原子力損害賠償」法学論叢（京都大学）173巻1号 (2013年) 1-25 (3-4) 頁。
30) 金子智雄「核テロ防止条約の発効と日本の取組」防衛法研究33号 (2009年) 89-119 (97) 頁。

IAEAのガイドライン（INFCIRC/225/Rev. 4）に対応するように原子炉等規制法を2005年に改正している。[31]

② このように国際レベルでの政策形成が他の法分野に比べて強く見られる原子力法にあって、逆に国内での政策形成に優位性が認められるのが、原子力安全規制である。IAEA は1975年以降、原子力安全基準プログラムと呼ばれる安全指針を策定しているものの[32]、これらはあくまでも非拘束的な基準であって、どの程度実現させるかは各国の判断によるとされる[33]。また、1986年のチェルノブイリ原子力発電所事故を契機に1994年に原子力安全条約が採択されているものの、その性格は原子力安全の実現指針を示すのみで拘束的内容を持たない「インセンティブ条約」といわれている[34]。こうした特色の背景には、原子力安全は国家主権の問題であるとする理解が存在する[35]。2011年の福島第一原発事故を受けて IAEA が原子力安全条約を強化しようとする動きを見せた際にも、各国のこのような見解がこれに対するブレーキとして働いていた。

---

31) 戸田絢史「核物質防護に関する国際法制と国内適用」『エネルギー関係国際法制の国内適用例』（日本エネルギー法研究所・2008年）103-119（112）頁、斎藤誠「グローバル化と地方自治」自治研究87巻12号（2011年）19-33（25）頁。
32) その詳細につき参照、平野光將＝佐藤秀治「IAEA の国際安全基準に関する活動」日本原子力学会誌42巻10号（2000年）994-999頁、城山英明＝児矢野マリ「原子力の平和利用の安全に関する条約等の国内実施」論究ジュリスト7号（2013年）57-65（57-59）頁。
33) 原子力安全委員会監修『原子力安全10年のあゆみ』（原子力安全委員会設立10周年記念行事実行委員会・1988年）52頁、新井勉「核兵器不拡散条約（NPT）の将来と3S」日本原子力学会誌51巻12号（2009年）850-851（850）頁。また、谷口富裕「グローバル化に応えて自らのルネサンスを目指せ」エネルギーフォーラム57巻674号（2011年）28-31（30）頁は、この点に関する日本の消極的姿勢が目立つと批判していた。2012年に成立した原子力規制委員会設置法と国際的政策基準との関係につき参照、原田大樹「原子力規制委員会」日本エネルギー法研究所月報217号（2012年）1-3頁。
34) 山本草二「原子力安全をめぐる国際法と国内法の機能分化」『国際原子力安全・環境保護規制と国内法制の接点』（日本エネルギー法研究所・1997年）1-29（13）頁、斎藤誠「多国間条約の展開と国内行政法」『国際原子力利用法制の主要課題』（日本エネルギー法研究所・1998年）29-37（36）頁、川崎恭治＝久住涼子「原子力安全条約の現状と課題」高橋滋＝渡辺智之編『リスク・マネジメントと公共政策』（第一法規・2011年）187-208（195）頁。
35) I.セリン「国際的な安全基準と条約」原子力資料257号（1992年）6-10（8）頁。

(2) 政策実施過程

① 政策形成過程における国際レベルの役割が大きい原子力利用規制においては、政策実施過程においても国際レベル固有の執行手段が見られる。その１つは保障措置である。核物質の軍事転用を防止するため、核物質供与国はもともと二国間の原子力協定によって査察を行う方式を取っていた。この二国間協定に基づく査察は、やがて IAEA による核査察 (INFCIRC/66型) に吸収された。その後1970年の核兵器不拡散条約では締約国が保障措置を受諾することとされ、NPT 加盟国に対しては対象を拡大した包括的保障措置 (INFCIRC/153型) の査察がなされるようになった。この核査察は IAEA が直接各国の核関連施設に立入調査するものであり、日本は1977年に核不拡散条約に加入した際に IAEA と保障措置協定を結び、同時に原子炉等規制法を改正して、立入調査できる者に「国際原子力機関の指定する者」を加えている (同法68条13・14項)。もう１つは基金設置である。[36] 1997年に採択された原子力損害の補完的補償に関する条約 (CSC 条約) は、パリ条約・ウィーン条約と同様の原子力賠償責任に関する国際的なルールを定める一方で、大規模な原子力損害が発生した場合に一定額を超える損害の賠償を、加盟国の拠出金で賄われる基金から支出するしくみを持っている。[37] この条約はまだ発効していないものの、もし発効されれば、国連分担金の比率等に応じた拠出金支払義務が加盟国に生じ、事故発生時には基金からの支払いによって損害の一部が填補されることになる。

② 政策形成過程において国家主権の優位が主張される原子力安全規制の場面では、政策実施過程においても国内法上の執行措置が支配的である。具体的には、原子炉等規制法に基づく段階的安全規制 (原子炉設置許可→工事計画認可→使用前検査・保安規定認可→検査)[38] の中で、基準適合性が担保されることとなる。また日常的な点検については、事業者定期検査などの

---

36) 小林俊「国際保障措置の展開とその国内適用」『エネルギー関係国際法制の国内適用例』（日本エネルギー法研究所・2008年）83-102 (95) 頁。
37) 兼原敦子「原子力損害に関する国際法の近年の動向」『国際原子力利用法制の主要課題』（日本エネルギー法研究所・1998年）39-65 (49) 頁。
38) 髙橋滋『先端技術の行政法理』（岩波書店・1998年）80-116頁［初出1990年］、原子力安全委員会編『原子力安全白書（平成18年版）』（佐伯印刷・2007年）35頁。

自主規制が法制上も予定されている[39]。他方、原子力損害賠償の分野では、これらの条約は管轄裁判所の定めも置いていることから、日本が仮に原子力損害賠償関連条約に参加すれば、紛争解決の際には裁判所が大きな役割を果たすことになる。

4　グローバルな政策実現過程の類型論的分析

　先に示した3つの分野の具体例を踏まえ、以下ではグローバルな政策実現過程を公法学の関心に沿って3つのタイプに分けた上で、公法学上の問題点を整理することとしたい。第1は「国際レジーム」であり、多国間条約・国内法化・履行確保といった最もフォーマルな形式を取るものである。国際公法がこれまで最も注目していたのは、この類型である。第2は「国際ネットワーク」であり、行政上の国際約束・ガイドラインといったインフォーマルな政策実現手段が見られる。第3は「国際民事ルール」であり、これまでは公法学とは無縁と考えられ、もっぱら国際私法学が議論の対象としてきた類型である。

(1)　国際レジーム

　国際レジームとは、ある特定の分野における問題解決を目的として国際レベルで成立する規範群を指し、その履行のモニタリングのために設定される国際組織・手続・制度をも含む概念である。もとは国際政治学（国際関係論）の用語で[40]、一般国際法とは異なる独自の法規範・法制度が発達した貿易・通貨体制分析を典型例として国際法学にも受容された概念である[41]。本章では、国際公法・国際関係論とはやや異なる問題関心から、この概念をグローバルな政策実現過程の1つの類型として用いることとしたい[42]。

---

39)　片山正一郎「原子力安全規制・電力安全規制の新しい制度の整備」火力原子力発電55巻1号（2004年）4-18（6）頁。

40)　Stephen D. Krasner, *Structural Causes and Regime Consequences, in* INTERNATIONAL REGIMES 1, 3 (Stephen D. Krasner ed., 1983).

41)　Christian Tietje, Internationalisiertes Verwaltungshandeln, 2001, S. 161ff.; 山本吉宣『国際レジームとガバナンス』（有斐閣・2008年）35頁、同「国際社会の制度化」国際法外交雑誌109巻3号（2010年）391-420（394）頁、小森光夫「国際レジームと国内法制度のリンケージ」書斎の窓608号（2011年）27-33（29）頁。

42)　以上のような問題関心から、いわゆるプライベート・レジーム（山田高敬「多国間主義か

国際レジームに属する具体例としてしばしば言及されるのが、WTOに代表される自由貿易レジームである。その特色は、各国の利益とは別に観念される国際レベルにおける共通利益によってレジームの成立が基礎づけられ、これに基づく基本原則（例：最恵国待遇・内国民待遇・市場アクセス）から諸規則が派生するという段階構造が見られることである。そしてこの規範群の実効性を確保するために精緻で実効性の高い紛争処理システムが用意され、共通利益の侵害があれば具体的な権利侵害の存在なしにこれを利用することができる。本章が取り上げた具体例の中でこの類型に属するのは、地球環境保護と原子力利用規制（原子力損害賠償を除く）である。その特色を列挙すれば、組織法的には条約または議定書等に基づき設置され条約の履行確保を図るための国際機構（国際法上の法人格を有する場合もある）が存在し、作用法的には条約に基づき設定された条約派生法規範（二次法）定立過程により加盟国に対する法的義務が動態的に形成され、救済法的には条約違反状態を解消させる不遵守手続や紛争解決手続が発達している。

　グローバルな政策実現過程としての国際レジームが国内公法学に対して投げかけている問題点は、次の3点に整理できる。第1は、政策形成過程の自律性と動態性である。国内公法学が従来抱いてきた国際法規範、特に条約に対するイメージは、条約締結過程において国際法関係上の権利義務関係が確定され、その規範内容が批准等の手続を経て国内法に取り込まれ、あるいは国内法化されるという静態的なものであった。しかし国際レジームにおいては条約で定められている内容を具体化し、場合によっては追加・変更するという動態的な二次法定立過程が発達している。条約そのも

　ら私的レジームへ」日本国際政治学会編『日本の国際政治学2　国境なき国際政治』（有斐閣・2009年）57-74 (57) 頁）については、ここでは念頭に置かないこととする。
43)　小寺彰『WTO体制の法構造』（東京大学出版会・2000年）61-64頁［初出1997年］、最上敏樹『国際機構論［第2版］』（東京大学出版会・2006年）317-319頁。
44)　Jurij Daniel Aston, Sekundärgesetzgebung internationaler Organisationen zwischen mitgliedstaatlicher Souveränität und Gemeinschaftsdisziplin, 2005, S. 46f.; Claus Dieter Classen, Demokratische Legitimation im offenen Rechtsstaat, 2009, S. 79ff.
45)　Hans Christian Röhl, Internationale Standardsetzung, in: Christoph Möllers u. a. (Hrsg.), Internationales Verwaltungsrecht, 2007, S. 319-343, 322．締約国会議の合意後の

のと異なり、二次法の場合には加盟国の全会一致を必ずしも成立要件としておらず、そのため日本が同意していないのに政策基準の内容が変更される可能性が存在する。そしてもし国内法がその規律対象を条約の二次法と連動させる立法政策を採用したとすると、議会の関与なしに国内法規範の内容が変更されうることになる（例：バーゼル法）。第2は、独自の政策実施過程の形成である。伝統的には国際法規範は国家間の権利義務関係を規定するものであり、国際機構と個人とが直接的な法関係を形成することは想定されてこなかった[46]。しかし現在では、国家を介在させずに国際機構がその政策を自ら実施する場面が見られる（例：京都議定書のCDM、原子力平和利用の保障措置）。また国家を介在させる場面でも、国際機構による国際法規範遵守のための手続が整備されるに従い、国際法規範の国内法における実施の際の国家の判断余地は従前に比して縮小している。第3は、国際レジームによる政策実現の正統性である。国際レジームによる政策形成と実施が国内法や個人に対して与える影響が強まれば、国家の民主政過程や国家の権限行使との緊張関係が高まることになる。国際法で展開されている「立憲化」の議論や国内法レベルでの超国家組織への「主権委譲」[47]の議論は、その対応策の1つであろう。しかしこうした処理は連邦制とどのような点で異なるのか、そもそも、国際レベルに国内レベルと同内容の民主政的正統化が可能なのかは、なお明らかではない[49]。また国際レジームの

　　一定期間内に異議申立しなかった場合に批准手続を経ずに合意の効力が生じるopting-outにつき参照、髙村ゆかり「環境条約の国内実施―国際法の観点から」論究ジュリスト7号（2013年）71-79 (76) 頁。実務上の取り扱いにつき参照、北村喜宣他「鼎談『環境条約の国内実施』について」書斎の窓631号（2014年）30-42 (38) 頁［清水康弘発言］。

46)　Oliver Dörr, „Privatisierung" des Völkerrechts, JZ 2005, S. 905-916, 905f.

47)　篠田英朗「国境を超える立憲主義の可能性」阪口正二郎編『岩波講座・憲法5　グローバル化と憲法』（岩波書店・2007年）99-124 (102) 頁、石川健治「『国際憲法』再論」ジュリスト1387号（2009年）24-31 (30) 頁。また、憲法多元主義につき参照、近藤圭介「憲法多元主義」濱本正太郎＝興津征雄編『ヨーロッパという秩序』（勁草書房・2013年）5-29頁。

48)　フランスにつき、南野森「欧州統合と主権論」本郷法政紀要（東京大学）5号（1996年）239-274頁、ドイツにつき、齋藤正彰「部分憲法としてのEUの可能性」同『憲法と国際規律』（信山社・2012年）153-174頁［初出2010年］。また、欧州各国の議論の現状を緻密に分析したものとして、中村民雄＝山元一編『ヨーロッパ「憲法」の形成と各国憲法の変化』（信山社・2012年）。

49)　林知更「日本憲法学はEU憲法論から何を学べるか」比較法研究71号（2010年）94-107

成立を基礎づけるとされる共通利益は誰がどのような過程を経て認定するのか、国内公法学が前提としてきた国家が追求すべき「公益」とどう異なるのかもなお不透明である。

(2) 国際ネットワーク

国際ネットワークとは、ある特定の分野における共通の問題の解決を目指して国際法上のアクターではない諸主体（典型的には国家の行政機関）が取り結ぶ諸関係群であり、相互の調整を図るために設定される組織をも含む概念である。この概念も法学固有のものではなく、社会学や国際政治学におけるネットワーク概念を前提にしている[50]。

国際ネットワークの具体例は、国際金融市場における TRN（例：バーゼル銀行監督委員会・IOSCO・IAIS）や民間組織による国際自主規制である[51]。他にも環境分野における国際環境保護執行ネットワーク（INECE：International Network for Environmental Compliance and Enforcement）[52]や競争法における国際競争ネットワーク（ICN：International Competition Network）[53]などを挙げることができる。国際レジームと比較した国際ネットワークの特色は、そのインフォーマル性と分散性にある。まず政策形成過程については、国際法上の法人格を持たない組織に、国家の所管行政機関等の職員が集まり、正式な合意文書が出るまでは秘密裡に審議が進むことが多い。決定はコンセンサス方式で行われることが多く、合意文書そのものに国際法上の法的な効果が認められているわけではない[54]。次に政策実施過程については、執行を各国行政機関が担う構図になっており、合意文書について

---

(98)頁、同「ドイツにおけるヨーロッパ憲法論」中村＝山元編・前掲註48）177-207 (200)頁、同「連邦と憲法理論(上)(下)」法律時報84巻5号（2012年）99-105頁、6号66-74頁、須網隆夫「ヨーロッパにおける憲法多元主義」法律時報85巻11号（2013年）43-48頁。

50) ネットワーク概念につき参照、安田雪『ネットワーク分析』（新曜社・1997年）4-8頁。

51) 本文で挙げた以外の例として自動車安全の認証がある。参照、村上裕一「官民協働による社会管理」国家学会雑誌（東京大学）122巻9＝10号（2009年）1266-1330 (1282) 頁。

52) Kal Raustiala, *The Architecture of International Cooperation*, 43 Va. J. INT'L L. 1, 44 (2002).

53) Juliane Kokott, *Soft Law Standards under Public International Law, in* INTERNATIONAL STANDARDS AND THE LAW 15, 22 (Peter Nobel ed., 2005); 林秀弥「競争法分野における国際協力」名古屋大学法政論集（名古屋大学）250号（2013年）217-266 (245-253) 頁。

54) Verdier, *supra* note 16, at 118.

国際ネットワーク上の組織が不履行手続をとることは通常はない。国際ネットワークは各国行政機関間の執行協力から出発していることが多いため、政策実施過程は分散的になっている。

　グローバルな政策実現過程としての国際ネットワークが国内公法学に対して投げかけている問題点は、次の3点に整理できる。第1は、政策形成過程における民主性の欠如である。国際レベルにおいては政策内容形成に携わるのは行政機関の職員であって、その人的な民主政的正統化は極めて弱い。国際自主規制の場合には人的な正統性は全く存在しなくなる。その審議過程にも透明性や開放性が欠けており、国際レジームと比較しても民主性の欠如が目立つ。それでも国際レベルにおける政策基準に法規範性がなく、国内での政策形成を単に誘導する程度であれば問題は小さいかもしれない。しかし国際金融市場規制における TRN では、国際レベルの政策基準が国内においては不確定概念や行政基準を介して、立法府の判断を介在させずに流入している実態が見られるのである。第2は、政策実施過程に対する国際平準化圧力である。国際ネットワークは各国行政機関が分散的に執行するため、執行の場面では国内法規範に対する国際レベルからの影響はないように見える。しかし、執行協力体制を整備するために共通の行政上の法制度を準備する必要に迫られる場面も想定しうる。例えば、日本の金融庁が IOSCO の Multi-MOU に参加するに際しては IOSCO 審査グループによる審査が必要とされ、その際に行政手続で収集された証拠の刑事手続での使用を禁じた金融商品取引法189条4項が、Multi-MOU10（a）(ii) の刑事訴追そのものへの情報流用を認めた規定と抵触することが

---

55)　ただし IOSCO のように加盟国の履行状況を審査するインフォーマルな報告審査制度を持つ事例も存在する。See, Anne-Marie Slaughter, *Governing the Global Economy through Government Networks, in* THE ROLE OF LAW IN INTERNATIONAL POLITICS 177, 185 (Michael Byers ed. 2000).

56)　2008年の金融危機後の国際金融市場規制（詳細につき参照、藤田勉＝野﨑浩成『バーゼルIIIは日本の金融機関をどう変えるか』（日本経済新聞社・2011年）185-188頁、太田康夫『バーゼル敗戦　銀行規制をめぐる闘い』（日本経済新聞社・2011年）133-140、176-182頁）においては、交渉過程の閉鎖性に変化が見られるとの指摘がある。参照、氷見野良三「金融危機後における国際基準設定過程の変化とわが国の対応」日本国際経済法学会年報20号（2011年）54-68 (59)頁、渡部訓『バーゼルプロセス』（蒼天社・2012年）132-134頁。

問題視された。この例では日本側の主張が認められて、行政調査と刑事手続を峻別する日本法制は維持されたものの[57]、このような場面を通じて私人の権利保障のために日本法が維持・発展させてきた法理が国際平準化圧力を受けることが明瞭に示されているように思われる。第3は、責任の分散に伴う規範的コントロールの困難性である。国際ネットワークは国際レジームと違って規範群ではなく関係群であり、そこで形成されるルールの通用力は現実社会における事実に依拠している。また国際ネットワークは各国の外務省のコントロールが必ずしも十分に及んでいない所管行政機関職員や民間人が政策内容形成に携わるため、国際法規範の断片化（Fragmentierung）が危惧される国際レジーム[58]よりもさらに縦割化・閉鎖化が進行しやすい。こうした結果、民主的コントロールが及ばないままに事実のレベルでは意味の大きい諸ルールが決定され、国家の政策実施過程に流入する危険性が高いのである[59]。

(3) 国際民事ルール

国際民事ルールとは、一定の政策目的の実現のために国際法的な民事ルール（例：契約法・不法行為法）を設定し、そのエンフォースメントを各国の裁判所に担わせるものである。本章が取り上げた具体例の中では、原子力損害賠償条約がこれに該当する。他に、国際的な適合性評価に関する契約ルールの一部もこれに該当すると考えられる[60]。

従来、このタイプの国際法は国際私法の中で議論されてきた。これをあえて公法学の観点から取り上げる理由は、以下の3点にある。第1は、民事特別法が行政法システムと連携することにより規制遵守や自主規制を促進する可能性があることである[61]。民事ルールの政策実現手段としての側面

---

57) 水川・前掲註19) 59-62頁。同様の立法例として、関税法108条の2及び独占禁止法43条の2がある（独禁法の規定の制定経緯につき参照、林・前掲註53) 243-244頁）。
58) Rainer Wahl, Internationalisierung des Staates, in: Joachim Bohnert u. a. (Hrsg.), Verfassung-Philosphie-Kirche: FS Alexander Hollerbach, 2001, S. 193-222, 209; 奥脇直也「現代国際法と国際裁判の法機能」法学教室281号（2004年）29-37 (33)頁。
59) Christoph Möllers, Transnationale Behördenkooperation, ZaöRV 65 (2005), S. 351-389, 379.
60) 原田大樹「適合性評価の消費者保護機能」NBL985号（2012年）80-89頁［本書第2章参照］。
61) 原田・前掲註23) 193頁。

は、国内法のみならず国際法上も認められうると思われる。第2は、国際私法と共通の議論の場として抵触法という考え方に焦点を当てうることである。伝統的には「国際行政法」の概念は、国際的な行政上の権利義務関係が問題になった際にどちらの国の法律に基づいて処理するかを確定する抵触法と捉えられていた。今日ではおおむねこの考え方が否定されているものの、国際環境法など一部の分野ではこうした捉え方になお有用性が認められている。国際私法の議論と照らし合わせることによって、公法学における抵触法の議論を活性化させることは、政策実現手段としての民事ルールの機能的特性を評価する際にも有用と考えられる。第3は、国際的な政策基準の裁判所による実現という側面に着目しうることである。従来の国際公法学では、国際法規範が国内における立法措置なしに（主として裁判所で）適用される自動執行性の議論に注目が集まっていたものの、これと国内公法学の問題関心とは必ずしも整合してこなかった。そこで、国際法規範を国内の権力分立構造から見てどの機関がどのように実現するのが適切かという形で問題を立てる方が、国際公法・国内公法の双方からのア

---

62) 石黒一憲『国際私法［第2版］』（新世社・2007年）24頁、横溝大「抵触法の対象となる『法』に関する若干の考察」筑波ロー・ジャーナル（筑波大学）6号（2009年）3-30（7）頁。公法学の観点からの網羅的な検討として参照、斎藤誠「グローバル化と行政法」礒部力他編『行政法の新構想I　行政法の基礎理論』（有斐閣・2011年）339-374（349-361）頁。同論文の書評として、原田大樹「国際的行政法の発展可能性」自治研究88巻12号（2012年）80-100頁［本書第2章補論所収］、横溝大「行政法と抵触法」自治研究89巻1号2013年）128-141頁。
63) 山本草二「国際行政法の存立基盤」国際法外交雑誌67巻5号（1969年）529-594（531）頁。
64) Eberhard Schmidt-Aßmann, Die Herausforderung der Verwaltungsrechtswissenschaft durch die Internationalisierung der Verwaltungsbeziehungen, Der Staat 45 (2006), S. 315-338, 336; Claus Dieter Classen, Die Entwicklung eines Internationalen Verwaltungsrechts als Aufgabe der Rechtswissenschaft, VVDStRL 67 (2008), S. 365-412, 395ff.; Matthias Ruffert/Christian Walter, Institutionalisertes Völkerrecht, 2009, S. 220f.
65) Wolfgang Durner, Internationales Umweltverwaltungsrecht, in: Christoph Möllers u. a. (Hrsg.), Internationales Verwaltungsrecht, 2007, S. 121-164, 122f.; Andreas Fischer-Lescano, Transnationales Verwaltungsrecht, JZ 2008, S. 373-383, 375. 日本法との関係での検討を行ったものとして参照、児矢野マリ「『越境汚染』に対する法的枠組と日本」法学教室393号（2013年）32-41頁。
66) 岩沢雄司『条約の国内適用可能性』（有斐閣・1985年）、山本草二『国際法［新版］』（有斐閣・1994年）105-106頁、小寺彰『パラダイム国際法』（有斐閣・2004年）55-68頁。

プローチが行いやすいように思われる。また、最高審級の裁判所がすでに多層的・複線的に存在しているヨーロッパにおいては、裁判所間の判断の調整ルールをめぐる議論が始まっている。わが国においては同様の状況が生じるまでにはまだ至っていないものの、司法間調整という問題は今後議論されるべき公法学上の論点を多く含んでいるように思われる。

III 多元的システムにおける国家の役割

1 国際化とグローバル化

以上の分析を前提とすると、多国間における政策実現過程で現在進行している事態——本章にいう「グローバル化」——は、従来公法学がイメージしてきた「国際化」とは質的にやや異なっているのではないかとの印象を受ける。そこでここで改めて、政策実現過程のグローバル化がこれまでの国際化論とどのような点において異なるのかを、3点にわたり整理することとしたい。

第1に、グローバル化は単純な「市場化」ないし「市場の脱国家化」だけではなく、一定の政策実現過程の中での政策基準の国際レベルから国家レベルに向かっての統一の作用を含むものでもある。そこで公法学としては、グローバル・スタンダードを国家外で形成された所与のデファクト・スタンダードと考えるのではなく、その形成過程に対して常に警戒の眼差

---

67) 問題関心を共有する興味深い論攷として参照、中川丈久「行政法からみた自由権規約の国内実施」国際人権23号（2012年）65-75頁、村西良太「多国間の政策決定と議会留保」法政研究（九州大学）80巻1号（2013年）1-59頁。
68) Michael Nunner, Kooperation internationaler Gerichte, 2009; 浅野有紀「法のグローバル化における意思決定・自由・秩序」近畿大学法科大学院論集（近畿大学）5号（2009年）75-108 (104) 頁、伊藤洋一「ヨーロッパ法における多元的法秩序間の調整問題について」新世代法政策学研究（北海道大学）4号（2009年）93-117頁、小野昇平「国際司法裁判所判決の国内裁判所における法的効果に関する一考察(1)」法学（東北大学）74巻2号（2010年）107-178頁。
69) Christian Tietje, Die Staatsrechtslehre und die Veränderung ihres Gegenstandes, DVBl. 2003, S. 1081-1096, 1085; Georgios Dimitropoulos, Zertifizierung und Akkreditierung im Internationalen Verwaltungsverbund, 2012, S. 15.

しを向け続けることが肝要と思われる[70]。第2に、グローバル化はアクターの多元化を伴っている[71]。伝統的に公法学が念頭に置いてきた国際条約に基づく国際機関だけではなく、国際レジームの運営に大きな影響を与える国際法上の法人格なき条約実施機関、国際ネットワーク、さらに私的主体が多元的な公共管理空間の中で、一方では自律的に、他方では相互に結びつきながら活動している[72]。第3に、アクターの多元化がグローバルな公共空間における法規範の多元化をもたらしている。国際法規範と国内法規範との仲介者であった国家の役割は縮小し、派生法規範の定立によってその内容を動態的に変化させる国際レベルの規範に基づき、国家を経由せずに国際レベルの組織と個人との法関係を形成する場面が増大している[73]。また、国家を経由するとしても、議会を経由せずに行政基準などで国際レベルの規範が国内法に流入するケースが増えている。

2 多元的システム──公共部門の複線化・多層化

近代公法学は国家と私人の二元的な対立構造を理念上想定し、そこでは国家は領域内における公権力と公的任務遂行とを独占するものと位置づけられた。しかし現実には、上述のように、国家が独占しているはずの公的任務の遂行が、次の2つの方向で多元化してきている。第1は、民間セクターが公的任務の遂行を担う「複線化」である[74]。1970年代後半以降に世界規模で進行した民営化・外部委託は、ここに属する。またそれ以前から存

---

70) 具体的な検討として参照、原田大樹「TPP時代の行政法学」ジュリスト1443号 (2012年) 54-60頁 ［本書第4章参照］。
71) 浅野有紀「社会保障システムの再構想」ジュリスト1422号 (2011年) 58-66 (62)頁。
72) GRALF-PETER CALLIESS & PEER ZUMBANSEN, ROUGH CONSENSUS AND RUNNING CODE 143 (2010).
73) 「トランスナショナル」の概念が問題として摘出したのは、まさにこうした場面であった (PHILIP C. JESSUP, TRANSNATIONAL LAW 2 (1956))。他方で「トランスナショナル」は越境性に注目した概念であったため、抵触法的関心以外の公法学上の諸問題への感受性に乏しかったと批判されている (Jens Hofmann, Rechtsschutz und Haftung im Europäischen Verwaltungsverbund, 2004, S. 39ff.)。
74) この文脈における日本の実定法の現状を分析したものとして参照、原田大樹「民営化と再規制」法律時報80巻10号 (2008年) 54-60頁 ［本書第3章参照］。

在し、最近でもその事例が増加している自主規制も、この文脈に位置づけられる。第2は、公的任務の遂行が垂直的に分化する「多層化」である。経済のグローバル化の影響を受け、国際レベルにおける政策の決定や執行は、EUのような超国家組織が存在しない日本でも、従来とは比べものにならないほど増えてきている。また地方自治をはじめとする自治も、この問題群に属する。

ドイツにおけるMehrebenensystemの用語は、この問題のうち多層化、特にEUの活動を主として念頭に置いて、もともと政治学で使用され始めた概念である[75](ガバナンス論におけるマルチレベル・ガバナンス論に対応する)。しかし、国際レベルにおいては公的セクターと私的セクターの区分が明確ではなく(例:バーゼル銀行監督委員会)、また私的セクターが大きな役割を担っている事例も見られる(例:国際会計基準)。複線化と多層化の問題は多くの局面で相互に密接に結びついていることから[76]、本書ではこの双方の要素を含むものとして「多元的システム」の語を用いることとしたい。

この「多元的システム」という見方が、問題発見や現状の記述には資するとしても、規範論を展開するための概念としては適切ではないとの見方がある[77]。確かに多元的システムという概念は、それ自体が何らかの規範的

---

75) Christoph Möllers, Gewaltengliederung, 2005, S. 211; Ralph Alexander Lorz, Autonomie und Bindung der Rechtsetzung in gestuften Rechtsordnungen, DVBl. 2006, S. 1061-1069, 1061; Stefan Kadelbach, Autonomie und Bindung der Rechtsetzung in gestuften Rechtsordnungen, VVDStRL 66 (2007), S. 7-44, 11．EUの問題に限定すれば、EUを連邦制類似の法的構造として把握する立場に否定的な論者がこの概念を用いる傾向にある。しかし本章では、EUに対象を限定せず公共部門におけるさまざまな多層化を取り扱うことを意図しているため、この論争(詳細にはChristoph Schönberger, Die Europäische Union als Bund, AöR 129 (2004), S. 81-120)には立ち入らないこととする。

76) Kalypso Nicolaidis & Gregory Shaffer, *Transnational Mutual Recognition Regimes*, 68 -Aut LAW & CONTEMP. PROBS. 263, 273 (2005); Roberta S. Karmel & Claire R. Kelly, *The Hardening of Soft Law in Securities Regulation*, 34 BROOK. J. INT'L L. 883, 926 (2009). 公私協働の文脈からの言及として参照、山本・前掲註13) 194頁。地球温暖化対策を素材にこうした関係を鮮やかに描き出した業績として参照、島村健「自主的取組・協定」環境法政策学会編『気候変動をめぐる政策手法と国際協力』(商事法務・2010年) 11-34頁。

77) Dimitropoulos (Anm. 69), S. 37は、Mehrebenensystemのこうした弱点を踏まえ、法的議論においては協力義務と結合しうる「連携行政」(Verbundverwaltung)の概念を用いるべきとする。

意味を持つものではない。多元的システム論は行政過程論と同様に[78]、むしろ政策実現過程のグローバル化を把握するための分析視角を提示するものであり、その中で生じる法的な課題を議論するためのフォーラムとして位置づけられるものである。例えば、このようなものの見方を採用すれば、上位層で決定された政策基準が下位層で実現されるという政策実現の連鎖構造 (Regelungskaskaden) を把握することができる[79]。これを手がかりとして、上位層に対する意思形成への参加のあり方や下位層における制度設計のオプションの法的検討、さらには各層間での政策調整・法規範効力調整のあり方といったアジェンダ・セッティングが可能となるのである。

3 多元的システムにおける国家の役割

このような公共部門の構造変化に正面から対応しようとしている理論枠組が、ガバナンス論である[80]。日本の法律学においても、(とりわけ会社法や国際法の文脈で) 広義のガバナンス論はすでに取り入れられている。しかし、行政法学に関しては、ガバナンス論を政府周辺組織にも適用しようとする議論[81]や財政的観点を重視した議論[82]を除けば、まだごくわずかしか議論の対象にしていない。その理由はおそらく次の2点にある。第1は、「ガバナンス」の概念が多義的で不明確であることである。別の概念 (例えば、「公私協働」「誘導」「行政手続への市民参加」) を必要に応じて使い分ければ十分とも考えられる。第2に、ガバナンス論は公法と結びついている国家の存在をもはや前提としない議論だからである。

しかしガバナンス論は、今や国家という唯一の一元的な制度設計者だけが存在するのではないと現状を認識する点においては正当であると思われ

---

78) 塩野宏「行政作用法論」同『公法と私法』(有斐閣・1989年) 197-236 (228) 頁 [初出1972年]、同『行政法Ⅰ [第5版補訂版]』(有斐閣・2013年) 90頁。
79) Schmidt-Aßmann (Anm. 64), S. 329.
80) Hans-Heinrich Trute u. a., Governance in der Verwaltungsrechtswissenschaft, Die Verwaltung 37 (2004), S. 451-473, 456.
81) 中川丈久「米国法における政府組織の外延とその隣接領域」碓井光明他編・金子宏先生古稀祝賀『公法学の法と政策(下)』(有斐閣・2000年) 473-497 (494-495) 頁。
82) 木村琢麿『ガバナンスの法理論』(勁草書房・2008年)。

る。そこで、公法学にガバナンス論の観点やガバナンス論からの問題提起を取り入れることは豊かな実りをもたらすと考えられる。具体的な議論として、以下の2点が挙げられる。

第1に、公法学が国家だけをその対象とする考え方は見直されるべきである。公法学は国家だけでなく、それ以外の公的任務遂行主体をも取り込むべきである。第2に、行政法学は（その多くは水平的な）規律の構造をも分析すべきである。行政法学が制御関係（制度設計主体とその対象との関係）だけに関心を向けるのは、もはや十分ではない。公共部門におけるアクタ

---

83) Renate Mayntz, Von der Steuerungstheorie zu Global Governance, in: Gunnar Folke Schuppert/Michael Zürn (Hrsg.), Governance in einer sich wandelnden Welt, PVS Sonderheft 41, 2008, S. 43-60, 46; Claudio Franzius, Governance und Regelungsstrukturen, Verwaltungs-archiv 97 (2006), S. 186-219, 199; Sabine Frerichs, Judicial Governance in der europäischen Rechtsgemeinschaft, 2008, S. 42f.
84) Hans-Heinrich Trute u. a., Governance als verwaltungsrechtswissenschaftliches Analysekonzept, in: Gunnar Folke Schuppert/Michael Zürn (Hrsg.), Governance in einer sich wandelnden Welt, PVS Sonderheft 41, 2008, S. 173-189, 187; Christoph Möllers, Die Governance-Konstellation, in: Gunnar Folke Schpert/Michael Zürn (Hrsg.), Governance in einer sich wandelnden Welt, PVS Sonderheft 41 (2008), S. 238-256, 247. 私行政法との関係でガバナンス論に言及する山本隆司「日本における公私協働の動向と課題」新世代法政策学研究（北海道大学）2号（2009年）277-304（304）頁も参照。
85) 類似のアプローチを採用するものとして参照、Benedict Kingsbury et al., The Emergence of Global Administrative Law, 68-Aut L.&CONTEMP. PROBS. 15, 17 (2005); Walter Mattli & Tim Büthe, Global Private Governance, 68-Aut L.&CONTEMP. PROBS. 225, 262 (2005); Richard B. Stewart, The Global Regulatory Challenge to U. S. Administrative Law, 37 N.Y.U. J. INT'L L. & POL. 695, 733 (2005); Lothar Michael, Private Standardsetter und demokratisch legitimierte Rechtsetzung, in: Hartmut Bauer u. a. (Hrsg.), Demokratie in Europa, 2005, S. 431-456 (449f.); Daniel C. Esty, Good Governance at the Supranational Scale, 115 YALE L.J. 1490, 1495 (2006). Kingsburyらが提唱したGlobal Administrative Lawの議論の特色につき参照、藤谷武史「多元的システムにおける行政法学―アメリカ法の観点から」新世代法政策学研究（北海道大学）6号（2010年）141-160頁、興津征雄「グローバル行政法とアカウンタビリティ」社会科学研究（東京大学）65巻2号（2014年）掲載予定。ドイツ側から見たGlobal Administrative Lawの議論の特色につき参照、原田大樹「グローバル化時代の公法・私法関係論」社会科学研究（東京大学）65巻2号（2014年）掲載予定。
86) Gunnar Folke Schuppert, Was ist und wozu Governance?, Die Verwaltung 40 (2007), S. 463-511, 484; Margrit Seckelmann, Keine Alternative zur Staatlichkeit, Verwaltungsarchiv 98 (2007), S. 30-53, 37; Claudio Franzius (Anm. 83), S. 196.
87) Wolfgang Denkhaus, Die neue Institutionenökonomik und das Governancekonzept, in:

一間の調整原理の検討もまた重要である。加えて、行政法学は行政訴訟を「ガバナンス」技術としても考察すべきである。伝統的な行政官庁理論に代表される階層関係では捉えられない多様な法関係における法的紛争を解決するためにも、訴訟制度の有効性や効率性が検討されるべきである。

　他方、国家は今日でもなお特別な地位（「公法の係留点としての国家」）を保持している。国家だけが憲法制定行為に基づく始原的な民主政の過程を設定している。このことで、公的任務に関する決定やその最終的な執行が国家に対しては正統化されると同時に、国家は特別な制約（例えば、基本権に対する拘束）にも服することになる。また国家の立法者にはなお、政策目的や公的利益の内容形成の権限が帰属すべきである。国家は、立憲主義と民主政の思想が放棄されない限り、特別な地位を保ち続けるだろう。

　このような立場を採用するとすれば、ガバナンス論に基づいて行政法学を全面的に改築する作業は不必要であり不適当である。ガバナンス論は構造の要素を重視するあまり、個別の行為者に権限と責任を配分する考え方やそれに基づく行為者の行動制御のあり方に感受性を失いやすい傾向にある。[89] ガバナンス論を問題発見的に利用するのは重要と考えられるものの、これまでの理論枠組で対応可能な部分についてまであえてガバナンス論で置き換える必要性はないと考えられる。

IV　公法理論の段階的適用

　多層化した公共部門には国家以外の公的任務遂行主体が登場する。こうした主体が国家ではないという理由から公法上の諸原則の制約のもとに置かれないのは、市民にとって不利益である。

　　Marc Bungenberg u. a. (Hrsg.), Recht und Ökonomik 44. AssÖR, 2004, S. 33-60, 53.
88)　WTO紛争解決制度の国際コントロールとしての側面につき参照、小寺・前掲註43）93頁。米谷三以「WTO紛争処理手続の果たすべき役割」日本国際経済法学会年報8号（1999年）16-38 (30)頁は、WTOを「政策司法」と特色づけている。
89)　Andreas Voßkuhle, Neue Verwaltungsrechtswissenschaft, in: Wolfgang Hoffmann-Riem u. a. (Hrsg.), Grundlagen des Verwaltungsrechts Bd. I, 2. Aufl. 2012, S. 1-63, 24 Rn. 21.

1 国際機構

 伝統的には国内公法と国際公法は峻別されていた。国際機構と私人との間には常に国家が介在し、国際機構からの直接的な影響は遮断されていた。しかし、現在では、次の3点にわたる国際法の構造変化がこの前提を覆している。[90]

 第1は、国際法上の義務履行に関する国家に対する拘束性の強化である。例えば、WTOは司法作用類似の紛争解決手続を持ち、是正が為されない場合には被害国による対抗措置も許容する。国家によるWTO上の義務履行の可能性は高く、それゆえWTOの判断が関係国の産業や消費者の利害に直接的に影響する局面が増えている。[91]

 第2は、国際機構により定立された国際規範が国内法規範の内容となる場面の増加である。例えば、銀行規制の国際的調和を担うバーゼル銀行監督委員会が策定したバーゼルⅡ・Ⅲでは国内実施の際の立法裁量が縮減し、[92] その分国際機構による政策形成の影響をより強く受ける傾向にある。

 第3は、国際機構と私人とが直接に法関係を形成する事例の増加である。[93] 戦争犯罪等を取り扱う国際刑事裁判所や、[94] テロ組織と関係していると国連安保理が認定した私人に対する口座凍結措置がその典型例である。[95]

 この結果として、行政法理論には次の2つの理論的対応が求められている。第1に、国内公法学と国際公法学との峻別は放棄されるべきである。[96]

---

90) Benedict Kingsbury, *The Administrative Law Frontier in Global Governance*, 99 AM. SOC'Y INT'L L. PROC. 143, 144 (2005).
91) 内記香子『WTO法と国内規制措置』(日本評論社・2008年) 7頁。
92) Christoph Ohler, Internationale Regulierung im Bereich der Finanzmarktaufsicht, in: Christoph Möllers u. a. (Hrsg.), Internationales Verwaltungsrecht, 2007, S. 259-278, 269.
93) Dörr (Anm. 46), S. 905.
94) 髙山佳奈子「国際社会 (EU・国連) における刑事法」ジュリスト1348号 (2008年) 181-189頁。
95) 中村民雄「国連安保理決議を実施するEC規則の効力審査」ジュリスト1371号 (2009年) 48-59頁。
96) 中川淳司『経済規制の国際的調和』(有斐閣・2008年) 387頁、Matthias Ruffert, Perspektiven des Internationalen Verwaltungsrechts, in: Christoph Möllers u. a. (Hrsg.), Internationales Verwaltungsrecht, 2007, S. 395-419, 414.

国際機構の政策決定や実行の影響が市民に直接及ぶようになってきている現状を前提とすれば、行政法を「国内」公法と自己規定することはもはや不適切である。第2に、国際機構に対しても、名宛人の権利に対する影響の程度や民主性の観点から見た決定の意義に注目しながら、国家に準じた公法法理の段階的適用を検討すべきである。[97]

　ここで提示した問題が最も先鋭な形で現れている具体例が、前述の京都議定書に基づくクリーン開発メカニズム（CDM）である。温室効果ガスの削減のために、同議定書はいわゆる経済的手法として、排出権取引制度・共同実施・CDM の3つを導入した。[98] CDM は先進国が途上国の温室効果ガスの削減を支援することで、その事業での認証排出削減量（CER）を先進国の目標達成に充当するものである。この手続で重要な役割を果たすのが、国連に設置された CDM 理事会と国連が指定する民間組織の指定運営機関（DOE）である。[99] この手続の特色の第1は、認証排出削減量の計算方法や CDM 事業の登録、さらには認証排出削減量の発行は CDM 理事会が直接、すなわち各国の行政機関を通さずに行うことである。つまり、国際機構が私人との関係で直接的に法関係を形成するのである。特色の第2は、民間主体である指定運営機関に大きな役割が与えられていることである（自主規制の監査認証モデルに類似）。CDM 事業登録の際には指定運営機関が有効性審査を行い、その推薦状に基づいて理事会が審査を行う。また指定運営機関は排出量のモニタリングを行った上で排出削減量の認証を行い、それに基づいて理事会が CER を発行することになる。

---

97)　自主規制に代表される複線化の問題に関して参照、原田・前掲註23）270頁、同「行政法学から見た制度的契約論」北大法学論集（北海道大学）59巻1号（2008年）408-395（397-396）頁［本書第3章補論所収］。自主規制の監査認証モデルにつき参照、原田・前掲註23）167-197頁。やや文脈を異にする問題として、国際関係の法化の問題がある。国家間紛争の裁判作用による決着を重要な要素とする国際法治主義（Bernhard Zangl, Die Internationalisierung der Rechtsstaatlichkeit, 2006, S. 11）や国際的な法の支配（RICHARD A. FALK, THE DECLINING WORLD ORDER 33 (2003)）の考え方は、この問題群に属する。

98)　加藤久和「京都議定書『クリーン開発メカニズム』の可能性と限界」法政論集（名古屋大学）184号（2000年）1-31（3）頁。

99)　手続の概要につき参照、吉高まり「クリーン開発メカニズム（CDM）の現状と展望」資本市場247号（2006年）4-13（7）頁。

この２つの特色は、公法学との関係で重大な課題を提示している[100]。クリーン開発メカニズムは巨額の経済的利害が絡む国際制度である。CDM理事会による認証率は高いにもかかわらず[101]、手続の遅れや決定の不整合性を理由とする苦情がすでに多く寄せられているという[102]。もしCDMの事業主体が理事会の決定に不満を持った場合に、事業主体は各国の裁判所で訴訟によって争うことは可能であろうか。逆に、CDM理事会の構成員はこうした訴訟によってその個人責任が追及されうるのであろうか[103]。また、CERに関する指定運営機関の判断がCDM理事会と食い違った結果、指定運営機関が経済的損害を受けた場合に、指定運営機関が不服を申し立てるルートは規定されていない[104]。このような局面において生じる権利救済の不備を解決する理論的な糸口としても、公共部門法の４つの基本戦略（全面的国家行政化・部分的国家行政化・契約の活用・立法者の規律責務）が利用可能であると考えられる[105]。

2　自治組織

　地方自治の領域では、地方公共団体はその規律の効果が強く、また決定は公的利益にのみ基づかなければならないために、「全面的国家行政化」したものと位置づけられる。今日の行政主体としての地方公共団体は、歴史的には地縁団体から発展したという事実にもこの見方は整合する[106]。全面

---

100) 髙村ゆかり「地球温暖化の国際制度」自由と正義60巻２号（2009年）20-27（26）頁。
101) Jacob D. Werksman, *Defending the "Legitimate Expectations" of Private Investors under the Climate Change Regime*, 39 GEO. J. INT'L L. 679, 681 (2008).
102) 上野貴弘＝杉山大志「クリーン開発メカニズム（CDM）の現状と課題」経営の科学50巻７号（2005年）447-452（451）頁。
103) Jacob D. Werksman, *The "Legitimate Expectations" of Investors and the CDM*, 1/2008 CARBON & CLIMATE LAW REVIEW 95, 100-01 (2008); Jolene Lin, *Making Markets Work*, 19 EUR. J. INT'L L. 409, 427 (2008).
104) Ernestine E. Meijer, *The International Institutions of the Clean Development Mechanism Brought Before National Courts*, 39 N.Y.U. J. INT'L L.&POL. 873, 882 (2007).
105) 原田・前掲註23) 239頁。
106) Georg-Christoph von Unruh, Ursprung und Entwicklung der kommunalen Selbstverwaltung im frühkonstitutionellen Zeitalter, in: Thomas Mann/Günter Püttner (Hrsg.), Handbuch der kommunalen Wissenschaft und Praxis Bd. 1, Grundlagen und Kommunalverfassung, 3. Aufl. 2007, S. 57-71, S. 64 Rn. 14.

的国家行政化によって、地方公共団体と市民との関係には公法法理が全面的に適用される。

これに対して、国家と地方公共団体との間の関係をどう捉えるか、とりわけ地方公共団体が自治に関する紛争を訴訟によって争うことができるかは、日本法では見解が分かれる。一方で、ドイツと同様に自治権侵害を根拠に行政事件訴訟法を用いた訴訟ができると解する立場がある[107]。他方で、行政事件訴訟法は本来、行政活動に対して国民の権利を保護することを目的としていることから、この種の訴訟を認めない立場もある[108]。確かに日本国憲法では、ドイツ基本法のように主観的なニュアンスを含む「自治権」を保障するという規定の仕方はなされていない[109]。また現在のドイツの学説を形成する上で大きな役割を果たしているように思われる、「上からの自治」（北ドイツ）と「下からの自治」（南ドイツ）の理論的な緊張関係も日本には存在しない[110]。日本の地方公共団体はドイツよりも幅広い権能を有し、[111]

---

107) 塩野宏『行政法Ⅲ［第 4 版］』（有斐閣・2012年）252頁。
108) 藤田宙靖『行政組織法』（有斐閣・2005年）52頁。
109) Hartmut Maurer, Verfassungsrechtliche Grundlagen der kommunalen Selbstverwaltung, DVBl. 1995, S. 1037-1046, 1041 は、この点を強調して主観法的な自治権の構成を主張する。
110) Friedrich Schoch, Zur Situation der kommunalen Selbstverwalutung nach der Rastede- Entscheidung des Bundesverfassungsgerichts, Verwaltungsarchiv 81 (1990), S. 18-54, 33ff.; Friedhelm Hufen, Die Zukunft der kommunalen Selbstverwaltung, in: Max Emanuel Geis/Dieter Lorenz (Hrsg.), Staat-Kirche-Verwaltung：FS Hartmut Maurer, 2001, S. 1177-1193. この点との関連で、新村とわ「自治権に関する一考察（2・完）」法学（東北大学）68巻 4 号（2004年）627-694（680）頁及び大西楠テア「ドイツにおける外国人の地方参政権」国家学会雑誌（東京大学）121巻 5 = 6 号（2008年）587-646（595）頁はgegliederte Demokratieの概念に注目する。
111) 自治権の由来をめぐる「伝来説」と「固有権説」の周知の対立がほぼこれに相当するかもしれない。ただし、憲法が憲法制定当時に存在した自治制度を確定的に保障したと解するならばともかく、そうでないのならば、自治権の由来や地方公共団体の法的性格の議論と、憲法が地方自治をどのように保障しているのかという議論とは、分けて検討するべきである。法制定者が「地方自治の本旨」という不確定な概念を用いている趣旨は、一方で、国と並ぶ統治機構の一環としての地方自治に対しての憲法レベルでの保障を与える（二層による統治システムを憲法上保障する）とともに、他方で地方自治の具体的内容に関しては、憲法制定後の状況変化に応じた法律による形成の余地を認めることにあると考えられる。伝来説と固有権説の対立は、そのような地方自治の憲法保障の動態的理解の観点から再構成される必要があるように思われ、この作業は今後の課題としたい。

より統治機構に近い性質を有している。しかし、地方公共団体の統治機構としての性格からだけでは、司法制度の利用は閉ざされないと考えられる。日本国憲法は国家からは独立した法人格として地方公共団体を創設し、「地方自治の本旨」（憲法92条）に基づいて立法者に地方自治制度を形成するよう求めている。もっとも、日本国憲法の中には国との争訟制度に関する規定はない。しかし、自治保障の制度的担保措置として何らかの争訟制度は憲法レベルでも不可欠であろう。この点に関する憲法の沈黙は、原則として憲法が予定する一般的な司法作用の枠内での紛争解決を可能としつつ、立法者に対しては「地方自治の本旨」を具体化する特別な争訟制度の採用を許容していると読むべきであろう。

そうすると、立法者が準備した特別な争訟制度である国地方係争処理制度（地方自治法250条の7以下）がカバーする部分を除けば、一般的な司法作用の枠内での紛争解決が可能と考えるべきである。自治と国民の権利との調整は個別紛争の解決の中で考慮されるべき事項であり、これによって一般的に地方公共団体の訴訟利用が否定されるべきではない。

健康保険組合のような作用特定的自治（公共組合等）もまた、沿革的には民間ベースによる自主規制的な作用が「全面的国家行政化」されたものと位置づけることができる。作用特定的自治には憲法保障はなく、また正統性が地方自治と比べて弱くなるため、制度形成の際の立法裁量はより広くなる。他方で、国家と作用特定的自治との法的紛争はより主観的な構成に馴染むため、一般的な司法作用の枠内での紛争解決が原則として可能と考えるべきである。

V 多元的法関係の動態的調整

多層化した公共部門における国家の特別な地位を認めるとすれば、公的任務を遂行する多様な主体の間での国家を中核とする調整ルールに注目することが不可欠になる。こうした動態的な調整過程は、規範定立段階と執

---

112) この点に正面から取り組んだ上で二元的統治システムの機能を検討した論攷として参照、原島良成「地方政府の自律(下)」自治研究82巻3号（2006年）116-129 (122-124) 頁。

行段階とに大きく分けられる。以下では、そうしたルールの主要な構成要素を概観することとする。

1 規範定立段階

(1) 任務配分ルール

　国家の立法者は、原則として公的任務の全ての内容と割当を決定することができる。しかし、憲法制定者は特定の事項（例えば、地方自治（憲法92条）や戦力不保持（憲法9条2項））をその任務から除外できる。[113]

　公的任務の分配方法には2つのタイプがある。第1は、明示されていない事務を含む全ての任務をカバーするものである（包括的管轄）。これは、国家（総務省設置法4条99号）と普通地方公共団体（地方自治法2条2項）に当てはまる。第2は、明示されている事務のみの遂行が認められるものである。特別地方公共団体や作用特定的自治・国際機構はこのタイプに属する。[114] 包括的管轄は新たな公的事務を創出する権限をも包含する。このことは同時に、それまで社会の側が自律的に行っていた事務を否定することを意味する。それゆえ、ある主体に包括的管轄を認めるためには、当該組織に強い正統性が必要になる。

　国家の立法者がどのレベルにどの公的任務を配分するのが適切かという問題は、一般的にいえば、任務の性質と任務遂行手段に依存する。また、各レベルの正統性が任務配分と密接に関係する。例えば、国際機構の正統性は国家に比べて劣るので、政治的な論争を生む課題に関しては国際機構での最終的決定をせず、国家の判断を待つ方法が取られることがある（例：WTOにおける対抗措置）。[115]

(2) 任務委任ルール

　ある主体が決定した政策は、固有の執行手段により完結的に執行されるのが原則的な形態である。しかし実際には、公共部門内部で任務が委任さ

---

113) 石川健治「ラオコオンとトロヤの木馬」論座145号 (2007年) 67-75 (74) 頁。
114) EUにつき、Eckhard Pache, Verantwortung und Effizienz in der Mehrebenenverwaltung, VVDStRL 66 (2007), S. 106-151 (118).
115) Esty, *supra* note 85, at 1536.

れることが多い。その理由は効率性と執行権限にある。全ての主体が固有の執行手段を保有するとすれば、公共部門全体のコストが上昇することになる。それは公課の増加という形で跳ね返ることになる。それと並んで、政策実施上の強制手段が国家にしかないことも大きな要素である。そのため、国家の法律が任務委任についても定めていることが通常である。

任務委任のルールとして、次の2つが挙げられる。第1は、効率性と自律性のバランスである。このことは具体的には、受任者の裁量あるいは判断余地の幅に反映される。第2は、委任に対する財政塡補措置である。ドイツ法ではこの原則（任務と費用の牽連性原則（Konnexitätsprinzip））は州憲法レベル（例：バーデン・ビュルテンベルク州憲法71条3項）で明確に定められているのに対し、日本法では憲法上明確な規定はなく、地方交付税制度とアドホックな予算措置による対応がなされているにすぎない。

(3) 政策調整ルール

もしそれぞれの主体の任務領域に重なり合いがなければ、それぞれの政策を調整するルールは必要ない。しかし現実には任務の重複が見られ、そのさしあたりの解決策として、（行政官庁法理における）権限の委任の利用が考えられる。

それ以外にも、次の2つの解決方法が考えられる。1つは、抵触法的な解決方法である。これは静態的な調整であって、ルールに従って適用すべき規範を決定することになる。もう1つは、手続法的あるいは組織法的な政策調整ルールである。例えば、集権的な決定機関を創設したり（例：国

---

116) 独自の執行リソースをごくわずかにしか持たない EU において、この傾向が顕著である。Vgl. Eberhard Schmidt-Aßmann, Einleitung: Der Europäische Verwaltungsverbund und die Rolle des Europäischen Verwaltungsrechts, in: ders/Bettina Schöndorf-Haubold (Hrsg.), Die Europäische Verwaltungsverbund, 2005, S. 1-23, 2ff.
117) Alfons Gern, Kommunalrecht Baden-Württemberg, 9. Aufl. 2005, S. 124, Rn. 114; Hans Christian Röhl, Kommunalrecht, in: Friedrich Schoch (Hrsg.), Besonderes Verwaltungsrecht, 15. Aufl. 2013, S. 9-124, 39 Rn. 58.
118) 塩野・前掲註107) 34頁。
119) Durner (Anm. 65), S. 137ff.
120) 実体法と手続法とが密接に結びついている行政法の場合には、この類型が中心的な役割を果たすことになる。Vgl. Markus Glaser, Internationales Sozialverwaltungsrecht, in: Christoph Möllers u. a. (Hrsg.), Internationales Verwaltungsrecht, 2007, S. 73-120, 113ff.

際会計基準)[121]、広域レベルで枠組的な原則だけを定めたり（例：EU における OMC)[122]、決定機関を多元的に設置すること（例：ドイツ社会保障法における契約間調整)[123] が考えられる。

2 執行段階

(1) 執行監督ルール

　国際機構と国家の間での執行・監督には2つの異なるタイプがある。第1は、条約違反手続である[124]。EU では固有の裁判所があり、条約違反手続によって条約違反の有無と必要な措置が確定されるとともに、国家の側にも反論の機会が与えられる。日本も参加している WTO の紛争解決手続でも同様の構造的特色が認められる。第2は、私人による法執行である[125]。市民も国家内部の訴訟手続の中で、国際的な規範を援用することができる[126]。国際機構が市民に対して直接的な申立制度を提供している場合もある[127]。これらは国際規範の適切な実行を促進する機能を有する。

---

121) 原田大樹「国際自主規制と公法理論」法政研究（九州大学）75巻1号（2008年）1-28 (4-9) 頁［本書第4章参照］。
122) Dermot Hodson & Imelda Maher, *The Open Method as a New Mode of Governance*, 39 JOURNAL OF COMMON MARKET STUDIES 719, 740 (2001); David M. Trubek & Louise G. Trubek, *The Open Method of Co-ordination and the Debate over "Hard" and "Soft" Law*, in THE OPEN METHOD OF CO-ORDINATION IN ACTION 83, 91 (Jonathan Zeitlin & Philippe Pochet eds., 2005).
123) 原田大樹「福祉契約の行政法学的分析」法政研究（九州大学）69巻4号（2003年）765-806 (797) 頁。
124) Manfred Zuleeg, Die föderativen Grundsätze der Europäischen Union, NJW 2000, S. 2846-2851, 2850.
125) EU 法の執行メカニズムの1つとしての市民の動員（Mobilisierung）につき参照、Martin Nettesheim, Subjektive Rechte im Unionsrecht, AöR 132 (2007), S. 333-392, 354.
126) 条約が国内法に受容された際に法律に「優位」することの意味を行政法学的に説明し直すとすれば、条約上の義務履行に関係する国内法の関連法令としてこれらに基づく行政上の決定の「考慮事項」を提示する機能を挙げることができる（条約履行をめぐる裁量統制の枠組でこの問題を理解すべきとする見解として、中川・前掲註67) 69頁)。詳細につき、第9章参照。
127) NAFTA の附属協定の北米環境協力協定（NAAEC：North American Agreement on Environmental Cooperation) 14条・15条が規定する、効果的な法執行がなされていない場合の市民・NGO による環境協力委員会に対する申立権がその例である。See, GARY CLYDE HUFBAUER & JEFFREY J. SCHOTT, NAFTA REVISITED 160-61 (2005).

国家と地方公共団体との間の執行・監督は、民主的なコントロールと法治主義の観点から正当化される[128]。ここには水平的な監督（法主体相互間の監督関係）と垂直的・階層的な監督（上下機関の監督関係）とが含まれる。わが国の地方自治における関与制度は、基本的に前者のタイプに属する。

　監督に関する原則を構想する上では、執行の実効性とそれぞれの主体の自律性とのバランスを取ることが重要である。そのためにここでも主観的法的地位の保障（subjektive Rechtsstellungsgarantie）、つまり公的任務遂行主体間での訴訟を許容することが重要な役割を果たす。

(2)　執行協力ルール

　執行協力には、次の3つのタイプがある。第1は、執行に関係する情報を監督当局間で交換したり[129]、行政上の執行に関する基準を策定したりすることである[130]。EUにおけるコミトロジープロセスや、バーゼル銀行監督委員会[131]、証券監督者国際機構（IOSCO）[132]などがその具体例である。第2は、国家の規制行政機関と国際機構との間でのネットワークである[133]。ドイツ法・EU法における著名な具体例として、テレコム領域等の狭義の規制法（Regulierungsrecht）を扱う連邦ネット庁（Bundesnetzagentur）がある[134]。ガ

---

128) Martin Burgi, Kommunalrecht, 2. Aufl. 2008, S. 94, Rn. 27. またドイツではしばしば、自治監督に自治体の利益を守る機能があることが強調され、監督の枠内での助言活動が重視される。Vgl. Janbernd Oebbecke, Kommunalaufsicht, DÖV 2001, S. 406-411, 408ff.

129) 国際行政協力における最も重要な要素は情報面での協力関係である。Vgl. Eberhard Schmidt-Aßmann, Verwaltungskooperation und Verwaltungskooperationsrecht in der Europäischen Gemeinschaft, EuR 31 (1996), S. 270-301, 290.

130) Anne van Aaken, Transnationales Kooperationsrecht nationaler Aufsichtsbehörden als Antwort auf die Herausforderung globalisierter Finanzmärkte, in: Christoph Möllers u. a. (Hrsg.), Internationales Verwaltungsrecht, 2007, S. 219-257, 235.

131) Michael S. Barr & Geoffrey P. Miller, Global Administrative Law: The View from Basel, 17 EUR. J. INT'L L. 15 (2006).

132) 平尾一成「証券監督者国際機構（IOSCO）『行為規範』および『取引原則』の日本法への適用」国際商取引学会年報6号（2004年）124-147頁。

133) Matthias Ruffert, Von der Europäisierung des Verwaltungsrechts zum Europäischen Verwaltungsverbund, DÖV 2007, S. 761-770, 769.

134) Karl-Heinz Ladeur/Christoph Möllers, Der europäische Regulierungsverbund der Telekommunikation im deutschen Verwaltungsrecht, DVBl. 2005, S. 525-535; Hans-Heinrich Trute / Roland Broemel, Die Regulierung des Zugangs in den Netzwirtschaften, ZHR 170 (2006), S. 706-736, 731; Hans Christian Röhl, Verantwortung

バナンス構造や機能の点で類似するのは、日本法における地方行政委員会である。[135] 第3は、執行協力のための組織を設置する方法である。ドイツ法の具体例として、事務組合、郡、市町村の中央組織がある。また EU レベルにおけるエージェンシー（Agentur）も、国内行政と EU 行政の連携のために用いられている。[136]

執行協力における重要な原則は、いわゆる混合行政の禁止である。この原則は、執行協力をする組織の間での明確な責任分担を求めている。[137] また、執行協力によって縦割化が進行し、透明性や概観性が失われることのないように、執行協力に対する民主的コントロールの手法を開発する必要がある。[138]

(3) 司法調整ルール

現在の日本法は、階層的に形成され、国際的な司法システムとの関係性をほとんど持たない一元的司法システムである。しかし、多層化のインパクト（例：国際機構による司法類似制度・連邦制の導入）が及ぶことで、司法システムの多層化が生じる可能性が理論上はある。多層的な司法システムは、判例法の相互参照や相互補完によって、システム全体として機能が強化される可能性を持つ。[139] このことは権利救済の実効性を高めるのみならず、

---

und Effizienz in der Mehrebenenverwaltung, DVBl. 2006, S. 1070-1079, 1076; Claudio Franzius, Warum Governance?, Berliner Arbeitspapier zur Europäischen Integration 10 (2009), S. 11.

135) 西山邦一「教育委員会の組織・権限の現状と課題」日本教育法学会年報28号（1999年）86-95頁。

136) 具体例として欧州基本権庁が挙げられる。その組織や任務上の特色につき参照、Ines Härtel, Die Europäische Grundrechteagentur, EuR 43 (2008), S. 489-513.

137) BVerfG, Urt. v. 20. 12. 2007, NVwZ 2008, S. 183; Daniela Winkler, Die Umsetzung von 》Hartz IV《 als Herausforderung an das Organisationsrecht, Verwaltungsarchiv 99 (2008), S. 509-537, 534. 同判決が地方自治保障における自己責任原則との関係に注目していることを指摘するものとして参照、白藤博行「行政主体間の混合行政禁止原則と自己責任原則」紙野健二他編・室井力先生追悼『行政法の原理と展開』（法律文化社・2012年）78-98 (95) 頁。

138) Möllers (Anm. 59), S. 379.

139) Franz Merli, Rechtsprechungskonkurrenz zwischen nationalen Verfassungsgerichten, Europäischem Gerichtshof und Europäischem Gerichtshof für Menschenrechte, VVDStRL 66 (2007), S. 392-422, 405.

ガバナンス技術の1つとして各レベルの法執行の確保やレベル間での法的紛争の解決を図ることにも寄与する。

司法システムが多層化すると、その相互調整の法理を構築することが不可欠となる。すでに多層的な司法システムを有するドイツ法には、次の3つの調整方法が見られる。

第1は、任務分配に基づく整理である。例えば、EU法違反が問題となる場合には欧州裁判所が管轄する方法である。第2は、任務配分とは関わりなく最寄りの裁判所を利用させ、その相互関係は階層的なルール（上級裁判所・下級裁判所）で調整する方法である（例：州の行政裁判所と連邦行政裁判所の関係）。この場合に、上級審は下級審の判断を覆す権限を持つ。第3は、互譲による調整（「共生の作法」[140]）である。例えば、連邦憲法裁判所は欧州裁判所が基本権を十分に考慮しない場合について、欧州裁判所の基本権に関する判断権を留保している[141]。

VI　多元的システムと行政法学

1　公共部門の多層化の整序理念

(1)　指針的価値

多層化した公共部門における調整作用を整序するためには、いくつかの価値判断基準が必要となる。そこでも、自主規制の分析から導出された公法学の指針的価値[142]が利用可能なように思われる。ここには、次の6つの価値が含まれる。法治主義からは「公平性」「公正性」、民主政原理からは「正統性」「透明性」、経済性原則からは「効率性」と「有効性」である。これらの価値は自主規制の文献でもしばしば議論されている。

---

140)　伊藤・前掲註68) 115頁。
141)　Stefan Oeter, Rechtsprechungskonkurrenz zwischen nationalen Verfassungsgerichten, Europäischem Gerichtshof und Europäischem Gerichtshof für Menschenrechte, VVDStRL 66 (2007), S. 361-391, 376; Hans-Jürgen Papier, Verhältinis des Bundesverfassungsgerichts zu den Fachgerichtsbarkeiten, DVBl. 2009, S. 473-481, 480.
142)　原田・前掲註23) 264頁。

自主規制論が対象とした複線化の問題と本章が主として検討してきた多層化の問題とでは、共通の理論的課題が認められる。つまり、公法学は従来国家が担ってきた作用や任務の分散化に対していかにすれば適切な対応を取ることができるか、という問題である。公法理論になお十分に服していない国際機構に関しては、自主規制における問題状況と類似している。それと並んで、国際機構が国家とどのようにして政策調整、とりわけ規範定立の調整をすべきかを検討する必要がある。自治組織の多くに関して公法学はすでに「国家に準じる存在」として扱ってきている。加えて、自治組織の自律性を保障するために、自主規制分析の理論的成果を応用しうる。

(2) 公共部門の多層化と正統性

公共部門の多層化、とりわけ前述の国際機構レベルでの政策調整作用との関係でしばしば議論されるのが正統性の問題である。一定の公的案件を決定し実行する者は、広くその社会集団構成員に対して、当該活動を行いうる理由や根拠を合理的に説明しなければならない。[143]この意味での正統性を民主的に調達する古典的な説明方法は、決定の過程における選任の連鎖に注目する方法であった。すなわち、「みんなで選び、みんなで決めた」ことをもって民主政的正統化がなされるとの発想である。しかしこの方法では、国際機構レベルにおける決定の正統性を説明するのに十分でない。それが典型的に現れるのが国際ネットワークである。

国際ネットワークに派遣されているのは各国の行政機関の職員であり、国民からの直接の選任関係にはない。しかし政府間行政連携機構の非政治性が逆に国際的な行政連携を促進し、グローバル化によって生じる問題[144]に効果的な対応を行っていることも事実である。そこで、「決定の質」に注目する正統性の議論が提示されている。[145]すなわち、各国の専門の行政官

---

143) 原田・前掲註23) 241頁、同・前掲註85)。他者による支配の前提条件として正統性を位置づける説明として、Oliver Lepsius, Standardsetzung und Legitimation, in: Christoph Möllers u. a. (Hrsg.), Internationales Verwaltungsrecht, 2007, S. 345-374, 357f. がある。
144) DAVID ANDREW SINGER, REGULATING CAPITAL 119 (2007).
145) Jost Delbrück, *Exercising Public Authority Beyond the State*, 10 Ind. J. GLOBAL LEGAL STUD. 29, 41 (2003); Esty, *supra* note 85, at 1517; Thomas Groß, Verantwortung und Effizienz in der Mehrebenenverwaltung, VVDStRL 66 (2007), S. 152-180, 175; Patty

がコンセンサスの形成を目指して真摯に討議を重ね、より適切な問題解決策が生まれるところに、正統性の根拠を求める議論である。[146] もちろん、従来の正統性の議論がこうしたアウトプットに注目する正統性によって完全に代替されることは適切ではない。[147] しかし、本書第2章で論じるように、決定が持つ法的な意味に応じて、それに対して必要とされる正統性の調達方法が複数存在し、それらが相補関係にあるとする見方は、多層化構造における正統性を検討する上で重要な視角を提示しているように思われる。[148]

2　権力分立としての多層化構造

　国家は地域的問題を解決するには大きすぎ、地球規模の問題に対処するには小さすぎるとしばしばいわれる。しかし、国際機構の決定は概観性に乏しく、自治組織の決定には距離保障がない。それゆえ、国家が公的任務の決定と執行システムの中核に位置づけられていることには、今日でもなお十分な理由があるように思われる。

　こうした条件のもとで、公的任務の決定権限をどのように垂直的に分配すべきであろうか。ここではよく知られた統合 (Integration) と補完性 (Subsidiarität) を両極とする尺度が存在する。[149] こうした対立構造は、例え

　　Zandstra, *The OMC and the Quest for Democratic Legitimization, in* GOVERNANCE AND THE DEMOCRATIC DEFICIT 249, 256 (Victor Bekkers et al. eds., 2007).

146)　Christian Joerges & Jürgen Neyer, *From Intergovernmental Bargaining to Deliberative Political Processes*, 3 EUR. L. J. 273, 294 (1997) は、国民国家における民主政の限界との関係で超国家制度の正統性を論じている (deliberative supranationalism)。

147)　Susan Emmenegger, *The Basle Committee on Banking Supervision, in* THE REGULATION OF INTERNATIONAL FINANCIAL MARKETS 224, 236 (Rainer Grote & Thilo Marauhn eds., 2006). また、Wolfgang Kahl, Parlamentarische Steuerung der internationalen Verwaltungsvorgänge, in: Hans-Heinrich Trute u. a. (Hrsg.), Allgemeines Verwaltungsrecht‐zur Tragfähigkeit eines Konzepts, 2008, S. 71-106, 98 は、銀行・金融サービス規制領域における行政機関相互の国際協力に対して、制度的法律の留保の考え方を適用すべきとする。

148)　Thomas Groß, Zum Entstehen neuer institutioneller Arrangements, in: Dieter Gosewinkel/Gunnar Folke Schuppert (Hrsg.), Politische Kultur im Wandel von Staatlichkeit, WZB-Jahrbuch 2007, 2008, S. 141-162, 157.

149)　Stefan Oeter, Integration und Subsidiarität im deutschen Bundesstaatsrecht, 1998, S. 1; Birgit Schmidt am Busch, Die Gesundheitssicherung im Mehrebenensystem, 2007, S. 3.

ば自治法では明確である。その第1の例は調達法である。日本でもドイツでも、国際的な公共調達法 (WTOやEU) との関係における入札者の地域要件の是非はしばしば議論される[150]。第2の例は、世界遺産に指定されていたドレスデンでの橋の建設をめぐる事件である[151]。地域の直接民主政と国際条約との相剋を公法学は理論的に解決しなければならない[152]。ここでは唯一の解決策を模索するよりはむしろ、規律領域の特性に応じて細かく考えていくべきであろう。一般的にいえば、経済的・技術的事項に関係する場合には統一性を優先すべきである。また文化的で地域的な事務に関しては、補完性の立場が選択されるべきである。

このような区分は単に事務配分の現状を整理したのみならず、理論的な根拠も有している。どのレベルで公的任務を決定すべきなのかという問題は、当該レベルの決定能力と密接な関係を持っている。この見方は機能的権力分立論に由来している[153]。つまり、公共部門の多層化は垂直的権力分立の問題とも位置づけうる。日本の公法学はこれまで、一部の例外を除いて垂直的権力分立論に十分な関心を払ってこなかった[154]。公共部門の多層化の分析には、権力分立論に新たな視野を提供する役割が期待される。

公共部門の多層化構造を権力分立システムと捉えることで、さまざまなレベル相互間のコントロールという新たな視点を獲得することができる。ここでも、権力分立システム内部での「決定の質」の確保メカニズムが問題となるのである。公的任務遂行主体相互間のコントロールと並び、それ

---

150) 須網隆夫「WTOと地方自治体」ジュリスト1254号 (2003年) 72-79頁。
151) Heike Krieger, Die Herrschaft der Fremden, AöR 133 (2008), S. 315-345, 338ff.
152) BVerfG, Beschl. v. 29. 5. 2007, NVwZ 2007, S. 1176.
153) Konrad Hesse, Grundzüge des Verfassungsrechts der Bundesrepublik Deutschland, 20. Aufl. 1999, S. 211f., Rn. 488ff.; Hartmut Maurer, Staatsrecht I, 6. Aufl. 2010, S. 360, Rn. 4.
154) 垂直的権力分立論を地方自治に適用する論攷として参照、斎藤誠「憲法と地方自治」同『現代地方自治の法的基層』(有斐閣・2012年) 61-73 (68) 頁 [初出2000年]。また、太田匡彦「住所・住民・地方公共団体」地方自治727号 (2008年) 2-22 (11)頁は、国と地方公共団体という構成原理を異にする2つの統治団体の視角から外国人の地方参政権問題を検討する。さらに、山本隆司『判例から探究する行政法』(有斐閣・2012年) 137-141頁 [初出2009年]は、多層的秩序の観点から外国人の公務就任権に関する最高裁判決 (最大判2005 (平成17) 年1月26日民集59巻1号128頁) を批判的に考察している。

によって必要となるコミュニケーションも、決定の質を高めうるだろう。[155]
こうした見方は、公的任務遂行主体間の訴訟をガバナンス技術の1つと捉える見方とも整合する。

3 多元的システムにおける制度設計論
(1) 多元的システムにおける法律の役割

多元的システムは規範体系にも大きな影響を与えている。自主規制の枠組での民間の規範制定は、規範体系の中でより重要な役割を担ってきている。同時に、多層的な関係における国際的な規範もまた重要である。この結果、国家の法律はさまざまな法規範の1つにすぎなくなってきているようにも見える。

しかし、次の2つの理由から、国家の法律の社会に対する制御能力は今後もなお失われないと考えられる。第1に、複線化(民間による規範策定)との関係では、多くの自主規制の事例が国家の影響のもとに置かれていることを見落とすべきではない。[156] 理念的には国家との距離の確保が最も要請されるはずの報道・放送の自主規制でさえ、現実には国家の規制圧力なしには作動しない。[157] 第2に、多層化(特に国際的規範)の観点からは、国家は依然として最終的な執行手段を独占し、全ての任務を包括的・一貫的に遂行できる立場にあるといえる。[158] 国際機構は多くの場合、固有の執行手段を

---

155) Arthur Benz, Governance in Mehrebenensystemen, in: Gunnar Folke Schuppert (Hrsg.), Governance-Forschung, 2. Aufl. 2006, S. 95-120, 110f. は、分散的な政策決定構造が競争関係による政策革新を生む可能性を論じている。
156) Claudio Franzius, Funktionen des Verwaltungsrechts im Steuerungsparadigma der neuen Verwaltungsrechtswissenschaft, Die Verwaltung 39 (2006), S. 335-371, 339; Jörn Axel Kämmerer, Privatisierung und Staatsaufgaben, DVBl. 2008, S. 1005-1016, 1014.
157) 原田・前掲註23) 131頁。
158) 佐藤隆文編『バーゼルIIと銀行監督』(東洋経済新報社・2007年) 45頁は、バーゼル委員会による自己資本規制に関する日本の経験と教訓として、「国際合意そのものが実効性を持っているのではなく、それを国内適用し有効活用しようとする各国当局の意志と実行力が重要であること」、「自己資本比率規制は単独で機能するのではなく、会計ルールや資産査定・償却引当基準など周辺インフラストラクチャーに支えられて初めて、高い実効性を発揮するものであること」等を挙げている。

持たないので、執行事務は国家に割り当てられることになる。[159]

　こうしたことを背景として、法律にはどのような新しい役割が認められるだろうか。国家法が民間の規範策定や国際的な規範策定と連携している場合を念頭に置くと、次の2つの局面に分けて考えることができる。第1に、国家は、民間あるいは国際的な規範策定組織に対して一定の実体的あるいは手続的な条件を要求できるし、またそうすべきである。民間のあるいは国際的な規範を適用することは、立法者が対応する規律を見送り、その任務を民間または国際的な規範策定組織に委譲することを意味する。これは法律の留保あるいは議会留保の問題と関わる。[160] 立法者は、一方では民間あるいは国際的な規範策定組織が遵守すべき条件（例えば、適正手続）を定め、他方ではこうした組織が条件を遵守しなかった場合に国家がその任務を自ら実施するセーフガードを準備しておくべきである。第2に、立法者は、どのようにこうした民間規範・国際的規範を国家法に取り込むかを決定しなければならない。[161] このような法的効力の調整は、さまざまな公的任務遂行主体間の静態的な調整の一種である。具体的な法技術として、権限の授権・判断余地・参照・不確定概念や一般条項による受容・適用優先の5つがある。この2つの課題を具体的に検討するフィールドとして、第4章で詳細を論じる国際会計基準を挙げることができる。[162] これらの規律に法律が成功すれば、社会に対する制御能力は従来以上に高まる。[163]

(2) 行政過程論から公共制度設計論へ

　多元的システムは行政法学に対して、その視野の拡大とともに、新たな

---

159) Ludwig Gramlich, Eine neue internationale „Finanzarchitektur" oder: Der IMF in der Krise?, AVR 38 (2000), S. 399-454, 454; Christoph Ohler, Die Zukunft des Wirtschaftsverwaltungsrechts unter den Bedingungen globaler Märkte, in: Marc Bungenberg u. a. (Hrsg.), Recht und Ökonomik 44. AssÖR, 2004, S. 309-338, 338.
160) Michael Kloepfer, Der Vorbehalt des Gesetzes im Wandel, JZ 1984, S. 685-695, 694.
161) Gregor Bachmann, Private Ordnung, 2006, S. 373.
162) 具体的な検討として、原田大樹「国際会計基準採用の法的課題」ジュリスト1380号 (2009年) 2-7頁 [本書第4章参照]。
163) Matthias Ruffert, Rechtsquellen und Rechtsschichten des Verwaltungsrechts, in: Wolfgang Hoffmann-Riem u. a. (Hrsg.), Grundlagen des Verwaltungsrechts Bd. 1, 2. Aufl. 2012, S. 1163-1255, 1176 Rn. 19.

理論的フォーメーションの確立も要請している。国家の立法者が設計し、国家の行政機関が活動を展開する行政過程空間を法的に整序する行政過程論を、多元的システム全般に考察対象を広げた公共制度設計論へと発展させる必要があるように思われる。より具体的には、次の3点の変革が必要となろう。

　第1に、公共制度設計論においては、複数の制度設計者の存在を考察の前提としなければならない。従来の国家・地方自治体だけではなく、国際機構や私的主体による公共制度設計の法技術や手続・組織についても、行政法学は関心を向ける必要がある。その際には、国際機構や私的主体が公法法理に配慮した制度設計を行うよう支援するとともに、これらの組織体に特徴的な制度設計技術の蓄積も図るべきである。

　第2に、公共制度設計論においても、国家の立法者の特別な役割への考察がなされなければならない。すでに述べたように、多元的システムのもとでも国家の立法者には、多元的な法秩序を最終的に制御する権限が認められるべきである。そこで、国際機構や私的主体の公的決定を制御するための法技術の確立を急ぐべきである。

　第3に、公共制度設計論においては、法技術の整序の単位として、従来の行為形式（活動形式）のみならず、第5章で論じるように、規律構造をも用いるべきである。公共部門内部のさまざまなアクターの制度配置を意味する規律構造に着目することで、公共部門の政策決定の質を向上させる法的手段を検討したり、アクター相互の政策調整や法的効力調整に必要な法技術をより効果的に集積させたりすることができると考えられる。

VII　おわりに

　学問はその対象の変動から超越した存在ではない。近代公法学が前提としてきた「国家」と公共政策の実現過程が大きく変化している現状を前提とすれば、公法学にはこの変化を受け止めうる理論的な進化が要請されている。他方で、法律学に属する公法学は、現状を単に追認するのではなく、むしろ現状を公法学固有の理論や言説で誘導する役割を果たさなければな

らない。こうした現実の記述力と抗事実性のバランスをどこで取るかが、[164]目下最大の難問である。[165]

本章では、環境法・国際金融法・原子力法など具体的な法分野を素材に政策実現過程のグローバル化がどのように進行しているのかを分析し、これに対して解決が必要となる公法学上の問題点を提示した。理論的な考察が深まらないうちに「グローバル化」の現実だけが急速に進行している現状を、公法学は深刻に受け止める必要があるように思われる。個別法分野の実証研究を重ね、国際法学や国際政治学・国際行政学などとの学際的研究を深化させながら、[166]学界全体の議論を早急に活性化させ、グローバル化に対応する公法理論を構築する作業を促進すべきと考えられる。

---

164) Dimitropoulos (Anm. 69), S. 4.
165) MATTHIAS RUFFERT & SEBASTIAN STEINECKE, THE GLOBAL ADMINISTRATIVE LAW OF SCIENCE 28 (2011).
166) Armin von Bogdandy, Prolegomena zu Prinzipien internationalisierter und internationaler Verwaltung, in: Hans-Heinrich Trute u. a. (Hrsg.), Allgemeines Verwaltungsrecht‐zur Tragfähigkeit eines Konzepts, 2008, S. 683-697, 689.

第 2 章
多元的システムにおける正統性概念

I はじめに

伝統的な社会的諸勢力の「権力」を解体して形成された近代国民国家を対象とする近代公法学（憲法学・行政法学）にとって、国家権力を法的に把握し統制することと並んで重要な要請は、国家権力の行使をいかにして正当化するかということであった。行政法理論の基盤を形成する法律による行政の原理が、一方では国家活動を法の世界に包摂するとともに、他方で法形成を国民代表からなる議会に主として担わせようとしたのは、この要請に対する応答であった[1]。こうした文脈でしばしば議論されるのが、「正統性」の概念である。ここで正統性とは広く、ある社会システムやその活動が正当なものと認識され、通用力を有する性質をいうものとする（英語の legitimacy、ドイツ語の Legitimität にほぼ対応する）[2]。これに対して、ドイツ公法学で盛んに議論されてきた民主政的正統化（demokratische Legitimation）論[3]は、国家権力の行使が国民の意思に基礎づけられたもの

---
1) 原田大樹「法律による行政の原理」法学教室373号（2011年）4-10 (7) 頁。
2) Vgl. Sebastian Müller-Franken, Die demokratische Legitimation öffentlicher Gewalt in den Zeiten der Globalisierung, AöR 134 (2009), S. 542-571, 547.
3) Legitimität と Legitimation の違いにつき、Ernst Thomas Emde, Die Demokratische Legitimation der funktionalen Selbstverwaltung, 1991, S. 32f.; Hans-Georg Dederer, Korporative Staatsgewalt, 2004, S. 139ff.; Hans-Heinrich Trute, Die demokratische Legitimation der Verwaltung, in: Wolfgang Hoffmann-Riem u. a. (Hrsg.), Grundlagen des Verwaltungsrechts Bd. I, 2. Aufl. 2012, S. 341-435, 342 Rn. 2; Matthias Ruffert, *Comparative Perspectives of Administrative Legitimacy, in* LEGITIMACY IN EUROPEAN ADMINISTRATIVE LAW: REFORM AND RECONSTRUCTION 351, 355 (Matthias Ruffert ed., 2011) は、欧州各国の正統性・正統化をめぐる議論を踏まえた上で、正統性を「状態」、正統化をその状態に至る「過程」として把握する。

であることを要求し、国民全体を統治構造の回路の基礎と位置づけた上で、統治のプロセスを何らかの民主的経路（選挙・選任関係、授権関係、監督関係など）で結びつけるものである。国民全体から出発した途切れない民主政の回路が国家権力の行使の局面まで到達していることにより、当該権力行使が正当とみなされるのである。

　この民主的正統化の考え方は、公的任務と公権力が理念上国家に集中することをその前提に置いていた。しかし、公共部門における政策実現過程が国際機構や自治組織等に多層化すると、国民全体を統治構造の正当性のベースとするこの考え方との緊張関係が生じる。また、公的任務遂行主体が私人などへも拡散すると、民主政的正統化の最大の要素である選挙・選任関係による正統化が難しくなってくる。そこで本章は、このような多元的システムにおいて「正統性」や「正統化」の概念がどこまで維持されうるのか、どの点において変容が必要なのかを明らかにすることを目標とする。もとよりこの学問的課題は、1つの小稿で議論することが困難な幅広く深い問題群を有している。それゆえここでは、適合性評価制度を素材に、日本法とドイツ法（EU法）における規律のあり方を参照し、この問題へアプローチすることを目指す。適合性評価制度とは、ある財・サービス・システム等が一定の基準に適合していることを検査し、これを外部に表示する制度であり、例えば、消費者用製品の安全性に関するPSCマーク制度や、企業活動の環境親和性を検証する環境監査制度がここに含まれる。適合性評価は法律により義務づけられた上で行われる場合（強制分野）もあれば、民間レベルにおける任意の制度として展開される場合（任意分野）もある。また、適合性評価制度が有効に機能するために、個別の製品評価を行う適合性評価機関（認証機関・試験所など）の一般的な評価能力を審査する認定機関（強制分野の第三者認証における行政の立場に比肩する）[5]が

4）「適合性評価―用語及び一般原則」（JIS Q 17000：2005, ISO/IEC 17000：2004（IDT））2.1は、適合性評価を「製品、プロセス、システム、要員又は機関に関する規定要求事項が満たされていることの実証」と定義している。

5）ただし、認定機関が審査・監督しているのは適合性評価機関の組織・運営構造や能力などの一般的事項にとどまり、個別の適合性評価活動を監督・是正する活動を行っているわけで

あり、それらの国際的なネットワークが国際相互承認協定の中で興味深い[6]ガバナンスシステムを構築しつつある。[7]さらに、適合性評価制度に対する法的規律のあり方は各国によって大きく異なる。日本においては、法律で適合性評価が義務づけられている強制分野を除いて、適合性評価制度を一般的にカバーする法律は存在しないのに対して、ドイツにおいては、適合性評価制度における認定機関に関する一般法を制定している。このように適合性評価制度は多層的・複線的な広がりを持ち、国家制度と社会システムの中間に位置づけられることから、本章における検討対象とした。

　本章では、以下の手順で多元的システムにおける正統性の問題を検討する。まず、本章が具体的な素材として選択した適合性評価制度がどのような制度として構築され、どのような社会的役割を担っているのかを紹介する（II）。行政法学が従来注目していたのは法律で適合性評価が義務づけられた強制分野のみであり、ISO9000シリーズ（品質管理）やISO14000シリーズ（環境管理）などのマネジメントシステム認証に代表される任意分野への関心は、一部の例外を除き乏しかった。しかしこのような強制・任意峻別論は、さまざまな要因から相対化されつつある。この結果、強制分野のみならず任意分野についても適合性評価の質の向上の問題を意識する必要が生じている（III）。具体的な適合性評価を行う認証機関などが適正に評価活動を行いうるかを評価する認定機関のあり方が、この問題の解決に大きな影響を与える。この点について日本法では、どちらかというと市場競争に委ねるあり方が取られているのに対して、ヨーロッパ法の影響下にあるドイツ法では、認定を国家的任務（hoheitliche Aufgabe）と位置づけた上で認定機関を1つに限定している。このような適合性評価制度の現状

　　はない。Vgl. Franz Reimer, Qualitätssicherung, 2010, S. 393.
6）　認定機関の国際的な団体である国際認定機関フォーラム（IAF）による協定はMLA（Multilateral Recognition Agreement）、試験所認定に関する国際的な団体である国際試験所認定協力機構（ILAC）における協定はMRA（Mutual Recognition Arrangement）と呼ばれている。
7）　適合性評価の国際的な通用力を確保する手法としては国際相互承認協定の他に、主として製品認証分野（多くは強制分野）における二国間の相互承認協定（MRA：Mutual Recognition Agreement）と、認定機関を介さない認証機関同士の相互承認プログラム（例えば、IECが運営するIECEE-CBスキーム）がある。

が公法学特に正統性論に与える影響を、最後に素描する（Ⅳ）。公法学における正統性論の中心である民主政的正統化論は、正統化の対象となる行為の拡張、正統化の基盤となる人的集団の多層化、正統化を要する行為の行為者の拡散により、動態化の傾向を示している。そのため、正統性や民主政的正統化の局面に応じたグラデーションとバリエーションを考える必要が生じているように思われる。こうした理解を前提に、日本における適合性評価制度の規律枠組を構想して、本章を閉じることとしたい。

Ⅱ　適合性評価制度の社会的役割──強制・任意峻別論の相対化

　行政法学はこれまで、適合性評価を「対物許可」の一種と捉えてきた[8]。すなわち、製品安全規制のような場面で、国が定めた安全基準への適合性を国が検査してこの結果を製品に表示させ、表示のない物の流通を禁止して刑事罰でこれを担保するところに特色を求めてきた。これに対して国ではなく民間検査機関が認証する第三者認証については「緩やかな行政規制」として許可の一形態に含める見解があり[9]、もはや行政が登場しない自己適合宣言については規制行政の法的仕組みの一環として説明する立場もある[10]。さらに、検査と表示を得なくても流通させることは可能なJISマーク制度については、これを誘導作用の一種として説明する見解が有力化している[11]。このように、強制分野の適合性評価や、任意分野であっても行政が定めた規格・適合性評価手続が存在するものに対して、行政法学は関心を示してきた。他方で、任意分野であって行政が制度を形成・運営している手がかりに乏しいものについては、一部の例外を除いて行政法学は無[12]

---

8)　塩野宏『行政法Ⅰ［第5版補訂版］』（有斐閣・2013年）115頁。
9)　大橋洋一『行政法Ⅰ［第2版］』（有斐閣・2013年）180頁。
10)　宇賀克也『行政法概説Ⅰ［第5版］』（有斐閣・2013年）85-88頁。
11)　宇賀・前掲註10) 136頁。
12)　島村健「エコマークとエコ監査」国家学会雑誌（東京大学）112巻3=4号（1999年）355-435頁、米丸恒治「グローバル化と基準・規格、検査制度の課題」鹿野菜穂子＝谷本圭子編『国境を越える消費者法』（日本評論社・2000年）117-139頁、北島周作「基準認証制度」本郷法政紀要（東京大学）10号（2001年）155-192頁、原田大樹『自主規制の公法学的研究』（有斐閣・2007年）167-197頁。

関心であった。しかし、こうした強制分野・任意分野の峻別論は、以下の3つの事情により相対化しつつある。

1　第三者認証の導入
⑴　第三者認証導入の経緯

　1999年に成立した「通商産業省関係の基準・認証制度等の整理及び合理化に関する法律」（基準認証一括法）は、政府またはその代行機関（公益法人である指定機関）が適合性評価を行う政府認証中心のしくみを改め、自己適合宣言を基本とし、必要に応じていわゆる第三者認証を導入した。例えば、消費生活用製品安全法においては、特定製品に対しては製造者の自己適合宣言（11条2項）を、一般消費者の生命・身体に危害が及ぶことを防止する観点から政令で指定する特別特定製品に対しては第三者認証（12条）を要求し、こうした検査に基づく表示のない製品の販売を禁止している（4条）。この第三者認証の導入に対して、行政法学からの代表的研究[13]は、その契機を民間活用としての検査の開放、貿易障害の解消、競争原理の導入の3つに整理し、とりわけ公益法人要件を撤廃して第三者認証機関相互が競争関係になる点に注目した上で、賠償責任の問題に主として焦点を当てている。確かに、指定法人による行政事務の代行にすでに慣れていた行政法学にとって、第三者認証の新しさは、もともと行政事務であったものを行う機関が複数存在し競争関係に立つ点にあった。[14]

　これに対して、立案担当者の意図はこれとは異なっていた。[15]1979年にGATT・スタンダードコードが合意されたことを受け、型式承認制度が1983年の法改正で導入された際、日本の管轄権が及ばない外国工場に対す[16]

---

13)　北島・前掲註12) 159-160頁。
14)　同様の関心は、競争政策からの分析においても見られる。参照、菱沼功「公益法人等の自主基準・認証に関する実態調査の概要について」公正取引573号（1998年）19-23 (23) 頁。
15)　伊藤隆一・新エネルギー財団専務理事へのヒヤリング（2011年11月25日）。
16)　伊吹迪人「我が国基準認証制度の内外無差別の法制化について」時の法令1193号（1983年）5-18 (9) 頁、内閣官房特命事項担当室＝経済企画庁調整局監修・市場開放問題研究会編『行動計画「アクション・プログラム」』（ぎょうせい・1985年）252頁、竹内春久「立法管轄権の域外適用」国際法外交雑誌86巻4号（1987年）407-411 (409) 頁。

る立入検査が不可能とされたことから、この規定が導入されなかった。さらに、日本の工場についても同年の行政事務の簡素合理化及び整理に関する法律により、これと平仄を合わせる形で工場立入検査が廃止され、事前規制が実質的に空文化したにもかかわらず、政府認証を得た製品に対する回収命令が出せないことになっていた[17]。そこで、事故の予防については事業者の自己責任とすることとした上で自己適合宣言することを基本とし、危険度の高い製品については事業者が安全な製品を製造する一般的な能力を確認する方法としていわゆる第三者認証を導入した。その上で事後規制として、あらゆる製品に対する回収命令を可能とした。つまり、公益法人要件を課したままの指定検査機関の方式では政府認証の枠組を脱することができないのでこれを解消し、事後の回収命令を強力にする点に最大の狙いがあったのである。

(2) 第三者認証導入の意義

第三者認証を導入したことが適合性評価制度にもたらした意味は、次の2点あるように思われる。第1は、製品安全規制についての基準とその執行手段としての認証との連携が切断されたことである。政府認証の場合には、政府が定める基準に適合しているかどうかを検査する手段として認証が位置づけられていた。これに対して第三者認証のもとでは、政府が定める基準に適合していることを確保するのはもっぱら事業者の義務であり、第三者認証はそれを検証するための手段にすぎない。事後的に予定されている回収命令の構成要件は、一般消費者の生命・身体について危害が発生するおそれがある場合 (32条) であって、基準適合の担保機能はない。第2は、国家の責任が後退した上記部分において認証ビジネス成立の可能性が生じたことである。改正前の消費生活用製品安全法の段階から重要な役割を果たしていたSGマーク制度は、改正後も継続した[18]。それ以外にもSマーク (電気製品認証協議会) やBAAマーク (自転車協会)[19] など、いくつかの

---

17) 八代尚宏＝伊藤隆一「安全の規制改革」八代尚宏編『社会的規制の経済分析』(日本経済新聞社・2000年) 247-281 (257) 頁。
18) 大村敦志『消費者法[第4版]』(有斐閣・2011年) 292頁。
19) 江藤学「自転車産業の競争力に規格が与えた影響」開発技術13号 (2007年) 45-59 (49) 頁。

マーク制度が登場した。他方で、こうしたマーク制度に関して適合性評価の質の確保を意図した法的規律は今もなおほとんど準備されていない。

2 任意分野における適合性評価の他制度との結合
(1) 経済のグローバル化への対応
　1994年に合意された貿易の技術的障害に関する協定（TBT協定）は、規格が非関税障壁となることのないように、国際規格が存在する場合には国際規格に準拠することとし[20] (2.4)、同時に合意された政府調達に関する協定では、国際規格が存在する場合には、これに準拠しない規格による製品等の政府調達を排除しうる規定を置いた[21] (6.2)。さらに、TBT協定では、適合性評価の相互承認を奨励する規定 (6.4) も置かれている。こうした経済のグローバル化への対応が進展した結果、任意規格にも法的な意義づけがなされることになり、また任意分野の適合性評価をどのように国際的に整合化させるかも重要な法的問題として認識されなければならなくなっている。

(2) 間接規制手段としての適合性評価
　WTO政府調達協定やそれ以前の日米構造協議などにおいて、日本の公共調達を国際的に開放せよとの圧力が強まり、1994年の公共工事の入札・契約手続の改善に関する行動計画において一般競争入札を拡大する方針となった。しかしその入札要件は経営事項審査が中心で、工事の品質を担保する内容ではなかった[22]。そこで当時の建設省は、ISO9000シリーズの認証を受けた事業者に入札参加資格を限定するパイロット事業を1996年から開始し、現在でも重点監督工事を除く全ての一般競争入札を対象に

---

20) これを受けて、JIS規格のISO/IEC規格との整合化作業が行われた。参照、経済産業省産業技術環境局基準認証政策課「基準認証の現状と課題」標準化と品質管理59巻1号 (2006年) 4-14 (6) 頁。
21) ソニーによる非接触ICカードの国際標準化の背景には、こうした事情が存在したとされる。参照、原田節雄『ユビキタス時代に勝つソニー型ビジネスモデル』（日刊工業新聞社・2004年）137頁。
22) 城好彦「建設産業におけるデジューレ・スタンダード」渡部福太郎＝中北徹編『世界標準の形成と戦略』（日本国際問題研究所・2001年）155-174 (166) 頁。

ISO9001活用工事が実施されている[23]。ここでは、公共工事に関する質の確保メカニズムを法律で規定する代わりに、任意分野の適合性評価が用いられているのである[24]。

さらに、法令上の要件充足判断に任意分野の適合性評価が使われている例も存在する。例えば、工業標準化法19条3項に基づく認証の初回工場審査の際に、ISO9001の審査登録を得ていればその結果を利用することで、JISの工場審査の一部を省略する取り扱いとなっている[25]。またかつては、電気事業法52条の溶接安全管理審査の際に、民間認証機関の検査を受ければ一部の検査項目を省略する取り扱いがなされていた[26]。このように、任意分野の適合性評価が他の法制度と結合して一定の法的意義を持つ場面が見られるようになってきているのである。

3 適合性評価手続の共通化

(1) 適合性評価手続ルールの発展

国境を越える財・サービスの移動の障壁を取り除くためには、適合性評価のための実体的な基準を国際化するのみならず、適合性評価の方法や手続についても平準化を図る必要がある。こうした要請から、ISO（国際標準化機構）やIEC（国際電気標準会議）などの国際規格化団体において、適合性評価手続ルールの国際規格（CASCO-toolbox）の策定が進んできた[27]。例えば、適合性評価の用語・一般原則を定めたISO/IEC17000、認定機関に対する一般要求事項を定めたISO/IEC17011、マネジメントシステム認証機関の認定基準としてのISO/IEC17021、試験所・校正機関の認定基準

---

23) 国土交通省「ISO9001活用工事の概要」（http://www.mlit.go.jp/tec/nyuusatu/ISO9001/outline/index.html）。
24) これに対して、ISO14000シリーズの認証取得を入札資格審査の要素に加える（碓井光明『公共契約法精義』（信山社・2005年）351頁）方法は、公共調達契約を他の政策目的（ここでは環境政策）の実現の手段としても利用する文脈に位置づけられる。
25) 日本品質保証機構「JISマーク表示制度　認証の手引き」16頁（http://www.jqa.jp/service_list/jis_a/file/tebiki_08_3.pdf）。
26) 「安全管理審査実施要領（内規）の制定について」（2003（平成15）年7月28日原院第2号）。
27) その機構や規格策定の手続につき参照、原田節雄『世界市場を制覇する国際標準化戦略』（東京電機大学出版局・2008年）190-285頁。

としての ISO/IEC17025、製品認証機関の認定基準としての ISO/IEC17065 が代表的である。これらは、ほぼそのままの形で翻訳されて JIS 規格にもなっている（これを IDT 規格という）。

　本章で検討対象として取り上げる任意分野における認証の例として、製造者の品質管理体制を確認するマネジメントシステム認証（ISO9001 など）や、製品そのものの安全性に関する製品に対する検査、製造過程に対する評価を踏まえて確認する製品認証がある。これらは、適合性評価を行って認証を付与する認証機関と、その認証機関に十分な評価能力があるかを審査する認定機関の 2 段階構造となっており、それぞれへの要求事項や審査過程は上述の国際規格で決定されている。このような枠組に基づき個別の認証契約が認証機関と製造者・供給者との間で締結されて、それにより審査が行われている。

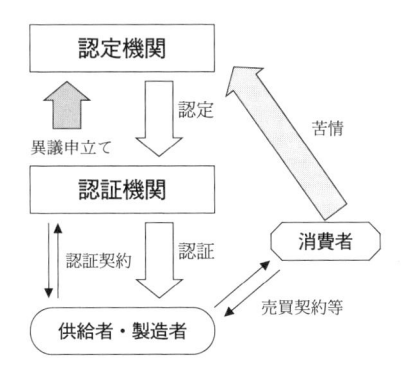

```
          認定機関
      ↑         ↓            苦情
   異議申立て   認定
          認証機関
       ↕              ↓
     認証契約        認証        消費者
                              売買契約等
      供給者・製造者
```

　これに対して、強制分野の適合性評価手続は、個別の行政法令により定められている。このうち政府の代行機関が適合性評価を行う場合には、組織の側面からは公益法人要件（場合によっては法律でさらに厳しい組織要件を定めた上で認可法人とする方法もありうる）を課すことにより、また手続の側面では行政手続法・行政不服審査法が適用されることにより、適合性

28）　認可法人という形式の持つ意味につき参照、原田大樹「自主規制の制度設計」法政研究（九州大学）74 巻 4 号（2008 年）817-840（830-832）頁［本書第 8 章参照］。

評価の中立性・公正性が担保されていた。しかしいわゆる第三者認証の場合には、組織の側面からの公益法人要件がなくなり、また手続に関しても製造者と認証機関との契約関係となることから、行政手続法・行政不服審査法の適用対象外となる。そこで例えば、1999年改正後の消費生活用製品安全法は、認定検査機関に対して適合性検査の受諾義務と公正な検査を行う義務を課した（20条）上で、検査機関が検査を行わない場合や検査に異議がある場合には、事業者が主務大臣に対して検査機関に検査を行うよう命令すべきことを申請する規定（92条：現在の51条）を置いた。[29] 同時に同法は、検査機関の満たすべき基準（18条）の中に「適合性検査が不公正になるおそれがないものとして、主務省令で定める基準」という要件を置き、主務省令においてはISO/IEC Guideなどの国際規格を参考に詳細を定めていた。[30] この変更について行政法学からは、国際的な制度平準化の観点から公益法人要件の代わりにISO/IEC Guideが用いられる方が好ましいとしつつ、公益法人に対する監督制度を補完的に利用できなくなるならば検査機関に対する定期監査制度や国によるサンプリングチェックを行うべきとする見解が示されていた。[31]

(2) 適合性評価手続の共通化

その後、2003年に公益法人改革の一環として第三者認証に関連する法律の多くが改正され、検査機関に関しては主務大臣による認定から登録へと変更された。その趣旨は、検査機関に対する事前規制に主務大臣の裁量をなくすことにあったとされ、その制度的表現として、登録要件の中にISO/IEC Guide等を充足することが明示された。例えば「公益法人に係

---

29) 細川成己「製品安全規制の思想転換」経済産業省商務情報政策局製品安全課編『消費生活用製品安全法逐条解説』（経済産業調査会経済産業情報部・2001年）173-190 (189) 頁。
30) 経済産業省商務情報政策局製品安全課編・前掲註29）77頁。1997年改正後の工業標準化法でも、JIS認定工場の審査・認定を行う認定機関が新設され、これらの機関の指定・承認に関する行政手続法の審査基準としてISO/IEC Guide65の内容が参考とされた（通商産業省工業技術院標準部編『平成9年版 工業標準化法解説』（通商産業調査会出版部・1997年）資料編69-72頁、西川泰蔵「経済産業省基準認証ユニットにおける『認証政策』について」品質工学11巻1号（2003年）64-72 (68) 頁）。
31) 宇賀克也「電気通信機器の基準認証制度の改革」NBL696号（2000年）17-22 (21) 頁。

る改革を推進するための経済産業省関係法律の整備に関する法律」による改正後の消費生活用製品安全法18条1項1号は、「国際標準化機構及び国際電気標準会議が定めた製品の認証を行う機関に関する基準に適合するものであること」という規定を置いている。同様の規定は他にも、計量法143条2項2号、液化石油ガスの保安の確保及び取引の適正化に関する法律53条1項1号、電気用品安全法31条1項1号、薬事法23条の7第1項1号、ガス事業法39条の14の3第1項1号、農林物資の規格化及び品質表示の適正化に関する法律17条の2第1項1号、工業標準化法27条1項1号・57条2項に見られる。この改正により、強制分野・任意分野を問わず、適合性評価の手続に関する基本的部分が共通化され、強制・任意峻別論はその基盤の1つを失ったと思われる。

　他方で、このような立法技術が憲法上許容されるのかどうかは別途検討されるべき問題である。この規定スタイルは、国際規格が変更されると国内の行政法規の法律要件が自動的に変更されることになる動的参照(dynamische Verweisung)と呼ばれるものであり、ドイツでも日本でも違

---

32)　このような立法スタイルは、公益法人改革関連法の中ではまず薬事法改正の部分で採られ、それが後に他の登録認証機関の登録要件に応用されたようである。もともと、この時期にISO13485：2003に世界各国の薬事行政を平準化させる動きがあり(前原泰則「薬事法改正で国際整合が大きく進展」アイソス8巻12号(2003年)31-34(31)頁、横地達夫「改正薬事法及びISO13485：2003の徹底研究(1)」ISOマネジメント5巻10号(2004年)94-97(95)頁)、2004年に制定された医療機器及び体外診断用医薬品の製造管理及び品質管理の基準に関する省令(医療機器QMS省令)はISO13485：2003に準拠したものとなっている。こうした背景から、このような立法技術を採用することへの抵抗が大きくなかったのかもしれない。当時の国会審議においても、「登録のまず基準でございますが、これにつきましては同種の制度を持ちます経済産業省ともよく相談をいたしまして、第三者認証機関の要件としては、国際標準化機構及び国際電気標準会議の定める製品の基準適合性の審査機関、製造所の品質管理方法等の審査機関の基準に適合することを法律上明確化しております。この基準は世界に通用する基準でございまして、適正な基準であると考えているわけでございます。」(第156回国会参議院厚生労働委員会会議録12号・2003(平成15)年5月13日)という政府参考人(厚生労働省医薬局長)答弁がある以外には、特に言及がない。当該規定の意義につき参照、河原敦「低リスク分野で民間の第三者認証開始」アイソス8巻12号(2003年)27-30頁、青柳健太郎他『薬事法・薬剤師法・毒物及び劇物取締法解説[第15版]』(薬事日報社・2005年)143-155頁。
33)　高木光「技術基準の法的性格」同『技術基準と行政手続』(弘文堂・1995年)30-84頁(70頁註(96))[初出1985年]。

憲とする見解が強い[34]。2012年に ISO/IEC Guide65 が ISO/IEC 14065 へと変更された現時点においては、この規定が実質的には静的参照であるとの理解ももはや成立しない。違憲の疑いを回避するためには、法律において登録機関の満たすべき組織・手続上の準則を定めた上で、ISO/IEC 規格を満たせば法定要件を満たすと推定する[35]、あるいは国際的な規範を定める組織に必要な組織法・手続法上の要件を法令で定めつつこれらが失われた場合にはその国家法上の通用力を否定する手法 (例：財務諸表等の用語、様式及び作成方法に関する規則1条3項)[36] が取られるべきである。

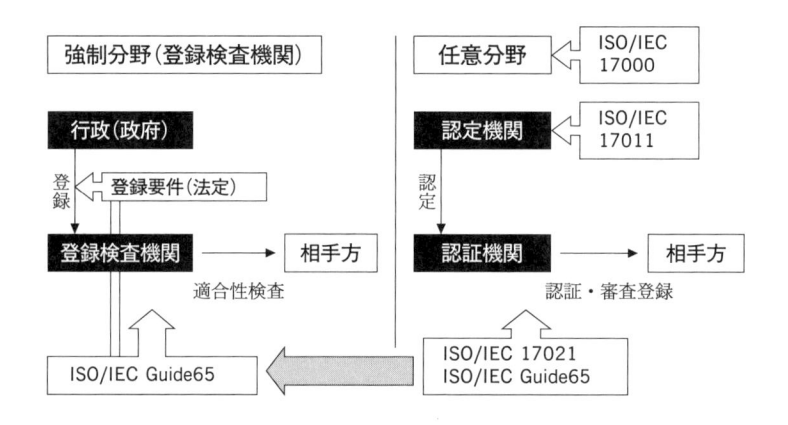

強制分野（登録検査機関）	任意分野	ISO/IEC 17000
行政（政府）	認定機関	ISO/IEC 17011

登録　登録要件（法定）　　　認定

登録検査機関　→　相手方　　　認証機関　→　相手方
　　　適合性検査　　　　　　　　認証・審査登録

ISO/IEC Guide65　⇐　ISO/IEC 17021　ISO/IEC Guide65

III　認定の質の確保—2つの正統性モデル

1　適合性評価の質の確保の必要性
(1)　市場インフラとしての適合性評価
　このように、適合性評価における強制分野・任意分野峻別論は相対化し

---

34)　米丸恒治「『民』による権力行使」小林武他編『『民』による行政』（法律文化社・2005年）52-80 (66) 頁。
35)　原田・前掲註12) 285頁、山本隆司「日本における公私協働」稲葉馨＝亘理格編・藤田宙靖博士退職記念『行政法の思考様式』（青林書院・2008年）171-232 (195) 頁。
36)　原田大樹「本質性理論の終焉？」新世代法政策学研究（北海道大学）11号 (2011年) 259-282 (279) 頁［本書第10章参照］。

てきており、行政法学の研究対象を強制分野に限定する根拠は失われたと考えるべきである。本章ではさらに、任意分野においても適合性評価の質の確保が政策課題として位置づけられるべきであり、そのための規律枠組を「認定」に焦点を当てて設定すべきと考える。認定は、「適合性評価機関に関し、特定の適合性評価業務を行う能力を公式に実証したことを伝える第三者証明」と定義される。認定機関の組織構成や認定手続についてはISO/IEC17011（以下「17011」という）で規定されており、適合性評価機関（及び適合性評価機関になろうとする者）からの中立性を担保するしくみ等が含まれている。任意分野における認定機関は適合性評価のスキームごとに異なっており、国内・海外を含め複数の認定機関が存在していることが通例である。認証機関はこの中から、顧客の需要に応じて認定機関を選択して認定を受けることとなる。わが国の任意分野における民間の認定機関は、公益財団法人日本適合性認定協会（JAB）、一般財団法人日本情報経済社会推進協会（JIPDEC）、株式会社電磁環境試験所認定センター（VLAC）の3つであり、他に、独立行政法人製品評価技術基盤機構（NITE）認定センター（IAJapan）も任意分野の認定業務（製品評価技術機構認定制度（ASNITE））を行っている。以下では、国内で最も広範囲に認定業務を行っているJABを具体的に取り上げることとしたい。JABが取り扱っている適合性評価に関する過去4年間の苦情・異議申立ての内容を分類すると、後述のように、そのうちの約4割が適合性評価の質を問題にしたものであることが分かる。

　もちろん、単に苦情の割合が高いだけで、適合性評価に対する法的介入

---

37) マネジメントシステム認証の質の問題は以前から議論されており、認証機関のあり方を改革すべきとする提案はすでに示されている（代表的なものとして、「日本工業標準調査会適合性評価部会　管理システム規格適合性評価専門委員会報告書」（2003年）38頁以下）。これに対して本章は、認証機関を審査する認定作用・認定機関に注目する質の向上策を主として検討することとする。
38) 「適合性評価―適合性評価機関の認定を行う機関に対する一般要求事項」（JIS Q 17011：2005、ISO/IEC17011：2004[IDT]）3.1.
39) VLACの母体となったVCCIによる自主規制の詳細につき参照、村上裕一「官民協働の手段選択の条件等についての分析」社会技術研究論文集8巻（2011年）124-137（133）頁。
40) 原田大樹「適合性評価の消費者保護機能」NBL985号（2012年）80-89頁［本章Ⅳ3参照］。

が正当化できるわけではない。任意分野における適合性評価は民間ベースで展開され、それぞれの主体が自己の判断に基づき利用している。そこで、市場競争に任せておけば、よい適合性評価だけが残ると考えることもできる。他方で適合性評価は、財やサービスの購入者等に対して提供者や提供される財・サービスの質を表示し、情報の非対称性を解消するいわば市場インフラとして位置づけられる。市場の中で結ばれる個別の取引契約については当事者の自由に任せるとしても、市場を構築する基盤となるルールについては、例えば物権がそうであるように固い法的ルールが準備されてしかるべきである。また、適合性評価は評価のシステムに対する信頼があって初めて機能するという特性を本来持っている。こうした適合性評価に内在する要請からも、評価システムの質確保のための法的枠組の構築が構想できると思われる。

(2) 社会管理システムの一環としての適合性評価

　JABの取り扱っている適合性評価に関する苦情・異議申立てを分析すると、適合性評価の質について苦情を申し立てている立場にばらつきが大きいことに気づく。認証を得ている組織の内部からの告発、認証を得ている組織の取引相手、消費者、利害関係者のほか、一般市民からの申立ても目立つ。紛争事例にもばらつきが大きく、これは適合性評価がさまざまな社会的制度と結びついていることを示すものともいえる。さらに、適合性評価は他の法制度の要件に組み込まれることで一定の法的意義を有することもある。

　このように、適合性評価は単に市場インフラとして位置づけられるのみならず、社会管理システムの一環としても機能している。そうであるとすれば、適合性評価制度の信頼性の維持・向上は、これと連携する他の社会システムからも要請されるはずである。

2　市場競争による正統性——日本法

(1) 市場競争による正統性

　そもそも認定機関の認定機関たる所以はどこに求められるのか。これは、認定機関を要とする適合性評価制度という社会システムの正統性をめぐる

問いと考えることができる。適合性評価の基準となる規格には、個別セクターごとに商品・サービスの質などを定めているもの（実体的規格）と、適合性評価のための手続・組織を定めているものとに分かれる。任意分野の場合には、どの実体的規格を用いて適合性評価機関を認定するかを決めるのは認定機関の自由である。また、適合性評価を実際に行う認証機関・検査機関などは、どの認定機関の認定を受けるかを自由に決めることができる。認証機関等は自国の認定機関から認定を得るのが通例であるものの、認証機関相互の競争関係の中でより有利な地位を占めるため、欧米の認定機関からの認定も得ていることがある。実体的規格の策定を実質的に主導しているのが各業界の業界団体や有力企業連合などのスキームオーナーであり、国際的な規格策定の場を借りつつも、業界の利害を最大限反映させようとしている。スキームオーナーは、自動車分野や航空宇宙分野に見られるように、実体的規格のみならず適合性評価の手続・組織に関しても付加的な基準を定め、認定機関・認証機関にその遵守を要求することがある。このように、任意分野の適合性評価における認定機関の正統性は、市場における競争を経てさまざまな利害関係者に支持されることに求められる。つまり認定機関の存在や活動は、認証機関の多くから認定が求められること、適合性評価システム全体を管理・把握するスキームオーナーから支持されること、さらには認定機関が認定した認証機関の市場シェアが大きくなることによって正統化されるのである。

　他方で、複数の認証機関が市場競争することが race to the bottom になることを避けるためには、価格引き下げ競争に伴う質の低下のおそれにどう対処するか、認定機関による認定や認証機関に対するチェックが甘くならないようにするにはどうすればよいかを考える必要がある。もちろん、これらの点も含めて適合性評価の利用者の自己責任と選択に委ねるべきとする見解もありうる。しかし、適合性評価制度が情報の非対称を解消する市場インフラであるとすれば、そのインフラについてまで質の問題を自己責任と位置づけ、競争による淘汰のみでこれを解決しようとするのは難しいように思われる。

(2) 国際相互承認協定による正統性の補完

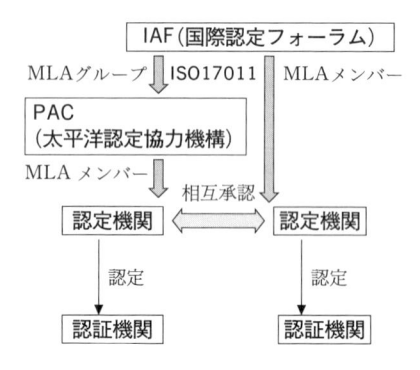

```
            IAF(国際認定フォーラム)
    MLAグループ ↓ ISO17011  ↓ MLAメンバー
         PAC
    (太平洋認定協力機構)
    MLAメンバー ↓      相互承認
         認定機関 ⟺ 認定機関
            ↓認定        ↓認定
         認証機関      認証機関
```

　現時点において、市場を通じた認定機関の正統性を補完する役割をも果たしているとも考えられるシステムとして、国際相互承認協定による認定機関の国際的な相互承認を挙げることができる。認定機関が満たすべき基準はISO17011に定められている。この基準を認定機関が満たしているかどうかを各国の認定機関が相互にチェックするのが、相互承認の手続である。例えばIAFの場合には、認定機関の地域グループ（例：太平洋認定協力機構（PAC））[41]をISO17011に合致しているか審査した上でMLAグループに認定し、この認定を得たグループが各国の認証機関を認定すると、IAFが認定したものとみなされる。相互承認は、覚書（MoU）を締結した後、IAFの評価チームによる書類審査・事務所審査・認定審査の立会審査が実施され、最終的にはIAF評価委員会が判断を行う。[42]この相互承認は、認定機関が認定した認証機関の適合性評価の結果について他国で受け入れてもらう前提条件を整備するためのものであって、この認定がなくて

---

41) 上戸亮「適合性評価制度と試験所認定制度」計量管理47巻2号 (1998年) 2-10 (5) 頁、大坪孝至「適合性評価と国際相互承認の現状」標準化と品質管理52巻7号 (1999年) 13-20 (18) 頁。
42) 大坪孝至「適合性評価と国際相互承認の現状について」検査技術4巻6号 (1999年) 21-29 (26)頁、瀬田勝男「APLAC/ILAC相互承認の現状と課題」計測標準と計量管理59巻2号 (2009年) 60-64 (61-62) 頁。また計量標準国際化につき参照、瀬田勝男「計量標準国際相互承認と地域計量組織の活動」計量管理50巻1号 (2001年) 11-14 (12) 頁。

も国内で適合性評価の認定機関としての活動を行うことは可能である。しかし、相互承認協定メンバーであればISO17011への適合性がピア・チェックによって証明され、海外での検査結果受け入れの可能性が開かれることから、認定機関市場において優位になる。つまり、この方法による正統性の向上は、最終的には市場における選択の基準として働くことによって担保されているのである。

3　法的規律による正統性―ドイツ法

(1)　市場アクセスと市場監視

　認定機関の正統性をめぐって日本法と異なるあり方を示しているのがドイツ法である。ドイツ法における認定機関の発達は、EC/EU法の強い影響下で進行してきた[43]。域内における商品の移動の自由を保障するため、EU運営条約34条・35条は加盟国間の輸出入の数量制限またはこれと同等の効果のある制限を禁止している。他方で同条約36条はその例外として、公の秩序・公共の安全・生命健康保護・歴史文化財保護・工業所有権等保護を目的とする加盟国の輸出入制限措置を許容している。この点に関する加盟国間の制度間調整（Harmonisierung）の動きがEC時代から展開されてきた。1970年代に採用されていたいわゆるオールド・アプローチでは、詳細な技術基準をEC指令によって定立することが目指されていた。しかしこの方法では基準定立に時間がかかりすぎるため、1985年に出されたニュー・アプローチ指令では、規律のレベルを3つの段階に区切った上で次のような制度設計がなされた[44]。まず基準定立に関してはEC指令では基本的な安全基準のみを定めるにとどめ、詳細の具体化はCEN（欧州標準化委員会）、CENELEC（欧州電気標準化委員会）などの欧州レベルの民間標準化団体が定める規格に委ねる方式が採られた。次に商品が市場に流通する市場アクセスの段階では、各国の行政機関が商品を検査して許可を出す方式

---

[43]　新村とわ「EU法および日欧相互承認協定での製品安全性審査における国家と私人の役割(1)」成蹊法学（成蹊大学）73号（2010年）106-87（100-97）頁。

[44]　Hans Christian Röhl, Akkreditierung und Zertifizierung im Produktsicherheitsrecht, 2000, S. 4ff.

を廃止し、製造者が自ら安全基準への適合性を宣言（自己適合宣言）することとし、複雑な構造で危険性が高い製品についてのみ民間の第三者検査機関である指名機関（Benannte Stelle）が検査を行うこととした。最後に商品の流通後の市場監視の段階では、加盟国が商品の安全性を監督し、加盟国の所管行政機関相互の情報交換や欧州委員会との行政連携が規定された。欧州レベルの民間標準化団体が定める規格に合致しているとの自己適合宣言や第三者認証は、当該製品が関連するEC指令の安全基準に合致していることを推定する効果を持ち、市場監督の段階で加盟国がその流通を制限する際には、この推定効を破るための立証を製品の抽出調査によってしなければならない。ニュー・アプローチの特徴は、市場アクセスと市場監視とを峻別した上で、加盟国行政機関の直接的な任務を後者に限定したことにあった。そして市場アクセスについては域内全域で共通の制度を整備する観点から自己適合宣言と第三者認証を選択し、第三者認証については指名機関という新たな欧州レベルの行政機構を生み出したのである。

　続いて1989年に出されたグローバル・アプローチ指令では、市場アクセスにおける適合性評価手続の統一が目指された。具体的には、適合性評価手続をA～Hの8つのモジュールに分け、製品の危険性に応じて組み合わせて用いることとされた。[45][46]これらの手続の中で第三者機関として活動する通知機関（Gemeldete Stelle＝指名機関と同義）に関しては、その満たすべき基本的な原則が若干定められるとともに、EN45000シリーズ（ISO/IEC 17025やISO/IEC Guide 65と同等の内容を持つ適合性評価機関の組織・評価手続等を定めた欧州地域規格）[47]に適合しているとAkkreditierungを受けることなどにより確認できるものは、指令に適合しているとみなされうるとした。このようなしくみは民間レベルの試験所認定ではすでに普及し始めて

---

45) Jörg Windmann, Privatrechtliche Kontrollmechanismen im Rahmen staatlicher Gewährleistungsverantwortung, DÖV 2008, S. 948-954, 952.
46) 山本隆司「工業製品の安全性に関する非集権的な公益実現の法構造」ジュリスト1245号（2003年）65-81（74-75）頁。
47) より詳細には参照、米丸恒治「第三者認証機関論」神長勲他編・室井力先生古稀記念『公共性の法構造』（勁草書房・2004年）97-125（106-110）頁。

いたものの、指令が出された当時、認証・検査機関の幅広い分野に対応した認定制度があった加盟国はオランダ・ポルトガル・イギリスの3ヶ国だけだった。これを加盟各国に拡大させることによって、適合性評価の質の平準化と評価の相互承認を促進する意図が指令にはあったのである。ただし、この指令の中には国内法において Akkreditierung をどのように設計すべきかの詳細は含まれていなかった。そこで当初ドイツ法では、Akkreditierung と（多くは州の権限である）適合性評価機関の国内での活動権限付与（指定）及び指名機関の指名とを明確に区別しない立法が多かった。それでも実際には指定に先立って EN45000 シリーズへの適合性が州の連合機関である ZLS (Zentralstelle der Länder für Sicherheitstechnik) などで審査される実務が存在していた。さらに2004年改正後の機器・製造物安全法の11条1項は指定（Anerkennung）と Akkreditierung を明確に区別した上で、同条3項では指定の際に DIN45000 シリーズ（EN45000 シリーズをドイツ国内規格化したもの）などの Akkreditierung の結果を考慮することができると定めた。ここに至って、連邦の行政機関が欧州委員会に対して行う指名の前提である「指定」の条件としての Akkreditierung（「認定」）と、その基準としての民間規格の存在が法律上明確化したのである。

(2) 認定機関の一本化

認定機関による認定の適合性評価制度における役割が強まるにつれて、ドイツ国内では認定機関が濫立していることに対する問題意識が高まって

---

48) Ein globales Konzept für Zertifizierung und Prüfwesen, KOM (89) 209 endg. v. 15. 6. 1989, ABl. EG 1989, Nr. C 267/19.
49) Röhl (Anm. 44), S. 57ff.
50) Hermann Pünder, Zertifizierung und Akkreditierung, ZHR 170 (2006), S. 567-598, 586.
51) この時期に至るまでの Akkreditierung は指名を構成する一段階とも位置づけられ、適合性評価に関する標準的な認定・認証の構造とは異なる性格を持っていた。おそらくこの点をも踏まえ、山本隆司「公私協働の法構造」碓井光明他編・金子宏先生古稀祝賀『公法学の法と政策(下)』（有斐閣・2000年）531-568 (541) 頁や同・前掲註46)、さらに新村・前掲註43) は、この語を「信認」と訳している。ただし、2004年以降、とりわけ認定機関に関する法律が制定された2009年以降は、Akkreditierung が強制分野・任意分野を問わず同一の意味内容を持つものとして用いられていることから、本章では「認定」と訳すこととした（なお米丸・前掲註12）130頁は、グローバル・アプローチの段階で「認定」の訳語を用いている)。

きた。強制分野においては、前述の ZLS など少なくとも13の行政機関が個別法令等に基づく認定を行っていた。これとは別に、民間の認定機関が業界団体などの手によって10〜20機関設立されていたとされる[52]。民間認定機関は任意分野における認定を行っており、この認定を得ていれば前述のように指名機関の指名の前提となる（強制分野の）認定を得る際に有利に取り扱われることとなっていた。公的・民間認定機関は次第に競合関係に立つようになり、価格の引き下げ競争や認定がいかにスピーディーに得られるかの競争が行われるようになってきた。こうした認定機関の濫立は、ドイツの適合性評価に対する他の加盟国での信用低下も引き起こしかねなかった[53]。こうした race to the bottom を是正するために一定の役割を果たしていたのが、ドイツ認定機関協議会（DAR：Deutsche Akkreditierungsrat）であった[54]。ここには公的認定機関も民間認定機関も参加することができ、認定の質の確保や認定機関の相互調整を行っていた。しかし、こうした活動は競争法に抵触するおそれがあることや、必ずしも全ての認定機関がここに加入していたわけではないことから、この方法による質の問題の解消には限界があったのである[55]。

こうしたドイツ国内の事情と並行して、EU レベルでも認定に関する行政連携の強化や認定の質確保の必要性から[56]、2008年に新たな EC 規則が策定された（ニュー・レジスレイティブ・フレームワーク）[57]。この中では、適合性評価の質を確保するため、認定機関を非営利的・中立的なものとしなけ

---

52) Hans Christian Röhl/Yvonne Schreiber, Konformitätsbewertung in Deutschland, 2006, S. 144ff.
53) Arun Kapoor/Thomas Klindt, Die Reform des Akkreditierungswesens im Europäischen Produktsicherheitsrecht, EuZW 2009, S. 134-138, 136.
54) 山本・前掲註46) 78頁。
55) DAKKS, INTRODUCTION OF THE GERMAN ACCREDITATION BODY (2011).
56) Arun Kapoor/Thomas Klindt, „New Legislative Framework" im EU-Produktsicherheitsrecht, EuZW 2008, S. 649-655, 652; Jörg Windmann, Der Verifikateur und der Aufsichtsbeamte als zentrale Elemente des Sachverständigen-Vollzugsmodells im Technikrecht, DÖV 2010, S. 396-404, 398.
57) Verordnung (EG) Nr. 765/2008 des Europäischen Parlaments und des Rates vom 9. Juli 2008, Abl. L 218 vom 13.8. 2008, S. 30.

ればならないことが強調され、各加盟国で認定機関を一本化することが要求されている。また、域内での多重認定を回避するために認定を相互承認すること、各国の認定機関の認定水準を確保するために認定機関相互のピア・チェックを行うことも規定されている。つまりこの規則は、認定機関の国内での競争も、加盟国相互での競争も禁止しており（6条）、認定を国家の行政機関が与えるか、国内の認定機関に国家的任務として（hoheitliche Tätigkeit）執行を委ねる（4条5項）ことを想定している。この規則の適用範囲は強制分野・任意分野の双方である（3条）。認定機関の満たすべき要件として同規則では、適合性評価機関からの独立性、活動の中立性、専門的能力の確保、内部的な管理体制の整備などを定めている（8条）。この内容は、これまでとは異なり規則の形式で定められているため、国内法による実施を待たなくても法的拘束力を有する。しかしドイツでは、前述の事情から、この規則に国内の認定組織を適合させるために立法措置が必要と考えられ、2009年に認定機関に関する法律（Gesetz über die Akkreditierungsstelle）が制定されている。

　同法は1条1項で、「認定は連邦の国家的任務として（als hoheitliche Aufgabe）認定機関によって実施される」と規定している。そして認定機関は、連邦経済技術省が、連邦内務省・連邦財務省・連邦労働社会省・連邦食糧農業消費者保護省・連邦保健省・連邦交通建築都市開発省・連邦環境自然保護原子力省の了解と連邦参議院の同意を得て出す法規命令によって、1つの民間法人に行政権限の授権（Beleihung）がなされることで指定される（8条1項）。授権の要件は10条1項で規定されており、そこでは、前述のEC規則8条の要件を満たすこと、連邦と州が合計で3分の2以上の資本参加をすること、認定委員会を設置し、委員の3分の2以上を適合性評価機関に一定の法的権限を与える省庁の構成員である専門家によって構成させることが定められている。この規定や、適合性評価に一定の法的権限を与える省庁と認定機関との協力を定めた4条に現れているように、同法はある適合性評価機関が評価を適切に行いうる能力があるかどうかの問題（＝認定）と、法律に基づき一定の適合性評価を行う権限を持つかどうかの問題（＝指定・許可・認証など）とを分離する姿勢を明確に打ち出し

ている。行政機関が直接認定を行う加盟国も存在する中でドイツが行政権限の授権という方式を選択した理由はいくつかある。消極的な理由として、2010年1月1日までに唯一の国内認定機関を設立するという EC 規則の義務を満たすために民間認定機関に雇用されている職員を全て行政機関に移すことが困難であること、連邦または州が単独で認定機関を公法上の営造物（Anstalt）として設立することは双方の立法権限に抵触する可能性があり、共同での設立は憲法上禁じられているとされる混合行政（Mischverwaltung）に当たるおそれがあることが挙げられる。また積極的な理由として、すでに類似の制度である環境監査においても行政権限の授権が用いられていること、認定機関のヨーロッパレベルの団体である欧州認定協力機構（EA：European Co-operation for Accreditation）や国際的団体である IAF/ILAC への参加やこうした場における発言力の確保の観点からは認定組織の属性を民間団体としていた方が好ましいとの判断があった。

　同法の成立を受け、民間認定機関の統合作業が開始された。2009年9月には有力な民間認定機関のドイツ認定協会（DGA：Deutsche Gesellschaft für Akkreditierung）にドイツ化学認定機関（DACH：Deutsche Akkreditierungsstelle Chemie）、ドイツ試験制度認定システム（DAP：Deutsches Akkreditierungssystem Prüfwesen）、認定機関協会（TGA：Trägergemeinschaft für Akkreditierung）が統合され、これも同年10月に連邦政府によって設立されたドイツ認定機関（DAkkS：Deutsche Akkreditierungsstelle）に12月に統合された。同時期にドイツ校正サービス（DKD：Deutscher Kalibrierdienst）も DAkkS に移行し、2010年1月から国内唯一の認定機関と

---

58) BT-Drucks. 16/12983, S. 8. こうした能力と資格の分離は、ニュー・レジスレイティブ・フレームワークを構成する決定（Beschluss Nr. 768/2008/EG des Europäischen Parlaments und des Rates vom 9. Juli 2008, Abl. L 218 vom 13.8. 2008, S. 82ff.）でも前提とされている。欧州共同体製品安全に関する調和化規定に関するモデル規定（同決定 Anhang I）23R 条 4 項では、製品安全に関する適合性評価機関である通知機関の通知を加盟国が行おうとする場合に、当該機関に認定が得られていなければ、加盟国は当該機関の適合性評価能力の証明と、当該機関を定期的に監督する旨の取り決めを、欧州委員会とその他の加盟国に対して提出するものとされている。
59) BT-Drucks. 16/12983, S. 9.
60) BT-Drucks. 16/12983, S. 11.

してのDAkkSが活動を始めた[61]。DAkkS以外のかつての認定機関からの認定は移行措置により2014年末までは有効とされており、ドイツ国内の適合性評価機関はそれまでの間にDAkkSから新たに認定を得なければならないことになっている。

Ⅳ　多元的システムにおける正統性概念

1　国家的任務としての認定作用

　適合性評価は一定の基準への製品・サービス・システム等の合致の評価という作用に注目した概念であり、誰が評価するか（行政なのか私人なのか）、評価が法的に義務づけられたものなのか（強制分野か任意分野か）を問わないものである。かつてのように、強制分野は行政が評価し、任意分野は私人が評価するという区分が成立しているのであれば、行政法学としては強制分野だけを対象として議論していれば足りた。しかしこうした強制分野・任意分野の峻別論は、これまでの分析から明らかなように、日本でもドイツでももはや実定法上維持されていない[62]。こうした状況においては、適合性評価を全体としてどのようなものと位置づけて規律枠組を構想するかが課題となる。

⑴　hoheitliche Aufgabe の意味

　この点を検討する出発点として、ドイツの認定機関に関する法律が認定を国家的任務 (hoheitliche Aufgabe) と規定したことの意味を考察したい[63]。

---

61)　ただし、環境監査の認定を行っているDAU (Deutsche Akkreditierung-und Zulassungs-gesellschaft für Umweltgutachter) など、いくつかの認定機関は存続している (Georgios Dimitropoulos, Zertifizierung und Akkreditierung im Internationalen Verwaltungsverbund, 2012, S. 74)。
62)　ドイツ法及びEU法につき、Dimitropoulos (Anm. 61), S. 46.
63)　注意を要するのは、EC規則及びドイツの認定機関に関する法律が国家的任務と性格づけたのは適合性評価制度の中の「認定」の部分だけであり、認定を受けた適合性評価機関が製造者等との間で行う適合性評価の部分は含まれていないということである。すなわち、任意分野に関してはこの部分が民事契約と構成される点に変更はない。また、強制分野について以前から存在した指名機関の法的性質をめぐる議論（山本・前掲註46) 67-69頁、原田・前掲註12) 192頁、新村・前掲註43) 89頁）にも、同規則や同法の制定は決定的な影響を与えるものではない。

ドイツ公法学において hoheitlich という用語が使われる場合、その性格が国家にしか見られないことが強く意識されている。最も典型的な局面は、国家側の活動に何らかの優越的地位が認められるいわゆる権力的作用である。確かに同法では法規命令によって行政権限の授権を唯一の認定機関 DAkkS に対して行い、DAkkS は認定を行政行為として実行し、その対価は利用料として支払わせる (同法7条) こととなっている。その意味では、hoheitlich を「権力的」と理解する従来の行政権限の授権の議論と大差はない。しかしこの言葉が同法で用いられた背景には、EC 規則 (Verordnung (EG) Nr. 765/2008) にも同じ言葉が用いられていたという事情が存在する。この文脈においては、当該作用が権力的かどうかという点よりも、認定作用が非営利・中立的に行われなければならず、認定機関の競争関係があってはならないという点に強い関心があった。さらにドイツにおけるこれまでの経緯からは、認定機関の任意団体であったドイツ認定機関協議会 (DAR) に全ての認定機関を加入させることや認定の質に関して強いコントロールを及ぼすことは、競争法との関係で不可能であるとの認識が見られた。これらの要素に注目すれば、ここでの hoheitlich は「権力的」という意味というよりはむしろ「国家的任務」であって、この文脈においては特に競争法の規律からの自由という性質を持つものというニュアンスで用いられているように思われる。

　EC 規則では国内における認定機関の競争のみならず、域内の加盟国認定機関相互の競争も排除し、相互承認を行うことが目指されている。ここに、hoheitlich のもう1つの意味を読み取ることができる。ドイツの認定機関 DAkkS は、ドイツ国内及び EU 域内においては認定を hoheitlich なものとして行うこととされている。しかし、EU 域外の海外 (例えば、日本・アメリカ・中国) に所在する認証機関等の適合性評価機関に認定を行うことは EC 規則やドイツの認定機関に関する法律によっては禁止されておらず、こうした活動は hoheitlich でないものとして行われると解されている。EC 規則上は、加盟国内の適合性評価機関は原則として同一国内の認定機関から認定を得なければならないことになっている。例外的に次の3つの場合に国境を越えた認定 (grenzüberschreitende Akkreditierung) が

認められている（規則7条1項）。第1は、加盟国が国内認定機関を設立せず、また他国の認定機関の利用も行わないときである。規則4条2項は、経済的に見て国内の認定機関を指名することが可能でない場合（主として小規模な加盟国を念頭に置いているとされる）には他国の認定機関を用いることができると定めている。第2は、国内認定機関が適合性評価機関の申請した適合性評価活動に対する認定を行っていない場合である。このような事例は、ドイツのDAkkSの場合には存在しないとのことである。[64] 第3は、国内認定機関がピア・チェックによる質の審査に合格していない場合である。これらのうち第2と第3の場合については、認定の申請を受けた国外の認定機関は所在地国の認定機関に通知を行い、所在地国の認定機関がオブザーバーとして協力する可能性を開いている（規則7条2項）。こうした例外規定に該当しない場合には、各加盟国の認定機関は国内に所在する適合性評価機関に対してhoheitlichに活動する。そして、ピア・チェックにより質の審査を受けた国外の認定機関は、規則8条が定める認定機関の要件を満たしたものと推定され（11条1項）、加盟国の行政機関は他国の認定機関による認定も自国認定機関の認定と同等の価値があるものと承認する（11条2項）。この文脈においてhoheitlichは、加盟国国内を認定の管轄対象とするというニュアンスで用いられており、国外に対してはピア・チェックの審査を条件とする推定効として組み立てられている。つまり、EU域内における認定業務の独占と加盟国相互間の管轄調整の意味で、[65] この語が用いられているのである。

これに対して、EU域外の外国に対する認定については、日本などと同じくIAF/ILACにおける国際相互承認協定のしくみが働くことになる。[66]

---

64) ドイツ連邦経済省認定・計量部長 Norbert Schultes 氏、同部 Felicitas Hoch 氏へのヒヤリング（2012年3月7日）。
65) ただし、EU域内における国境を越えた認定の場合、例えば規則4条2項のように、ある加盟国が他国の認定機関を指名した場合にこの認定機関の活動が hoheitlich といえるのかどうかは、規則からは明らかではない。ドイツ連邦経済省及び DAkkS でのヒヤリングの際に同席したコンスタンツ大学の Hans Christian Röhl 教授がこの点を質問したものの、明確な回答は得られなかった。
66) Röhl/Schreiber (Anm. 52), S. 35ff.

IAF のガイドライン[67]によれば、認証機関が複数の国の認定機関の認定や、他国の認定機関の認定を取ることは、認証機関の権利である (1.E.) とされている。ただし、認証機関の認証決定の場所などの「重要な場所 (critical locations)」について認定機関は現地審査をしなければならない (2.3.3) こととなっている[68]。このガイドラインによれば、認定に対する現地認定機関の関与や審査における協力が謳われてはいるものの、それ以上の定めはない。またこの場合には hoheitlich な活動ではないので、民事契約に基づいて DAkkS は活動し、利用料に関する定めの適用もない。ただし、認定の活動内容そのものは hoheitlich の場合とほとんど変わらず、認定された際に与えられるマークも若干デザインが異なるだけであるという[69]。

(2) 適合性評価制度の法的位置づけ

こうしたドイツにおける hoheitlich な活動としての認定の議論は、適合性評価制度の法的位置づけをめぐる2つのモデルをより明確に意識させる。第1のモデルは、適合性評価制度を市場で提供されるサービスの一種と捉え、その正統性や質確保の問題は市場における競争によって決着させるという考え方であり、現在の日本や2008年 EC 規則以前のドイツはこのモデルで把握することができる。もちろん市場競争を選択することは、適合性評価に対する規律枠組を全く不要とする帰結をもたらすわけではない。市場秩序を構成する競争法制は適合性評価の競争関係にも強く影響を与えるし、消費者法の観点からの表示規制・契約規制も考えられうる。これに対して第2のモデルは、適合性評価制度 (の一部) を市場外の制度と捉え、その正統性を民主政の回路から与えるとともに、質の確保についてもより強度の規律枠組を準備するものである。現在のドイツ法・EU 法は適合性評価の中でも認定についてこれを国家的任務と性格づけ、認定機関の国内・域内での競争を排除するしくみを取っている。

---

67) IAF Guidance on Cross Frontier Accreditation (IAF GD 3：2003).
68) 亀山嘉和「制度の信頼性向上のため IAF は何をしているのか?」アイソス13巻8号 (2008年) 21-25 (22) 頁。
69) ドイツ認定機関 (DAkkS) 経営担当理事 Frank Salchow 氏へのヒヤリング (2012年3月8日)。

このように、ある作用が国家的任務に当たるかどうかはその作用の属性から先験的に確定できるわけではなく、原則的には立法者の判断によって決定される。適合性評価制度の質の確保が政策目的として設定された場合、立法者としては、競争法・消費者法により競争秩序や契約秩序を変更することで対応するか、任意分野に位置づけられていた適合性評価を強制分野に組み込んだ上で分野特定的・実体的な規律を強度に加えるか、適合性評価の要である認定の部分だけを取り出して国家的任務と位置づけた上で古典的な行政的手法を投入するかなどの選択を行うこととなる。これに対して、制度設計を支援する行政法学としては、立法者が制度選択を行う際に考慮すべき価値や与件を明らかにする以下のような作業を行っておく必要があるように思われる。

2　正統性概念の動態的理解
(1)　適合性評価制度における正統性
　適合性評価制度に対する規律枠組を考える上で重要な価値は、これまでの分析でたびたび登場している「正統性」である。適合性評価制度という社会システムが正当なものと認識され、通用力を有する性格を持つ必要は、次の2点から生じている。第1は、適合性評価が製品・サービス・システム等の性能を表示し、それによって購買行動に結びつけるものであることにある（市場外在的性格）。そのため、制度に対する信頼や通用力なしに、適合性評価制度が社会システムとして作用する余地はない。第2は、適合性評価制度が社会のさまざまな部分システムと結合し、多数の利害関係者に影響を与えるものであることにある（利害関係の輻輳性）。強制分野はもとより任意分野でも、許認可等の前提条件充足を推定する効果や公共調達契約の条件とされること等により、適合性評価の結果は幅広い利害関係者に影響を与えうる。このため、適合性評価の結果を前提として行動を決定する主体に、適合性評価の質までも考慮して適合性評価機関を選択する可能性が乏しくなる場合が想定できる（自己決定の欠如）。もちろん、適合性評価を受ける製造者・供給者・事業者は適合性評価機関を選択する際にその質や名声、価格を踏まえて相手方を決定するであろうし、その際にはど

の認定機関から認定を得たかも判断要素になっているはずである。ただ、認定機関は適合性評価機関と異なり直接的に適合性評価を担当するわけではないため、製造者等が獲得できる認定機関の質に関する情報は乏しいものとなる。特定の国の認定機関の認定を得ていなければ事実上輸出できないという場面であればともかく、そうでなければどの認定機関からの認定を得たかという要素は二次的な位置づけとならざるをえない。この点は、認定・認証という二重構造を取らない金融商品等に対する格付機関との顕著な差であるように思われる。適合性評価の直接の利害関係者たる製造者等以外の関係者になれば、認定機関の質に関する情報の主観的な重要度はさらに下がることが容易に推測される。他方で、認定機関による認定は適合性評価制度の要の位置にあるから、ここにミクロ的意思決定とマクロ的意思決定における情報の重要度のギャップが存在するのである。こうした議論は、製品やサービスの質の確保の責任がもっぱら製造者等にあるとする考え方とは位相を異にしている点にも留意する必要がある。たとえ質の確保が製造者等の責任領域に含まれているとしても、公正な市場環境の実現や消費者被害の防止の目的から、国家がこれに対して一定の法的な枠組設定を行うべき場面は想定できるのである。[71]

　以上のような適合性評価制度の構造とこれに対する正統性の要請からすれば、市場における個別の自己決定の集積によって質の確保の向上を図ることは難しく、特に認定機関と認定作用に関しては何らかの集団的な意思決定＝民主政の回路による正統性付与が必要となるように思われる。EU法やドイツ法はそのような方向性に基づく制度形成を行っている。他方で、国家による制度形成だけでは処理できない要素も適合性評価に含まれている。それが国境を越える適合性評価の問題である。民主政の回路による正統性付与は、当該回路の範囲を超えて正統性を提供することができない。このため、EUのような枠組を持たない日本ではとりわけ、国際的なレベ[72]

---

70) 信用格付に対する現在の規制のしくみにつき参照、岡東務「格付会社に対する公的規制の枠組み」月刊資本市場309号（2011年）34-43頁、有吉尚哉「格付会社の規制」法学教室377号（2012年）40-44頁。
71) 同旨、Dimitropoulos (Anm. 61), S. 241.

ルにおける適合性評価の正統性確保の方途を開放しておく必要性が高い[73]。また、国境を越える適合性評価は市場で提供されるサービスとして認識される可能性もあり、この場合にはWTO（特にGATS）により形成された国際レジームとの制度間調整が要請される場面も想定されうる。

(2) 正統性概念の動態的理解—開かれた正統性概念？

こうした適合性評価における正統性の議論を公法学における民主政的正統化論と対照させると、どのような特徴を見いだせるであろうか。連邦憲法裁判所の判例における民主政的正統化論の古典的な展開を緻密に分析した研究[74]によれば、国家の行為は国民の意思に還元されうるものでなければならず、そこでは一元的に観念されたVolkとある判断対象との関係に注目して民主政原理の成否が判断され、Volkとはされない利害関係者が特に関与するあり方を民主政の中で基礎づける思考は示されないとされる。これと同様の論理構造は、この議論のKlassikerの一人というべきBöckenfördeの所説[75]にも示されている。こうした理解に一石を投じたと

---

72) EUにおける民主政的正統化論の現状につき、Alexis von Komorowski, Demokratieprinzip und Europäische Union, 2010, S. 168ff.

73) Dimitropoulos (Anm. 61), S. 323ff.が、この点について興味深い立論を行っている。同書では、認定・認証に見られる行政連携を社会の管理活動（gesellschaftliche Administration）と位置づけて民主政的正統化の議論と切り離した上で、民主政的正統化の機能的代替要素としてグローバルな法の支配（globales rule of law-Prinzip）に注目する。これは、good governanceの実現という高次の価値を指定し、公正性・透明性・参加・アカウンタビリティといった実体的な要素から、自立的な正統化を図ろうとするものである。このような理論構成は、国内レベルにおける議会のような強力な制度設計者を持たない国際レベルにおいて、国家との係留点を持たない社会管理作用の正統性を論証するのに確かに適したあり方ではある。しかし、民主主義と法の支配（ないし法治主義）との緊張関係に十分な顧慮が払われていない点、高次の価値としてgood governanceを想定する論拠が十分には示されていない点、従来の議論（とりわけ波及的正統化責任・国家の保障責任）との接合可能性が大きく失われる点において、なお理論的に解明すべき課題が残されているように思われる。

74) 太田匡彦「ドイツ連邦憲法裁判所における民主政的正統化（demokratische Legitimation）思考の展開—BVerfGE 93, 37 まで」藤田宙靖＝高橋和之編・樋口陽一先生古稀記念『憲法論集』（創文社・2004年）315-368 (343) 頁。

75) Ernst-Wolfgang Böckenförde, Demokratie als Verfassungsprinzip, in: Josef Isensee/Paul Kirchhof (Hrsg.), Handbuch des Staatsrechts der Bundesrepublik Deutschland Bd. II, 3. Aufl. 2004, S. 429-495, 446 Rn. 27. ベッケンフェルデに代表される古典的モデルの詳細な分析として参照、門脇美恵「ドイツ疾病保険における保険者自治の民主的正統化(3)」名古屋大学法政論集（名古屋大学）251号（2013年）347-393 (366-387) 頁。

されるのが、連邦憲法裁判所の作用特定的自治（水利組合）に関する2002年判決であった。この判決では民主政と作用特定的自治をともに自己決定に資するものと捉えた上で、作用特定的自治に関しては国民から続く人的な正統性の連鎖は必要なく、議会制定法律によって任務・組織が十分に定められ、その活動に対して民主政的に正統化された公務員が監督していればよいとされた。学説においては、自己決定を基軸に正統化論を再構築する動きが見られる。例えばMöllersは個人の自己決定が法的手法により保護される個別的正統化と民主的に構成された機関が法形成する民主政的正統化は、自己決定や自由意思を有する点で共通の土台を有するとする。この議論は正統化論に三面関係的理解を取り込むことで立法による制度形成・利害調整の作用に焦点を当てるとともに、基本権に注目した個別的権利保護の形式からも正統化を行いうることをさしあたり示したものである。この見方はさらに、適合性評価における正統性の議論と組み合わせると、以下の理論的示唆を与えるように思われる。

　第1は、自己決定を正統化の共通の淵源とすることにより、さまざまな集団の意思決定における正統性と正統化の問題を議論の俎上に乗せうるようになったことである。連邦憲法裁判所2002年判決が直接言及したのは作用特定的自治であったものの、そうした多層的な関係のみならず複線的な関係（適合性評価をめぐる国際的なプライベート・ガバナンス構造はその好例である）においても、自己決定を基軸に正統性・正統化論を展開することが可能になった。第2は、正統性や正統化にグラデーションを観念できるようになったことである。ある社会システムに対して正統性がなぜ、どの

---

76) BVerfGE 107, 59.
77) 原田・前掲註12) 209頁。
78) Christoph Möllers, Gewaltengliederung, 2005, S. 34; ders, Demokratische Ebenengliederung, in: Ivo Appel u. a. (Hrsg.), Öffentliches Recht im offenen Staat: FS Rainer Wahl, 2011, S. 759-778, 760. BöckenfördeとMöllersの立場につきさらに参照、毛利透「行政権民主化論の諸相」樋口陽一他編『国家と自由・再論』（日本評論社・2012年）327-344 (333-335) 頁。
79) Möllers (Anm. 78), S. 41; 244; Claudio Franzius, Europäisches Verfassungsrechtsdenken, 2010, S. 79ff.

程度まで要求されるのかを問うことは、どのような方法による正統化がありうるのか、それらの組み合わせによる解決策がありうるのかを検討することに直結する。[80] 連邦憲法裁判所の諸判例は、もともと国家の諸決定に対する正統化の方法として国民からの途切れない任免関係の連鎖としての人的正統化を偏重する傾向にあったものの、現在ではそれ以外の形式による正統化（特に法律の実体規定を媒介とする事項的・内容的正統化）との組み合わせによる一定水準の確保という見方を示している。[81] さらに2002年判決では、作用特定的自治に対する正統化の手段として、自治組織の構成員に由来する自律的正統化と国家の議会に由来する民主政的正統化（事項的正統化）を組み合わせる方法を示している。[82] 第3は、正統化論を立法者の制度設計責任として議論する方向性の強調である。[83] ある社会システムに対して法的規律を加えるべきか、加えるとしてどのような方法・強度を取るべきかを検討する際には、当該社会システムが正統性を備えるべき理由、現になされている正統化の方法・程度を把握した上で、規律目的との関係で適合的な政策手段が選択されることになる。この意味で正統性論は、国家以外の公的任務遂行主体の活動を規律する立法の要否・手法判断をより具体化するための検討の場として機能することとなる。

　以上のように正統性論は、自己決定による意思形成が期待しにくい領域で集団的な意思形成＝立法による意思形成が必要となるかどうかを議論するためのフォーラムであり、一方の極に個別的意思形成（の集積）による方向づけ（競争による正統化）を、他方の極に憲法上設定された民主政の過程を経た決定の方向づけ（民主政的正統化）を持つグラデーションの中で、諸決定や活動をどのような方法で正統化するかについて検討するバリエー

---

80)　Eberhard Schmidt-Aßmann, Verwaltungslegitimation als Rechtsbegriff, AöR 116 (1991), S. 329-390, 368 は、自治行政に関してすでにこのような方向性を示唆していた。
81)　太田・前掲註74）347頁。
82)　Eberhard Schmidt‐Aßmann, Verfassungsprinzipien für den Europäischen Verwaltungsverbund, in: Wolfgang Hoffmann-Riem u. a.（Hrsg.）, Grundlagen des Verwaltungsrechts Bd. I, 2. Aufl. 2012, S. 261-340, 305 Rn. 57.
83)　この点を明確に打ち出しているのが、「国家の波及的正統化責任」という考え方である。参照、山本・前掲註51）556頁。

ション創造の場である。多元的システムにおいてとりわけ、伝統的な民主政的正統化の諸手段と並んで結果や手続に注目した補完的正統化要素が議論される理論的な余地は、こうして生じていると考えられる。

3 適合性評価における補完的正統化要素

このような見方を現在の日本の任意分野の適合性評価に当てはめると、そこにはすでにいくつもの補完的正統化要素が存在することが分かる。

(1) 認定機関に対する補完的正統化

  (a) 認定の手続過程　認定の手続的過程は、認定を獲得するまでと一旦得た認定を継続・更新する手続の2つに大別される。

① 認定を得るまでの過程は、申請→審査準備→書面審査→現地審査（認証機関の事務所における審査方針等の確認審査、認証機関による審査の現場での立会審査）→審査報告→認定委員会による認定の決定の順番で進行する。この手続の中で、公平性と透明性の確保のためのしくみが17011やこれを受けたJABの内部基準である「マネジメントシステム認証機関の認定の手順」（JAB MS200：2013、以下「MS200」という）で定められている。公平性を確保するルールとして17011には、審査の外部委託（下請負）契約の制限(7.4)、コンサルティング業務の禁止(7.5.1)、審査チームの公平性確保(7.5.3)、審査チームの報告書に基づく認定委員会の判断(7.9.2)のほか、認証機関等の適合性評価機関が認定機関の判断に対して異議申立てできる機会の確保(7.10)も要求されている。また透明性を確保するルールとしてMS200には、認定申請書受領の際にこれを公表し、幅広く利害関係者からのコメントを受け付ける手続が設けられている（MS200 5.4.1）。このコメントの内容を見た上でJABは次の手続に進むかどうかを決定する(5.4.2)。

---

84)　原田大樹「多元的システムにおける行政法学―日本法の観点から」新世代法政策学研究（北海道大学）6号(2010年) 115-140 (135)頁［本書第1章参照］、同・前掲註36) 276頁［本書第10章参照］。これらで論じた要素のほか、トランスナショナルな行政連携においてはさらに、お互いの行政活動の公益適合能力を支える構造に対する「信頼」も正統化の重要な補完的要素となる (Röhl (Anm. 44), S. 44ff.; Schmidt-Aßmann (Anm. 82), S. 308 Rn. 62; Trute (Anm. 3), S. 432 Rn. 115)。この点につき参照、原田大樹「グローバル化時代の公法・私法関係論」社会科学研究（東京大学）65巻2号(2014年)掲載予定。

これは17011では要求されていない独自の手続であり、沿革上は、申請者が反社会的勢力と関係しているかにつき情報を収集するために設けられたものである。しかし、ここでいう利害関係者には、「認定された適合性評価サービスを利用するか、又はそれに依存する」(17011 3.14 備考) 間接的な利害関係者も含まれていると解されるので、この手続を利用して消費者等の第三者が、自己の利益にとって不適切と考える団体の認定申請に意見を述べることは可能である。

② 一旦認定が得られると、定期的なサーベイランスが行われるほか、更新の際には更新審査も行われる。また要求事項への不適合が見つかれば、臨時審査等を経て認定一時停止・取消・範囲縮小などの制裁的措置が取られうる (17011 7.13)。この場面においても透明性確保のためのしくみが見られる。認定機関に寄せられた苦情を機縁として適合性評価機関への臨時審査が行われる可能性があり (7.11.7)、もし認定の一時停止・取消がなされると、広告物への使用停止が確保されるための措置が認定機関によって取られることになる (8.3.2)。さらに、認定の一時停止の場合には公表もなされる (MS200 15.2.1)。

　(b) 認定に対する苦情解決　　認定に対する公平性と透明性を高める要素として、17011は異議申立てや苦情への対応を認定機関に要求している。17011では、認定を得ようとした機関が認定機関の判断等に対して不服を申し立てる異議申立て (appeal) と、それ以外の不服である苦情 (complaint) を区別している。異議申立ては「希望する認定に関して、認定機関が行った不利な決定を再考慮するよう適合性評価機関が行う要請」(3.6)、苦情は「認定機関又は認定された適合性評価機関の活動に関し、個人又は組織が回答を期待して行う不満の表明で、異議申立て以外のもの」(3.9) と定義されている。以下では、正統性との関係がより深い苦情解決について詳細に検討する。

　17011では苦情への対応として、苦情の妥当性決定、適切な対処とその有効性評価 (適合性評価機関に対する苦情はまず適合性評価機関に対処させる)、苦情と処置の記録、苦情申立て者への回答を求めている (5.9)。これを受けてJABでは「認定に関する異議申立て及び苦情対応規定」(JAB SG200：

2013、以下「SG200」という）を定め、苦情解決過程を次のように規定している。申立ては申立て者が申立ての事由の発生を知りえた日の翌日から30事業日以内に、原則として申立て者名を明記した文書で行わなければならない（SG200 4.2）。期間制限を経過した苦情や匿名の苦情については、後述の苦情解決手続を取らないものの、質問として取り上げ、運営面へのフィードバックが行われる。全ての案件はまず、評議員会が選任した各分野を代表する委員3名（このほか、JAB事務局長と経済産業省職員1名がオブザーバー参加）で構成される監理パネル（JAB定款50条、SG200 6）に上程される。監理パネルは異議・苦情解決の進行管理を行い、詳細な調査が必要と判断した場合には、異議申立てに対しては異議処理パネル、苦情に対しては苦情処理パネルを別途設置する[85]（SG200 6.5.1）。苦情処理パネルは主査と委員2名の合計3名で構成され、30事業日以内に委員が選任され、審理開始後6ヶ月以内に結論を得ることとされる（8.1.4）。パネルによる審理の特色は、申立て者・被審理側の双方に原則として意見申立ての機会を与えること（8.1.7）、パネルによる判定の結果は公表されること（11.1）にある。案件の性質上、両当事者を直接呼び出す必要がない場合には、事務局内パネルが設置されることもありうる（8.2）。

　JABに対しては年平均50件超の異議申立て・苦情が寄せられている。[86]このうち異議申立ては概ね5％程度であり、残りは苦情である。苦情は大きくは次の3つの類型に分けることができる。第1は、認定や認証・検査の質を問題とし、認証の取消やさらには当該認証機関に対する認定の取消[87]を求める苦情である。第2は、認定や認証・検査の表示の仕方をめぐる苦情であり、認証の期間が経過しているにもかかわらず認証を得ているとの[88]

---

85)　2013年1月末までに、異議処理パネルは8回、苦情処理パネルは7回、事務局内パネルは3回設置された実績がある（JAB提供資料による）。
86)　2008年度は45件、2009年度は57件、2010年度は50件、2011年度は61件、2012年度（12月まで、以下同じ）は39件である（以下の内容を含め、JAB提供資料をもとに著者が改めて分析を行ったものであるため、JAB公表数と異なっている場合がある）。
87)　2008年度は40％、2009年度は33％、2010年度は46％、2011年度は33％、2012年度は8％である。
88)　2008年度は2％、2009年度は12％、2010年度は12％、2011年度は25％、2012年度は28％である。

表示を継続している、認証が取り消されたのに認証マークを表示したままにしているなどが代表的な内容である。第3は、不祥事に起因するものであり、法令違反などの不祥事が報道等で明らかになった事業者がマネジメントシステム認証などを得ていた場合に、認証の適切性を問うものが多い。毎年、全体の8割から9割程度がこれら3類型で占められている。このうち不祥事に関しては、マスコミ報道を機縁とする対応が定型化しており、必ずしも個人等からの苦情の申出がなくても一定の手続がとられるようになっている。認定・認証の質や表示の問題は、消費者が申し立てる場合のほか、競業者による申立てや内部告発もあり、それぞれがほぼ同数を占める。以下では、苦情の内容についての具体的なイメージを提示することを目的に、実際に苦情としてJABに申し立てられた紛争の内容を守秘義務との関係である程度抽象化した4つの事例を示す。

○認定・認証の質が問題となった紛争事例
[事例1]
　Xは、事業者YがJABの認定した適合性評価機関AからISO9001を取得していることを信頼して契約を結んだ。しかしYが提供したサービスはあまりに低質であり、Xは、この契約の無効を主張してYに対して代金返還を請求する訴訟を提起するとともに、適合性評価機関Aに対して苦情を申し立てた。Xは、Aの対応や審査能力に疑問を持ち、Aを認定したJABに対しても苦情を申し立て、Aに対する認定の取消を求めている。
[事例2]
　Xは、事業者YがJABの認定した適合性評価機関AからISO14001を取得していることをも考慮して、サービス提供契約を結んだ。しかしYは、サービス提供施設周辺において有害な廃棄物を違法に投棄しているようであり、Yからサービスの提供を受け続けるとXに健康被害が及

---

89) 2008年度は42%、2009年度は41%、2010年度は34%、2011年度は33%、2012年度は51%である。
90) 財団法人日本適合性認定協会「組織不祥事への認定・認証機関の対応について」(2008年)。

ぶおそれがある。Xは適合性評価機関Aに対して、この件に関する苦情を申し立てたところ、Aからは何の返答も得られなかった。そこでXは、Aの対応や審査能力に疑問を持ち、Aを認定したJABに対しても苦情を申し立て、Aに対する十分な監督や、場合によっては認定の取消を求めている。

○認定・認証の表示が問題となった紛争事例

[事例3]

　Xは、事業者Yが製造した商品に「この製品は国際規格ISO9001の認証を受けた工場で製造されています」との表示を見つけ、これを信頼して商品を購入した。しかし後で調べてみると、Yの製造工場は認証を得ていないことが分かった。そこでXは、JABに対して苦情を申し立てた。

[事例4]

　Xは、海外の事業者Yの直販ウェブサイトから商品を購入した。Yのサイトには、自社の工場が海外の認定機関Bの認定を受けた日本の適合性評価機関AからISO9001を取得しているとの記載があり、Xはこの点をも考慮して商品を購入した。しかし、実際にはAはBからの認定を受けていなかったことが分かった。そこでXは、JABに対して苦情を申し立てた。

　これら4つの事例に対するJABの対応方法の特色は次の3点にまとめられる。第1は、認証機関との連携による苦情解決である（特に[**事例1**]）。質に関する苦情の多くは、第一義的には認証機関による認証を問題にしている。そこで認定機関であるJABとしては、認証機関への調査を依頼し、調査報告を受けて監理パネルの中で議論を行い、新たな対応を取ることとなる。この過程の中で認証機関の認証先に問題があることが分かった場合には、臨時審査を経て認証の一時停止などの対応が取られることになる。認定機関は認証機関による苦情解決を進行管理する立場にあり、認証機関による苦情解決の取り組みを担保しているのが、伝家の宝刀というべき認定の一時停止・取消である。

第 2 は、フォーマルな紛争解決手段（特に裁判手続）との並行展開である（[事例1]・[事例2]）。[事例1]のような事業者と消費者との紛争に適合性評価が絡む構図の場合には、消費者が事業者に対して訴訟を提起していることがある。裁判や調停が並行して行われている場合であって、当事者及び争点の主要部が一致している場合には、原則として裁判・調停での結論が確定するまでの間、JABでの苦情解決手続は中断することとされている（SG200 4.3.2）。また[事例2]のような法令違反が問題になっている場合で当事者間の法令解釈が異なっている際にも、同様の取り扱いとなる。ただしこれは、苦情解決手続を完全に停止することを意味しておらず、訴訟等が進行中でも内部的な調査や進行管理は行われている[91]。このことは、JABによる苦情解決活動が認定と適合性評価の適正運営の手がかりとしても用いられ、場合によってはその要素が紛争解決による当事者の満足よりも優先的に取り扱われている証左であろう。

　第 3 は、管轄外の苦情への積極的な対応である（特に[事例3]・[事例4]）。JABによる苦情解決手続の対象は、本来であればJABが認定した認証機関に対する苦情に限られているはずである。これに対して[事例3]はそもそも認証が得られていないケースであり、JABとしては苦情解決の対象外として申立てを取り扱わないこともできるはずである。また[事例4]では、海外の認定機関BがJABも加入している国際認定機関フォーラム（IAF）の国際相互承認協定（MLA：Multilateral Recognition Arrangement）のメンバーであれば、Bに対して解決を要請する手続がある（SG200 10.2）。しかしそうでなければ、海外の認定機関に関係する苦情は対象外である。こうした事例についてもJABでは一旦は苦情の内容をもとに調査を行い、可能な範囲内で解決に向けたインフォーマルな対応を行っているという。この場面において苦情は、認定・認証全般に係る表示の適正化の手がかりと位置づけられている。

　認定機関は適合性評価機関・供給者・消費者の三面関係の外側に位置づけられ、消費者からすれば最も縁遠いところにある。また任意分野におい

91）　井口新一・日本適合性認定協会顧問へのヒヤリング（2012年 6 月29日）による。

て適合性評価は、供給者の市場競争上の地位を有利にするため、あるいは消費者による製品・サービス選択の手がかりとするために用いられるものであり、適合性評価の質の問題はこれを利用しようとする供給者や消費者の自己責任の問題とされがちである。さらに、任意分野の認定機関には、強制分野における行政機関のように制度を維持するための強力なサンクション手段が用意されているわけではない。このように、任意分野における認定機関による苦情解決が機能しないことが想定される要素をいくつも挙げることができるにもかかわらず、JABによる苦情解決手続は機動的であり、第三者の利益保護の観点から一定の成果を挙げているように思われる。その理由として、苦情解決手続が適合性評価制度の運営を適正化する手段の一環として、制度の問題点を洗い出してフィードバックする過程の中に位置づけられていることが挙げられる[92]。このようなADR（裁判外紛争処理）の活用方法は、自主規制団体が自律的にルールを定めてこれを自らの手で執行する際にしばしば見られる[93]。そして、このような手続が適合性評価制度の社会的な信頼性を向上させることで、任意分野という法的にこれを基礎づける要素が乏しい領域において、適合性評価が社会的制度としての正統性を獲得する経路となりうることが示されている。

(2) 認証機関に対する補完的正統化

認証は、「製品、プロセス、システム又は要員に関する第三者証明」[94]と定義される。認定と異なり、製品やサービスなどの対象それ自体に対する適合性評価活動である。認証はマネジメントシステム・製品・要員の3種類を対象としており、それぞれ規定している国際規格が異なっている[95]。以

---

92) このことは17011が要請することでもある（前述のように5.5では、認定機関の業務運営の不具合の特定資料として苦情を位置づけている）。また、ADRの手続を定めた国際規格であるISO1002にも類似の考え方が見られる（山田文「裁判外紛争解決手続に関するISO規格（NWI10003/DIS）の概要(下)」JCAジャーナル54巻2号（2007年）2-8 (4) 頁、大貫敏彦「消費者保護関連の3規格（ISO10001/10002/10003）の概要とISO 10002に基づく苦情対応マネジメントシステムの構築事例紹介」アイソス16巻12号（2011年）19-22頁）。

93) 原田・前掲註12) 138頁。

94) 「適合性評価―用語及び一般原則」（JIS Q 17000：2005, ISO/IEC17000：2004[IDT]）5.5。

95) マネジメントシステム一般に関しては「適合性評価―マネジメントシステムの審査及び認証を行う機関に対する要求事項」（JIS Q 17021：2007, ISO/IEC17021：2006[IDT]）、要員認証に関しては「適合性評価―要員の認証を実施する機関に対する一般要求事項」（JIS Q

下では、一般のマネジメントシステム認証と製品認証を念頭に置く。これらの認定との違いは、利害関係者との距離が近くなること（被認証組織から報酬を得て認証を行うこと）、認証機関同士が市場において競争することが想定されていること（認証機関に対する非営利性の要求がないこと）である。[96]

認証機関も認定機関と同じく、国際規格（ISO/IEC17021（以下「17021」という）、ISO/IEC 17065（以下「17065」という））では「法人」であることが要求されるのみで（17021 5.1.1、17065 4.1.1）、法形式の指定は存在しない。それゆえ、JABが認定している認証機関には、一般社団法人・一般財団法人・株式会社・有限会社・特別の法人により設立される民間法人[97]など、多様な法形式が見られる。しかし、組織運営の公平性への要求は強い。例えば認証機関のコンサルティング業務の禁止や、被認証組織との経済的結合関係の禁止（17021 5.2、17065 4.2.2）、内部でのマネジメントシステムの確立（17021 10.2/10.3、17065 8.1.1）が求められている。さらに透明性の確保に関する要求事項も定められており、情報公開（17021 4.5、17065 4.6）や認証の有効性確認手段の提供（17021 8.1.4）などが規定されている。

認証の手続的過程も認定と同様に、認証を獲得するまでと一旦得た認証を継続・更新する手続の2つに大別される。

① 認証を得るまでの手続は、申請→申請のレビュー→審査チームの確定→初回認証審査→審査報告書作成→認証決定の過程を経る。審査チームと認証の決定者を分離する点は認定と同じである（17021 9.2.5.2、17065 7.6.2）。マネジメントシステム認証に関する初回認証審査は2段階に分かれている（17021 9.2.3）。第1段階では、マネジメントシステムの文書審査や依頼者のマネジメントシステムに関する理解度が審査対象となる。第2段階ではさらに、マネジメントシステムの実施評価や有効性評価が行われる。この両者の結果を総合して審査報告書が作成され、これに基づいて認証機関が認

17024：2004, ISO/IEC17024：2003[IDT]）、製品認証については「適合性評価—製品、プロセス及びサービスの認証を行う機関に対する要求事項」（JIS Q 17065：2012, ISO/IEC 17065：2012[IDT]）が規定を置く。

96) この点が生じさせうる問題につき参照、「第三者認証制度への期待」ISOマネジメント9巻5号（2008年）68-84（80）頁。

97) 宇賀克也『行政法概説III〔第3版〕』（有斐閣・2012年）276頁。

証を与えるかどうかを決定する。

② 認証維持の手続の詳細は、マネジメントシステムに関してのみ規定がある（製品認証に関しては定期的なサーベイランスのみを要求している（17065 7.9））。それによれば、初回の認証の後、1年目・2年目にサーベイランス審査、3年目には再認証審査が行われ（17021 9.1.1）、審査計画を策定し、審査日を事前合意した上で行われる（9.1.8）。これとは別に、苦情調査等のための短期予告審査（9.5.2）がなされることがあり、この結果として認証の一時停止・取消・範囲縮小が行われることもあり（9.6）、その内容は要請に応じて関係者に回答されなければならない（9.6.7）。認証機関に対する異議申立て・苦情解決手続に関する要求事項は認定機関に対するものとほぼ同様である（9.7/9.8［17065 も7.13で同様の規定を置く］）。

　(a) 公平性委員会による公平性・透明性確保　　これまで見たように、認証機関の公平性を確保するためのしくみは認定機関とほぼ同水準である。これに対して、被認証組織以外の第三者である消費者等の利害を認証に反映させる認証機関に特徴的な方法として、公平性確保のメカニズム（特に公平性委員会）と認証契約の2つが準備されている。公平性確保のメカニズムとは、認証機関の運営に公平性が確保されるための組織・手続上の構造のことであり、ここでいう公平性には、被認証組織以外の第三者に対する開放性や透明性も含まれている。すでに ISO/IEC Guide65 の段階で、公平性を確保するための組織運営機構の整備が要求され、「認証システムの内容及び機能に関する方針及び原則の立案に重要なかかわりをもつすべての関係者が参加可能となるようにしなければならない」(4.2 e)）との規定が置かれていた。マネジメントシステム認証に関する ISO/IEC17021 では公平性委員会の設置が要求され (6.2)、同委員会が認証機関の公平性に関わる方針の策定や認証機関のプロセスの公平性について少なくとも年1回のレビューを行うこととされている。この委員会への参加が想定されている利害関係者は、認証機関への依頼者、被認証組織、産業団体代表、規制当局代表、消費者団体代表等である (6.2.3)。認証機関のトップマネジメントが同委員会の助言を尊重しない場合、委員会は独自の行動（具体的には規制当局・認定機関等への通報）を取る権利を持たなければならない

(6.2.2)。一方、Guide65 にはここまで詳細な規定がなく、IAF が作成した Guide65 適用指針においてこれに類似する組織と手続を設けることが規定されていた。これに対して ISO/IEC17065 では、17021並みに詳細な規定が導入されている(5.2)。

　上記の規定を受けて具体的にはどのようなしくみが設けられているのであろうか。マネジメントシステム認証で国内最大のシェアを有する一般財団法人日本品質保証機構（JQA）では、利害関係者から構成される諮問委員会をスキームごとに設置している。例えば、マネジメントシステムに関しては事業者・消費者・学識経験者などを、電気製品安全に関するスキームであるＳマークに関しては製造事業者・部品製造事業者・流通関係者・消費者・学識経験者などを構成員としている。委員会の任務は、スキーム立ち上げ段階においては手続書の整備、コンサルティング業務を行っていないことの確認、評価チームと認証決定者とのファイヤーウォールの確認などであり、業務段階に入ると手順通りの運営や評価における平等取り扱いが担保されているかの確認が中心となる。また認証機関に対する苦情との関係では、苦情を踏まえて認証時の要求事項を変更する際に、委員会に諮ることとなっている。

　公平性委員会はこのように、消費者を含む認証の間接的利害関係者の地位にマクロ的に配慮する構造と手続を用意している。また、トップマネジメントが助言を受け容れない場合の認定機関等への通報権が存在することにより、先述の認定機関による苦情解決手続と接続して、適合性評価制度の運営の適正化が図られる可能性も認められる。公平性委員会は、消費者等の第三者の利害を適合性評価に反映させるプラットフォームとして発展し、このことが補完的正統化要素として適合性評価の正統性を向上させる

98）　IAF Guidance on the Application of ISO/IEC Guide65：1996（IAF GD 5：2006）Issue 2 4.2.
99）　ISO/IEC　Guide65 と ISO/IEC17065 との相違点を整理したものとして参照、住本守編『ISO/IEC 17065：2012（JIS Q 17065：2012）製品認証機関に対する要求事項―解説と適用ガイド』（日本規格協会・2013年）29-62頁〔浅田純男〕。
100）　浅田純男・日本品質保証機構認証制度開発普及室室長へのヒアリング（2011年12月22日）による。

可能性があるように思われる。

　(b)　**認証契約への規律**　認証機関による認証やその維持・更新は、被認証組織との認証契約に基づいて行われる[101]。認証契約は認証機関と被認証組織との権利義務関係を明確にするとともに、認証を取り巻く幅広い利害関係者の利益を保護するのにも用いられる法的手法である。ここで例えば、消費者の利害への配慮が求められている規定に注目すると、申請に対する認証機関の要求事項として Guide65 では、苦情の解決をも目的とした文書調査・立入調査・記録閲覧・面接調査の用意を含む認証の実施に必要な準備を全て行うことが規定されていた (8.1.2 b))。17021になると、苦情の解決をも目的とした「全てのプロセス、領域、記録及び要員へのアクセス並びに文書の調査」のための用意を含む審査実施のために必要なあらゆる手配を行うことが要求されている (8.6.1 d) 2))。さらに17065では、認証の合意によって、評価・サーベイランスの実施や苦情の調査に必要な全ての手配、依頼者が知りえた認証要求事項への適合性に関する全ての苦情の記録と認証機関への提供、苦情や適合性に影響を与える製品不備への適切な措置とその文書化を依頼者に要求するとしている (4.1.2.2)。このように、認証契約における消費者利害への配慮の要求は規格策定の時期が後になるにつれて拡大しており、特に17065では認証契約上の要求事項としてさまざまな内容が追加されていることが注目される。

　適合性評価制度において認証機関は、依頼者である被認証組織から報酬を得て認証業務を提供する。また、認証機関同士は市場において競争関係にあり、認定機関にはない営利的な動機がシステム上も是認されている。認証機関の法的責任は第一義的には被認証組織に対して成立しており、消費者等のエンドユーザーに対する関係は供給者・製造者の責任領域であると整理されている。しかし、これまで述べたように認証機関は、マクロ的には公平性委員会によって、ミクロ的には認証契約によって、消費者をはじめとする第三者の利害を認証過程に反映させるしくみを設定している。

---

101)　17021では、「法的に拘束力ある合意書」の締結義務が明示されている (5.1.2)。Guide65では、このような表現が取られていないものの、申請書に対する要求事項の中に類似の定めが見られた (8.2.1)。17065では、17025と同様の表現が含まれている (4.1.2.1)。

このこともまた、適合性評価の正統性を高める役割を果たしている。

V　おわりに──適合性評価への法的アプローチ

1　適合性評価の規律枠組

　これまでの検討を踏まえ、日本における適合性評価の規律枠組の選択肢を示すこととする。本章がこれまで取り扱ってきた適合性評価の質との関係で今後大きな問題を生ずるおそれがあるのが、他国の認定機関から認定された認証機関が、認定機関の十分な監督を受けないまま質の低い認証活動を行うケースである。JAB の取り扱っている適合性評価に関する苦情・異議申立てのうち、このケースに該当するのは多くても年間1件である。しかし今後、適合性評価に対する社会の需要が高まり、また国境を越える認定が増えてくれば、この問題が深刻化するおそれがある。

　第1の選択肢は、市場競争による正統性のモデルを維持しつつ、認定機関・認証機関等の適合性評価機関の国際的なプライベート・ガバナンスの枠組の中での対処を模索するものである。例えば、IAF のガイドラインにおいて、認証機関の認定は原則として現地の認定機関から得ること、あるいはそれが不可能でも認定の際の現地審査や継続的な監督活動は現地の認定機関が行うことを盛り込むことができれば[102]、ある程度の解決を図ることができるかもしれない。ただし、この場合でも現地の認定機関が複数存在していると、監督活動をめぐる race to the bottom が起こりうるので、少なくとも MLA メンバーについては国内で一本化しておく必要があるように思われる。

　もう1つの解決策は、ISO/IEC 規格をベースに法律で認定機関が維持すべき組織・手続要件を定め、この要件を満たさない認定機関から認定を得た認証機関の活動を規制することである（法律ではなく、認定機関と国が契約を締結して同様の法的要請を及ぼす可能性もありうる）。法律で要件を定

---

[102]　JAB は現在、PAC などの場を通じてこうした制度改善案を提案中とのことである（井口新一・日本適合性認定協会専務理事へのヒヤリング（2012年1月26日））。

めておけば、この要件を満たす認定機関（海外を含む）の間で競争関係が生じても、これに伴う質の低下を避けることができるし、要件を充足しない認定機関からの認定を受けて活動する認証機関に対して是正のしくみを用意することも考えられる。この方法は、認定機関に対して法律によって民主政の回路からの正統性を付与することで、制度の信頼性を高めるものである。もしこのような制度化を構想するとすれば、さらに次の3点についても考慮すべきである。第1は、認定機関の数の問題である。認定機関が適合性評価制度の要である点を重視すれば、分野ごとに1つに限定するという選択肢もありうる。他方で、法律により最低限度の組織・手続要件を担保する以上、競争関係により質の向上を図るべきという見方もできるかもしれない。第2は、認定機関の組織要件である。現在の民間認定機関は、JAB（公益財団法人）・日本情報経済社会推進協会（JIPDEC）（一般財団法人）・電磁環境試験所認定センター（VLAC）（株式会社）で、これらの組織形態はまちまちであるから、競争させるとすればイコール・フッティングの観点から組織やガバナンス構造を平準化する必要が出てくるかもしれない。また、独立行政法人製品評価技術基盤機構の認定部門であるIA-Japanの位置づけも再考する必要がある。当該業務が、「民間の主体にゆだねた場合には必ずしも実施されないおそれがあるもの又は一の主体に独占して行わせることが必要であるもの」（独立行政法人通則法2条1項）に該当するためには、民間認定機関が活動していない分野における補完的な役割にとどめて法制化する方向性も考えられる。第3は、国が認定機関の役割を果たしている消費生活用製品安全法・薬事法などの分野をどうするかである。これらの分野にも適用できる一般法として設計するとすれば、規制者と認定機関とを分離するヨーロッパ法・ドイツ法と同様の考え方に基づいた制度を構築することも考えられる。

2 適合性評価への法的アプローチ

本章が紹介した認定機関・認証機関に対する国際規格による行動規律の諸要素は、行政機関の行動原理と類似している点が多い。他方で、任意分野における適合性評価は、原則としては純粋に民間の作用として展開され

ており、非関税障壁の撤廃に関する国際的な法制度（WTO/TBT 協定、二国間 FTA・EPA など）や行政システムとのインフォーマルな連携（例：政府調達契約の参加要件としての認証）の場面を除けば、国家の行政過程との明示的な接点を持たない。こうした適合性評価の作用をどのように法的に位置づけた上で理論的なアプローチを試みればよいかが、大きな学問的課題となる。

　第 1 の可能性は、公共制度設計の一手法として把握する方法である[103]。国家は政策課題上の必要性に応じて、現在は任意分野となっている適合性評価制度を法律によって強制分野に変更することが可能であるし、任意分野のままであってもその手続面や実体面を法律で規律することはできる。それにもかかわらず国家が介入しない選択肢（不介入オプション）[104]を採用しているがゆえに、本章が紹介した任意分野における自律的で多層的な管理システムは展開可能と考えるのである。

　第 2 の可能性は、多数当事者の利害調整システムがビルトインされた「契約」として認証契約を位置づける方法である。適合性評価は、財やサービスの購入者等に対して提供者や提供される財・サービスの質を表示し、情報の非対称性を解消する市場インフラとして位置づけられる。また、適合性評価は評価システムに対する信頼があって初めて機能するという特性を有する。さらに適合性評価は多数の利害関係者を抱えており、個別的な契約において二当事者の利害関係を調整するだけでは全体として適切に機能することが期待できない。この意味において、適合性評価の法関係の要である認証契約は「制度的契約」[105]としての特性を持ち、ここからさまざま

---

103)　谷みどり『消費者の信頼を築く』（新曜社・2012 年）13 頁は、消費市場の問題に対応する規範の守り方として強制・圧力・良心を挙げ、「良心」に基づく政策手法として情報や知識の共有、事業者団体・消費者団体の活動などを例示する（同書 98-106 頁）。この立場からは、適合性評価制度も「良心」の制度化と位置づけられうるかもしれない。
104)　中里実「国家目的実現のための手法」南博方他編・市原昌三郎先生古稀記念『行政紛争処理の法理と課題』（法学書院・1993 年）47-67 (59) 頁。
105)　内田貴『制度的契約論』（羽鳥書店・2010 年）96-100 頁。行政法学と制度的契約の関係につき参照、原田大樹「行政法学から見た制度的契約論」北大法学論集（北海道大学）59 巻 1 号（2008 年）408-395 頁［本書第 3 章補論所収］。

な法的規律の可能性を構想しうる。

　第3の可能性は、社会による管理作用として適合性評価を位置づける方法である。国家と何らかの係留点を有する作用については国家の制度設計責任・枠組設定責任の問題と位置づけ、その外側にある作用は社会による管理作用としてこれとは別の類型を立てた上で、行政法学や民事法学に加えて国際法学・国際関係論などの隣接諸科学の理論を参照しながら新たな議論の場を設定する方向性も考えられる。

　本章は、適合性評価に焦点を当て、法律学にとって興味深く、また法律学からのアプローチが喫緊に要請される諸課題が現に存在していることを示したにとどまる。その理論的な考察の深化とそれを可能とする考察枠組の提示は、今後の課題としたい。

---

106)　その限りにおいて適合性評価制度は自主規制、すなわち「ある社会問題を解決するために、国家によって選択・利用される政策手段」（原田・前掲註12）239頁）の一種、である。
107)　安田理恵「行政法を構成する専門職自主法(1)～(3)」名古屋大学法政論集（名古屋大学）248号（2013年）123-170頁、249号63-118頁、251号297-345頁は、アメリカの医療職の自主法と州行政法との関連を丹念に検討しており、その成果は本書の問題意識から見ても極めて興味深い。

第 2 章補論

国際的行政法の発展可能性
――書評:斎藤誠「グローバル化と行政法」

　グローバル化の波が日本にも押し寄せる中で、日本の国内行政法学に今や開国の時が到来しているのだろうか。もし開国する必要があるとすれば、行政法理論のどの部分に変容が迫られるのか。この課題を解くための導きの糸となるのが、斎藤誠「グローバル化と行政法」である[1]。国際化・グローバル化時代における行政法理論の変容に以前から関心を寄せ、研究を続けてこられた第一人者の手になる本論文は、これまでの研究成果も踏まえつつ、グローバル化がもたらす理論的なインパクトを豊富な具体例に基づいて明らかにしている。その特色を3点挙げるとすれば、第1にこれまでの日本の公法理論の蓄積を踏まえた理論構築が指向されていること、第2に垂直・協力関係よりも水平関係の分析、特に公法抵触法の議論に焦点が当てられていること、第3に行政法総論(一般行政法)のレベルでグローバル化に対応する法理論の展開が模索されていることである[2]。本章では、本論文の理論的アプローチ方法(Ⅰ)、本論文が取り上げている水平関係(Ⅱ)、垂直・協調関係(Ⅲ)、行政法総論改革(Ⅳ)について提示されている論点をそれぞれ簡潔に紹介した後、関連する具体例を示した上で、国際的行政法の理論構築に関する今後の議論の素材を提供する観点から若干の私見を展開することとしたい。

---

1) 斎藤誠「グローバル化と行政法」磯部力他編『行政法の新構想Ⅰ　行政法の基礎理論』(有斐閣・2011年) 339-374頁 (以下「本論文」と表記し、引用時は頁数のみを示す)。
2) これに対して「多元的システム論」の問題関心は、本論文の分類軸でいえばむしろ垂直・協力関係における理論構築にあった。その現時点における見通しを示したものとして、原田大樹「多元的システムにおける行政法学―日本法の観点から」新世代法政策学研究 (北海道大学) 6号 (2010年) 115-140頁 [本書第1章参照]。

I　はじめに

1　グローバル化に対する行政法学の対応

19世紀半ばの国際行政連合の登場を受けて、ヨーロッパでは行政の国際化を国際行政法として把握する動きが見られた。外国法理論を継受した日本の行政法学でも、条約を法源に含めたり、行政法の地的効力の問題が取り上げられたりした。20世紀に入って、国際私法をモデルに国際行政法（Internationales Verwaltungsrecht）論が展開されたドイツの学説を受けて、田中二郎「国際行政法」[3]が登場した。しかし第二次世界大戦後の行政法学においてはこうした関心が薄れ、むしろ国際法の側からこのような問題関心へのアプローチがなされた[4]。国際法学における条約の国内適用可能性の議論[5]に刺激を受けて、行政法学の側でも条約の国内法化の問題を扱う業績[6]が登場したり、EC行政法から示唆を受けた制度平準化の問題を議論する作品が登場したりしたものの[7]、学界全体としての本格的な取り組みはなされてこなかった[8]（344-347頁）。その原因として本論文は、憲法という濾過層が存在したこと、特別行政法（行政法各論）がまずは国際的な問題との接触面を形成したことを挙げている（372頁）。

本論文も指摘するように（347頁（註28））、このような傾向はドイツ行政法

3）　田中二郎「国際行政法」末弘厳太郎＝田中耕太郎編『法律学辞典(2)』（岩波書店・1935年）787-792頁。

4）　山本草二「国際行政法の存立基盤」国際法外交雑誌67巻5号（1969年）529-594頁、同「国際行政法」雄川一郎他編『現代行政法大系第1巻』（有斐閣・1983年）329-364頁。

5）　岩沢雄司『条約の国内適用可能性』（有斐閣・1985年）。

6）　成田頼明「国際化と行政法の課題」成田頼明他編『行政法の諸問題(下)』（有斐閣・1990年）77-106頁。

7）　1992年の日本公法学会報告、特に次の3報告が代表的である。参照、田村悦一「国際社会と公法の統合」公法研究55号（1993年）19-37頁、大橋洋一「国際ルールの形成と国内公法の変容」公法研究55号（1993年）52-63頁、藤原静雄「国際化の中の個人情報保護法制」公法研究55号（1993年）64-78頁。

8）　例外的な業績として参照、斎藤誠「多国間条約の展開と国内法」中山信弘編・牧野利秋判事退官記念『知的財産法と現代社会』（信山社・1999年）383-393頁、北村喜宣「『グローバル・スタンダード』と国内法の形成・実施」公法研究64号（2002年）96-111頁。

学にも共通して認められる。ドイツでは抵触法としての国際行政法理解が[9]第二次世界大戦後弱体化した後、ヨーロッパ化による議論を除いて国際化に伴う国内公法学の変容の必要性が意識されるようになったのは1990年代以降である。最初は国際法学が取り上げ[10]、それが国内行政法学へと波及したという展開も日本と類似している[11]。この点からすると、EUのようなsupranationalな機構の不存在が日本の行政法学のこの問題に対する消極性の原因と特定するのは、おそらく正確ではない。本論文の指摘との重複をおそれず、その原因を整理すると、以下の3点に集約できると思われる。

第1に、行政法学の理論体系の基盤を形成する法律による行政の原理の考え方を前提とすれば、国際的な規範が立法者を介在させずに国内法上効力を及ぼす場面は限定的・例外的（であるべき）と考えられてきた。国際法学における条約の直接適用可能性の議論は国内行政法学にはさほど共感されず、国内行政法学は国際的な規範が一旦立法者によって国内規範化された後の行政活動や訴訟の問題を取り扱えば足りるという見方が一般的であった。このような傾向に拍車を掛けたのが、行政法(学)を国内公法(学)と自己規定し、憲法学や国際法学との分業を指向する日本の公法学における専門分化傾向であった。

第2に、現在の日本の行政法学において広く支持を集めている行政過程論に課題対応力が大きく[12]、グローバル化によって生じる諸問題への対応を別途検討する必要性がそれほど意識されなかった。行政行為論に代わる理論体系として登場した行政過程論は、行政過程空間を設定した上でそこに行為形式や一般的制度が配置される構造を持つ。この枠組にはインフォーマルな行政活動が幅広く取り込まれ、また行政過程論が注目を促した法的

---

9) 代表的なものとして、Karl Neumeyer, Internationales Verwaltungsrecht Bd. 4, 1936。
10) Jost Delbrück, *Globalization of Law, Politics, and Markets*, 1 IND. J. GLOBAL LEGAL STUD. 9 (1993).
11) ドイツの国内行政法学の関心を集める1つの契機となった代表的な作品として、Christian Tietje, Internationalisiertes Verwaltungshandeln, 2001. 国内行政法学からこの問題に本格的にアプローチした初期の作品として、Matthias Ruffert, Die Globalisierung als Herausforderung an das Öffentliche Recht, 2004.
12) 塩野宏「行政作用法論」同『公法と私法』（有斐閣・1989年）197-236 (228) 頁 [初出1972年]、同『行政法Ⅰ [第5版補訂版]』（有斐閣・2013年）90頁。

仕組み全体への配慮（仕組み解釈）という考え方は、私人による行政を法的に適切に把握する指針ともなった。この結果、グローバル化がもたらす国内公法学への影響のかなりの部分を行政過程論が吸収することができ、逆にいえば新たな理論体系や法概念を生み出す必要性が顕在化しなかった。同時に、行政過程論はそれ以前の行政作用法総論・各論の体系と比較して、個別法分野との距離を確保する方向性をも示唆していた[13]。国際化やグローバル化が法制度に変革を要請した代表的な分野である租税法・環境法・知的財産法・社会保障法などの分野は、いずれもかつての行政法各論から独立しており、これらの法分野における諸課題に対する行政過程論の感受性は弱くなっていた。

第3に、ドイツあるいはアメリカでこの問題に関心が集まり始める2000年代前半において[14]、日本においては行政事件訴訟法改正と法科大学院の導入（いずれも2004年）が重なり、国内行政法の解釈問題への関心が一気に高まった。この時点を境に、国内行政法研究はそれまでの各論素材を中心とする法制度設計分析から、行政救済法をはじめとする行政通則法の解釈論へとその重心が移動し、グローバル化の影響をより受けにくい分野が学界における議論の中心となったように思われる。

2　グローバル化に対応する分析枠組

こうした日本国内の事情とは無関係に、グローバル化の波は日本の公法学にも押し寄せている。これに理論的に対応するためには、どのような分析枠組が用いられるべきか。本論文は、「グローバル・ガバナンス」や「行政法のグローバル化」といった概念規定から出発するアプローチを諫め、二国間条約や行政協力などの古くからの手法を取り上げる必要性を指

---

13)　より詳細な分析として参照、藤谷武史「租税法と行政法」金子宏編『租税法の発展』（有斐閣・2010年）71-95 (86) 頁。

14)　アメリカにおいて Global Administrative Law が本格的に議論されるのは、2002年以降のことである。See, Sidney A. Shapiro, *International Trade Agreements, Regulatory Protection, and Public Accountability*, 54 ADMIN. L. REV. 435 (2002); Benedict Kingsbury et al., *The Emergence of Global Administrative Law*, 68-Aut L.&CONTEMP. PROBS. 15 (2005).

摘している（339頁（註1））。また、別稿においてはより明確に、これまでの行政法学の考え方でグローバル化への対応が可能であることが指摘されている。その理由は、グローバル化の先駆けの如き現象はすでに19世紀から存在し、行政法学からこれに対応するアプローチが存在してきたこと、インフォーマルな行政手法・私的団体による行政権限の行使の問題などのグローバル化と関わる問題について、国内行政法の場である程度の方向性がすでに示されていること、の2点である[15]。

このような指摘は、いずれも首肯できるものである。ドイツにおいても、概念の不明確性や規範学としての行政法学との整合性の欠如から、グローバル・ガバナンス論に対する消極的評価が目立つ[16]。他方で、グローバル・ガバナンス論は、国家という唯一の制御者が存在するのではないという現状認識に基づき、非国家主体も含むさまざまなアクターやその規律構造（Regelungsstruktur）[17]を取り込んで、それらの相互作用や連携（Verbund）[18]のあり方を考える問題発見の場としての意味を有しているようにも思われる[19]。それゆえ、分析枠組としてグローバル・ガバナンス論を用いる方向性を、行政法学において模索する価値は高いと考えられる。

---

15) 斎藤誠「グローバル化と地方自治」自治研究87巻12号（2011年）19-33（20-21）頁。
16) Andreas Voßkuhle, Neue Verwaltungsrechtswissenschaft, in: Wolfgang Hoffmann-Riem u. a. (Hrsg.), Grundlagen des Verwaltungsrechts Bd. I, 2. Aufl. 2012, S. 1-64, 61.
17) Hans-Heinrich Trute u. a., Governance als verwaltungsrechtswissenschaftliches Analysekonzept, in: Gunnar Folke Schppert/Michael Zürn (Hrsg.), Governance in einer sich wandelnden Welt, PVS Sonderheft 41 (2008), S. 173-189, 175.
18) Andreas Voßkuhle, Der europäische Verfassungsgerichtsverbund, NVwZ 2010, S. 1-8, 3; Eberhard Schmidt-Aßmann, Verfassungsprinzipien für den Europäischen Verwaltungsverbund, in: Wolfgang Hoffmann-Riem u. a. (Hrsg.), Grundlagen des Verwaltungsrechts Bd. I, 2. Aufl. 2012, S. 261-340, 282 Rn. 27.
19) 原田・前掲註2）119頁。アメリカのGlobal Administrative Lawがガバナンス論を「地図」として用いていることを指摘するものとして、藤谷武史「多元的システムにおける行政法学―アメリカ法の観点から」新世代法政策学研究（北海道大学）6号（2010年）141-160（160）頁。

II 水平関係

1 公法抵触法を論ずる意義

本論文の最大の特色は、国際私法の議論を踏まえ、グローバル化のもとで変容を受ける行政法学の中でも公法抵触法の領域を初めて本格的に論じた点にある。ドイツで現在展開されている国際的行政法 (Internationales Verwaltungsrecht) は、国際法に基礎づけられた行政的な規律構造を対象とする行政法と定義され[20]、伝統的な国際行政法が採用していた国際私法のアナロジーを拒絶したことで、抵触法的な問題への関心は極めて薄い現状にある[21]。このようなドイツの議論状況と比較して、本論文が公法抵触法に焦点を合わせた理由は2点にあるように思われる。第1は、国際的な協調行動だけでなく、一国による単独の権限行使に関しても、その根拠づけと限界設定は行政法学の任務であるとする考え方にある (343頁)。グローバル化時代にあっても国家という枠組は今なお確固たるものとして存在しており、法の統合は未だ部分的なものにとどまる。他方でその法の統合も、国家の憲法の人権保障規定などの枠内で行われる (348頁)。こうした現実に根ざした問題意識の背景には、経済・金融行政法に対する深い知見と[22]、

---

20) Eberhard Schmidt-Aßmann, Überlegungen zu Begriff und Funktionskreisen des Internationalen Verwaltungsrechts, in: Siegfried Magiera u. a. (Hrsg.), Verwaltungswissenschaft und Verwaltungspraxis in nationaler und transnationaler Perspektive: FS Heinrich Siedentopf, 2008, S. 101-115, 105. なお本章では、国際私法とパラレルな体系化を図らない現在の Internationales Verwaltungsrecht を、過去のそれと区別する意味で「国際的行政法」と呼ぶ。

21) Eberhard Schmidt-Aßmann, Die Herausforderung der Verwaltungsrechtswissenschaft durch die Internationalisierung der Verwaltungsbeziehungen, Der Staat 45 (2006), S. 315-338, 336は、規律の目的の違いから、抵触法的な理解は初めから的外れであると強く批判する。また、Schmidt-Aßmann (Anm. 18), S. 299 Rn. 48 は、行政法における抵触法の存在は認められるものの、国際的行政法の概念をこれと同じものと考えることは拒絶されねばならないとしている。これに対して、ドイツにおける公法抵触法の可能性を分析した業績が、本論文でもしばしば引用されている Christoph Ohler, Die Kollisionsordnung des Allgemeinen Verwaltungsrechts, 2005 である。

22) 代表的な業績として参照、斎藤誠「証券取引等監視委員会・管見」筑波法政 (筑波大学) 18号 (1995年) 303-324頁、同「行政組織と制裁のあり方」ジュリスト1228号 (2002年) 109-

水平関係と垂直関係の双方を取り込んできた従来の学問的伝統（344、346頁）を継承する姿勢があるように思われる。第2は、国内行政法における公法・私法二元論の放棄と国際私法における公法・私法の原理的な区別の維持との間に、学際的な協力関係構築の必要性を見いだしたことにある（350頁）。公法関係においてはこれまで、自国公法の域外適用がどの範囲で認められるかが主要な関心であって、事案から最密接地関連法との連結点を確定させるという国際私法のような方法はとられてこなかった（349頁）。本論文では、外国行政法の適用などが想定される場面を類型化し、抵触法的な解決の国際法・国内法上の許容性をきめ細かく論ずるアプローチが採用されている。

そこで、公法抵触法を議論する理論的意義については、具体的な類型論の分析を踏まえて検討する必要がある。その作業を行う前提として、現時点におけるこの問題に関する私見を簡潔に示しておきたい[23]。すなわち、本論文と同様、次の3点の理由から、グローバル化に対応する公法理論の中に公法抵触法を含む国際民事ルールを位置づけるべきである。第1は、国内における民事法と行政法の協調関係を多層的な関係にも延長し、政策実現手段としての民事法という見方を国際レベルでも展開する理論的余地があることである。原子力損害賠償に関する国際条約は、このような例としても位置づけうる。第2は、国際私法と共通の議論の場を設定しつつも、公法学固有の問題意識に合わせた抵触法理論を展開する可能性があることである。二国間・多国間を問わず多元的な法規範の相互調整の議論を取り扱う理論枠組として、国際私法の知見との接合が可能な抵触法という切り口は有用性が高い[24]。第3は、国際的な政策基準の国内裁判所での実現という問題の立て方が可能になることである。国内行政法学者の関心をこれまでそれほど惹かなかった条約の自動執行性という把握ではなく、機関適性

115頁、同「公法的観点から見た銀行監督法制」金融法研究20号（2004年）63-78頁。
23) 原田大樹「政策実現過程のグローバル化と国民国家の将来」公法研究74号（2012年）87-99（93）頁、同「政策実現過程のグローバル化と公法理論」新世代法政策学研究（北海道大学）18号（2012年）241-266頁［ともに本書第1章参照］。
24) このような立場を明確に示すものとして、Andreas Fischer-Lescano, Transnationales Verwaltungsrecht, JZ 2008, S. 373-383, 375.

の見方を前提に国内の権力分立の議論と接合させた上で、国際的な規範の裁判所による実現の意義と限界を論ずるアプローチの方が、国内・国際公法学の双方の関心を集めることができるのではないか。さらには、現在ドイツでも盛んに議論されている多層的関係における司法間調整の議論へと発展させる可能性が、この見方には存在している。

2　具体的な類型論の展開

　本論文で具体的な検討がなされているのは、外国行政行為の効力・外国法の適用・国内法の国際的適用・国際的な執行活動の4つである。それぞれの類型でどのような具体例が議論されているかを紹介する (351-361頁)。
① 外国行政行為の効力に関しては、[1]国内法適用に当たって外国の行政行為が存在することを法事実として顧慮、[2]法令・行政行為で外国行政行為の法的効力を承認 (例：道路交通法107条の2による外国発給免許の国内法上の効力、相互承認協定 (MRA))、[3]外国行政行為の直接効 (例：EUにおける銀行免許) の類型がある。
② 外国行政法の適用に関しては、米国特許法に基づく差止め請求について最高裁 (最判2002 (平成14) 年9月26日民集56巻7号1551頁) は、法律関係を特許権の効力とし、その準拠法を米国法と選択した後、域外適用を定めるアメリカ特許法は日本の公序に違反するとして米国特許法を適用しないとの判断を示した。
③ 国内法の国際的適用 (域外適用) に関しては、公正取引委員会が国内

---

25) 斎藤誠「公法における機能的考察の意義と限界」稲葉馨＝亘理格編・藤田宙靖博士東北大学退職記念『行政法の思考様式』(青林書院・2008年) 37-69頁、村西良太『執政機関としての議会』(有斐閣・2011年) 153-179頁。
26) 代表的な作品として、Christian Walter, Dezentrale Konstitutionalisierung durch nationale und internationale Gerichte, in: Janbernd Oebbecke (Hrsg.), Nicht-normative Steuerung in dezentralen Systemen, 2005, S. 205-230; Stefan Oeter, Rechtsprechungskonkurrenz zwischen nationalen Verfassungsgerichten, Europäischem Gerichtshof und Europäischem Gerichtshof für Menschenrechte, VVDStRL 66 (2007), S. 361-391; Sabine Frerichs, Judicial Governance in der europäischen Rechtsgemeinschaft, 2008; Michael Nunner, Kooperation internationaler Gerichte, 2009; Tobias Lock, Das Verhältnis zwischen dem EuGH und internationalen Gerichten, 2010.

需要者の発注する物品についての談合による取引制限に対し、独占禁止法7条を適用した事例が挙げられている。同じように効果主義に基づく域外適用が考えられるものとして、銀行法や外為法の規制がある。

④ 国際的な執行活動に関しては、金融商品取引法189条が外国からの行政調査の協力要請に応える実体的・手続的要件を規定している例が示されている。また、個人情報保護のルール化がなされている例として、二国間の社会保障協定や租税条約が挙げられている。

　上記の類型論に見られる特色は、以下の3点に整理できる。第1は、国際私法の議論枠組を念頭に、これと対応する行政法上の事例を類型化する方法が採られていることである。そのため、類型が立てられても、その中に日本の実例が示されていないものもある（①［1］・［3］[27]、また②の事例も必ずしも類型に適合的とはいえない）。これは、「将来を見据えて許容条件を設定する」（356頁）ことも議論の目的に含まれているからであり、既成事実が先行して理論の側の受け止めが後手に回ることの多いグローバル化の議論において、逆に理論の側が事実を誘導しようとする意欲的な試みである。第2は、公法抵触法の解釈・適用を行う主体として念頭に置かれているものの中に、行政機関が含まれていることである。もちろん、外国法の適用（②）に関しては立法・司法機関を念頭に置く議論も展開され（例えば、外国の国家賠償法の適用を否定する下級審判決が紹介されている）、国内行政法の域外適用（③）については立法管轄権の問題も取り上げられている。

27）　この類型に当たりうるものとして、1983年に導入された、いわゆる域外指定型の適合性評価制度がある。例えば電気用品安全法9条1項は、同法の適合性検査を行う登録検査機関として外国登録検査機関（同法42条の3以下）をも含めており、これに対する監督や登録撤回措置の要件は国内登録検査機関とほぼ同等である。域外指定型の場合には、伝統的な二国間MRAの指定委任型と異なり、外国にある検査機関を自国行政機関が自国行政法令に基づいて監督することとなる（竹内春久「立法管轄権の域外適用」国際法外交雑誌86巻4号（1987年）407-411（409）頁）。立法管轄権への配慮から、外国登録検査機関への改善命令等は法文上「命ずる」ではなく、「請求する」となっており（同法42条の3第2項）、違反時の罰則規定がなく担保措置は登録の撤回のみである（同法42条の4）。他方、フィリピンとの二国間MRAにおいては、この制度の利用を前提に、日本の行政機関がフィリピン政府に通報し、一定期間内に反対通報がなければ黙示の同意があったとみなして、相手国の領域に立ち入った上で公権力の行使ができるしくみが設けられている（渡邊頼純監修・外務省経済局EPA交渉チーム編『解説FTA・EPA交渉』（日本経済評論社・2007年）207頁）。

また、行政機関による公法抵触法の解釈・適用の誤りは、最終的には裁判所により裁断されることとなる。それでも本論文の分析の特色といえるのは、国際私法が念頭に置いている「裁判所」を主体とする場面ではない「行政機関」による法適用にも焦点を合わせていることである[28]。これは、行政機関が第一次的な法解釈・適用機関として存在する行政法の構造を前提に、国際私法における議論を踏まえてどのような理論構築ができるのか、そこに公法学特有の問題関心（憲法上の制約、公法学の諸価値への配慮）が制約要素としてどう反映されうるのかを検討する本論文の目的に適合的である。第3は、このようなアプローチの結果、国際私法における「私法の公法化」、「二重の法性決定」、「強行法規の特別連結理論」といった問題群[29]とは異なる紛争事例が、ここでは念頭に置かれていることである。周知の通り、国際私法における私法の公法化の議論は、労働者の保護や消費者の保護など特定の政策目的を実現するために民事上の効力を伴う手段を立法した場合に、どのような準拠法選択手法が採られるべきかを問題にしている[30]。これに対して本論文では、このような国際私法の議論を踏まえつつも、属地主義的なアプローチにとどまらない解決方法が公法抵触法でも利用可能であることを示そうとしている。換言すれば、国際私法の議論の多くが、各国私法の同質性と各国公法の（政策法としての性格ゆえの）交換不可能性を前提に、その切り替えのポイントを探ろうとしているのに対して[31]、本論文は、「切り替える」というあり方そのものの当否を問題にしているのである。

---

28)　Ohler (Anm. 21), S. 121 は、公法抵触法のこの点を強調する。
29)　道垣内正人『ポイント国際私法　総論[第2版]』（有斐閣・2007年）72-81頁。国際私法から見た本論文の意義につき参照、横溝大「行政法と抵触法」自治研究89巻1号（2013年）128-141頁。
30)　早川吉尚「準拠法の選択と『公法』の適用」国際私法年報5号（2003年）206-228 (214) 頁。
31)　他方で、石黒一憲『国境を越える環境汚染』（木鐸社・1991年）142-165頁、同『国際私法[第2版]』（新世社・2007年）18-25頁は、「抵触法」というアプローチから議論の射程を拡大しており、公法学の観点からも注目される。

III　垂直・協調関係

1　開かれた国家

　グローバル化が国内行政法に対して制度平準化を迫る経路として、本論文では条約・協定による静態的経路と、より複雑・動態的な組織・手続からなる構造による経路[32]の2つを挙げている（363頁）。とりわけ後者において表面化するのが、国家の役割との緊張関係である。例えば、条約に基づく二次立法（議定書・勧告・ガイドライン等＝二次法）や行政機関ネットワークによる基準の内容が国内法化されれば、実質的な意味での内容形成は国家のレベルではなされないことになってしまう。しかし本論文によれば、国家が条約の定立・執行を担当し、国内裁判所において国際法の国内適用や国際慣習法の解釈がなされる構造は不変であることから、国家以外のアクターの役割の増大は国家の撤退を意味するものではない（364頁）。そして、このような国際的規範と国内法との日常的な接触は、憲法の許容する「開かれた国家」性（憲法前文・98条）からの要請でもあるとする。

　グローバル化に伴う新たなアクター（国際機構・民間組織）や新たな規範定立の形式（特に二次法）を公法学の中に取り込みつつ、最終的な規範内容形成権限や執行可能性がなお国家に留保されていることに着目して国家中心の構造を維持する「開かれた国家」の考え方[33]は、多元的システムにおいて多層化・複線化したアクターや法規範を国家に係留する考え方（係留点としての国家）[34]といえる。グローバル化のインパクトを受容しつつ、従来の公法学の理論枠組を継承しうるこの考え方に賛同したい。他方で、この立場を採っても改めて問題となるのは、民営化に代表されるような複線化と比べて国家に係留しがたいグローバルなアクターや、それが生み出す規

---

[32]　この概念には多国間条約を基礎とするいわゆる国際レジームのほか、バーゼル委員会やIOSCOのようなインフォーマルな組織をベースとした行政機関の国際ネットワークも含まれている。
[33]　Schmidt-Aßmann（Anm. 21), S. 327f.
[34]　原田・前掲註2）120頁。

範とその実現活動を、公法学がどのように取り扱うかという点である。

2 開かれた正統性概念？

　この問題を考える鍵概念となるのが正統性・正統化である[35]。本論文がこの概念に言及している局面は、大きく二分できる。第1は、多層的構造を構成する各層の自己決定が確保されているのかという問題である。条約の柔軟化手段としての二次立法では、条約と比較すると加盟国の関与が限定される（365頁）。レジームが独自のコントロール手段や紛争解決手続を発達させるようになると、特定の政策課題における最適化を追求するレジームと加盟国の法秩序との緊張関係が高まる（371頁）。このような問題は、垂直関係のみならず、水平関係における外国行政法の適用の際にも起こりうる（356頁）。第2は、民間の国際組織が定立する規範を国家が受け入れることの可否や許容条件をめぐる問題である。国際標準化機構 (ISO)、国際会計基準審議会 (IASB)、コーデックス委員会 (Codex Alimentarius Commission) などが策定する基準が、場合によっては多国間条約における参照すべき基準となった上で、国家の法規範の中に流入している。このようなネットワーク化による制御は、国内行政法のさらなる攪乱要因となる（368頁）。

　さらに、本論文が言及していない第3の問題状況として、民間の国際組織が策定した規範が民間組織の国際的ネットワークによって実現され、その作用と国家法・国家行政機関との間にインフォーマルな接点が形成されているものがある。例えば、任意分野における適合性評価では[36]、ISOや国際電気標準会議 (IEC) が定めた適合性評価機関の組織・手続もこれらの

---

35)　太田匡彦「ドイツ連邦憲法裁判所における民主政的正統化 (demokratische Legitimation) 思考の展開―BVerfGE 93, 37 まで」藤田宙靖＝高橋和之編・樋口陽一先生古稀記念『憲法論集』（創文社・2004年）315-368 (350) 頁は、両概念の違いに注意を促す。ヨーロッパにおける比較法の成果として Matthias Ruffert, *Comparative Perspectives of Administrative Legitimacy, in* LEGITIMACY IN EUROPEAN ADMINISTRATIVE LAW: REFORM AND RECONSTRUCTION 351, 355 (Matthias Ruffert ed., 2011).

36)　原田大樹「多元的システムにおける正統性概念」行政法研究1号（2012年）49-81頁［本書第2章参照］。

国際組織が定め、これに基づく認定機関・適合性評価機関という2段階構造が各国に存在する。これらが独自の国際的な相互承認制度を発達させ、それが国家間の二国間MRAを機能的に代替している部分が大きい[37]。日本においてはさらに、例えば公共調達における一般競争入札の参加資格として ISO9001 の認証を要求する[38]という形で、任意分野における適合性評価と行政法システムが接合している。

　上記のうち第1の問題（垂直関係）については、国際的な規範定立における透明性・開放性の向上を要求するとともに、国家のレベルでの最終決定権を留保する手段の開発を行うことで対応可能かもしれない。また第2の問題については、これに加えて民間組織の基準定立に対する組織法的・手続法的な制御の手法が利用されるべきであろう[39]。これに対して第1の問題（水平関係）や第3の問題の解決には、正統性・正統化をめぐる国際レベルにおける公法学と私法学の連携が求められているように思われる[40]。

　国内法や国内の裁判判決・行政行為に関しては、これらの正統性調達経路が憲法構造上保障され、これに基づく民主政的正統化がなされている。しかし、外国法・外国の裁判判決・行政行為や国際機構が定めた規範には、そのような要素が存在しない。そこで、民主政的正統化の手段や程度を緩和して対応するか、あるいは別の方法で正統化して正統性を確保すること[41]が必要となる。例えば、国際私法の場合には、各国の実質法（実体私法）の内容上の同質性がこれを担保している。これに対して行政法の場合には、本論文の先に挙げた2つの局面が示しているように、自己決定の実質を伴

---

37)　福山章子「MRA（相互承認協定）の最新状況」EMC22巻3号（2009年）120-124（124）頁。
38)　城好彦「建設産業におけるデジューレ・スタンダード」渡部福太郎＝中北徹編『世界標準の形成と戦略』（日本国際問題研究所・2001年）155-174（166）頁。
39)　山本隆司「日本における公私協働」稲葉馨＝亘理格編・藤田宙靖博士退職記念『行政法の思考様式』（青林書院・2008年）171-232（195）頁、原田大樹「本質性理論の終焉？」新世代法政策学研究（北海道大学）11号（2011年）259-282（279）頁［本書第10章参照］。
40)　原田・前掲註36)、同「適合性評価の消費者保護機能」NBL985号（2012年）80-89頁［本書第2章参照］及び同「グローバル化時代の公法・私法関係論」社会科学研究（東京大学）65巻2号（2014年）掲載予定でもこの問題を論じている。
41)　Thomas Groß, Verantwortung und Effizienz in der Mehrebenenverwaltung, VVDStRL 66 (2007), S. 152-180, 172ff.

うものであるかという要素と、当該社会集団（「層」）の集団的自己決定の基盤や構造が当該集団の利害を全体として代表できているのかという要素の2つが出発点となるべきである。これらを保障する具体的手法としては、国際機構や相手国の政策決定への参加の機会の確保と並んで、政策内容や執行構造の平準化も考えられる。国際人権のように追求すべき価値が各国で共通する場合には、国際私法と類似のロジックで自国法以外の規範を適用することの正統性を説明できるかもしれない。また、実現すべき政策課題を近づけた上でお互いの執行構造を平準化し、いずれの国で執行しても自国の執行と同等レベルの有効性や権利保護が図れるという相互の信頼関係がある場合にも、正統性の論証は可能となろう[44]（もちろん政策基準を完全に収斂[45]させれば、抵触の議論は不要となる[46]）。このような「開かれた正統性」の概念のもとに、公法学がこれまで議論してきた民主政的正統化や国際私法学の準拠法選択の考え方を展開し、多様な越境的作用の類型ごとにどのような正統性論証パターンがありうるかの組み合わせを構想することは、公法学と私法学の新たな連携可能性を開く契機となるように思われる。

IV　行政法総論改革

1　行政法総論（一般行政法）の理論的意義

　国際レベルにおける規範は個別の政策課題に応じて形成される。国際レジームによる二次立法の形成に顕著に見られるように、国際的な規範は断片化（Fragmentierung）の傾向を示す[47]。これが国内法のレベルに反映され

---

42) Christoph Möllers, Demokratische Ebenengliederung, in: Ivo Appel u.a. (Hrsg.), Öffentliches Recht im offenen Staat: FS Rainer Wahl, 2011, S. 759-778, 761.

43) 寺谷広司「国際人権の基礎」ジュリスト1244号（2003年）51-61（54）頁。

44) Hans Christian Röhl, Akkreditierung und Zertifizierung im Produktsicherheitsrecht, 2000, S. 44ff.

45) 国際会計基準におけるこの種の議論につき参照、原田大樹「国際自主規制と公法理論」法政研究（九州大学）75巻1号（2008年）1-28頁、同「国際会計基準採用の法的課題」ジュリスト1380号（2009年）2-7頁［ともに本書第4章参照］。

46) Ohler (Anm. 21), S. 16.

47) Rainer Wahl, Internationalisierung des Staates, in: Joachim Bohnert u.a. (Hrsg.),

るとすれば、個別の行政分野の法(特別行政法)が国内実施をはじめとする問題に対応することとなり、また国際法の断片化の構造がここに反映されることで、それぞれの分野の法発展は極めて概観性を欠くものとなる。そこで、特別行政法の素材をフィードバックしながら行政法学の体系や原則を明らかにして行政法システム全体を秩序づける一般行政法が、グローバル化の文脈においても重要な役割を果たすべきである。本論文は、こうした認識のもとで、公法抵触法の理論と垂直・協力関係における一般理論が一般行政法の内容として付け加えられるべきであるとする(372頁)。

　これらの見解はいずれも首肯できるものである。加えて、次の2点にも注意が必要と思われる。第1は、本章補論冒頭にも述べたように、現在グローバル化の問題が議論されている主要な領域のかなりの部分は、行政法学から(少なくとも相対的に)独立した学問分野となっている。そこで、参照領域の考え方を幅広く適用し、行政法学固有の問題関心からさまざまな法分野のグローバル化の現状やこれを支えている法的枠組を収集し吟味する作業が不可欠となる。第2は、参照領域あるいは特別行政法のそれぞれの総論構築の必要性である。グローバル化の影響の内容や程度は個別の法分野によってかなりの差異があり、一般行政法がこれを受け止める際には、個別法分野ごとの基本的な考え方の要素を考慮してその法的性格や問題点を議論する必要がある。例えば、環境法において顕著に見られるように、個別法分野の法原則が当該分野の個別法令の解釈や立法を嚮導するという意味における中間的規範性を持つシステムを構築することが考えられる。

Verfassung-Philosphie-Kirche: FS Alexander Hollerbach, 2001, S. 193-222, 209; 奥脇直也「現代国際法と国際裁判の法機能」法学教室281号 (2004年) 29-37 (33) 頁。
48)　斎藤誠「金融行政システムの法的考察」日本銀行金融研究所ディスカッションペーパー2002-J-31号 (2002年) 1-51 (19) 頁。
49)　同旨、大橋洋一「グローバル化と行政法」行政法研究1号 (2012年) 90-113 (111) 頁。参照領域に関する基本書として参照、原田大樹『例解　行政法』(東京大学出版会・2013年)。
50)　斎藤誠「セーフガード措置と行政法」三辺夏雄他編・原田尚彦先生古稀記念『法治国家と行政訴訟』(有斐閣・2004年) 551-576 (554) 頁。同・前掲註48) 28頁でも、特別行政法とその段階化(総論・各論構造)の重要性が指摘されている。
51)　勢一智子「法原則の中間的規範性」法学論集(西南学院大学) 33巻4号 (2001年) 53-93 (58) 頁、原田大樹「財政民主主義へのメタ・コントロールとその法的課題」行政法研究1号 (2012年) 126-133頁［本書第7章参照］。

2　具体的な理論構築の方向性

　一般行政法レベルでの改革リストとして、本論文は次のような要素を挙げる（373頁）。すなわち、①多国間条約・行政機関ネットワークへの対応、行政立法への条約による授権、行政取極、非拘束的な国際基準の問題を取り込み、法源論・行為形式論を拡張すること、②あわせて外国法の適用を含めた行政法の国際的適用の問題も扱うこと、③行政手続法における文書の国際送達・職務共助・使用言語などの項目を検討すること、④一般理論において、情報の問題や職務共助に関する規律、ネットワークによる制御の手法をいかに取り入れるかを検討すること、⑤国際的規範と国内規範の相互作用の場として一般行政法理論が機能し、そこにおいて法治国原理・権利保護や民主的正統性・行政の実効性、さらに公権力の行使論が展開されること、⑥行政組織法においてNPOや行政機関ネットワーク、地方自治体をどう位置づけるかを検討すること、である。

　こうした諸課題の解決は喫緊の課題である。本論文の指摘との重複を厭わず行政法学の理論的課題を整理すれば、以下の3点にまとめられる。第1は、行政過程論が展開した行政過程空間を多層化・複線化の方向にも明示的に拡大し、そこに時間軸を加えた3つの軸で法的諸課題を検討するフォーメーション（多元的システム）の必要性である。多層化と複線化に対応するためにも、ここにおける整序概念として、行為形式論だけではなく、アクターの関係や構造、制度配置の要素にも注目した規律構造や政策手法も加えるべきと考えられる[52]。さらに、時間軸の観念を導入して、規範定立→行政による執行・実現→裁判による救済のそれぞれの過程の役割分担論を検討すべきである。公法抵触法や司法間調整の問題は、このうち行政と裁判の役割分担の問題とも位置づけうる。第2は、規範定立の局面における民主政的正統化要請への対応である。法律による行政の原理の捉え直し[53]

---

52)　原田・前掲註2）139頁、同「立法者制御の法理論」新世代法政策学研究（北海道大学）7号（2010年）109-147 (134-139) 頁、同「政策実施の手法」大橋洋一編『政策実施』（ミネルヴァ書房・2010年）53-75 (54) 頁［本書第5章参照］。

53)　原田・前掲註39）259-282頁、同「法律による行政の原理」法学教室373号（2011年）4-10頁。本質性理論と国際行政法の関係につき参照、大橋洋一『行政法Ⅰ［第2版］』（有斐閣・2013年）41、107頁。

のほか、国際レベルにおける規範定立に対する透明性や参加の機会の要求、規範定立の手続保障の程度と規範への法的効果の付与の程度との相関的判断などが課題として挙げられる。第3は、執行や裁判救済の場面における私人の権利保護メカニズムの設定要請である。国家が介在せず国際機構と私人とが直接対峙する構造の場合には、国際機構の行動規範として国内公法学である行政法学が発展させてきた法理を段階的に適用すべきである(公共部門法論)。また、国際的な規範の執行に国家が介在する場合には、国家レベルにおいて民主政的正統化要請に対応する私人の権利保護枠組を設定すべきとの理論的要求を明確化しておく必要がある。

V おわりに

本論文が切り拓いた理論的地平は広大であり、提示されている理論的課題は極めて多岐にわたる。これらに対応すべく、一般行政法に国際的行政法の理論を構築していく作業には、当然ながらなお多くの難問が残されている。本章補論冒頭に示した本論文の特色に対応させて、それらを3点指摘したい。

第1は、行政法学が取り扱うべき問題群をどこまでとするかである。本論文の示す中核は「グローバル化に目配りした一般行政法(国際法にも基礎を置く行政法と言い換えてもよい)」(373頁)であり、これはドイツの国際的行政法が念頭に置く対象とほぼ同じである。他方で、公私の区分が不分

---

54) Christoph Möllers, Transnationale Behördenkooperation, ZaöRV 65 (2005), S. 351-389, 383f.; ders, Die drei Gewalten, 2008, S. 224; ders, Der vermisste Leviathan, 2008, S. 92.
55) 原田大樹「TPP時代の行政法学」ジュリスト1443号(2012年)54-60 (59) 頁〔本書第4章参照〕。
56) 原田大樹『自主規制の公法学的研究』(有斐閣・2007年) 270-276頁、同・前掲註2) 124頁。
57) TPP交渉における投資協定のISDS条項が、この論点と大きく関わる。同条項の行政法学に対する意義につき参照、小寺彰他「法的観点からみたTPP」ジュリスト1443号(2012年) 12-28 (19) 頁〔斎藤誠発言〕。
58) トランスナショナルな作用の正統化の欠如ゆえに個別的権利保護による正統化が必要と指摘する見解として、Christoph Möllers, Gewaltengliederung, 2005, S. 244.

明な国際レベルへの公的任務遂行過程の展開は、国家との接点を持たない社会管理構造を行政法学が取り扱うべきか、取り扱うとしてどのような理論的枠組を想定すべきなのかという困難な問題を生じさせる。そこで、国際法学や（国内・国際）私法学の知見と相互交流できる理論的な場の設定が必要となるように思われる。

　第2は、公法抵触法の理論をいかに発展させるかである。本論文の例示からも分かるように、少なくとも現段階においては、公法抵触法という新たな理論枠組を設定して議論する必要性がある具体的素材は限定的である。外国行政行為の承認の問題の多くは、国内の個別法に基づく処分要件等の解釈問題に帰着する。外国行政法の適用に関しては、適切な具体例はなお発見できていない。自国行政法の域外適用は、効果主義に基づく「属地」の意味の修正と考えれば足りるのかもしれない[60]。国際的な執行活動はその調整のスキームが垂直関係（特に行政機関ネットワーク）で整備される関係にあり、垂直関係での議論に場所を移すこともできる。他方で、公法抵触法が取り扱うべき素材は、垂直関係における制度平準化の進展に対応して増加することも予想される。各国の政策目標や価値が共通化し、各国が備えるべき行政法的な基盤が平準化されて初めて、規範抵触関係の解決という議論の前提が形成される[61]。その意味では、水平関係と垂直関係とは、国際的行政法というコインの表裏の関係にあるようにも思われる。そうだとすれば、垂直関係における協力の態様や程度が水平関係における適用調整の方法の決定に与える影響についての分析が必要であり、国際私法の議論蓄積と照らし合わせた上で、個別政策分野の具体例を踏まえた類型論的なアプローチが試みられるべきである。

　第3は、参照領域（特別行政法）の拡大と学際的研究協力の必要性である。個別の政策分野の固有の問題が国際的に解決されなければならない課題と

---

59)　「多元的システム論」とドイツのMehrebenensytem（多層的システム）論との異同につき参照、藤谷武史「企画趣旨説明」新世代法政策学研究（北海道大学）6号（2010年）83-85（85）頁。
60)　早川・前掲註30) 220頁。
61)　Ohler (Anm. 21), S. 103.

して認識されること（国際公益の成立[62]）によって、初めて国際的な政策実現過程が設定され、そのために必要となる法的な諸手段が準備・開発されることとなる。そこで、グローバル化に関係する一般行政法理論を豊かにするためには、従来の行政法学が参照領域として十分には意識してこなかった分野（例えば、国際金融法・国際労働法）にも関心を向けて興味深い素材を収集することが求められる。また、国境を越えた政策実現過程が展開されるグローバル化が引き起こす法的諸課題に対応するためには、研究フィールドを異にする法律学研究者の相互乗り入れや共同研究が不可欠である。法律学の各分野の「鎖国」(339頁)体制に基づく「城内平和[63]」の終焉もまた、グローバル化がもたらす1つの帰結であるように思われる。

---

[62]　奥脇直也「『国際公益』概念の理論的検討」広部和也＝田中忠二編・山本草二先生還暦記念『国際法と国内法』（勁草書房・1991年) 173-243 (178)頁。
[63]　斎藤・前掲註8) 383頁。

第3章
複線化への理論的対応

I　はじめに―複線化への理論的対応

わが国ではこれまでさまざまな形態の民営化を実施する法律が制定され、国と地方、規制作用と給付作用とを問わず、民営化が試みられてきた。民営化論は、しばしば市場原理・自由競争と同義として語られるため、民営化領域の拡大は、行政（法）の守備範囲の縮小と捉えられがちである[1]。しかし、わが国の民営化の立法例のほとんどは、民営化と同時に任務を実施する民間主体に対する特別な規制（再規制）を用意している。民営化の拡大を行政法の縮小と捉えるのは、日本法に対する正確な評価とはいえない。ただし、その手法や具体的な制度設計には多くの問題が存在することも事実である。そこで本章は、民営化とともに実定法上採用されている再規制の手法の現状を把握した上で、日本法が抱えている理論的・実践的課題を提示することとしたい。

II　民営化と再規制の概念

1　民営化の概念と類型
(1)　民営化の概念

「民営化」の語は、従来からかなり多義的に使われてきた。わが国において最も一般的と思われる理解は、三公社（日本国有鉄道・日本専売公社・

1）　民営化と行政（法）の守備範囲の問題を広範に検討した業績として参照、晴山一穂「日本における民営化・規制緩和と行政法」同『行政法の変容と行政の公共性』（法律文化社・2004年）116-133（121）頁。

日本電信電話公社)の民営化のように、国が従来行っていた任務をその担当組織ごと切り出して民間組織化すること(脱国有化)である。しかし本章では、さまざまな形態の民営化現象を把握した上で、これに対する再規制の手法を分析することを課題とすることから、より広い射程を持つ次のような定義を採用したい。すなわち、民営化とは、従来国又は地方公共団体(行政組織法上の行政主体性のある組織を含む、以下同じ)が担っていた任務を、民間主体が実施するようになることをいう。他方、従来国又は地方公共団体が担っていた任務を、その周辺組織(行政組織法上の行政主体性のある組織)に切り出す「法人化」[2]は、本章の民営化の定義には含めない。

　民営化と密接な関わりを持っているのが「規制緩和」である。民営化以前の状態では、国等が担っている事務に対する民間の参入は完全に否定されるか、認められているとしても厳しい参入要件が設定されていることが多かった。民営化の決定は、こうした「公的所有」[3]と呼ばれる規制形態を改め、当該事務を民間に開放する趣旨をも含んでいることが多い(例外として、たばこ事業法8条)。

(2)　民営化の類型

　民営化の概念を、公的主体から民間主体への任務・実施の移行と広く捉えると、そこにはさまざまな形態が取り込まれることとなる。これらを類型化した上でその特色を見いだす作業をすることは、民営化に関する法的課題を明確化することにつながる。本章は、この点に関する先行研究の成果[4]を踏まえ、以下のような民営化の類型化を行った上で、再規制の手法分析を試みることとしたい。

　(a)　**組織の民営化**　　第1は、従来国又は地方公共団体が担っていた任務を、その担当組織とあわせて民間に移行させる「組織の民営化」である。この中には、従来の行政内部の担当組織を廃止してそれに相当する民間法

---

2)　山本隆司「民営化または法人化の功罪(上)」ジュリスト1356号(2008年) 27-32 (27)頁。
3)　OECD (山本哲三=松尾勝訳)『規制緩和と民営化』(東洋経済新報社・1993年) 12頁。
4)　大脇成昭「民営化法理の類型論的考察」法政研究(九州大学) 66巻1号(1999年) 285-335 (294-299)頁、内田貴「民営化(privatization)と契約(1)」ジュリスト1305号(2006年) 118-127 (122-126)頁(内田貴『制度的契約論』(羽鳥書店・2010年)所収)。

人を設立するものと、すでに存在する民間法人に経営ないし事業譲渡をするものとが含まれる。また、特殊法人の民営化に見られるように、行政組織法上の行政主体性のある組織が担っていた任務が対象となることもある。具体例として、郵政事業、道路公団、公立保育所などの民営化がある。

(b) **外部委託**　第2は、国又は地方公共団体が任務の実施の最終的な責任を留保しながら、その具体的な実施の部分を民間主体に委託する「外部委託」である。このタイプの特色は、法令に基づく規制・給付の実施の権限と責任を国等に残したまま、民間主体が多くは委託契約に基づいて国等から報酬を得ながら、国等に代わって事務を実施するところにある。具体例として、PFI (Private Finance Initiative)、市場化テスト、水道事業の第三者委託、医療サービスの提供などが挙げられる。

(c) **任務の民営化**　第3は、従来国又は地方公共団体が担っていた任務の実施を民間主体に委ねる「任務の民営化」である。このタイプは外部委託と違い、国等の任務の実施に関する最終的な責任は、民間主体にその実施が移行している限りにおいて消滅している。また、組織の民営化とセットで用いられ、民営化された組織と民間主体とが事務遂行をめぐって競合することもある。具体例として、電気通信、信書便、介護サービスの提供 (介護保険法) などがある。

　外部委託と任務の民営化とは、実施責任が国等にあるか民間にあるかという点では択一的な関係にある。ただし実際には、この両者の性格を含む制度設計もありうる。例えば、地方自治法に基づく指定管理者制度は、施設使用許可の部分については任務の民営化、施設管理に関しては外部委託の性格を持っている。また、このどちらの性格を有するのか判然としないものとして、建築基準法に基づく指定確認検査機関がある。このほか、沿革的には民営化ではないものの、任務の民営化と規律技術が類似するものとして、一般廃棄物処理業の許可、住宅の品質確保の促進等に関する法律 (以下「品確法」という) に基づく登録住宅性能評価機関・指定住宅紛争処理機関がある。

2 再規制の概念

　再規制とは、一度緩和された規制がもう一度強化されることをいう。前述のように、民営化は規制緩和の要素を包含していることが多い。そうすると、民営化の決定に伴って、あるいは民営化の実現後になされる規制もまた、再規制の概念に含めてよいと考えられる。民営化の決定によって従来国等に独占されていた当該任務・実施の主体を民間主体に変更することは、その任務の公的任務としての特性までも否定するものとは限らない。仮に否定しない場合に、立法者には、民営化の決定にあわせて、任務を民間に委ねても国民との関係で問題状況が生じないような手段を講じる必要が生じる。その際に見られるのが再規制である。

III　再規制の手法—日本法の現状分析

　そこで次に、先に挙げた3つの民営化の類型に注目して、日本の実定法が規定している再規制の手法を分析する。その際には、行政法学のこれまでの研究蓄積との接合性を考慮し、組織法的手法、作用法的手法、救済法的手法の3つの観点から、立法の現状を確認することとしたい。

1　組織法的手法

　組織法的手法が用いられうるのは、民営化の類型の中でも組織の民営化に限られる。他の2つの類型についても、任務を担当する民間主体(以下「任務担当組織」という)の組織的側面が法的規制の対象となることはありうるものの、それはあくまで任務遂行の資格の得喪に関する作用法的手法の中での要件とされている。また、組織の民営化の中でも、地方公営病院の民営化のように、すでに存在する民間法人に経営・事業譲渡をする場合は、譲渡対象の法人法制や事業規制以外には特段の再規制の手法は実定法上見られない[5]。この場合には、地方公共団体と相手方法人とが締結する譲

---

[5]　ただし、2006年に改正された医療法で導入された社会医療法人制度のように、法人法制の側が一定の政策目的を達成するために用意した新たな形態が、民営化の受け皿として利用されるようになることはありうる。参照、医業経営の非営利性等に関する検討会「医療法人制

渡契約の中で、民営化による影響を緩和する措置が盛り込まれることが期待される。[6]

(1) 国の株式保有義務

　組織の民営化によって設立される株式会社（特殊会社）の株式の一定割合を、国（またはその周辺組織）が保有することを義務づける立法がなされる場合がある。例えば、発行済株式総数の3分の1を超える株式の保有を義務づけているものとして日本たばこ産業株式会社法（以下「JT法」という）2条1項、日本郵政株式会社法（以下「郵政会社法」という）2条、3分の1以上としているものとして日本電信電話株式会社等に関する法律（以下「NTT法」という）4条1項や、高速道路株式会社法（以下「高速会社法」という）3条1項がある。また、上場に至っていないために国が全株を保有しているものとして成田国際空港株式会社（成田国際空港株式会社法附則10条1項）、国と東京都が全株を保有しているものとして東京地下鉄株式会社（東京地下鉄株式会社法（以下「メトロ法」という）附則11条）がある。

(2) 定款・事業計画・幹部人事等への監督

　特殊会社の運営の中核部分に対しては、民間の株式会社と比較して相当に強度な監督措置を特殊会社の設置法が規定していることが多い。例えば、当該会社の営むべき事業は法律で規定され、それ以外の事業を営む場合には主務大臣の認可が必要とされていることがある（高速会社法5条1項）。また、定款の変更は主務大臣の認可がなければ効力を生じない（同法13条）。さらに、事業年度の開始前に事業計画を作成して主務大臣の認可を得なければならないとする規定（JT法9条）や、社債募集などの資金調達に関して主務大臣の認可が要求される規定（旅客鉄道株式会社及び日本貨物鉄道株式会

　　度改革の考え方」（2005年）19頁、伊関友伸『まちの病院がなくなる!?』（時事通信社・2007年）157頁。
6）　市営バス事業の民間への経営譲渡の際、基本協定の中で譲渡後1年間の運行本数維持などの条件を盛り込む例を紹介するものとして参照、公営交通事業協会「公営交通事業における民間的経営手法の導入に関する調査研究報告書」（2006年）57頁。また、保育所民営化訴訟の裁判例には、事業譲渡の過程において利用者の利益が十分に考慮されているかどうか、激変緩和措置が採られているかどうかに注目しているものがある（例えば、大阪地判2005（平成17）年10月27日判例自治280号75頁）。

社に関する法律（以下「JR法」という）5条等）が置かれている場合もある。加えて、幹部人事に対する主務大臣の認可を要求している場合があり、この中には代表取締役等のみを対象とするタイプ（メトロ法5条）と、取締役等全員を対象とするタイプ（NTT法10条2項、JT法7条等）とがある。これらの規定は、民営化の政策目的との関係で取捨選択されている。例えば東京地下鉄株式会社については、特殊法人の帝都高速度交通営団をできるだけ早期に完全民営化するステップとして特殊会社化がなされたため、国の監督は最小限とすることとされ、定款変更認可（メトロ法7条）と代表取締役等のみの選任認可制が採用されている。事業計画については認可制ではなく、国土交通大臣に提出すればよい（メトロ法6条）。

組織の民営化は特殊会社ではなく、高圧ガス保安協会のように「民間法人化」によってなされることがある。この場合でも、前述の手法に類似する規定、例えば、業務の範囲の法定（高圧ガス保安法59条の28）、業務方法書認可（同59条の29）、事業計画認可（同59条の32）、役員選任認可（同59条の17）などが存在する。

(3) 資産確保措置

特殊会社の方式での組織の民営化がなされる際に、一定の資産が特殊会社とは別の組織に移行する場合がある（上下分離方式）。その嚆矢となったのは、国鉄民営化の際に新幹線の鉄道施設を保有するために設立された特殊法人である新幹線鉄道保有機構であった。これは、民営化時点における本州3社の新幹線収益性に格差があったことや、国鉄の長期債務をより多く償還できるようにする目的から採用された。道路公団の民営化の際にも、運営は高速道路株式会社が行い、高速道路の管理や建設は独立行政法人日本高速道路保有・債務返済機構が担う方法が採られ、高速道路会社と保有機構とが協定を締結する方式が規定されている（高速会社法6条、独立行政法人日本高速道路保有・債務返済機構法13条）。この協定は行政契約の一種で、公益性の高さからその必要項目が法定され、事情変更時の協定変更の申出も

---

7) 九鬼令和「東京地下鉄株式会社について」Subway147号（2004年）10-23 (17) 頁。
8) 塩野宏『行政法III[第4版]』（有斐閣・2012年）108頁註 (1)。
9) 井山嗣夫「国鉄改革の基本的考え方」ジュリスト860号（1986年）58-64 (62) 頁。

規定されている[10]。資産管理組織を分離する方法が採用される目的として、民営化前の事業の赤字を効率的に償還すること、今後の新規路線を建設しやすくすること、貸付料をコントロールすることにより民営化会社の収益改善効果を高めることなどがある。

これに対し、民営化後の経営が苦しいことが予想される場合、あるいはユニバーサルサービス等を維持する観点から何らかの財政的保障が求められる場合に利用されるのが、基金の設置である。国鉄民営化の際には、いわゆる三島会社の経営を安定させるために基金を設置する方法がとられた(日本国有鉄道改革法12条)。また郵政民営化時には、社会貢献・地域貢献業務のための社会貢献・地域貢献基金の設置が法定されていた[11]。

2 作用法的手法

作用法的手法は大きく、主として行政と任務担当組織との関係で市場の公正な競争環境を確保することを目的とするものと、利用者等の権利利益を保護することを目的とするものとに分けることができる。以下では、民営化の3つの類型ごとに、実定法が定めている規制の手法を検討する。

(1) 市場競争の確保

ⓐ 組織の民営化　組織の民営化によって特殊会社が設立される場合に、競合する事業を営む競業者に対する配慮（イコールフッティング）が法律上規定されることがある（JR法10条、郵政民営化法8条）。これをより確実にするため、合議制組織が民営化の状況を監視し、各大臣に意見を述べる方法が取られることもある（郵政民営化法18条・19条）。

ⓑ 外部委託　外部委託における委託先の選定は、入札に代表される契約手続で行われるか、指定と呼ばれる行為で行われるかのいずれかである。一般的傾向としては、委託先が1つの場合には契約で、複数の場合には指定で選抜される。まず指定は、委託先として必要な要件が法令で定められ、それを充足した民間主体が（場合によってはマクロ的な需給調整の枠

---

10) 大塚久司＝谷中謙一「道路関係四公団民営化関係法(1)」時の法令1747号（2005年）6-46 (19-22) 頁。

11) 「社会・地域貢献基金」通信協会雑誌1163号（2008年）62-63頁。

内 (健康保険法65条 4 項 2 号) で) その地位を獲得することができるしくみである。法文上は、「指定」(健康保険法63条 3 項、生活保護法49条)、「登録」(道路交通法51条の 8)、「認可」(児童福祉法35条 4 項) などの語が使用される。指定は、外部委託の市場に参入する民間主体の資格や給付方法を一律に規律することで給付の質を担保しつつ、民間主体たる任務担当組織間の競争を促すものといえる。

これに対し、契約手続で委託先を選択する場合には、入札手続が比較的詳細に規定されることがある (民間資金等の活用による公共施設等の整備等の促進に関する法律 (以下「PFI 法」という) 7 条・8 条、競争の導入による公共サービスの改革に関する法律 (以下「公共サービス改革法」という) 9 条以下)。さらに、実施過程を監視するため合議制組織を設置する方法も見られる (公共サービス改革法37条・47条)。地方自治法の指定管理者の場合には、議会が条例により指定手続・指定基準を定めるとともに、指定管理者の指定をする際にも議会議決が要求されている (地方自治法244条の 2 第 4 項・6 項)。他方、一般廃棄物処理の委託や水道事業の第三者委託については、こうした規定がない (廃掃法 6 条の 2 第 2 項・同令 4 条、水道法24条の 3 ・同令 7 条・8 条)。

(c) **任務の民営化**　任務の民営化においても、任務担当組織の選択の際には指定が用いられている。参入要件が厳格なものは法文上「許可」の語が (民間事業者による信書の送達に関する法律 (以下「信書便法」という) 6 条、廃掃法 7 条 1 項)、そうでないものは「指定」(介護保険法41条 1 項・70条等、建築基準法77条の18) や「登録」(電気通信事業法 9 条、品確法 7 条 1 項) の語が使われている。これらは外部委託における指定と同様に、(場合によってはマクロ的な需給調整の枠内 (介護保険法70条 4 ・5 項、廃掃法 7 条10項 2 号) で) 市場に参入する資格や給付方法を一律に規律することで給付の質を担保しつつ、競争を促すものである。他方で、任務の民営化における任務担当組織は、原則として自己の名で、自己の計算で当該任務を実施することとなる。そのため、行政との委託契約の関係が後続しないところが外部委託の場合とは大きく異なる。

(2)　**利用者等の保護**
　(a) **組織の民営化**　特殊会社の設立による組織の民営化の際に、利用

者に対する国の配慮義務が規定される場合がある（日本国有鉄道改革法4条）。また、国鉄において本州3社が完全民営化された際には、国土交通大臣が利用者の利便確保の為の指針を策定・公表し、それに基づく指導・助言を行い、不服従の場合には勧告・命令・罰則と進行するしくみが準備された（JR法附則2条以下）。こうした手続的な規律と並び、ユニバーサルサービスの責務や地域貢献・社会貢献等の任務を規定する方法も見られる（NTT法3条、日本郵便株式会社法5条・6条1項）。

(b) **外部委託**　外部委託による民営化の場合には、利用者を直接保護する規定は多くない。例えば、利用者に対する提供義務を定めるものとして地方自治法の指定管理者がある（地方自治法244条2項）。行政が給付を委託する際に受託者がこれを拒むことを禁止する規定（児童福祉法46条の2）も、利用者の利益を保護する目的においては共通するものといえる。

(c) **任務の民営化**　これに対して、行政の任務実施責任が任務担当組織に移行する任務の民営化では、外部委託と比べて利用者を保護する規定を比較的多く見いだすことができる。まず、利用者に対する提供義務を法律で定める方法がある（電気通信事業法25条1項、信書便法19条、建築基準法77条の26、品確法15条1項・70条）。法律ではなく、行政と任務担当組織との関係を規律する行政基準で提供義務を定めるものもある（例：指定介護老人福祉施設の人員、設備及び運営に関する基準（以下「運営基準」という）4条の2）。また、ユニバーサルサービスの努力義務を課した上で、ユニバーサルサービスを実施している事業者が負担する赤字分をその他の事業者からの負担金で補塡するしくみも見られる（電気通信事業法7条・106条以下）[12]。さらに、利用者と任務担当組織が締結する契約に対して法律で特別な効力を認める手法（品確法6条）や、法律ではなく行政と任務担当組織との関係を規律する行政基準に契約締結手続・契約内容に関する規制を盛り込む例（運営基準4条以下）もある。加えて、利用者が任務担当組織との契約を締結する前提条件として、任務担当組織に利用者に対する情報提供・説明の（努力）義務

---

[12] 柳迫泰宏「ユニバーサルサービス制度について」行政&ADP42巻11号（2006年）29-33（29）頁。

やサービス評価の結果の公表を規定している例がある (社会福祉法75条1項・78条1項、電気通信事業法26条、介護保険法115条の35)。

やや特殊なものとして、建築基準法の指定確認検査機関が行う建築確認等に見られる解除条件的な個別的行政監督権限がある。指定確認検査機関が確認等を行った際に関連文書を特定行政庁に提出し、これに対して特定行政庁が不適合の通知を指定機関に行わなかった場合には、指定機関の行為が建築主事による相当の行為とみなされる (建築基準法6条の2・7条の2・7条の4)。

3　救済法的手法

救済法的手法が立法の中に見られるのは、任務の民営化の場合に利用者が利用するものに限られている。また任務担当組織の立場に関しては、不服申立に関する信書便法39条・電気通信事業法171条等を除き特段の規定が置かれていないので、一般的な行政法規と同程度にとどまる。

任務の民営化に特徴的に見られるのが、苦情解決に関する規定である。任務担当組織に苦情処理義務を課すもの (電気通信事業法27条)、オンブズマン的な役割を特定の団体に担わせるもの (社会福祉法83条、介護保険法176条1項3号)、あるいは紛争処理機関を指定した上で証拠となる資料や紛争処理に必要な費用を調達するシステムを設けるもの (品確法67条・71条・73条・82条・83条1項1号) がある。

Ⅳ　日本法の課題

1　日本法の現状に対する評価

以上の分析を踏まえ、日本法の再規制の現状に対する評価を行うとすれば、次の3点に要約できる。第1は、民営化に伴って立法者が準備した再規制の手法は、すでにかなり広範に確認できるということである。逆にいえば、わが国における民営化の多くは、当該任務の実施からの公的部門の撤退や民間の自由競争への全面的な信頼のもとに行われているわけではなく、むしろ当該任務の公的性格を前提にした上でその担い手や実施手法を

多様化させ、それに伴って規制手法を高度化する色彩が強い。第2は、再規制の手法やその発達の水準にかなりの偏差が確認できることである。組織の民営化の際に用いられる組織法的手法については、政策目的との関係で必要な規制手法がほぼ出揃っている印象を受ける。これに対し、救済法的手法は極めて発達が遅れており、また、作用法的手法の中でも利用者の利益を直接保護する方法は十分な水準にあるとは言い難い。第3は、民営化の類型区分を跨いで共通して見られる再規制の技術が存在していることである。例えば、民営化に伴い実施を担当する任務担当組織に対する組織法的なコントロールの内容と作用法的なコントロールとの機能的等価性、外部委託と任務の民営化に共通して見られる指定のしくみ、各類型に共通して見られる契約の統制手法、あるいは各類型に共通の（とりわけ任務の民営化で問題となる）再規制の根拠づけと限界を画する理論的な基礎づけの4つの問題を取り出すことができる。そこで以下ではまず、これらの理論的な課題について検討し、その上で、第2に指摘した問題に対応するための解釈論・立法論的な解決策を模索することとしたい。

2　日本法の課題

(1)　理論的課題

(a)　**組織法的手法の意義と限界**　公的任務の実施を担当する組織・機関は、その任務の性格や政策目的との関係に応じて、直接実施→法人化→民営化というグラデーションの中で選択・決定されている。法人化については、独立行政法人通則法が標準法としての地位を得ており、それ以外の組織についても独立行政法人の規律技術が部分的に用いられる傾向にある。これに対し、民営化がなされた場合の任務の担い手に対する組織法的なコントロールのあり方は、なお未開拓の領域である。確かに特殊会社については、組織法的な立法技術がほぼ確立しているように見える。しかし、国が株主として特殊会社をコントロールする際の行為規範にはどのようなものがあるのかという理論的な問題がなお残されている。[13]

---

13)　斎藤誠「金融行政体制のこれから」江頭憲治郎＝岩原紳作編『あたらしい金融システムと法』（有斐閣・2000年）148-157 (154) 頁。例えば、特殊会社に対する情報公開の問題や、株

民営化後の任務担当組織に対する法的コントロールの方法は、組織法的手法に尽きるものではない。もう1つの制度設計方法として、作用法的手法の内容に組織に関する事項を加えておくことが挙げられる。組織法的手法では、民営化後の任務担当組織の事務・資金・人事に対する包括的かつ強度なコントロールを行うことができる。他方で、組織法的手法は法人の自律性に対する強度の制約を課す方法であるため、これに対応するだけの政策目的がないと利用できない。例えば、従前の国の組織と事務を任務担当組織が引き継ぐ場合には、ユニバーサルサービスを維持するとともに、公的財源によって形成されてきた事業のための財産の全部または一部が承継される。このような場合には、組織に対する強度の制約をかける合理性が認められる。しかし一般の株式会社がその事業の一部として介護サービスを手掛けようとするような場合に、組織法的手法を用いることは過剰規制となる。そこで、作用法的手法の中に組織に対する最低限の要請を取り込むとともに、個別的な行政監督措置を予定することで、過剰規制を避けつつ利用者保護のために必要な規制水準を確保することができる。

　(b)　**指定の法的性格**　　外部委託と任務の民営化では、しばしば「指定」と呼ばれる行為によって、任務担当組織が当該任務の実施に携わる資格を付与している。従来これらは、行政行為の権限を授権する場面では委任行政の問題として、現物給付の給付提供者を選択する場面では行政契約として、現金給付の支給対象となる給付提供者を選択する場面では行政行為として議論されてきた。しかしこれらは、法令が定める一定の基準を充足すると公的任務の遂行資格が認定される点において共通性を有する。また、現物給付における指定は、厳密には給付提供者の資格を認定する法効果を持つにとどまる。例えば、健康保険法に基づく保険医療機関の指定は、健康保険法に基づく給付を提供する資格を認定する法効果を持ち、指定保険

　　式売却益の使途及びその決定方法をめぐる問題（飯尾潤『民営化の政治過程』（東京大学出版会・1993年）230頁）が、ここに位置づけられよう。
14)　同様の状況は、自主規制を担当する組織の法人格が公益法人から認可法人に転換する際にも存在する。参照、原田大樹「自主規制の制度設計」法政研究（九州大学）74巻4号（2008年）817-840（832）頁［本書第8章参照］。

医療機関と保険者との間で療養給付の委託契約が成立するのは、被保険者が被保険者証を提示して指定保険医療機関に療養の給付を求めた時点と考える方がより正確である。[15]このように考えると、外部委託と任務の民営化で用いられる指定はいずれも、民間主体が公的任務を遂行する資格を認定する行政行為と性格づけることができる。

(C) **契約統制手法**　　外部委託や任務の民営化においては、契約が大きな役割を果たしている。まず外部委託においては、行政と受託者とが締結する行政契約を対象として、入札手続の詳細を法律で規定したり、第三者機関が実施過程に関与したりするしくみが見られる。特に公共サービス改革法における官民競争入札等監理委員会には、対象事業や入札の評価基準の設定から入札の実施、さらには事業の監視・評価までを担わせている。

これに対し、任務の民営化における任務担当組織と利用者との契約に対する規制として、提供義務やユニバーサルサービスなどの現に存在するサービスの維持・提供に関する規律は確認できる。しかし、必要なサービスを行政が確保する方策や、契約内容に対する利用者保護を目的とする法的規制の実例は多くはない。[16]また契約規制の際には、利用者に対して直接何らかの権利を付与する方法ではなく、行政と任務担当組織との関係の中で一定の行為義務を任務担当組織に課す方法が好まれている。[17]

---

[15]　原田大樹『例解　行政法』（東京大学出版会・2013年）308頁。資格の認定と契約の成立とを区別する見方は、保育所入所関係、公営住宅利用関係などに応用可能である。これらの場合にこの解釈を採ると、契約締結に先行して締結資格を認定することで受給権を確保するとともに、契約存続期間において受給者が給付の継続を求める法的な手がかりを与えることができる（公営住宅につき、最一小判1984（昭和59）年12月13日民集38巻12号1411頁）。

[16]　指定住宅紛争処理機関の指定の申請がない場合に住宅紛争処理支援センターにその指定の申請を国土交通大臣が命ずる品確法75条は、「制度的担保措置」（伊藤滋夫編『逐条解説住宅品質確保促進法』（有斐閣・1999年）195頁）とされる。また、現金給付の介護保険において、サービス量を確保するための行政計画の制度（介護保険法117条・118条）もここに含まれる。

[17]　原田大樹「福祉契約の行政法学的分析」法政研究（九州大学）69巻4号（2003年）765-806（788）頁。義務付け・枠付けの見直しに伴う改正（平成23年法律第37号）により、現在の介護保険法では運営基準に「従い」または「参酌」して、契約規制とも関係する内容を都道府県条例で定めることとされている（介護保険法88条2・3項）。条例違反行為の民事上の効力をどのように取り扱うべきか、条例が運営基準を下回る利用者保護の内容を定めていた場合に運営基準の内容を「公の秩序」（民法90条）に読み込めるのか等、判例・学説が明らかにすべき法的課題は多い。

(d) **再規制の理論的根拠**　特に任務の民営化において、利用者の利益を直接的に保護する立法が発達していない背景には、利用者保護を目的とする契約規制が任務担当組織に対する過剰規制になるとの懸念があると思われる。確かに、任務の民営化においては民間主体たる任務担当組織が自己の計算で任務を実施しており、組織の民営化のような強度な規制をする合理性はない。そこで、再規制を要請し、あるいはその限界を設定する根拠は何なのかを検討したい。

任務の民営化がなされると、国家は完全にその実施から撤退するとは限らないとしても、民間主体たる任務担当組織が任務を実施する限りにおいて、国家の実施責任が消滅する。しかしその場合でも国家には何らかの責任が残ることが、行政法学からは一貫して主張されてきた。[18] また民法学からは、給付される財やサービスの性質に着目して契約自由の原則を制限することを正当化する制度的契約論[19]が提唱されている。これらに共通するのは、提供される財やサービスの特性やそれが基本権に与える影響から見て、任務の実施を支える制度を（多くは国家により）集団的・集権的に構築する必要があることに注目している点である。任務の民営化とは、こうした制度構築の結果として、従来は国家が直営で行っていた任務を民間主体に移行させる政策決定なのである。そうであるとすれば、利用者と任務担当組織との契約関係に対する規制の許容性と限界は、個別契約の背景にある行政法的制度の中で考察すべきものである。つまり、政策手段としての民営

---

18)　「保証人的地位」論（角松生史「『民間化』の法律学」国家学会雑誌（東京大学）102巻11=12号（1989年）719-777（770）頁）、基本権保護義務論から導出される「公共に対する国家の責任」（大脇・前掲註4）309-311頁）、「波及的正統化責任」（山本隆司「公私協働の法構造」碓井光明他編・金子宏先生古稀祝賀『公法学の法と政策(下)』（有斐閣・2000年）531-568（556-557）頁）、議会の規律責務としての「枠組設定責任」（原田大樹『自主規制の公法学的研究』（有斐閣・2007年）277頁）、保障責任（板垣勝彦『保障行政の法理論』（弘文堂・2013年）45-56頁）などを挙げることができる。これに対し、主体の活動の実質に注目する立場として参照、北島周作「行政法における主体・活動・規範（6・完）」国家学会雑誌（東京大学）122巻11号（2009年）1466-1493（1489）頁、同「公的活動の担い手の多元化と『公的規範』」法律時報85巻5号（2013年）23-30（28）頁。

19)　行政法学と制度的契約論の接点につき参照、原田大樹「行政法学から見た制度的契約論」北大法学論集（北海道大学）59巻1号（2008年）408-395頁［本書第3章補論所収］。

化が「市場」を導入することで何らかの社会的問題の解決を図るものであるとすれば、「市場」の成立を不可能にし、問題の解決につながらないような強度の契約規制には合理性を認めることはできない。しかし、それに至らない程度の規制であれば、目的との関係で合理性を有する手段である限り許容されていると考えるべきである。

(2) 実践的課題

最後に、これまでの検討を踏まえ、日本法における再規制の問題を解釈論・立法論で解決する方策を素描することとしたい。具体的には、民営化後の法関係において利用者の利益を直接的に保護するための法的方策を、次の2つの局面に分けて取り上げる。第1は、任務担当組織から利用者が任務の提供を受けるまでの段階である。すでに指摘したように、民営化によって形成された法的仕組みにおいては、こうした個別的な法関係の背景に任務提供のための制度が存在している。外部委託による民営化の場合の多くは行政と受託者との行政契約であり、任務の民営化の場合にはより複雑な形態が取られる。行政法学では馴染み深い「仕組み解釈」[20]は、この場合の個別的な法関係の解釈に当たっても用いられるべきである。さらに、わが国において決定的に欠けているのが、利用者がこの制度の内容形成に手続的に関与する参加権である。例えば公共サービス改革法においては、官民競争入札等監理委員会に利用者の利益保護に関しても大きな役割が期待されている。しかし、この過程に利用者が参加するしくみは用意されていない。公共サービス契約法が規定する公共サービス実施契約は、後続の受託者と利用者との個別契約の内容の大部分を形成する枠契約としての性格を有しており、機能的には指定要件を定める行政立法と変わらない。そこで、行政立法における意見公募手続と少なくとも同等程度の行政手続が整備される必要性が高い。

第2は、任務担当組織による任務の実施の際に利用者が何らかの不利益を受けた場合の救済方法である。行政に実施責任が留保される外部委託による民営化の場合には、この実施責任を梃子として行政訴訟や国家賠償を

---

20) 橋本博之『行政判例と仕組み解釈』(弘文堂・2009年) 1-6頁。

利用することが比較的容易である。これに対して、そのような手がかりがない組織の民営化や任務の民営化においては、原則としては民事法・民事訴訟による解決が志向されることとなろう。立法者もこれを前提に、任務の民営化に関し苦情解決の規定を用意している。また行政監督権限を捉えて、その不行使を行政訴訟・国家賠償で争う手段も考えられる。しかし、これらが十分な救済水準を保障するかどうかがなお不透明な現段階にあっては、外部委託に関する最高裁判決（最一小判2007（平成19）年1月25日民集61巻1号1頁）が示唆した、任務・資金・権限の3つの考慮要素を使って実定法制度全体の解釈から任務担当組織の作用の国家賠償法上の「公権力の行使」の性格を判断する考え方を、その他の民営化類型の場合につきカテゴリカルに排除する必要はないと考えられる。[21]

---

21) 原田大樹「判批（民間委託と国家賠償）」法政研究（九州大学）74巻2号（2007年）351-366（359）頁。

第3章補論

行政法学から見た制度的契約論
——書評：内田貴『制度的契約論』

Ⅰ　はじめに—制度的契約論の"衝撃"

1　行政法学からの注目点

　2006年2月から『ジュリスト』誌において連載された「民営化(privatization)と契約(1)〜(6・完)」[1]は、民法学はもちろんのこと、行政法学にも大きな反響を呼び起こした。より正確に述べれば、民法学よりも行政法学の方に大きなインパクトを与えているようにさえ思われる。その理由は、同論文に含まれている内容が、行政法学にとって極めて衝撃的であったからである。具体的には次の3点において、制度的契約論は行政法学に大きな"衝撃"を与えたと考えられる。

　第1は、いわゆる民営化によって登場した契約の法的特色を契約法の観点から分析したことである。しかもその際には行政法学における行政契約論の蓄積が参照され、それとの接合性が極めて強く意識されていた（内田・民営化(2) 72頁、内田・制度的契約論30-32頁）。すなわち、従来は行政契約に特殊と考えられてきた法的ルールが、必ずしも行政契約だけに妥当するわけではないことを、同論文は明らかにした。第2は、国家によるサービス給付の正当化理由、規制の性質、公共性・アカウンタビリティの概念など、行政法学の基幹的部分についての検討が試みられたことである（内

---

1)　内田貴「民営化(privatization)と契約(1)〜(6・完)」ジュリスト1305号118-127頁、1306号70-77頁、1307号132-138頁、1308号90-97頁、1309号46-53頁、1311号142-149頁（いずれも2006年、なお引用の際には、「内田・民営化（連載回）」と表記する）。その後、これらは内田貴『制度的契約論』（羽島書店・2010年）（引用の際には、「内田・制度的契約論」と表記する）にまとめられている。

田・民営化(2) 74頁、(3) 137頁、内田・制度的契約論35・57頁）。その際には、従来の行政法学が意識的・無意識的に強調し依拠してきた「国家作用の権力性」や「公的財源を使った活動」の要素を周到に取り払った上での立論がなされていた（内田・民営化(3) 138頁、(4) 90頁、内田・制度的契約論55頁）。第3は、公法・私法に通底する契約内在的な規範を示したことである。その際には、コモンローの common callings の法理が手がかりとして用いられ（内田・民営化(3) 132頁以下、内田・制度的契約論42頁以下）、公法・私法の関係に関する新たな視点を含む「制度的契約論」が、行政法学の一般理論に極めて近い内容を含む形で提示された（内田・民営化(6) 142頁以下、内田・制度的契約論86頁以下）。そこで示された内容は、民営化には再規制が伴うと主張してきた行政法学の従来の主張［本書第3章参照］に近いものであり、行政法学にとって大変心強いものでもあった。

2　本補論の課題

しかし、こうした制度的契約論の"衝撃"は、行政法学に深刻な「アイデンティティ・クライシス[2]」をもたらしたと評しても過言ではない。もっともこれは、行政法学にとって初めての試練ではない。行政法学はその出発点においてすでに、高度な学問体系を発達させていた民法学の成果を吸収しつつもそれとは差別化を図ることで、学問としての独自性を主張せねばならない立場にあった。それが過剰な形で現れていた方法論としての公法・私法二元論が解体されたとされる現在でもなお、民法学との差別化が行政法学の最低限の存立条件となっているとする認識は根強い[4]。これに対し、1990年前後以降に限定してみても、民法学は以下の3つのモデルにより、行政法学の独自性を問いかける理論的なチャレンジを行っている。そ

---

2) 中島誠『立法学［第3版］』（法律文化社・2014年）148頁の表現を借用した。同書は、これからの官僚像が利害調整を得意とするジェネラリストを目指すべきか、企画立案に秀でたスペシャリストを目指すべきかが定まっておらず、それが官僚制の閉塞感へとつながっていると指摘する。

3) Otto Mayer, Zur Lehre von Öffentlichen Verträge, AöR 3 (1888), S. 3-86, 3.

4) このことを率直に披瀝する見解として参照、櫻井敬子『行政法講座』（第一法規・2010年）49頁。

こで、本補論の第1の課題は、これら民法学が提示した理論モデルに対し、行政法学がそのアイデンティティをなお主張しうるのかを検証することにある。仮にそれが果たされたとした上で、第2の課題は、「制度的契約論」が主要な問題領域として設定した民営化後の法関係を把握する行政法学からの理論モデルを提示することにある。この分野は、民事法学と行政法学との協力関係の構築が必要なフロンティアであり、制度的契約論という民事法学からのモデル提示に呼応する理論を行政法学が準備することで、両者の協力関係の展開が期待できる。具体的には「私行政法」と「公共部門法論」を取り上げ、制度的契約論との連携の可能性を模索することとしたい。

II 行政法学のアイデンティティ

とりわけ1990年代以降、契約法の基礎理論領域を中心に、民法学は次の3つの理論モデルを提示し、行政法学のアイデンティティを厳しく問いかけている[5]。以下の類型論はあくまで民法学と「行政法学のアイデンティティ」との関係を明らかにすることを目的としたものであり、特に第2のグループには基礎づけを異にする複数の議論が含まれていることに注意が必要である。第1は、大村敦志教授・森田修教授に代表される「政策実現志向の民法学」の考え方である。第2は、個人の意思の自律の保障・支援に民法学の特色を見いだす立場であり、これを「リベラリズム民法学」と呼ぶこととしたい。「リベラリズム」概念の多義性からも推測されるように、この中にはさまざまな立場が含まれるものの、ここでは、行政法学との接点を強調する2つの見解を取り上げる。第3は、「紛争解決志向の民法学」であり、関係的契約論・制度的契約論を提示する内田貴先生の理論を念頭に置いている。以下では、それぞれの主張を要約した上で、行政法学が主張しうるアイデンティティが説得的なものか検証することとしたい。

---

5) 第1のグループと第2のグループの区分は、山本顕治「競争秩序と契約法」神戸法学雑誌（神戸大学）56巻3号（2006年）272-142（234）頁にいう「厚生」対「権利」の図式にほぼ対応する。

1 政策実現志向の民法学

第1の潮流は、政策実現手段として民法を捉え、民法学における制度設計論の重要性を強調する見解である。例えば大村敦志教授は、契約正義の考え方を基調理念とし、正義の基準として給付の均衡や公序良俗の要素を重視する。そして、いわゆる取締法規のうち経済法令に関して、公序良俗の部分に行政法規が充填されることにより、民法も行政法規による政策実現の一翼を担う一方、個人の権利の実現のために行政法規が援用されることもあってよいとする[6]。また、国家と個人の中間領域に属する部分における公共性実現のための制度化の道具としての民法（とりわけ契約法）の役割を強調し[7]、小さな公共性の制度化による実体的価値の発見と凝集が目指されている[8]。これに対し、森田修教授はより直截に、民法が国家により市場経済を設定する道具として使われていることに注目し、意思の自律の有無を問わず一定の政策目的を実現する手段としても民法を位置づける可能性を示す[9]。この発想の背景には、不法行為法研究から法政策学へと展開した平井宜雄教授の見解が大きな影響を与えているように思われる[10]。

行政法学においては、1980年代以降に主流となった行政過程論が憲法的

---

[6] 大村敦志「取引と公序」同『契約法から消費者法へ』（東京大学出版会・1999年）163-204（202）頁［初出1993年］。

[7] 任意規定・典型契約論の利用可能性を検討する議論（大村敦志『典型契約と性質決定』（有斐閣・1997年）351-357頁［初出1995年］）も、ここに位置づけうる。

[8] 大村敦志「大きな公共性から小さな公共性へ」法律時報76巻2号（2004年）71-77（76）頁、同『生活のための制度を創る』（有斐閣・2005年）310-314、341-343頁、同「紛争解決の民法学から制度構想の民法学へ」能見善久他編・平井宜雄先生古稀記念『民法学における法と政策』（有斐閣・2007年）3-31（29-31）頁。

[9] 森田修「『独禁法違反行為の私法上の効力』試論」日本経済法学会年報41号（1998年）99-122（117）頁、同「市場における公正と公序良俗」金子晃他監修・フェアネス研究会編『企業とフェアネス』（信山社・2000年）67-79（76-78）頁、川島武宜＝平井宜雄編『新版注釈民法(3)総則(3)』（有斐閣・2003年）96-100、132-137頁〔森田修〕。関連して参照、山本敬三「民法における公序良俗論の現況と課題」民商法雑誌133巻3号（2005年）385-421（411）頁。

[10] 契約法学の役割についての言明として参照、平井宜雄「契約法学の再構築(1)」ジュリスト1158号（1999年）96-105（99）頁。平井宜雄教授の法政策学の意義を公法学の観点から多面的に検討した業績として参照、藤谷武史「『法政策学』の再定位・試論」新世代法政策学研究（北海道大学）9号（2010年）181-215頁。

価値の実現のための法技術の蓄積を行政法学の課題と位置づけ、さらにはよりダイレクトに、政策目的を意識しながらその手法を検討する政策法学・政策法務の考え方も主張されるに至っている[11]。この立場から見れば、政策実現志向の民法学は、志向性の競合による行政法学のアイデンティティ喪失のおそれを引き起こすというよりはむしろ、行政法学と共通の方向性を持つ議論として歓迎されることになる。すなわち、ある政策目的の実現のために有効な手段を選択するに際し、民事法と行政法とは並立するオプションと位置づけられる[13]。また行政法学から見れば、特別私法に代表される民事法による制度設計は、政策実施のための1つの手法としても位置づけうる[14]。

2 リベラリズム民法学

第2のグループは、民法学を私的自治ないし個人の自律を保障する目的との関係で理解する立場である。個人の自由意思に大きな価値を認めている理論的な立場を、ここでは広く「リベラリズム民法学」に含めることとしたい。行政法学が通常念頭に置く民法学はこのイメージが支配的であり、権力性を特色とする行政法学と好対照を描いている限りで、双方に抵触関係は生じないはずであった。しかし、このグループの中でも次の2つの主張は、行政法学との交錯が不可避である。1つは広中俊雄教授により提唱

---

11) 塩野宏「行政作用法論」同『公法と私法』（有斐閣・1989年）197-236 (228) 頁［初出1972年］。

12) 代表的な著作として参照、阿部泰隆『政策法学の基本指針』（弘文堂・1996年）、木佐茂男『自治体法務とは何か』（北海道町村会・1996年）、鈴木庸夫編『自治体法務改革の理論』（勁草書房・2007年）。

13) 田村善之「競争秩序と民法学」同『競争法の思考形式』（有斐閣・1999年）35-53 (46) 頁［初出1998年］、同「競争政策と『民法』」NBL863号 (2007年) 81-93 (86) 頁。著作権法は「所有権的構成」を借用していることを強調する中山信弘『著作権法』（有斐閣・2007年）18頁をも参照。

14) つとに、阿部泰隆『行政の法システム(下)［新版］』（有斐閣・1997年）470-506頁は「行政と民事の諸手法」と題する章を置く。評者も、公的利益を実現する「規制」手法の一種として、民事法による制度設計の一部を「枠組規制」と位置づける構想を有している（原田大樹『自主規制の公法学的研究』（有斐閣・2007年）11頁、同「政策実施の手法」大橋洋一編『政策実施』（ミネルヴァ書房・2010年）53-75頁［本書第5章参照］）。

され、吉田克己教授により展開された、「外郭秩序」の考え方である。吉田克己教授によれば、外郭秩序においては特別法たる行政法規が定められている限りでそのプログラムに基づく処理が民事法に優先し、行政法規による権利・利益保護が不十分な場合に民事法が作動するとされる[16]。民事法と行政法が競合する領域が示され、そこにおける調整原理を「個人の自律」の尊重という観点から提示している点が、行政法学からは注目される[17]。もう1つは、山本敬三教授が主張する基本権保護義務論による民法学の再構築である。憲法を具体化する法律として民法を位置づける山本敬三教授の理解によれば、行政法も民事法も基本権を保護・支援しようとする点で共通であり、両者の差異はかなり小さくなる[18]。

　これに対し、行政法学側からのアイデンティティの主張の仕方は、次の3通りに分けられる。第1は、民主的な統治プロセスの一環として行政過程を把握し、そこに民事法と同様の構造を持つ権利・義務関係には還元できない制度・秩序の要素を見いだす仲野武志教授の見解である[19]。この立場は、多数当事者間の利害調整過程や政策実施過程を規律する法としての行政法の特質を鮮やかに浮かび上がらせることができる反面で、民事法との差異を強調した結果として、民事法との協力関係への注目を困難にする可

---

15)　広中俊雄『新版民法綱要第1巻〔新版〕』（創文社・2006年) 3-37頁。公法と私法の関係の観点から同理論を分析したものとして参照、広渡清吾「市民社会論のルネサンスと市民法論」林信夫＝佐藤岩夫編・広中俊雄先生傘寿記念『法の生成と民法の体系』（創文社・2006年) 249-294 (273-278) 頁。

16)　吉田克己『現代市民社会と民法学』（日本評論社・1999年) 269-271頁〔初出1998年〕、同「総論・競争秩序と民法」NBL863号 (2007年) 39-47 (44) 頁。

17)　同様の構造は、古典的私的自治の重層性を説く児玉寛「古典的私的自治論の法源論的基礎」原島重義編『近代私法学の形成と現代法理論〔新装版〕』（九州大学出版会・1996年) 119-204 (120-130) 頁、原島重義『法的判断とは何か』（創文社・2002年) 17-19頁にも共通して見られる。

18)　山本敬三「現代社会におけるリベラリズムと私的自治(1)」法学論叢（京都大学) 133巻4号 (1993年) 1-20 (17) 頁、同「取引関係における公法的規制と私法の役割」同『公序良俗論の再構成』（有斐閣・2000年) 239-293 (248-251) 頁〔初出1996年〕、同「基本法としての民法」ジュリスト1126号 (1998年) 261-269 (267) 頁。

19)　仲野武志『公権力の行使概念の研究』（有斐閣・2007年) 12-15頁〔初出2002年〕、同「法律上の争訟と既得権の観念(1)」法学（東北大学) 67巻2号 (2003年) 174-227 (207) 頁。原島良成「地方政府の原告適格に関する一考察(1)」上智法学論集（上智大学) 50巻3号 (2007年) 71-91 (88) 頁も共通の方向性を示す。

能性や、(この理論だけでは)行政法学が持つ市民の権利自由保障機能を低下させるおそれがないとはいえない。第2は、裁判所ではなく行政機関が介在することに積極的な意義を見いだす大橋洋一教授の見解である[22]。能動的な紛争予防活動を行政機関が恒常的に行うがゆえに、行政活動に対しては法令適合性以外の行為規範が必要となるとするこの考え方は、共通の規律対象事項に対して行政法と民事法が競合する場合を正面から認めた上で、行政法規の行政に対する規律密度の高さを重要なメルクマールと見ている。第3は、第2の見解と基盤を共通にしつつも、行政法と民事法の利害調整方法ないし作動方法の違いに力点を置いて説明する山本隆司教授の見解である[23]。民主政的正統性を持つ行政が登場する行政法においては、利益衡量の包括性・総合性を特色とするのに対し、個人のイニシアティブを前提に裁判所が紛争解決をする民事法では、利益衡量をより繊細に、また個別的に行うことに重点が置かれるとする。ここで注目されるのは、民事法と行政法との協力関係の構築を志向する大橋洋一教授と山本隆司教授の見解が、その前提としての行政法学のアイデンティティを確立する際に、民事法における個人の意思の自律と、行政法における行政の法律による覊束とを強烈に対照させていることである[24]。

3 紛争解決志向の民法学

前述の2つの潮流とは異なる第3の理論モデルを提示しているのが、内

---

20) この見解に対する直接のコメントではないものの、民事法学からこうした見解を示しているものとして参照、吉村良一「環境利益の保護と民法」同『環境法の現代的課題』(有斐閣・2011年) 97-123頁〔初出2006年〕。
21) 原田大樹「法秩序・行為形式・法関係―書評・仲野武志著『公権力の行使概念の研究』」法政研究 (九州大学) 74巻3号 (2007年) 661-682頁〔本書第5章補論所収〕。
22) 山本敬三=大橋洋一「行政法規違反行為の民事上の効力」宇賀克也他編『対話で学ぶ行政法』(有斐閣・2003年) 2-17 (17) 頁〔大橋洋一発言〕〔初出2001年〕、大橋洋一『行政法Ⅰ〔第2版〕』(有斐閣・2013年) 14頁。
23) 山本隆司『行政上の主観法と法関係』(有斐閣・2000年) 322-330頁。
24) 山本隆司「判批 (名古屋デザイン博事件1審)」自治研究74巻4号 (1998年) 107-117頁、大橋洋一「制度変革期における行政法の理論と体系」同『都市空間制御の法理論』(有斐閣・2008年) 346-368 (348) 頁〔初出2003年〕。民事法学から類似の指摘をするものとして参照、曽野裕夫「競争秩序と契約法」NBL863号 (2007年) 64-72 (65-71) 頁。

田貴先生である。1990年に提示された関係的契約論は、現代的契約における契約上の義務の拡大現象を説明するために、当事者の意思よりもその背景にある社会的な関係に注目する必要があることを主張した。関係的契約論が注目しているのは信義則を媒介とする妥当な解決であり、共同体の一員たる当事者の「納得」の合理性がキーワードとなっている[26]。契約の背景にある要素に注目する点で、また紛争解決をも志向する点で、制度的契約論は関係的契約論と共通性を有する（内田・民営化(4) 97頁、(6・完) 147-148頁、内田・制度的契約論71・96-98頁）。そこで、この両者を包括する理論モデルを「紛争解決志向の民法学」として行政法学と対置させた場合、行政法学にとって悩ましいのは、このモデルが個人の意思の自律を民事契約における必須の前提とはしない点にある。このモデルによると、契約の概念に当てはまるための条件を、法関係の内容形成を個人の意思の自律に委ねることではなく、「合意」すなわち法関係を生じさせることを双方が承諾することに求めている（内田・民営化(4) 93頁、内田・制度的契約論63頁）。そうすると、制度的契約論における個別交渉排除原則（内田・民営化(4) 94頁、(6・完) 142頁、内田・制度的契約論65・86頁）が「契約という手法を利用することの意義をそぐ」[28]とは直ちにはいえないように思われる（内田・制度的契約論109頁も参照）。この理論モデルが意図しているのは、現代において「契約」と呼称しうる法技術が古典的なそれとは比較にならないほど広範囲で使われている現実を受け止め、それをあくまで「契約」の枠組の中で整合的に説明するための方策を示すことにあると考えられるからである。ここにおいて、法関係の内容形成における個人の意思の自律をカウンターパートとした行政法学のアイデンティティ構築は困難となる。

　そこで、民営化の「国家政策」としての性格を強調し、民営化により公的利益の実現が図られるようにする規律責務が国家にはあることを梃子と

---

25)　内田貴『契約の再生』（弘文堂・1990年）223-255頁。
26)　内田貴『契約の時代』（岩波書店・2000年）152-158頁。
27)　内田貴「平井宜雄教授著「契約法学の『再構築』」をめぐる覚書(下)」NBL685号（2000年）35-40 (35-37) 頁。
28)　山本隆司「私法と公法の〈協働〉の様相」法社会学66号（2007年）16-36 (33) 頁。

する行政法学のアイデンティティ構築が考えられる[29]。すなわち、政策実現の観点から給付の法的しくみの中に契約を位置づけて契約解釈を行うこと[30]、また制度的契約論は立法に盛り込む際の参照モデルとして位置づけうることが、大橋洋一教授によって説かれている。制度的契約論は、伝統的に国が直営で行ってきた給付サービスについて、市場機能の阻害要因を何らかの手段で矯正できれば、少なくとも効率性の観点に関する限り、国が直営で行う必要はないことを強調する（内田・民営化(2) 74頁、内田・制度的契約論36頁）。私見では、直営の給付システムか私的主体による給付かの選択に際しての考慮要素は、①直営給付に要する公費のコスト、②私的主体の給付の採算性、③私的主体による給付に要する国家の規制コストの3点であると思われる。そうだとすると、私的主体による給付に要する国家の規制コストが低減されることが、効率性の面から見た私的主体による給付の最重要の前提といえる。このことから、規制技術の高度化によって規制のコストパフォーマンスを高めることが民営化による給付作用の外部委託の最重要前提となっていることが分かる。ここに、「規制のための法技術」を蓄積する行政法学の使命が存在するように思われる[31]。

さらに、前述の3つの要素のうち、①の直営給付に要する公費コストや②の私的主体の給付の採算性を左右する公費投入の決定といった、制度運営に要する費用の調達・分配構想の提示も行政法学の重要な対象であり、制度的契約論からおそらくは戦略的に除外された視点である。制度的契約論は、契約に基づく給付に内在する制約としてさまざまな法理を提示しており、それらが行政法学にとって大きなインパクトを持っていることは疑いない。しかし、制度的契約論が念頭に置いている諸サービスの多くは、現実には国家によるサービス供給責任とその具体化としての行政法的な「制度」化を前提にして初めて存立しうる（無論全てではない（内田・民営化(4) 94頁、内田・制度的契約論69頁））。現に存在するサービスについての契約

---

29) 大橋洋一「民法と他領域(2)行政法」同・前掲註24) 388-394 (393) 頁［初出2007年］。
30) 具体的には、原田大樹「福祉契約の行政法学的分析」法政研究（九州大学）69巻4号（2003年）765-806 (797-798) 頁。
31) 原田・前掲註14) 262頁。

締結義務ないし給付義務は、コモンローの common callings の法理から導出することは可能であっても、まだ存在しないサービスに対して給付を要求するロジック（サービス総量供給責任）や限られたサービス資源の分配に関する社会的な調整システム（内田・民営化(4) 96頁、内田・制度的契約論69頁）の正当化は、行政法学からしか導出できないのではないかとも思われる。ここに、所得再分配を規律する法としての行政法学のもう1つの使命を見いだすことができる（内田・制度的契約論110頁）。

III 民営化対応法への理論的アプローチ

先に示した、制度的契約論には見られない行政法学の2つのアイデンティティ（「規律構造と資金調達の相互作用の分析の場」としての行政法学）[32]が認められるとすれば、民営化によって生じる法関係を規律する民営化対応法（Privatisierungsfolgenrecht）の理論モデルとして行政法学からいかなるものを提示できるかを、以下では検討する。加えて、これらのモデルが制度的契約論とどのような接点を持ち、両者の連携関係を深めていくことができるかについても展望することとしたい。

1 私行政法

第1は、ドイツ公法学の議論をベースに山本隆司教授が提唱する「私行政法」の考え方である。これは、「私的主体が社会において事実上、公益や人権を実現する機能・役割を果たしている場合、あるいは果たす能力を持つ場合に、機能の大きさや性質に応じて決め、また適用すべきもの」[33]とされる。そこで念頭に置かれているのは、公益や人権の実現に携わる私的主体に対して、その組織と手続が法治国原理・民主主義原理の要請と適合するように国が監視・規律することである（波及的正統化責任）[34]。具体的に

---

32) 原田・前掲註14) 264頁。
33) 山本・前掲註28) 31頁。
34) 山本隆司「公私協働の法構造」碓井光明他編・金子宏先生古稀祝賀『公法学の法と政策（下）』（有斐閣・2000年) 531-568 (556-557) 頁。

は、私的主体の任務遂行に必要な人的・物的資源の要件やガバナンス構造を法律で定めたり、建築士などの専門家に特別な法的義務を負わせたり、さまざまな利害関係を同等に考慮させるための意思決定手続を法定することが考えられている[35]。

私行政法と制度的契約論との接点は、団体への加入契約の部分にある。漁業協同組合への加入をめぐる最一小判1980（昭和55）年12月11日（民集34巻7号872頁）を具体例として、制度的契約論はこの場合に明文の加入強制規定がなくても団体の承諾義務を認めるべきであるとする（内田・民営化(5)53頁、内田・制度的契約論85頁）。私行政法は国家の側から民事組織法の公益適合的な規律のあり方を議論するのに対し、制度的契約論は団体（加入契約）の性格に内在する要素から加入契約の承諾義務を発生させようとする。このように両者の議論の出発点は異なっているものの、ある種の民間団体に対する加入強制を導出する点では共通の方向性を示しており、両者は相互補完関係にあると見てよいと思われる。すなわち、国家の波及的正統化責任を果たすために国家が法律によって規律することで生じる私行政法の内容には、制度的契約論が提示している団体の性格に内在する要素を含めなければならず、また制度的契約論は、この文脈における国家法規律の正当化根拠を提供する。しかし、国家による制度化が果たされていない状態で生じた紛争については私行政法では理論的対応が困難であり、裁判の場面で制度的契約論のロジックによる解決が図られることが期待される。

2 公共部門法論

第2は、評者が提示している「公共部門法論」である。これは、ドイツ・アメリカの公法学の議論動向を踏まえつつ、日本の実定法制度を念頭に置いて構想した、なお生成途上の理論枠組である。公共部門法論は、行政・市民・公的任務遂行主体の三者が登場する法関係において、公的任務遂行主体が国家に対して自律性を発揮することと、被規制者ないし受給者市民の権利利益の保護を図ることとを両立させることを目的とする。従来

---

[35] 山本・前掲註28) 31-32頁、同・前掲註34) 562-565頁。

の公法理論が、「権力性」「公役務」といった一定の属性の有無に基づき公法による処理か私法による処理かを分ける二分法であったのに対し、公共部門法論では、4つの基本戦略（全面的「国家行政」化、部分的「国家行政」化、契約の活用（行政契約・公共部門契約）、立法者の規律責務（基本権保護義務論・本質性理論））によって具体的な利害状況を踏まえたきめ細かい処理をすることを志向している。[36] 公共部門法論から見れば「私行政法」は前述の基本戦略のうち「立法者の規律責務」に関する具体的な規範的要請を提示する議論と位置づけることができる。

公共部門法論と制度的契約論との接点は、公共部門契約にある。公共部門法論は、行政契約法理の直接的な適用では解決できない場面において、公的任務遂行主体と市民との間で締結される契約に公法法理を段階的に及ぼすことを提唱している。その具体的アプローチとして、公的任務遂行主体の組織上の特性に注目する方法、担う作用に注目する方法、公物法のような市民の利用権・受給権を予め設定した上で民事ルールに解決を委ねる方法の3種類を例示している。このうち作用に注目する方法が、制度的契約論と共通の視角を有している。この場合に公共部門法論が公法法理を契約に及ぼす正当化根拠として主として念頭に置いているのは、契約に基づく法関係の展開の前提となっている客観法としての行政法的「制度」ない[37]し法的しくみの存在であり（これと制度的契約論が念頭に置く「制度」とは少し捉え方に違いがあるようにも思われる）、その運営に公費が投じられていることである。これに対し制度的契約論は、給付されるサービスの特性に内在する要素から類似の法的要請を導出する。この場面においても、両者の補完関係を語ることが許されると思われる。まず、制度的契約論が、契約化により公法的規律が拡大することを明らかにした点（内田・民営化（6・完）148頁、内田・制度的契約論99頁）は、公共部門法論の主張と軌を一にする。次に、制度的契約論は給付されるサービスの特質に注目した、公共部門法論からは導出されない行政関与の有力な正当化根拠を提供し、その

---

36) 原田・前掲註14) 265-276頁。
37) 契約と法制度の区別につき参照、原島重義「なぜ、いまサヴィニーか」同編『近代私法学の形成と現代法理論［新装版］』（九州大学出版会・1996年) 1-55 (13) 頁。

要請を受けて設定された行政関与の法「制度」こそ制度的契約論の重要な構成要素たる「制度」を具体的に構築する。さらに、制度的契約論が公費の要素を戦略的に除外したことは、同理論の適用可能性を公共部門法論が念頭に置く以上に拡大させることを可能とする（例：企業年金契約）[38]。このことは民事法と行政法の規律技術を事例に則して段階的に適用していくことを志向する公共部門法論にとっても、大きな福音となるように思われる。

IV　おわりに

　法関係の内容形成に個人の意思の自律を不可欠の前提としない制度的契約論は、行政法学のアイデンティティに対して大きな"衝撃"を与えた。しかしそれは行政法学にとって、自己の独自性を改めて見直す機会を得たことでもあった。制度的契約論の考え方を踏まえてもなお残される行政法学のアイデンティティとして考えられるのは、民営化を可能にする「規制」のための法技術の高度化と、民営化後の給付システムにおいても公費がなお投入されることに着目した所得再分配の規律の2つであろう。その上で、民営化後の法関係を構想する理論モデルとして、民事法学から提示された制度的契約論と、行政法学が示す私行政法・公共部門法論とが相互協力関係を構築しつつ、新たな法理を継続的に生み出していくことが、今後の民事法学・行政法学にとって不可欠の課題である。制度的契約論は、契約への司法的コントロールのみならず立法的コントロールも視野に含めており（内田・民営化（6・完）147頁、内田・制度的契約論99頁）、この点に関する行政法学との学際的交流が、この種の契約の制度設計技術をより高度化することを可能とする原動力になると思われる。

---

38)　内田貴「制度的契約と関係的契約」新堂幸司＝内田貴編『継続的契約と商事法務』（商事法務・2006年）1-29 (12-13) 頁、内田・制度的契約論111-132 (119-123) 頁。

第 4 章

多層化への理論的対応

I はじめに

「国家のゆらぎ[1]」が指摘されて久しい。領土内における公的任務と公権力を独占し、国民と対峙する近代国家のイメージは、民営化・外部委託といった私人による公的任務遂行現象の拡大によって動揺を来しつつある。そこで、これに対応して、従来の公法学（憲法・行政法学）の諸概念・諸理念にも再検討の作業が求められてきている。その具体的な取り組みの1つとして、自主規制を素材とする公法学からのアプローチが位置づけられる。ここで自主規制とは、「ある法主体に対して外部からインパクトを与えることにより、公的利益の実現に適合的な行動が取られるようになること[2]」であり、その実例は、経済法・環境法・情報法・都市法・社会法などさまざまな分野に見られる。アメリカ法・ドイツ法も含むこうした諸事例を分析すると、現在議論されている自主規制事例の大半は、理念的には国家からの距離を取る必要性が高いメディア関連の自主規制も含め、「国家による規制手段」として性格づけることができる[3]。つまり自主規制は文字通りの「自主」なのではなく、それゆえ、一般的な国家規制手法と同じ思考枠組のもとで自主規制の限界づけの法理を考えることができるし、考えるべきである。すなわち、規制技術の高度化として「自主規制」を捉え、自主

---

[1] 2001年10月7・8日に開催された第66回日本公法学会の統一テーマが「国家の『ゆらぎ』と公法」であり、公法研究64号に報告の内容が掲載されている。参照、北村喜宣「『グローバル・スタンダード』と国内法の形成・実施」公法研究64号（2002年）96-111頁、建石真公子「国際人権保障と主権国家」公法研究64号（2002年）138-155頁。
[2] 原田大樹『自主規制の公法学的研究』（有斐閣・2007年）12頁。
[3] 原田・前掲註2）239頁。

規制の間接規制としての要素に注目することが必要である。

　これに対して解決困難な問題の所在を提示しているのが、国際自主規制の事例である。これは国家権力不在の空間における自主規制であるため、「国家による規制手段」という定式化では説明がつかない[4]。具体的には、保険技術を背景とした船舶自主規制、多国籍企業における労働自主規制、WTO/TBT協定を制度的な背景にした国際的な規格策定などが、ここに含まれる。さらに、歴史的に見れば、国家権力が弱い時代における自主規制は、こうした性格を多少なりとも持っていた[5]。それが典型的に現れる場面は商事ルール[6]であった。地域を越えて通商・取引がなされる商事法関係においては、各地域における法とは異なる独特の規範が発展し、その執行に際しても商事仲裁裁判所が大きな役割を果たしていたのである[7]。

　国際自主規制の事例は少なくとも現段階において、数の点ではそれほど目立たない存在ではある。しかし経済国際化の進展の結果、国家間の相互依存が高まり、また、国レベルを超えた課題が登場する中で、国際自主規制は、実践的にも理論的にも、今後その重要性を高めていくことが予想される。企業活動が容易に国境を超えうる現在にあっては、証券取引規制や[8]会計基準・会計監査のように被規制者が服する規制を選択できる状況や、環境規制・安全規制のように規制が弱いところに問題が集中する傾向がすでに見られる。国際自主規制はこうした課題を解決するためにも用いられうるし、そこでは、いわばプライベート・ガバナンスとパブリック・ガバ

---

4) 原田・前掲註2) 240頁註37。
5) 原田・前掲註2) 70頁。
6) 現在でも、通常のエンフォースメントの形態は「私的エンフォースメント」である。参照、曽野裕夫「商人による私的秩序形成と国家法の役割」絹巻康史＝齋藤彰編『国際契約ルールの誕生』(同文舘出版・2006年) 41-66 (42-44) 頁、曽野裕夫他『私法統一の現状と課題』(商事法務・2013年)。
7) A. CLAIRE CUTLER, PRIVATE POWER AND GLOBAL AUTHORITY, 125-140 (2003). さらに、近代法学のもとでも「世界法」の構想が提示されたのは商法学であったことにも注目すべきである (田中耕太郎『世界法の理論 第1巻』(春秋社・1954年) 10-11頁)。
8) 佐賀卓雄「証券取引所のグローバルな再編について」証券レビュー46巻12号 (2006年) 43-58 (49) 頁、吉川真裕「ナスダックのロンドン証券取引所買収ゲーム」証券レポート1640号 (2007年) 31-44頁、林正和＝翁百合「新たな証券自主規制」月刊資本市場269号 (2008年) 4-17 (8) 頁〔翁百合発言〕。

ナンスの協力・調整関係が存在する。さらに、こうした現象は、公的セクター (国家・国際機関・自治組織) の内部における政策調整や法規範効力調整の問題をもクローズアップさせるといえる。

　本章の課題は、国際自主規制の現状分析を踏まえ、こうした問題関心から公法理論の改革可能性を展望することにある。まず、国際自主規制の具体例として国際会計基準と国際規格を取り上げ、自主規制が展開する背景とその機能とを分析したい (II)。その上で、これらの事例が公法学に対して与えるインパクトを整理し、これを踏まえて多元的・複線的な社会管理の調整理論の構築に向けてありうる理論的方途を検討したい (III)。最後に、こうした理論的アプローチの示唆を受け、国際自主規制を梃子とする公法理論の再検討の見通しを示し、解決すべき理論的課題を確認する作業を行いたい (IV)。

II　国際自主規制とその機能

1　国際会計基準

(1)　国際会計基準の意義

　国際自主規制の機能を考える上で格好の具体例が、国際会計基準の策定である[9]。会計基準は企業の収益を確定するための基準であり、これに基づいて株主に利益が配分され、またわが国では法人税をはじめとする企業への課税額の確定に大きな影響を与えている。この会計基準を国際的に調整し、さらには統一することの必要性はしばしば次の２点に要約される。

　第１は、投資家にとってのメリットである。企業の業績判断の基準を世界的に統一することで、投資家の比較可能性を確保することができる。経済の国際化に伴い、日本市場にも海外からの投資資金が大量に流入している。また、日本企業が海外から資金調達するケースも増加している。会計基準が統一されていれば、投資家は企業の表示するスペックを単純に比較

---

9)　斎藤静樹他「コンバージェンスとASBJの取組み」企業会計59巻3号 (2007年) 67-76 (75) 頁〔斎藤静樹発言〕。

するだけで、どの企業に投資すべきか判断することができるようになる。

　第2は、企業にとってのメリットである。企業が国際的に資金調達をする際に、基準が統一されていれば財務諸表の作成が一度に済む[10]。しかし逆に、国際的な基準に合致しない財務諸表に対してはその旨の警告が付されるというレジェンド（警句）問題[11]が日本でも発生した。またレジェンドの結果としてリスクプレミアムを海外の投資家が要求するおそれが生じ[12]、これにより海外からの資金調達が著しく困難になる危険もある。

　このように、国際会計基準は世界規模で活動する企業の最も根本的な「ゲームのルール」であり[13]、それゆえ基準の統一には各国経済界の利害が対立して多くの困難が伴うことが予測できる。加えて、企業会計基準が国内における法人税の額を決める重要な要素となっている場合もあり、このことは国家主権との緊張関係を生じさせることにもなる。

(2)　国際会計基準をめぐる動向

　ⓐ　ハーモナイゼーション（調和化）　　国際的に通用する会計基準を作る動きが本格化したのは、1973年に会計士などで構成される民間組織である国際会計基準委員会（IASC：International Accounting Standards Committee）が設立され、国際会計基準（IAS：International Accounting Standards）策定によるハーモナイゼーション（harmonization）に着手した頃からである。しかしこれは、各国間での妥協の結果、代替的な処理を多く認めすぎたために基準としては機能せず、十分な成果を上げることはできていなかった[14]。

---

[10]　中島省吾「会計基準の国際的ハーモナイゼーションとその限界について」企業会計43巻1号（1991年）24-29（25）頁。

[11]　長谷川美千留「国際会計をめぐる動向とわが国の会計環境変化」環境創造（大東文化大学）3号（2002年）31-43（38）頁。

[12]　斎藤静樹「コンバージェンスの意義とIFRSへの役割期待」企業会計59巻8号（2007年）14-24（14）頁。

[13]　ただし、会計基準がどの程度企業活動に影響を与えているのかは、今後の実証的研究を要する未解明の問題である。参照、松原有里「会計とソフトロー」中山信弘編集代表・中里実編『政府規制とソフトロー』（有斐閣・2008年）69-91（90）頁。

[14]　川口順一「国際会計基準委員会の現状と課題」中島省吾編『国際会計基準』（中央経済社・1981年）273-296（291）頁。

国際的な会計基準の統一が再び脚光を浴びるようになったのは、証券市場の監督者の国際機関である証券監督者国際機構（IOSCO：International Organization of Securities Commissions）が、IAS を条件つきで利用する方針を打ち出したからである。[15] IASC には意思決定機関としての理事会のほか、1981年に諮問グループが設置されていた。これは会計士以外の国際団体によって構成されており、理事会に対し特定のプロジェクトに関する助言を行うためのものである。IOSCO はこの諮問グループに加わり、会計基準の策定に積極的な関与を開始した。これを受けて IASC は、比較可能性プロジェクト（1989年）[16]やコア・スタンダード（1993年）[17]といった作業に取り組み、会計基準の国際的な調整を精力的に行った。この背景には、アメリカの会計基準である「一般に認められた会計基準」（GAAP：Generally Accepted Accounting Principles）の世界的影響力を継続的に確保したいという、アメリカの意向があったといわれている。[18] 当時のアメリカ経済は停滞期にあり、アメリカの厳しい会計基準が海外企業のアメリカ市場からの逃避を引き起こしているとの主張がなされていた。そこでアメリカの規制当局者は、自国の会計基準の内容を国際会計基準にすることで、こうした批判をかわそうとした。この時点における国際会計基準の策定目的は、各国間の会計基準の比較可能性の確保・向上にあったのである。

　(b)　**コンバージェンス（収斂）**　こうした方向性を大きく変えたのが、1999年の EU による IAS 全面採用方針の表明であった。もともと独自の会計基準の策定の路線を取っていた EU は、1999年に IAS の全面採用へと方針転換した。これは従来の EU 域内でのハーモナイゼーション路線が

---

[15]　小川文雄「経済のグローバリゼーションと IOSCO の成立」名古屋学院大学論集社会科学篇（名古屋学院大学）43巻4号（2007年）61-74（73）頁。IOSCO の組織や現在の活動については、大橋善晃「IOSCO 専門委員会の活動と最新動向」証券レビュー47巻8号（2007年）132-169頁が詳細である。

[16]　吉田正人「国際会計基準制定の歴史的経緯考察」信州短期大学紀要（信州短期大学）18巻（2007年）1-10（5）頁。

[17]　山田辰己「IOSCO による IAS の承認と IASC の将来像」旬刊経理情報891号（1999年）14-19（14）頁。

[18]　中地宏「会計基準統一のための国際機関の役割と動向」企業会計43巻1号（1991年）36-41（40）頁。

失敗したことに加え[19]、ヨーロッパの利益が策定過程に反映される会計基準を国際的に作り出そうとするEUの基準戦略の一環ともいわれている[20]。この結果、日本を含む第三国の企業であってもEU市場で活動する際には国際会計基準が直接適用されるとするいわゆる2005年問題が発生することになった[21](後にEU域外企業に対しては2009年からの適用に変更)[22]。

　コア・スタンダードの完成以降、国際会計基準の策定は新たな段階を迎えた。新しい国際会計基準策定組織として国際会計基準審議会(IASB：International Accounting Standards Board)が設置される際に、国内レベルにおいて民間の組織が会計基準を策定していることが求められ、それまでの審議会のスタイルに見直しを迫ったのである。日本は国際会計基準の策定が本格化した当初は、時価主義の採用や税との関係の調整の問題もあって消極的姿勢をとっていた[23]。しかし、金融ビッグバン構想の影響からコア・スタンダード完成直前には積極姿勢に転換しており[24]、IASBにおける議席を確保するために会計基準の策定を民間化することになった[25]。結局日本は、2001年のIASB発足の際に、国内会計基準と国際会計基準の橋渡し役が期待されるリエゾン・メンバー(日本のほか、アメリカ・イギリス・

---

19) 伊藤善朗「会計基準の国際的調和化」経営経理研究(拓殖大学)60号(1998年)85-104(93)頁。
20) 石川雅之「EUの国際会計基準戦略とその波紋」愛知淑徳大学論集ビジネス学部・ビジネス研究科篇(愛知淑徳大学)2号(2006年)11-26(15)頁、黒澤利武「国際的なコンバージェンスの中で」企業会計59巻1号(2007年)33-43(34)頁。
21) 羽藤秀雄「わが国の会計・監査と『2005年問題』」季刊会計基準7号(2004年)75-82(76)頁。
22) 平松一夫「会計基準国際化の歴史的経緯と今後の課題」企業会計60巻4号(2008年)18-24(22)頁。
23) 平松一夫「資本市場のグローバル化と会計基準のグローバル化」企業会計59巻1号(2007年)22-32(30)頁。
24) わが国の会計基準と国際会計基準との発想の違いについては、白鳥栄一『国際会計基準』(日経BP社・1998年)が詳細である。日本が国際会計基準策定に乗り遅れた要因につき参照、磯山友幸『国際会計基準戦争【完結編】』(日経BP社・2010年)66-123頁。
25) 松山雅胤「財務会計基準機構の設立と会計基準等の開発体制」商事法務1606号(2001年)29-34(30)頁、斎藤静樹「会計基準設定主体のあり方」会計プログレス3号(2002年)2-10(7)頁、加古宜士「グローバルスタンダードとトライアングル体制」企業会計54巻1号(2002年)18-23(18)頁。

ドイツ・フランス・カナダ・オーストラリア・ニュージーランド）として議席を得ることに成功した。

　さらに2002年には、IASBとアメリカの会計基準策定組織である企業会計基準委員会（FASB）がノーウォーク（FASB本部）に集まり、IASBが制定する（従来のIASを含む）国際財務報告基準（IFRS：International Financial Reporting Standards）とアメリカの会計基準（GAAP）とのコンバージェンス（convergence）に向けて合意するとした、ノーウォーク合意がなされた。EUの強制適用表明とあわせ、ここにハーモナイゼーションからコンバージェンスへの大きな流れができあがった。オーストラリアとニュージーランドもIFRS採用を表明していたため、リエゾン・メンバーのうちIFRSへの対応が明確でないのはアメリカ・カナダ・日本だけとなった。そのためリエゾン・メンバーという概念は消滅し、代わってより広い範囲の会計基準策定主体が参加する各国会計基準策定主体（NSS：National Standard Setters）会議となって存続している。ここでは、IASBが取り組むべき新しい課題を事前に検討する作業が行われている[26]。こうした流れを受けて、IASBとわが国の企業会計基準委員会とは2005年からコンバージェンスに向けた協議を開始し、2007年の東京合意において日本の会計基準とIFRS基準との重要な差異を2011年までに解消するとする目標期日を設定した[27]。「調和化」と訳されることがあるハーモナイゼーションは、国際的に一定の基準を決めて各国がそれを国内法化するように努力するプロセスを一般にさしており、主として二国間のアドホックな「協調」ないしコーディネーション（coordination）よりも進んだ国際協力形態と考えられていた。これに対して、「収斂」ないしコンバージェンスという言葉は、基準そのものを統一してしまうという点で、ハーモナイゼーションよりもさらに劇的な効果を与えるものである。

　(C)　アドプション（採用）？　　2008年12月に欧州委員会は、アメリカと日本の会計基準が国際会計基準と同等であると評価し、アメリカと日本の会

---

[26]　山田辰己「IASBを巡る国際動向と日本の対応」企業会計60巻 4 号（2008年）521-528（522）頁。
[27]　秋葉賢一「会計基準の開発の動向」月刊資本市場265号（2007年）4-14 (8) 頁。

計基準でも EU 域内では問題がないことが確認された。その際には、現段階での差異の有無よりも、その差異の解消に向けたコンバージェンスの動きが継続的に行われていることを重視するホーリスティック・アプローチが取られている。[28] その結果、コンバージェンスの作業を不断に続けていかなければならない一方で、この作業が莫大なコストを継続的に必要とすることもまた認識されてきた。[29] こうした中で、アメリカ証券取引委員会 (SEC) は、同年11月に国際会計基準のアドプション（採用）に向けたロードマップを公表した。日本でも同時期にこの方向での議論がスタートし、国際会計基準の強制適用の方向が志向された。[30] こうした背景には、会計監査との関係、すなわち監査事務所の国際的な系列化[31]という実態があることも見落とせない。会計基準を適用して監査する側が国際的なレベルでいくつかの系列に収斂していくとすれば、各国間の基準の違いをなくすことが実務的にも大きなメリットとなる。[32]

その後、2008年以降に発生したグローバルな金融危機や EU 加盟国の財政赤字問題を背景に、国際会計基準への一本化の動きは現時点では弱くなっている。その理由の1つは、会計基準が単に投資家による企業価値の評価に用いられるのみならず、各国の会社法制や租税制度、さらには行政上の規制措置等とも結合しており、基準の一本化によってこうした周辺制度との軋轢が生じてしまうことにある。[33] そこで現在では、国際会計基準の任意適用を広く認める方向性や、[34] 各国が国内事情を考慮した上で国際会計基

---

28) 黒澤利武「国際会計基準を巡る今後の展望」企業会計60巻11号（2008年）81-86（82）頁。
29) 山田辰己「会計基準を巡る国際情勢について」月刊資本市場270号（2008年）16-26（25）頁。
30) 坂本道美「IFRS とのコンバージェンスを巡る日本の展望」企業会計60巻4号（2008年）547-555（550）頁。
31) 小関勇「監査国際化の一潮流」小栗崇資他編『国際会計基準を考える』（大月書店・2003年）189-201（194）頁、種村大基『監査難民』（講談社・2007年）63頁。
32) コンバージェンスとアドプションの差異につき参照、高松正昭「国際会計基準の導入」経済研究（明治学院大学）144号（2011年）109-124（112）頁。
33) 斎藤静樹「経済制度国際統合のレベルと経路」企業会計66巻1号（2014年）17-24（20-21）頁。
34) 筑紫英志「米国の『判断先送り』の衝撃　困惑する前のめりの日本」週刊エコノミスト90巻38号（2012年）42-45（43）頁。

準をエンドースメントする方式での対応が広がりつつある[35]。このエンドースメント・メカニズムは、後述のように、早くから国際会計基準の採用を決めていたEUで用いられてきた手法でもある。

(3) 国際会計基準の機能

ⓐ 公的セクターの政策実施手段　こうした国際会計基準に関する自主規制から、国際自主規制の機能として、次の2つを挙げることができる。まずは、公的セクター（ここでは国際機構）の政策実施手段としての国際自主規制である。国際会計基準が機能し始めたきっかけは、国際機構であるIOSCOによる一種の「お墨付き」を得たことにあった。同様に、国際機構が政策実施手段として国際自主規制を用いた例として、EUの自動車排出ガス規制がある。これは業界団体との共同規制（co-regulation）の事例とされる[36]。共同規制は、EUの立法による規制を背景に、業界団体との協議によって自主規制を行わせるものである。1992年から実施された「自動車－石油Iプログラム」の際には、EUと欧州の自動車業界・石油業界団体のみが参加した。これに対し、1997年からの「自動車－石油IIプログラム」では、環境NGOや加盟国の行政担当者なども関与できるしくみに改められた。

このような位置づけ方は、国内における自主規制の諸事例と共通するといえる。もちろんこの場合に主導的役割を果たすのが国家ではなく国際機構であることは、次の2点において大きな違いをもたらす。1つは、意思形成過程が多層的になるために、政策決定に時間がかかり、また政策の内容が抽象的なものにとどまりやすいことである。もう1つは、国家と異な

---

[35] 辻山栄子「IFRSのエンドースメントをめぐる制度的課題」企業会計66巻1号（2014年）33-42頁、杉本徳栄「『当面の方針』策定の影響要因とエンドースメントされたIFRS」企業会計66巻1号（2014年）52-62頁。藤田勉『グローバル金融制度のすべて』（金融財政事情研究会・2012年）337-340頁は、IFRS導入の方法を「アドプション（全面的な強制適用）」「エンドースメント（承認）」「コンバージェンス（IFRSを基礎とした自国基準）」「コンドースメント（コンバージェンスを先行させ、最終的にはエンドースメントする）」の4つに分類している。

[36] 詳細な分析として参照、城山英明「EUにおける自動車関連環境規制の政策形成・実施過程」社会科学研究（東京大学）57巻2号（2006年）119-139頁、生貝直人『情報社会と共同規制』（勁草書房・2011年）。

り政策実現を貫徹するための最終的なサンクション手段を欠くことが多いことである。他方で、国際自主規制のこの機能を認識することにより、国際機構の政策実施手段の実効性確保と、国際自主規制の側の自律性保障とのバランスをいかに確保するかという視点を明確化させることができる。

　(b)　**独自の社会管理システム**　これに対し、自主規制が独自の社会管理システムとして機能しているという側面にも注目する必要がある。例えばEUとIFRSとの関係に注目すると、IOSCOとの関係とは違う並行的な社会管理関係を見いだすことができる。つまり、各国レベルの民間会計基準策定組織の国際的な連合体がデュープロセスを経て作り上げるIFRSの策定過程を尊重しつつ、それを基準としてEUが共同体法として取り込む際にはEUの主体的判断 (エンドースメント・メカニズム) が介在しているという過程をたどっているからである[37]。EUにおける国際会計基準の採用手続は、コミトロジーと呼ばれる各国の行政担当者が出席し欧州委員会が主催する委員会組織での手続が中核となっている。これは、1990年代後半に露呈したEU域内における資本市場規制の調整の欠如に対応する形で導入された立法手続 (Lamfalussy-Verfahren)[38] の１つで、閣僚理事会や欧州議会による立法行為は基本的に大枠のみを規定し、詳細にわたる実施規定は立法権限の委任を受けた欧州委員会がコミトロジーに諮問する形で進行する[39]。具体的には次の通りである。

　国際会計基準のエンドースメント手続は大きく２つの段階に分かれる[40]。

---

37)　同じように公的セクターから独立した社会管理システムと見うるものとして、すでに例に挙げた国際船舶自主規制のほか、業界団体が主導し政府が条件つきで容認する国際的な自動車業界自主規制 (城山英明「環境規制の国際的調和化とその限界」寺尾忠能＝大塚健司編『アジアにおける環境政策と社会変動』(アジア経済研究所・2005年) 311-346 (324) 頁) がある。

38)　Niamh Moloney, *The Lamfalussy Legislative Model*, 52 INTERNATIONAL AND COMPARATIVE LAW QUARTERLY 509, 512 (2003). コミトロジー全般に関する詳細な研究として参照、八谷まち子「コミトロジー考察」政治研究 (九州大学) 46号 (1999年) 208-159頁。

39)　Anne van Aaken, Transnationales Kooperationsrecht nationaler Aufsichtsbehörden als Antwort auf die Herausforderung globalisierter Finanzmärkte, in: Christoph Möllers u. a. (Hrsg.), Internationales Verwaltungsrecht, 2007, S. 219-257, 240f.

40)　Georg Lanfermann/Victoria Röhricht, Auswirkungen des geänderten IFRS-Endorsment-Prozesses auf die Unternehmen, Betriebs-Berater 63 (2008), S. 826-830.

第1段階は、欧州委員会とコミトロジーが中心となって行われるため、執行部段階 (Exekutiv-Phase) と呼ばれる。新たな国際会計基準が策定されると、欧州委員会は、民間の専門家委員会である欧州財務報告助言グループ (EFRAG：European Financial Reporting Advisory Group) の技術者グループに意見を求め、同グループは2ヶ月以内に意見を表明する。ここでの手続はIASBと同じくデュープロセスに基づくもので[41]、会計基準により影響を受ける企業等はこの段階で手続に参加できる。国際会計基準の受容に賛成する場合には過半数の賛成で足りるものの、反対する場合には3分の2以上の賛成が必要になる。この意見表明後に欧州委員会は、各国の民間会計基準策定団体の代表者から構成される民間組織の基準策定監視グループ (SARG：Standards Advice Review Group) の意見を求め、EFRAGの決定が内容的に適正で客観的なものかを審査させる。欧州委員会は次に、コミトロジーである会計規制委員会 (ARC：Accounting Regulatory Committee) に諮問を行う。ここで特定多数が得られれば次の段階に進む。第2段階は、閣僚理事会と欧州議会による審査手続で、監督段階 (Kontrollphase) と呼ばれる。提案はまず閣僚理事会に送付され、ここで2ヶ月以内に特定多数決で拒否の意向が示されると、欧州委員会は改正案を閣僚理事会に提出するか、新たな立法提案を行う。そうでない場合には提案が欧州議会に送付され、2ヶ月以内に絶対多数で拒否の意向が示されると、欧州委員会は改めて会計規制委員会に対して改正案を提出するか、新たな立法提案を行う。この段階における審査の対象となるのは、①執行権限の踰越、②目標設定や内容のIAS規則との不一致、③補充性原則・比例原則の考慮不尽の3点である。閣僚理事会に送付後3ヶ月間に何の議決もない場合には、欧州委員会の提案が有効なものとして成立し、欧州委員会が欧州共同体官報で公表することにより、加盟国による特段の手続なしに国際会計基準が法的拘束力を獲得する。

　2002年にIAS規則によって導入された当初のエンドースメント手続で

---

41) Christian Kirchiner & Matthias Schmidt, *Private Law-Making: IFRS*, in INTERNATIONAL STANDARDS AND THE LAW 67, 77 (Peter Nobel ed., 2005).

は、会計規制委員会に現在より大きな権限が与えられていた。しかし、手続に対する民主性や透明性を高める意図から、2006年に基準策定監視グループの手続が、また2008年には監督段階の手続が加えられた[42]。このように、国際会計基準の採用に際してこれを受け入れる側で民主性を調達する方式[43]は、公法学の問題関心から見れば好ましい制度設計ではある。他方で、民主的プロセスを重視すると、国際会計基準の内容を変更した形で採用することにより基準が多数に分岐したり、あるいは採用までに時間がかかることで適時性が失われたりするおそれがある。

2　国際規格

(1) 規格と適合性評価

　製品やサービスの内容・質に関する一定の技術的取り決めを、規格(標準)と呼ぶ。その典型が工業標準であり、ある工業標準に従って製造された製品は、製造者を問わず互換性があり、一定の品質が担保されていることが期待できる[44]。規格に基づいて製造された製品や提供されるサービスが、本当に規格が予定した水準を満たしているかどうかを確認することを、適合性評価と呼ぶ。規格には、法令によってその遵守が義務づけられている強制規格と、そのような義務づけを伴わない任意規格とがあり、強制規格の場合には行政が自らその適合性を評価したり(政府認証)、行政が指定した第三者評価機関による検査を受けることを義務づけたり(第三者認証)することが多い。これに対して任意規格の場合には、製造者・提供者自身が一定の規格への適合を確認してその事実を宣言したり(自己適合宣言)、民間の第三者評価機関による認証を受けたりして、市場における自らの競争上の地位を高めようとする。

　規格は、その内容に注目すると、次の2つに分けられる。1つは、個別の製品・サービスに関する技術的標準を定めた実体規格である。もう1つ

---

42) Petra Inwinkl/Bettina Schüle, Internationale Rechnungslegungsstandards im Wandel der EU-Rechtsetzungsverfahren, RIW 2006, S. 807-812, 810.
43) Paul J. Heuser/Carsten Theile (Hrsg.), IFRS Handbuch 5. Aufl., 2012, S. 26 Rn. 55.
44) 日本規格協会編『JISハンドブック2011-56標準化』(日本規格協会・2011年) 833頁。

は、規格が遵守されたかどうかを検査する適合性評価に関する手続規格である。前者の実体規格は、その規格を用いてビジネスを行うスキームオーナー（例：業界団体）がその策定や運用に関与している。これに対して後者の手続規格は、ISO（国際標準化機構）に設置されている適合性評価委員会（CASCO）が策定し、日本では日本工業標準調査会（JISC）がそのまま（＝IDT 規格）JIS 規格として発行している。第2章で詳論したように、適合性評価に関係する組織は、個別の製造者・提供者を顧客として一定の規格への適合性を具体的に評価する適合性評価機関（認証機関・試験所など）と、これらの検査能力や運営の適正性を審査する認定機関の二層構造となっている。

(2) WTO協定における国際規格・基準の位置づけ

　法的な拘束力を持たない国際的な任意規格（主として実体規格）やガイドラインに法的な意義づけを行ったのが、WTOの3つの協定である。第1は、貿易の技術的障害に関する協定（WTO/TBT 協定）である。この協定では、国家の安全保障・人の健康や安全の保護といった「正当な目的」の達成のために必要である以上に貿易制限的な強制規格の策定・適用を禁止し (2.2)、強制規格に関連する国際規格が存在あるいはまもなく策定される場合には、その関連部分を強制規格の基礎として用い (2.4)、強制規格が「正当な目的」のために制定・適用されかつ関連する国際規格に適合している場合には、当該強制規格は国際貿易に不必要な障害をもたらさないと推定 (presume) される (2.5)。第2は、衛生植物検疫措置の適用に関する協定（WTO/SPS 協定）である。加盟国は、この協定に反しない限りで人・動物・植物の生命・健康を保護するために必要な衛生植物検疫措置を取る権利を有する (2.1)。加盟国は、国際的な基準・指針・勧告がある場

---

45)　具体的には、「適合性評価―適正実施準則」(JIS Q 0060：2006, ISO/IEC Guide60：2004 (IDT))、「適合性評価―用語及び一般原則」(JIS Q 17000：2005, ISO/IEC 17000：2004 (IDT))、「適合性評価―適合性評価機関の認定を行う機関に対する一般要求事項」(JIS Q 17011: 2005, ISO/IEC 17011：2004 (IDT)) などがある。
46)　日本規格協会編『JIS ハンドブック2012-58-3適合性評価』（日本規格協会・2012年) 17頁。
47)　より詳細には、K. ベルグホルム「WTO/TBT 協定の概要とその意義」標準化と品質管理50巻10号 (1997年) 4-9 (8) 頁。

合には、これに基づいて自国の衛生植物検疫措置を取るものとし (3.1)、こうした基準等に適合する措置は SPS 協定等に適合していると推定される (3.2)。第 3 は、政府調達に関する協定である。本協定の適用を受ける機関は、技術仕様を定める際に、国際規格が存在するときは当該国際規格、国際規格が存在しないときは国内強制規格、認められた国内任意規格、建築基準に基づいて定める (6.2)。これらはいずれも、それ自体には法的拘束力のない国際的な規格や基準に対して、貿易制限効果がないことの推定効や技術仕様の指針的意味を持たせようとするものである。その背景には、国際規格や基準の内容へのハーモナイゼーションを進めようとする意図に加え、これらの基準が一定の合理的内容を有していることをも前提としており、これを基礎づける要素として、こうした基準が透明で開放的な手続を経て策定されることも重視されている。[48]

例えば、TBT 協定が念頭に置く国際的な任意規格を策定している ISO や IEC (国際電気標準会議) における規格策定手続は、ISO/IEC 専門業務用指針 (ISO/IEC Directives) に基づき、次のように行われる。[49] 国際規格の作成の舞台となるのは専門委員会 (TC) や分科委員会 (SC) である。ISO/IEC に代表を送り込んでいる国代表組織は、TC/SC の業務に参加する権利を持つ。具体的には、全ての案件に対する投票義務を負う P メンバーか、オブザーバーとして参加しコメント提出の権利を持つ O メンバー、そのどちらでもない地位のいずれかで参加することができる (1.7.1)。国際規格の発行は全部で 7 段階 (予備・提案・作成・委員会・照会・承認・発行の各段階) に分かれている (2.1.3)。予備段階では投票した P メンバーの単純過半数の、提案段階では作成段階で積極的な参加を表明している P メンバーのうち 4〜5ヶ国以上の賛成かつ投票した P メンバーの単純過半数の承認が必要となる。こうして作成段階に入ると専門家が作業に参加し、次の委員

---

48) Michael A. Livermore, *Authority and Legitimacy in Global Governance*, 81 N.Y.U. L. REV. 766, 775 (2006). とりわけ SPS 協定に関しては、各国の検疫措置が科学的評価に基づくものとなることが重視されており (小寺彰『WTO 体制の法構造』(東京大学出版会・2000 年) 170 頁)、国際的な諸基準はそれを体現するものと位置づけられることになる。

49) ISO/IEC Directives, Part 1, Procedures for the technical work (9th ed. 2012).

会段階ではコメントを受け付けながらコンセンサスを形成していくことになる。コンセンサスが形成されたかどうかはっきりしない場合には、投票したPメンバーの3分の2以上の賛成でこの段階の承認があったとみなすことができる (2.5.6)。TC/SC 幹事国は中央事務局に原案を提出し、事務局は全ての国代表組織に照会を行う。国代表組織は3ヶ月の投票期間内に賛成・反対・棄権のいずれかの投票を行い、反対投票の場合にはその専門的理由を述べるものとされている (2.6.1)。この投票において投票したPメンバーの3分の2以上の賛成、かつ反対が投票総数の4分の1以下であれば承認となる (2.6.3)。さらに修正を加え、提出コメントに答えながら、TC/SC 議長が承認段階に進む決定をした場合、中央事務局は最終国際規格案を全ての国代表組織に回付し、国代表は2ヶ月の投票期間内に賛成・反対・棄権のいずれかの投票を行う。承認条件は照会段階と同じである (2.7.3)。反対投票へのコメントは、次の規格見直しの際に反映される。

同じように基準策定の透明性や開放性を重視しているのが、食品安全基準に関するコーデックス委員会 (Codex Alimentarius Commission) の手続である。[50] 1963年にFAO（国連食糧農業機関）とWHO（世界保健機関）の合同委員会として設立された同委員会が策定する基準は、SPS協定における各国の検疫措置の正当性の判断に際して大きな役割を果たす。その手順は8段階に分かれており、基準策定提案が執行委員会で審査されるところからスタートする。基準案が作成され、加盟国や全ての利害関係者にコメントの機会が設定され、基準案とコメントが委員会レベルで審査される。委員会が基準案の採択へ進行することで合意した場合には、草案が再び加盟国政府や利害関係者に送られてコメントが求められ、委員会が採択すれば、基準として成立する。

(3) 国際規格の法規範性

(a) 国際規格策定手続の正統性　このように、WTO協定が取り込みを図っている国際基準・規格・ガイドラインの策定手続は、メンバーのみな

---

50) WHO/FAO, Understanding the Codex Alimentarius 17 (3rd ed. 2006); 中川淳司『経済規制の国際的調和』（有斐閣・2008年）147-151頁［初出2003年］。

らず利害関係者に対しても開放され、コンセンサスが得られるまで討議を繰り返す方式を基本としている。こうした手続の透明性・開放性・公正性・慎重性が、国際基準等の正統性を支えている諸要素である。それでは、上記の手続を経て策定された国際基準等に、TPP 交渉にも看取されるように、現在よりも強力な法的意義を国内法レベルで認めることは適切であろうか。

　策定手続の中には、上記のような丁寧な手続の一部を省略する迅速法 (FTP：Fast-track Procedure) と呼ばれるタイプが存在する。ISO/IEC の場合、関係する TC の P メンバーや関連国際団体 (カテゴリー A リエゾン機関) が、その作成機関にかかわらず既存の規格 (existing standard from any source) を照会原案として投票に付すために提出することができる[51]。ISO/IEC と協定を結んでいる機関の場合も、同様の手続の省略が可能である。ISO/IEC の理事会が認めた国際標準化組織の場合には、その機関が作成した規格を最終国際規格案として投票に付すことができる。迅速法は国際規格の策定のスピードを速めるため、すでに規格が存在している場合には委員会段階までを省略して、投票手続から行おうとするものである。またこの方法が使えるのは初回の規格策定時のみであり、改定 (メンテナンス) の場合には通常の手続が履践される。しかし、迅速法には「国際標準ロンダリング」機能が認められ、それがこの手続の頻繁な利用につながっているとの指摘がある[52]。例えば、情報通信関連の国際標準化を行っているフォーラム類似の組織構造を取る Ecma International には、日本企業も多く参加しており、民間企業が持ち込んだ規格をこの組織で標準化した上で、ISO/IEC の迅速法による国際規格化を目指すことになる。国際規格化に成功すると、その多くは翻訳されて JIS 規格化される[53]。さらに、欧州の地域標準化団体である欧州標準化委員会 (CEN) や欧州電気標準化委員会 (CENELEC) は、ISO や IEC と協定を結んでおり (ISO-CEN 間ではウィー

---

51) ISO/IEC Directives, Part 1, Annex F (normative) Options for development of a project, F. 2.
52) 原田節雄『世界市場を制覇する国際標準化戦略』(東京電機大学出版局・2008年) 235頁。
53) 新宅純二郎＝江藤学『コンセンサス標準戦略』(日本経済新聞出版社・2008年) 21-22頁。

ン協定、IEC-CENELEC 間ではドレスデン協定)、これらの地域標準化団体で策定された規格も迅速法(欧州規格と国際規格の並行承認手続)を用いた早期の国際規格化が可能である。

　国際規格が望ましい技術や現在の科学的知見を提示するのみであって、それが企業のビジネス上の有利・不利に影響するにとどまるのであれば、こうした手続の省略を取り立てて問題にする必要はないかもしれない。しかし、これらに法的な意義を持たせるとすれば、その内容や程度に応じて、策定手続の適正性に由来する正統性も担保されていなければならないのではないだろうか。このような観点からすると、投票プロセスを大幅に省略する迅速法や、欧州の利益が強く反映されるウィーン協定・ドレスデン協定に基づく並行承認手続には問題がないとはいえない。[54]

　(b)　**国際規格の国内法規範性承認の意義**　こうした国際規格の策定手続の現状からすれば、現在の WTO 協定がこれらのルールの法的意義を推定効にとどめていることは首肯できるものである。これに対して、日本の実定法制の中には、国際規格に法規範性を承認している実例がすでに存在する。その1つが、第2章でも指摘した適合性評価に関する手続規格である。いわゆる第三者認証を定めている8つの法律において、検査機関の登録要件として「国際標準化機構及び国際電気標準会議が定めた製造の認証を行う機関に関する基準に適合するものであること」(例：電気用品安全法31条1項1号)という規定が置かれている。このような方式は、トランスナショナルな適合性評価には極めて適合的である。適合性評価の結果が他国でも通用する法的枠組として、主として強制分野で用いられる二国間の相互承認協定 (MRA：Mutual Recognition Agreement) と、任意分野で主として用いられる多国間の国際相互承認協定 (MLA：Multilateral Recognition Arrangement) がある。MRA は、2001年に日本と EC の間で結ばれたものを嚆矢とし、その後日本が締結した二国間 EPA の中にも盛り込まれている。これは、輸出国側政府が指定した適合性評価機関が輸入国側の

---

54)　経済産業省標準化経済性研究会『国際競争とグローバル・スタンダード』(日本規格協会・2006年) 325頁、土木学会 ISO 対応特別委員会編『土木技術と国際標準・認証制度』(土木学会・2008年) 9頁。

基準に基づき適合性評価を行った場合に、輸入国側がその結果について輸入国内で実施されたものと同等の保障を与えるとするものである[55]。これに対して MLA は、適合性評価機関の適正性を認定・担保する認定機関同士が国際的に相互承認を行うことで、ある国の適合性評価機関が発行した評価結果の信頼性を高め、輸入国の取引先がその結果を受け入れやすくするものである。

　日本法において注目すべき点は、MRA でも MLA でも、適合性評価の適正性の判断基準がともに ISO/IEC の手続規格であることである。任意分野の MLA については認定機関の国際組織である国際認定機関フォーラム（IAF）に加盟していればどの国でも手続基準は同じである。他方で、強制分野では適合性評価の手続基準は各国の国内法に依存している。そこで従来の MRA（指定委任型）では、国内の適合性評価機関をまず輸出国政府が指定し、二国間 EPA の合同委員会で協定上の登録を提案し、これが認められると登録した適合性評価機関の検査が輸入国でも有効になると取り扱われていた。これに対して日本が開発した域外指定型（cross-border designation type）（例：タイ・フィリピンとの EPA）では、合同委員会での登録という手続を取らず、適合性評価機関は相手国政府に直接申請して登録を受け、相手国政府から直接の監督を受ける[56]。この方式を採ると、お互いに相手国の法制度を知悉していなくても登録や監督を行うことができるため、行政コストの大幅な低下につながる[57]。他方で、相手国の適合性評価機関にとっては、日本法が ISO/IEC の規格やガイドラインに準拠しているため、相互承認を得るための特別の努力をする必要がない。また、日本法が国際的なスタンダードに依拠していることは、域外指定や監督に対する相手国政府の心理的な抵抗を和らげる意味もあると思われる。

---

55) 現代法制研究会「特定機器に係る適合性評価の欧州共同体との相互承認の実施に関する法律の一部を改正する法律」法令解説資料総覧250号（2002年）40-43（40）頁。
56) 渡邊頼純監修・外務省経済局 EPA 交渉チーム編『解説 FTA・EPA 交渉』（日本経済評論社・2007年）200頁。
57) 内記香子『WTO 法と国内規制措置』（日本評論社・2008年）212頁。

III 国際自主規制による公法理論改革

1 国際自主規制と公法理論

(1) 公法学から見た国際自主規制

次に、国際会計基準と国際規格の事例を踏まえ、国際自主規制のインパクトを受けて必要と考えられる公法理論改革について考えてみたい。先ほど例に出した国際自主規制の公法学から見た興味深い点は、以下の3つである。第1は、民間団体の国際的な連合組織による基準策定がなされ、そこではデュープロセスへの配慮や、リエゾン・メンバーに代表される各国間調整のしくみがビルトインされていることである[58]。例えばIASBの基準策定過程は、基準策定項目の設定→ワーキンググループの設置→ディスカッションペーパーの作成・公表→公開草案の作成・公表→会計基準の策定・公表→周知等の6段階に分かれている。このうちディスカッションペーパーと公開草案の段階には、通常120日間の意見提出期間を設定したパブリック・コメント手続が予定されている。さらにその後に公聴会を開催したり、実務視察を行ったりすることにより、実務との接点を持つなどの工夫もされている[59]。これに対し、2008年11月に公表されたSECのロードマップでは、国際基準採用に際し7つの条件(マイルストーン)が付けられていた。このうち会計基準策定に関しては大きく2つの提案がなされた[60]。1つは、IASBの母体であるIASC基金の資金調達の改革である。資金調達先を分散することで、特定の資金提供者が会計基準策定に影響を与えないように求めている。そしてもう1つは、IASBの国際会計基準策定手続

---

[58] 井戸一元「国際会計基準(IAS)への収斂と展望」豊橋創造大学短期大学部研究紀要(豊橋創造大学)19号(2002年)21-50(23)頁。

[59] INTERNATIONAL ACCOUNTING STANDARDS COMMITTEE FOUNDATION, DUE PROCESS HANDBOOK FOR THE IASB, 7-13 (2006).

[60] Roadmap for the Potential Use of Financial Statements Prepared in Accordance With International Financial Reporting Standards by U. S. Issuers, 73 Fed. Reg. 70816, 70821 (Nov. 21, 2008).

全般を監視するモニタリンググループの設置である[61]。このグループは資本市場規制を担当する国際機構や国家レベルの行政機関の代表者から構成される。これは SEC だけではなく EU やその他の国際機関、そして日本も求めていたことであり[62]、国際会計基準の策定手続そのものの段階で民主性を調達する方策と評価することができる[63]。

第2は、国際自主規制の影響力を下支えする要素として、条約や国際機構の支持が存在することである。国際会計基準の実効性確保のポイントになったのは、IOSCO による支持や IOSCO の IASC における基準策定過程への参加にあったことである。また、国際規格の実効性を支えているのは、WTO/TBT 協定や WTO/SPS 協定である。ここには、国際機構と国際自主規制との密接な関係を見いだすことができる。そこで、国内自主規制の事例と同様に、国際機構が政策実現手段として自主規制をどの程度利用することが許されるのか、あるいは、この場合に民間国際組織側が自律性を確保するためにいかなるシステムが必要なのかという点が、議論の対象として浮上することになる。

第3は、こうしたスキーム（IASB=IOSCO 体制・ISO-CASCO）[64]に合わせるために国内レベルでの基準策定を民間化する必要があったということである[65]。例えば会計基準においては、財団法人財務会計基準機構を設立してそこに企業会計基準委員会を設置したこと、審議会時代とは違って財務省からの天下りを認めなかったことの2点により、これが担保されている[66]。

---

61) 藤沼亜起「IASB・唯一のグローバル会計基準機関への目標を視野に」企業会計61巻2号（2009年）164-171 (167) 頁。
62) 企業会計審議会企画調整部会「我が国における国際会計基準の取扱いについて（中間報告）（案）」（2009年）7頁。
63) Gregor Bachmann, Private Ordnung, 2006, S. 371ff.は、民間自主規制基準策定における正統性こそが国内法秩序との関係を整序する決定的な問題であることを指摘する。
64) 小栗崇資「国際会計基準とグローバル会計規制」同他編『国際会計基準を考える』（大月書店・2003年）11-25 (15) 頁。
65) 基準策定の際に行政機関に匹敵するデュープロセスを経ていることにも注目すべきである。参照、小賀坂敦「デファクト・スタンダードとしての会計基準の形成」ソフトロー研究9号（2007年）59-74 (65) 頁。
66) 磯山・前掲註24) 126頁。

このように、国際的な基準策定をめぐる問題の中には、最も広い意味における「ガバナンス論」の要素がほぼ全て含まれているといえる。[67]

(2) 公法理論との緊張関係

　こうした国際自主規制の問題は、公法理論との緊張関係を必然的に呼び起こす。すなわち、国際的民間組織が定立する法規範の国内法上の効力をどう考えればよいかという問題であり、国際機構の定立する規範と国家法[68]との関係の議論がこれと表裏の関係にある。[69]会計基準の国内法的効力の議論を素材にこの問題を検討する。

　会計基準は会社法・金融商品取引法・法人税法上の企業の権利義務関係に大きな影響を与え、その違反行為に対して行政による介入がなされる可能性がある。そうであるとすれば、その会計基準が国会ではなく民間の国際組織によって定立されることは、権利保護の観点から問題を孕んでいないだろうか。この点について従来は、「一般に公正妥当と認められる企業会計の慣行」（会社法431条、金融商品取引法193条、法人税法22条4項）という不確定概念を媒介とする「受容」による処理が行われてきた。[70]もともと日本の会計基準は、旧大蔵省（現在は内閣府）に設置された企業会計基準審議会が策定し、この審議会が公表した基準は、「一般に公正妥当と認められる企業会計の基準に該当するものとする」（財務諸表等の用語、様式及び作成方法に関する規則1条2項）こととなっていた。2001年にIASBにおける日本の議席を確保すべく会計基準策定が自主規制に変更された後には、[71]民間組織である企業会計基準委員会が策定する会計基準が「一般に公正妥当と認め

---

67) 大芝亮「グローバリゼーションとグローバル・ガバナンス」一橋大学法学部創立50周年記念論文集刊行会編『変革期における法と国際関係』（有斐閣・2001年）479-499（494）頁や、遠藤乾「世界標準の形成」同編『グローバル・ガバナンスの最前線』（東信堂・2008年）33-58（47）頁も、民間主導のグローバル・ガバナンスの例として国際会計基準を挙げる。
68) 国際機構による技術基準の策定の現状と問題点については、城山英明「科学技術ガバナンスの機能と組織」同編『科学技術ガバナンス』（東信堂・2007年）39-72（62）頁を参照。
69) 行政法学の観点からの先駆的な業績として参照、成田頼明「国際化と行政法の課題」同他編『行政法の諸問題(下)』（有斐閣・1990年）77-106頁。
70) わが国の会計基準の歴史的な展開につき参照、久保大作「商法上の会計規範の決定に関する一考察(1)」法学協会雑誌（東京大学）124巻12号（2007年）2629-2731頁。
71) 磯山・前掲註24）125頁。

られる企業会計の慣行」であると同委員会の運営母体である財団法人財務会計基準機構を設立した民間 9 団体（経団連・日本公認会計士協会・日本証券業協会等の業界団体）が認め、また金融庁もガイドラインによって個別に認めることで処理されている。一般に、自主規制規範を国家法秩序が不確定概念を媒介とする受容によって取り込む方法は、一方では自主規制の自律性を尊重しつつ、他方では自主規制が公的利益に反する場合に国家（行政・司法）による介入可能性を留保することができる利点を持つ。[73]

　民間の国際組織が策定する自主規制基準である国際会計基準が直ちに法的効力を持つことは、国家の民主的統治構造と抵触しないだろうか。類似の問題は、2001年に会計基準策定が自主規制に変更された段階でもすでに生じていた。これに対して、仮に「受容」の処理をするとしても、民間の基準策定団体に（間引きされた）民主的コントロールを及ぼす余地はある。例えばドイツ法では、国家が技術基準を策定する民間組織のドイツ規格協会（DIN：Deutsches Institut für Normung）と策定手続等に関して契約を締結することで、一定の影響力を行使している。同じ手法は、民間の会計基準策定団体として設立されたドイツ企業会計基準委員会（DRSC：Deutsches Rechnungslegungs Standards Committee）との間でも見られる。[74]しかし日本では、前述のように、こうした手段ではなく、事実上の通用力に頼っている。

　企業の経済活動の根幹に大きな影響を与える会計基準に対して、この程度の規律密度で果たして十分なのかは再考の余地がある。つとに商法学からは、立法者が要件を明示した上で会計基準の策定権限を委任する「授権」による処理を行うべきとの指摘がなされている。[75]また国際会計基準は、従来の日本の会計基準のように詳細な内容を示さず、基本的な考え方のみを示すプリンシプル・ベースの基準[76]といわれ、その内容の明確性・安定性

---

72)　小賀坂・前掲註65) 64頁。
73)　原田・前掲註 2) 159、285頁。
74)　Steffen Augsberg, Rechtsetzung zwischen Staat und Gesellschaft, 2003, S. 187.
75)　岸田雅雄「企業会計法の発展と問題点」ジュリスト1235号 (2002年) 6-12 (8) 頁。
76)　「国際会計基準『受容』の衝撃」金融財政事情60巻 7 号 (2009年) 6-7 (7) 頁。国際会計基準のこの他の内容上の特色につき、白鳥・前掲註24) 19頁、野村嘉浩「日本でも機運高まる

の観点から懸念が示されている。そうであるとすれば、例えば、立法者が一定の満たすべき手続上・実体上の基準を示した上で明確に会計基準策定団体の判断余地を認め、それを逸脱している場合には裁判等の場面で基準の法的効力を否定できるようなセーフガード措置を法律で設けておくことも、一考に値するように思われる。[77]

　先に述べたように、国際自主規制には公的セクターの政策実施手段としての側面もある。そこで、国内レベルにおける自主規制の法的課題とパラレルな問題点、すなわち市民の権利・自由の観点からは権利利益の保護のしくみをどう埋め込むか、意思決定の正統性・透明性の観点からは決定の民主性をどう確保するか、[78]そして規制の効率性の観点からは実効性をどう確保すればよいかという課題への応答が必要である。これに加え、独立した社会管理単位としての国際自主規制の性質から、新たな変数として多元的・複線的な社会管理の調整という問題が加わることになるのである。

2　理論構築の模索

(1) 国内公法理論の拡張可能性

　(a)　**国際人権**　そこで、この問題の解決の手がかりを求め、まずは国内公法理論を拡張する手立てを考えてみることにしたい。1つは、「国際人権」という考え方である。ここではさしあたり、国際人権規約のように、国際条約に規定された人権のカタログを念頭に置くことにする。[79]国際人権に関する議論は、各国の裁判所で直接適用されることで国内法の欠缺を補

　　国際会計基準の導入」週刊エコノミスト86巻56号（2008年）71-73 (73) 頁。もっともこの点に関する差異は、時間軸を広く取れば相対的なものとも評価しうる（久保大作「『公正なる会計慣行』における明確性の位置づけ」阪大法学（大阪大学）62巻3＝4号（2012年）793-816 (795) 頁）。

77) Lothar Michael, Private Standardsetter und demokratisch legitimierte Rechtsetzung, in: Hartmut Bauer u. a. (Hrsg.), Demokratie in Europa, 2005, S. 431-456, 455 はさらに、民間が策定する基準そのものに対する訴訟による救済を検討すべきとする。

78) ただし、国際法において民主主義の意味内容は自明ではないことに注意が必要である。より詳細には参照、桐山孝信『民主主義の国際法』（有斐閣・2001年）239-241頁。

79) 詳細な理論的検討として参照、寺谷広司「国際人権の基礎」ジュリスト1244号（2003年）51-61 (52) 頁。

充する議論と、各国の人権政策を平準化する手段としての機能に注目する議論の２種類に分けることができる。

　前者の捉え方、すなわち国際人権条約の国内裁判所での直接適用を指向する議論は、少数民族や難民といった国民国家体系から排除された存在への救済の視点を重視するものといえる。しかし、この点に関して日本の判例法が一般に冷淡であることは周知の通りである。ただ、国際人権条約は国家に対して一定の「結果」を義務づけているにとどまること、また抽象的な義務づけの方式が多いことからすると、国内裁判所における直接適用が認められうるケースは、少なくとも現段階においては多くはない。

　これに対し、後者の捉え方、すなわち国際人権による国内立法措置の促進に注目する見解は、国家間の政策調整機能に焦点を当てるものといえる。もちろん、立法裁量の余地を残した国際人権規範では、国内法の立法措置が機動的になされるとは限らない。1981年に批准し1982年に発効した難民条約に含まれていた難民に対する公的扶助の自国民との同一待遇原則は、生活保護法の改正には結びつかなかった。しかし、障害者の人権の例に見られるように、条約策定の動向が地方公共団体の条例制定（千葉県）を後押ししたケースもある。このように、国際人権を契機とした多層的な政策共振効果を見いだすこともできる。

　(b)　**国際立憲主義・国際機関の立憲化**　　もう１つのアプローチは、立憲

---

80)　具体的な事件の傾向も含め参照、小畑郁「国際人権規約」ジュリスト1321号（2006年）10-15 (10) 頁。
81)　寺谷広司「国際人権が導く『法』と『国家』再考」憲法問題17号（2006年）20-35 (32) 頁。
82)　伊藤正己「国際人権法と裁判所」芹田健太郎他編集代表『講座国際人権法Ⅰ　国際人権法と憲法』（信山社・2006年）5-15 (11) 頁［初出1990年］。
83)　高橋和之「国際人権の論理と国内人権の論理」ジュリスト1244号（2003年）69-82 (74) 頁。
84)　石川健治「人権論の視座転換」ジュリスト1222号（2002年）2-10 (10) 頁はユニバーサルな人権はナショナルな保障によってのみ実現される状況が続いており、人権論の medium としての国家という存在は（唯一の、ではないにしても）今後も続くことは確実であるとする。
85)　江島晶子「憲法と『国際人権』」憲法問題17号（2006年）7-19 (14) 頁は、国内システムと国際システムとの相互関係の存在に注意を喚起する。
86)　星野信也「国際化時代の社会福祉とその課題」社会福祉学35巻１号（1994年）1-21 (16) 頁。
87)　原田大樹「障害者差別禁止」条例政策研究会編（北村喜宣編集代表）『行政課題別条例実務の要点』（第一法規・1998年）3121-3144 (3126) 頁［2007年］［本書第９章参照］。

的なプロセスによる統治主体の創設を国際機構レベルにおいても行おうという考え方である。これは、既存の国民国家の相対化と文化多元性の確保に直結する効果をもたらしうる[88]。この考え方の中には、国際連合やWTO[89]のような国際社会全体の構成原理としての立憲主義を強調する立場と[90]、EU憲法条約案に見られたようなリージョンレベルの立憲化を念頭に置く立場とがある。

　国際立憲主義の発想はなお形成途上である[91]。とはいえ、あらゆる組織に対して妥当し価値規範への拘束がより直接的である点[92]、またグローバル部分システムの自己規律・正統性調達のために「立憲化」が必要だとしている[93]点に、共通の要素を見いだすことができる。他方で立憲化の議論は、分権論あるいは補完性の考え方と強い緊張関係のもとにあることにも注意が必要である。また、国家主権中心の見方、あるいは国家レベルにおける立憲体制に拘泥しすぎると、結果的に「連邦制」の枠組以上のアイデアがここからは導き出せないおそれもある。

(2)　グローバル・ガバナンス論

(a)　グローバル・ガバナンス論の系譜　　これに対し、国際法・国際関係論における理論枠組からのアプローチもありうる。それがグローバル・ガバナンス論と呼ばれる考え方である。ここで「ガバナンス」とは、「個人

---

88)　樋口陽一「Nationなき国家？」北村一郎編集代表『現代ヨーロッパ法の展望』（東京大学出版会・1998年) 43-56 (52) 頁。

89)　最上敏樹「国際立憲主義とは何か」同『国際立憲主義の時代』（岩波書店・2007年) 2-22 (5) 頁、同「国際立憲主義の新たな地平」法律時報85巻11号 (2013年) 6-12頁。

90)　佐藤哲夫「国際社会における"Constitution"の概念」一橋大学法学部創立50周年記念論文集刊行会編『変革期における法と国際関係』（有斐閣・2001年) 501-522 (504-505) 頁は、国際法におけるconstitution概念は「『通常の』規則に優位する」という形式的要素と、「社会生活を規律する基本的規則を定めている」という実質的要素から構成され、実際にこの言葉が実定国際法で用いられているのは国際組織法の領域であるとする。

91)　議論の到達水準を示すものとして参照、山元一「『グローバル化世界における公法学の再構築』に向けての覚書」企業と法創造（早稲田大学) 9巻3号 (2012年) 3-13頁。

92)　篠田英朗「国境を超える立憲主義の可能性」阪口正二郎編『岩波講座・憲法5　グローバル化と憲法』（岩波書店・2007年) 99-124 (104、113) 頁。

93)　伊藤一頼「市場経済の世界化と法秩序の多元化」社会科学研究（東京大学) 57巻1号 (2005年) 9-37 (27) 頁。

と機関、私と公とが、共通の問題に取り組む多くの方法の集まり」と理解[94]することにする。国際法・国際関係論の文脈では、グローバル・ガバナンス論をリアリストのアプローチ（アナーキーの発展）、リベラリストのアプローチ（レジームの発展）[95]、規範的アプローチの3分類で整理する方法が見[96]られる。これらから抽出されるグローバル・ガバナンス論のポイントは、多元的で重層的な社会管理システムの全体像ないし相互の関係性を意識させることにある[97]。同様の理論枠組をEUに適用したものとして、欧州ガバナンス論ないしマルチレベル・ガバナンス論がある[98]。

(b) **公法学から見たグローバル・ガバナンス論** 従来のいわゆる「ガバナンス論」は、行政法学との関係では「公私協働」ないし「民営化論」との接点を有する問題として意識されてきた。また、これとは別の文脈で、民事組織法とりわけ会社法との対比から、コーポレート・ガバナンス論と公的組織に対する民主的統制のあり方との理論的な比較がなされてきた[99]。これに対し、グローバル・ガバナンス論は日本の行政法学に対してはなお直接的な影響を与えていないように見える。

しかし、2001年に出された「EUガバナンス白書」[100]は、それが規制のた

---

94) Commission on Global Governance（京都フォーラム訳）『地球リーダーシップ』（日本放送出版協会・1995年）28頁。
95) 法概念としての「レジーム」につき参照、小寺・前掲註48）73-81頁〔初出1997年〕。
96) 大芝亮＝山田敦「グローバル・ガバナンスの理論的展開」国際問題438号（1996年）2-14 (3-9)頁。
97) Johannes Köndgen, Privatisierung des Rechts, AcP 206 (2006), S. 477-525, 514. 大芝＝山田・前掲註96）11頁、城山英明「グローバル・ガバナンス」世界634号（1997年）200-203 (200)頁。
98) 福田耕治「欧州統合の理論と現実の構築」同志社法学（同志社大学）53巻6号（2002年）2123-2171 (2159)頁、同『国際行政学』（有斐閣・2003年）36-37頁。
99) 代表的な業績として参照、山本隆司「独立行政法人」ジュリスト1161号（1999年）127-135 (130)頁、同「民営化または法人化の功罪(上)」ジュリスト1356号（2008年）27-32 (31)頁、中川丈久「米国法における政府組織の外延とその隣接領域」碓井光明他編・金子宏先生古稀祝賀『公法学の法と政策(下)』（有斐閣・2000年）473-497 (494)頁、同「行政による新たな法的空間の創出」土井真一編『岩波講座・憲法4　変容する統治システム』（岩波書店・2007年）95-231 (195-197)頁。
100) ガバナンス白書が作成された経緯については、児玉昌己「サンテール欧州委員会の総辞職と欧州議会の対応」同『欧州議会と欧州統合』（成文堂・2004年）271-321頁〔初出2000年〕、深澤兵吾『欧州連合の舞台裏』（中央公論事業出版・2003年）53-83頁が詳細である。

めの法技術のカタログとしての性格をも有していることを示している[101]。[102]
EUのガバナンス、ないし規制技術のあり方は日本の国内行政法にも示唆するところが大きい。またEUの経験はEUのみにしか生かせないものでは決してない。例えば、日本の金融行政で近時議論されている「ルール準拠の監督」と「プリンシプル準拠の監督[103]」という考え方や、ILOにおける条約と勧告の役割分担の議論[104]は、EUにおけるregulation型規制とdirective型規制の対比とパラレルである。もちろん、EUのガバナンス技術の全てを日本法が摂取すべきであるとは考えない。独特の政体であるEUの構造は、日本法との単純な比較を許さないものとなっているからである。そこで、EUと日本法に共通する政策的課題、例えば執行の欠缺におけるEUの対応策としての情報公開と市民の動員を日本法が学ぶことが考えられ、すでにこうした取り組みはなされてきた[105]。こうした政策的「課題」に注目するアプローチと並んで必要なことは、EUのガバナンスのシステムが全体としてどのような像を形成し、そのどの部分が日本法に摂取できるのかを、その全体構造との関係で意識することである。本章が提唱するグローバル・ガバナンス論からのアプローチとは、具体的にはこうした作業を指している。

---

101) 白書は、欧州のガバナンス手法として、規則（regulations）、枠組指令（framework directives）、共同規制（co-regulation）、開放型政策調整（OMC：open method of co-ordination）等の類型を挙げている（European Commission (2001), COM (2001) 428 final, Brussels, 25. 7. 2001., pp. 20-22）。ガバナンス白書の経緯も含めて参照、福田耕治「欧州憲法条約と欧州ガバナンスの改革」同編『欧州憲法条約とEU統合の行方』（早稲田大学出版部・2006年）3-29 (19) 頁。
102) Claudio Franzius, Governance und Regelungsstrukturen, Verwaltungsarchiv 2006, S. 186-219, 188ff. は、ガバナンス論を、公的任務遂行主体の多様化と多元化・複線化の双方を射程に入れて規律構造の変容を分析する鍵概念として用いており、本章の発想に近い。分析視角としてのガバナンス概念の理論的可能性につき、Gunnar Folke Schuppert, Was ist und wozu Governance?, DV 40 (2007), S. 463-511, 484 も併せて参照。
103) 大森泰人「市場行政のいま」証券レビュー48巻1号（2008年）1-40 (21-22) 頁。
104) 吾郷眞一「ILOの活動(1)条約・勧告の採択と適用」日本ILO協会編『講座ILO(上)』（日本ILO協会・1999年）113-173 (117) 頁。
105) 大橋洋一「コミュニケーション過程としての行政システム」同『対話型行政法学の創造』（弘文堂・1999年）2-31 (20-23) 頁［初出1998年］、北村・前掲註1）104頁。

以上は、どちらかというと制度設計局面の議論であるのに対し、「訴訟」制度をガバナンス技術としても捉える議論もできる。具体例としてWTOの紛争解決制度[106]、欧州裁判所の役割[107]、欧州人権裁判所の役割[108]がある。例えばEUの場合には客観法と主観法の双方の保障がなされているとされ[109]、それ自体も国内公法における訴訟システムのあり方に一石を投じるものといえる[110]。国際レジームにおける国際コントロール論の説く「個別利益」と「共通利益」の概念や、共通利益が問題になる場合には個別利益の侵害は国際紛争解決手続の利用条件に含まれないとする議論も同様である[111]。これに対し、国際法学一般における「司法制度化」の議論は、むしろ裁判制度の多様化と国際法の統一的・調和的発展との緊張関係に注目している[112]。この両者の視点に注目することで、法規範の効力調整論の深化が期待できる。

IV　おわりに

　本章の結論を3点ほど述べ、今後の課題を整理したい。第1は、グローバル・ガバナンス論からの示唆である。公的セクターと私的セクター（各レベル）の規律技術の比較や相互の利用可能性を開く議論として、グローバル・ガバナンス論をヒントにできるのではないか[113]。すなわち、社会管理

---

106) Martin Nettesheim, Subjektive Rechte im Unionsrecht, AöR 132 (2007), S. 333-392, 354 の記述に示唆を受けた。政治学からの分析として参照、森田朗他「全体と部分」城山英明＝大串和雄編『政策革新の理論』（東京大学出版会・2008年）37-66 (57) 頁。

107) 欧州司法裁判所の行政訴訟制度につき参照、中村民雄「行政訴訟に関する外国法制調査—EU」ジュリスト1247号（2003年）136-147頁。

108) 建石・前掲註1）146頁、門田孝「ドイツにおける国際人権条約の履行」法律時報80巻5号（2008年）61-65頁。

109) Eberhard Schmidt-Aßmann, Strukturen des Europäischen Verwaltungsrechts, in: Eberhard Schmidt-Aßmann/Wolfgang Hoffmann-Riem (Hrsg.), Strukturen des Europäischen Verwaltungsrechts, 1999, S. 9-43, 25.

110) 山本隆司『行政上の主観法と法関係』（有斐閣・2000年）423-441頁［初出1998年］。

111) 小寺彰『パラダイム国際法』（有斐閣・2004年）196-198頁。

112) 奥脇直也「現代国際法と国際裁判の法機能」法学教室281号（2004年）29-37 (32) 頁。

113) 遠藤乾「グローバル・ガバナンスの最前線」同編・前掲註67）10頁も同旨と考えられる。例えば、債権の格付機関の透明性確保の問題（本山美彦『金融権力』（岩波書店・2008年）34-44頁）は、ここに位置づけられよう。

を並行的・多元的に展開する各組織単位ごとに、組織面と制度面の双方からガバナンスの技術を法的に分析し、それぞれの組織構造ないしアカウンタビリティ構造に適合的なガバナンスの法的制度設計を考える端緒が得られるのではないかと考えられる。

　第2は、重層的な社会管理システム間の調整原理の模索である。多元的・複線的な社会管理のしくみはそれぞれが全くの没交渉ではなく、むしろ相互に依存し波及効果を及ぼし合う関係にある。その調整の問題は、大きく政策調整と法規範効力調整とに分けられる。また調整の態様として、水平的調整と垂直的調整の違いにも注目する必要がある。水平的調整ないし政策革新においては、非階統的なメカニズムのもとでの媒介組織・調整ルールの探究が中心となる。これに対し、垂直的調整ないし執行委任では、

---

114)　金融商品取引分野における自主規制組織として株式会社形態が相応しいかどうかという議論は、この問題群に属する。参照、二上季代司「証券取引所の株式会社化の意義」証研レポート1597号 (2001年) 1-10 (8) 頁、藤田友敬「組織法からみた金融システム改革諸法」商事法務1637号 (2002年) 36-47 (41) 頁、上村達男「証券取引所の自主規制機能」証券アナリストジャーナル43巻7号 (2005年) 38-44 (41) 頁、長友英資「自主規制法人の設立で対外的に独立性を明確化」週刊金融財政事情58巻4号 (2007年) 14-17 (16) 頁、志谷匡史「金融商品取引法と自主規制」月刊資本市場260号 (2007年) 4-16 (14) 頁、江頭憲治郎「経済団体等による法の形成・執行と利益相反問題」江頭憲治郎＝碓井光明編『法の再構築[I]　国家と社会』(東京大学出版会・2007年) 193-211 (208-211) 頁。

115)　藤谷武史＝城山英明「何が問題か？」久米郁男編『生活者がつくる市場社会』(東信堂・2008年) 3-26 (20)頁は、統治過程におけるさまざまな制度・関係あるいは自己組織的な組織間ネットワークを視野に入れた制度設計論を展開するため、ガバナンス論に注目すべきと指摘しており、公法学からのガバナンス論の展開の契機となる可能性を提示している。

116)　EUの多元的統治に注目する、中村民雄「EU〈憲法〉の意味と可能性」阪口編・前掲註92) 125-153 (143) 頁が示唆的である。

117)　EU基本権憲章の調整規定の意義と課題につき参照、伊藤洋一「EU基本権憲章の背景と意義」法律時報74巻4号 (2002年) 21-28 (26) 頁。欧州人権裁判所サイドからの調整についても、Hans D. Jarass, Der grundrechtliche Eigentumsschutz im EU-Recht, NVwZ 2006, S. 1089-1095, 1089f. が論じている。

118)　伊藤修一郎『自治体発の政策革新』(木鐸社・2006年) 26頁、城山英明＝前田健太郎「先進国の政治変容と政策革新」城山英明＝大串和雄編『政策革新の理論』(東京大学出版会・2008年) 9-35頁。

119)　城山英明『国際行政の構造』(東京大学出版会・1997年) 2頁、欧州における刑事国際協力につき参照、髙山佳奈子「国際社会 (EU・国連) における刑事法」ジュリスト1348号 (2008年) 181-189 (185) 頁。

効率的な政策執行システムの探究と並び調整の法的限界論の構築が必要となる。この文脈においてはEU法の知見、例えば「目標規定」[120]「対流原則」[121]「開放型政策調整（OMC：Open Method of Coordination)」[122]等が参照されるべきである。個別政策分野の研究を踏まえ、より一般的な枠組を理論的に提示できれば、グローバル・ガバナンス論に新たな可能性をもたらすことができると思われる[123]。さらに、こうした議論と規制手法の多様化の問題と[124]を接続させることも必要である。比例原則の判断枠組をベースとした上で、規制システムの過剰あるいは過小反応に対してどのような規制手法をどの水準で用いることが効果的かを分析するとともに、公的セクターのレベル

---

120) Andreas Voßkuhle, Neue Verwaltungsrechtswissenschaft, in: Wolfgang Hoffmann-Riem u. a. (Hrsg.), Grundlagen des Verwaltungsrechts Bd. 1, 2. Aufl. 2012, S. 1-63, 18 Rn. 14.

121) Eberhard Schmidt-Aßmann, Deutsches und Europäisches Verwaltungsrecht, in: ders (Hrsg.), Aufgaben und Perspektiven verwaltungsrechtlicher Forschung, 2006, S. 384-410, 393. EUの政策形成過程におけるトップダウンとボトムアップの併存につき参照、エミル・キルヒナー（岸上慎太郎訳）「共通政策の決定過程」大西健夫＝岸上慎太郎編『EU政策と理念』（早稲田大学出版部・1995年）11-28 (16)頁。

122) 福田耕治「欧州憲法条約とEU社会政策における『開放型調整方式 (OMC)』」ワールド・ワイド・ビジネス・レビュー（同志社大学）6巻1号（2005年）1-19 (16)頁、同「リスボン戦略とEU社会労働政策の新展開」同編『欧州憲法条約とEU統合の行方』（早稲田大学出版部・2006年）255-279 (273)頁、嘉治佐保子「EUの経済政策」田中俊郎＝庄司克宏編『EU統合の軌跡とベクトル』（慶應義塾大学出版会・2006年）139-161 (145)頁。OMCは2000年のリスボン戦略を受けて、EUと構成国の間で責任の所在がはっきりしない分野（社会政策等）における政策協調手段として位置づけられたもので、ガイドラインの設定や結果のモニタリング等の手段が用いられる。EUによる目標の設定を加盟国が遵守しなくても、特段のサンクションは用意されていない (Dermot Hodson & Imelda Maher, The Open Method as a New Mode of Governance, 39 JOURNAL OF COMMON MARKET STUDIES 719, 724 (2001))。

123) Markus Jachtenfuchs, The Governance Approach to European Integration, 39 JOURNAL OF COMMON MARKET STUDIES 245, 259 (2001) はガバナンス論の欠点の1つとして、問題起点的なアプローチにとどまり一貫性のある理論構成になっていないことを指摘している。これに対し、Matthias Ruffert, Rechtsquellen und Rechtsschichten des Verwaltungsrechts, in: Wolfgang Hoffmann-Riem u. a. (Hrsg.), Grundlagen des Verwaltungsrechts, 2. Aufl. 2012, S. 1163-1255, 1176 Rn. 22 は、グローバル・ガバナンス論からの示唆を活かしながら行政法の法源論を構想しようとしており、本章の関心から見ても非常に興味深い。

124) 原田大樹「政策実施の手法」大橋洋一編『政策実施』（ミネルヴァ書房・2010年）53-75頁［本書第5章参照］。

ごとに特徴的な規制手法を抽出・開発する努力が求められる。

第3に、こうした議論の国内公法での応用可能性を探る必要性である。さしあたり、法規範効力調整の探究は、国家法と自治組織法のような異なる法秩序を包含する紛争の法的解決策の解明につながりうる。また政策調整の研究[125]は、従来の個別執行中心の視野に対して基準策定（rule-making）の意義の再検討を要請することになろう。

最後の点に関して、今後まず取り組むべき2つの課題を挙げたい。第1は、国際レベルにおける「司法制度」の特色の把握である。WTOの紛争解決制度、欧州裁判所・欧州人権裁判所に見られるように、国際レベルにおける司法制度は権利利益の保護にとどまらず（というよりはむしろ）ガバナンスの技術としての性格が強いように見える。他方で、「立憲化」論の土台として司法制度が語られていること[126]は、国際機構が司法制度を有することの意味を議論する際に見落としてはならない点と思われる[127]。加えて、国際レベルにおける司法制度は、国際自主規制基準の正統性を補完しうる。例えば、民間組織が策定する国際食品安全規格（Codex Alimentarius）がWTO/SPS協定の枠組に取り込まれ、WTOの紛争解決の際にパネルによってその内容や策定手続の適切性が審査された上で紛争解決基準として用いられれば、自主規制基準そのものの正統性は、この手続を経ない場合と比較してより高くなる[128]。このような国際レベルの司法制度と国際自主規

---

125) 平尾一成「証券監督者国際機構（IOSCO）『行為規範』および『取引原則』の日本法への適用」国際商取引学会年報6号（2004年）124-147（128）頁。他方、IOSCOの定める原則には構成国に対する法的拘束力がないことにも注意する必要がある（松尾直彦「IOSCOによる信用格付機関原則・証券アナリスト原則の策定」商事法務1676号（2003年）14-21（14）頁）。

126) 西元宏治（奥脇直也監修）「国際関係の法制度化現象とWTOにおける立憲化議論の射程」ジュリスト1254号（2003年）114-122（121）頁。

127) 国際機構による司法制度の運営の際に、国内施策に対してどの程度の配慮をすべきかという問題もあわせて重要になる。欧州人権裁判所における「評価の余地の理論」（中井伊都子「ヨーロッパ人権条約における国家の義務の範囲」国際法外交雑誌99巻3号（2000年）229-258（237）頁、門田孝「欧州人権条約と『評価の余地』の理論」櫻井正夫編集代表・石川明教授古稀記念『EU法・ヨーロッパ法の諸問題』（信山社・2002年）251-291（253）頁）の議論はその1つの手がかりを提供している。

128) Note, *Authority and Legitimacy in Global Governance*, 81 N.Y.U. L. Rev. 766, 791 (2006).

制との相互関係にも注目する必要があろう。

これに対し、国際的規範が国内裁判所によって執行・実現されるEU法[129]においては、法規範効力調整の技術あるいは法の一般原則の発展可能性を示す多くの判例が蓄積されており[130]、こうした間接的な司法作用の形態にも注目する必要がある。さらには、憲法・行政法学における法律と条例の関係の議論との比較により[131]、自律的なローカルルール策定のための法理論的な支援を考えることが期待できる[132][133]。

第2は、国際レベルにおける多元的・複線的な「民主政」プロセスの特色の解明である[134]。国政レベルにおける憲法学の議論状況と比べて、ロビイ

---

129) 中村民雄「EU憲法秩序の形成とニース条約」日本EU学会年報22号（2002年）1-28 (4) 頁。EC法に対する国内（訴訟・救済）手続法の自律性につき参照、伊藤洋一「EC法における『国内手続法の自律性』の限界について」北村一郎編集代表『現代ヨーロッパ法の展望』（東京大学出版会・1998年）57-80頁、西連寺隆行「EC法の実効性の原則について(1)」上智法学論集（上智大学）50巻4号（2007年）145-168 (149-152) 頁。

130) 庄司克宏「欧州司法裁判所とEC法の直接効果」法律時報74巻4号（2002年）14-20 (14) 頁が、欧州司法裁判所の判例法理を簡潔に示している。憲法学からの詳細な研究として参照、齋藤正彰『国法体系における憲法と条約』（信山社・2002年）76-80頁。

131) 国際法における「法の一般原則」の考え方の変遷につき参照、福王守「『法の一般原則』概念の変遷に関する一考察」法政理論（新潟大学）39巻4号（2007年）271-330頁。EUと構成各国との「法の一般原則」の相互作用については、Hans Jürgen Papier, Die Rezeption allgemeiner Rechtsgrundsätze aus den Rechtsordnungen der Mitgliedstaaten durch den Gerichtshof der europäischen Gemeinschaften, EuGRZ 34 (2007), S. 133-134 が取り上げている。国際機構同士の調整で法の一般原則が用いられるケースとして、欧州裁判所における欧州人権条約の組み込み（庄司克宏「欧州人権条約をめぐるEC裁判所の『ガイドライン』方式」日本EC学会年報5号（1985年）1-22 (8) 頁）や、WTOの紛争解決における他の国際法規範の解釈基準としての利用（岩沢雄司「WTO法と非WTO法の交錯」ジュリスト1254号（2003年）20-27 (20) 頁）が挙げられる。

132) 渋谷秀樹「地方公共団体の条例と国際条約」立教法学（立教大学）73号（2007年）223-238 (238) 頁。

133) 二元的統治システムという視点から地方自治を捉え直すものとして参照、原島良成「地方政府の自律(下)」自治研究82巻3号（2006年）116-129 (122-124) 頁。また、この問題を考える上では、地方レベルにおける司法作用のあり方をいかに考えるかという視点が重要になる。この点を初めて提示した業績として参照、木佐茂男編『地方分権と司法分権』（日本評論社・2001年）。

134) 中村民雄「動く多元法秩序としてのEU」同編『EU研究の新地平』（ミネルヴァ書房・2005年）197-246 (222) 頁の紹介する、地域評議会を通じた地方公共団体とEUとの調整プロセスはその一例である。

ングやコミトロジーといった EU における利益団体による政策インプットに対しては、肯定的評価が目立つ。その理由の１つとしては、政策決定プロセスにおける民主的正統性の欠如をカバーするためにはより積極的なインプットが必要とされるということが考えられ、これは参加民主主義やアソシエイティブ・デモクラシーの議論と接続する。もう１つは、ヨーロッパの利益となる基準の定立と普及を目指す EU の基準戦略から見て、利益

---

135) コミトロジーの詳細な研究として参照、中村民雄「前例のない政体EU」ジュリスト1299号 (2005年) 16-24 (24) 頁。佐川泰弘「ヨーロッパにおけるマルチレベル・ガバナンス」岩崎正洋他編『政策とガバナンス』（東海大学出版会・2003年）75-95 (89) 頁は、マルチレベル・ガバナンスの一例としてコミトロジーを取り上げる。また、ハンス・クリスティアン・レール (太田匡彦訳)「行政連携の中のヨーロッパ行政(上)」自治研究82巻１号 (2006年) 3-20 (15) 頁、は各国行政の協力の形態としてのコミトロジーの特質に注目する。

136) 欧州議会との関係を念頭に置きながら欧州委員会の民主的正統性の欠如を主として議論の対象とするいわゆる「民主主義の赤字」論が、この問題を集中的に取り上げてきている。参照、児玉昌己「EU における『民主主義の赤字』の解消と欧州議会の役割」同『欧州議会と欧州統合』（成文堂・2004年）196-223頁［初出1997年］、勝井真理子「EU の『民主主義の赤字』とその克服の模索」法学政治学論究（慶應義塾大学大学院）33号 (1997年) 347-387 (350) 頁、須網隆夫「超国家機関における民主主義」法律時報74巻４号 (2002年) 29-36 (31) 頁、浅見政江「EU 統合と民主主義」田中俊郎＝庄司克宏編『EU 統合の軌跡とベクトル』（慶應義塾大学出版会・2006年）25-58 (47) 頁、中村民雄「EU 立法の『民主主義の赤字』論の再設定」社会科学研究（東京大学）57巻２号 (2006年) 5-38 (12) 頁、細井優子「欧州共同体における『民主主義の赤字』問題とその処方箋(1)」法学志林（法政大学）103巻３号 (2006年) 163-218 (173) 頁。

137) 庄司克宏「EU における立憲主義と欧州憲法条約の課題」国際政治142号 (2005年) 18-32 (21) 頁は、参加民主主義は効率性の観点からの「参加」要請であって、団体による機能的代表でも問題がないとする。また、安江則子『欧州公共圏』（慶應義塾大学出版会・2007年）249頁は、民主主義あるいはガバナンスにおける団体 (association) の果たす役割について注意を促す。

138) 山口定『市民社会論』（有斐閣・2004年）247頁、中村健吾『欧州統合と近代国家の変容』（昭和堂・2005年）178頁。他方、市民との距離が遠くなり、また意思決定プロセスが分かりにくくなる国際機構レベルにおいては、資金力の面で優位な業界団体等の影響力が市民団体より圧倒的に強くなるおそれも指摘できる (Sidney A. Shapiro, *International Trade Agreements, Regulatory Protection, and Public Accountability*, 54 ADMIN. L. REV. 435, 442 (2002))。

139) EU のニュー・アプローチの法的論点については、米丸恒治「グローバル化と基準・規格、検査制度の課題」鹿野菜穂子＝谷本圭子・立命館大学人文科学研究所研究叢書第12輯『国境を越える消費者法』（日本評論社・2000年）117-139 (121-122) 頁が詳細である。EU の通商政策における基準認証の果たす役割につき参照、臼井陽一郎「EU の標準化戦略と規制力」遠藤乾＝鈴木一人編『EUの規制力』（日本経済評論社・2012年）87-107頁。また、環境分野

団体の作用はむしろ歓迎されるということなのかもしれない。

これに対し、国際レベルにおける執政・行政権の優位が国内行政のレベルで引き起こす問題については、例えば議会留保領域との対立関係の法理論的調整の必要性を指摘できる[140]。国際租税法における議論の蓄積を活かし、より一般的な議論枠組を探究することが課題となる[141]。あるいは、国際基準の策定の手続においても国内の行政手続と同水準の手続保障が準備されるべきとする国際行政手続法の構想も、ここに含まれよう[142]。ガバナンス論は非国家主体による社会管理作用を射程に収めるがゆえに、逆に政府の統治作用に対する民主的統制の視座を失うと指摘される[143]。そこで、多層的・複線的な「民主政」プロセスにおける正統性[144]や透明性[145]の問題を規範的に論じる場を設定することができれば、グローバル・ガバナンス論と公法学との接続を可能とする前提条件が形成されうる[146]。

におけるEUの戦略については、武田邦彦「日本よ、『京都議定書』を脱退せよ」文藝春秋86巻3号 (2008年) 196-205 (201) 頁、藤井良広「着々と『環境覇権』を引き寄せるEUのしたたかさ」Foresight19巻3号 (2008年) 74-75頁が批判的に論じている。

140) 村西良太「多国間の政策決定と議会留保」法政研究 (九州大学) 80巻1号 (2013年) 1-59頁。

141) 谷口勢津夫『租税条約論』(清文社・1999年) 33、80頁、増井良啓「日本の租税条約」金子宏編『租税法の基本問題』(有斐閣・2007年) 569-592 (575) 頁。

142) David Livshiz, *Updating American Administrative Law*, 24 WIS. INT'L L.J. 961, 1012 (2007).

143) 児玉昌己「日本におけるEU政治研究と欧州議会の研究の現状と課題」同『欧州議会と欧州統合』(成文堂・2004年) 24-69 (53-54) 頁 [初出2003年]。

144) EU行政法における具体例を踏まえた萌芽的検討として、Hans Christian Röhl, Verantwortung und Effizienz in der Mehrebenenverwaltung, DVBl. 2006, S. 1070-1079がある。人的正統性が不十分な国際機構レベルにおいて、透明性・効率性・アカウンタビリティ・合理性といった要素を用いて正統性を補完しようとする議論として参照、Jost Delbrück, *Exercising Public Authority beyond the State*, 10 IND. J. GLOBAL LEGAL STUD. 29, 41 (2003).

145) Eleanor D. Kinney, *The Emerging Field of International Administrative Law*, 54 ADMIN. L. REV. 415, 429 (2002); Richard B. Stewart, *The Global Regulatory Challenge to U. S. Administrative Law*, 37 N.Y.U. J. INT'L L. & POL. 695, 705 (2005).

146) 特区制度をめぐる分析もこの問題群に含まれる。See, Hiroki Harada, *Special Economic Zones as a Governance Tool for Policy Coordination and Innovation*, 31 J. JAPAN. L. 205 (2011); 原田大樹「震災復興の法技術としての復興特区」社会科学研究 (東京大学) 64巻1号 (2012年) 174-191頁。

第II部

公共制度設計の基礎理論

第 5 章

立法者制御の法理論

I はじめに

　とりわけ1990年前後から、わが国の行政法学において、制度設計論への関心が強く持たれるようになってきた。それまでの行政法学が行政訴訟の局面における行政活動の適法性の問題に関心を集中していたのに対し、この新たな立場は行政の現実に注意を喚起するとともに、個別の政策分野の政策課題と親和的で制度設計の場面での参照が可能な行政法学の構築を行ってきた。こうした流れは、2004年に法科大学院が設置されたことで揺り戻しを経験しつつも、現在の行政法学の中核的要素の1つとなっているといえる。この結果、伝統的な理論にはなかったさまざまな要素が行政法理論の中に取り込まれ、行政法総論の内容はより豊かなものとなっている。

　他方で、そもそも行政法学がどのような立場からいかなる方法で制度設計論に対して貢献が可能なのか、制度設計に対する関心を共有する隣接諸科学とはいかなる関係に立っているのかという点に関しては、十分な理論展開がなされてきたとはいえないように思われる。この問題の端的な表れとして、ある法制度の設計の善し悪しを行政法学者が論じる場合、どのよ

---

1) 代表的な業績として参照、阿部泰隆「行政法学の課題と体系」同『政策法学の基本指針』（弘文堂・1996年）29-54頁［初出1981年］、髙木光「行政手法論」同『技術基準と行政手続』（弘文堂・1995年）85-113頁［初出1986年］、大橋洋一「行政手法からみた現代行政の変容」同『行政法学の構造的変革』（有斐閣・1996年）3-24頁［初出1993年］、木佐茂男『自治体法務とは何か』（北海道町村会・1996年）、中里実「誘導的手法による公共政策」岩村正彦他編『岩波講座・現代の法4　政策と法』（岩波書店・1998年）277-303頁、山本隆司「行政法総論の改革」成田頼明他編『行政の変容と公法の展望』（有斐閣学術センター・1999年）446-453頁、曽和俊文「司法改革の理念と行政法」自治研究77巻10号（2001年）7-17 (16) 頁。

うな評価基準で判断しているのかが、これまで体系的かつ明確な形では示されてこなかった点を挙げることができる。この点は、主に「効率性」を評価基準として制度設計論に果敢なアプローチを行ってきた「法と経済学」とは対照的である。具体的紛争の前の段階で制度設計を議論する点において、「法と経済学」は行政法学と同じ立場に立っている。しかし、行政法学が制度設計に対する評価基準や制度設計の検討手順を十分には明らかにしてこなかったため、「法と経済学」との議論の接点を形成しにくくなっていたのではないだろうか。

そこで本章では、従来の行政法学や参照領域（例：都市法・環境法・経済法）での議論を踏まえ、行政法学は制度設計に対してどのような評価基準を形成しているのか、またどのような手順で制度設計を検討しているかを明確化し、隣接諸科学との議論の接点を形成する一助となることを目標としたい。さらに、そこから、制度設計論としての行政法学の今後の課題を探り、立法者制御の法理論を形成する手がかりを得たい。

こうした問題関心から、本章では以下のような検討手順を取ることとする。まず、行政法学が制度設計論に対してどのような評価基準を明示的・黙示的に形成してきたのかを、帰納的アプローチにより明らかにしたい（II）。具体的には、「制度改革の時代」といわれる過去20年間に改革された具体的な個別法制度の中から５つの具体例を取り上げ、そこでどのような評価基準が用いられたのかをメタレベルで検討する。そして、ここで抽出された基準が一般的にも当てはまるものかを確認するため、近時初版が出版された行政法総論の基本書で取り上げられた個別の制度設計論を手がかりに、どのような評価基準が用いられているかを抽出することとする。次に、この作業の結果抽出された立法の質の評価基準を類型化し、その背

---

2) こうした観点から興味深い先行業績として、礒崎初仁「自治体立法法務の課題」北村喜宣他編『自治体政策法務』（有斐閣・2011年）32-47 (43) 頁［初出2009年］がある。同論文は立法評価の視点として、必要性・有効性・効率性・公平性・協働（参加）性・適法性を挙げている。
3) 松村敏弘「公共政策教育と法と経済学」経済セミナー598号（2004年）16-21 (18) 頁。
4) 共通の問題関心から、法制度を時間軸の観点から動態的に捉えた上で「学習」のプロセスを重視することにより法律学固有の役割を導出しようとする論攷として参照、藤谷武史「プロセス・時間・制度」新世代法政策学研究（北海道大学）1号（2009年）29-64 (61) 頁。

景にどのような理論的な考慮があるのかを明らかにしたい（Ⅲ）。また、これらの評価基準が、行政法学における制度設計の思考手順のどの部分で使われているのかもあわせて検討する。続いて、こうした分析を踏まえ、制度設計論に対する行政法学からのアプローチの特色を、「法と経済学」と比較しながら素描し、制度設計論としての行政法学の今後の課題に対する現時点での見通しを示すこととしたい（Ⅳ）。その際には、多元的システムにおける行政法学の観点から、公共制度設計論の輪郭をも素描する。さらに、新たな理論的フォーメーションの1つとしての政策手法論を提示することとしたい（Ⅴ）。

Ⅱ　制度設計への行政法学的アプローチ

　そもそも行政法学は、制度設計に対してどのような評価基準を用いているのであろうか。このことを明らかにするため、ここではまず、過去20年になされた制度改革のうち、政治的・社会的に注目を集めた5つの具体例（建築基準法・障害者自立支援法・廃棄物処理法・独占禁止法・教員免許法）を取り上げ、そこでの評価基準を抽出することとしたい。その際には、行政法学の参照領域である個別法分野（都市法・社会保障法・環境法・経済法・教育法）の議論に関しても、行政法総論レベルでの議論と衝突しない要素についてはあわせて検討することとしたい。次に、これらの抽出調査の結果得られた評価基準に普遍的な色彩があるかどうかを確認するため、2001年以降に初版が出版された行政法総論の基本書のうち、具体例が豊富に取り上げられている3冊（阿部泰隆『行政法解釈学Ⅰ』（有斐閣・2008年）（以下「阿部・Ⅰ」という）、宇賀克也『行政法概説Ⅰ［第5版］』（有斐閣・2013年）（以下「宇賀・Ⅰ」

5）　大橋洋一「制度変革期における行政法の理論と体系」同『都市空間制御の法理論』（有斐閣・2008年）346-368 (353) 頁［初出2003年］。また、Claudio Franzius, Modalitäten und Wirkungsfaktoren der Steuerung durch Recht, in: Wolfgang Hoffmann-Riem u. a. (Hrsg.), Grundlagen des Verwaltungsrechts Bd. 1, 2. Aufl. 2012, S. 179-257, 254 Rn. 107 も、立法学を行政法学の総論部分として構築すべきことを指摘する。

6）　原田大樹「多元的システムにおける行政法学」新世代法政策学研究（北海道大学）6号（2010年）115-140 (139) 頁［本書第1章参照］。

という)、大橋洋一『行政法Ⅰ[第2版]』(有斐閣・2013年)(以下「大橋・Ⅰ」という))で参照されている個別の法制度設計に対する評価基準を抽出することとしたい(行政法通則に関する制度へのコメントは除外した)。

1　個別制度設計論に見る行政法学の評価基準
(1)　建築基準法

わが国の建築基準法に対しては、以前から「ザル法」との批判がなされてきた[7](規制の実効性)。個別の建物の安全性を確保する単体規定に関してはそれが欠陥住宅問題として、都市計画上の観点からの規制である集団規定に関してはそれが違法建築問題として、社会問題化してきた。建築基準法の1999年改正では、こうした批判に応えるため、従来の建築主事に加え、民間の指定確認検査機関による建築確認・中間検査・完了検査を認めた。これは、建築主事の負担を軽減して違法建築の除却などの任務にリソースを投入できるようにするという事後チェックの発想を背景にしていた[8]。しかしこれに対しては、行政法学から、指定確認検査機関の中立性につき疑問が提起されていた(決定の中立性)[9]。具体的には、法人の設立や法人に対する指定の段階で、建設業者との利害関係を断ち切ることができるのか、また建築主と指定確認検査機関との契約という法形式で建築主の利害関係から中立に確認や検査ができるのかという問題であった。

こうした懸念が現実化したのが2005年11月に発覚した姉歯事件であった。この事件では、建築士の故意による構造安全計算の偽装を指定確認検査機関が見抜けなかったこと[10]から、指定確認検査機関の中立性や検査員数の強化が図られることとなった。2006年の建築基準法改正ではあわせて、構造

---

7)　実証的分析として参照、宮崎良夫「行政法の実効性の確保」成田頼明他編『行政法の諸問題(上)』(有斐閣・1990年) 203-247頁。
8)　居川康祐＝澤井聖一「『民間開放』と建築生産の行方」建築雑誌113巻1430号 (1998年) 42-43 (42) 頁、山口敏彦＝佐藤忠晴「建築基準法の抜本的見直し」時の法令1593号 (1999年) 6-32 (10) 頁。
9)　大橋洋一「建築規制の実効性確保」同『対話型行政法学の創造』(弘文堂・1999年) 196-230 (219-222) 頁[初出1999年]、米丸恒治「建築基準法改正と指定機関制度の変容」政策科学 (立命館大学) 7巻3号 (2000年) 253-271 (266) 頁。
10)　坂井浩和「なれ合いと天下りの実態」AERA18巻64号 (2005年) 23-25頁。

計算に関する新たな審査制度も導入された[11]。しかし、構造計算に関する大臣認定プログラムの認定が施行日に間に合わなかったり[12]、建築確認後の内容変更の柔軟性が失われたりしたことから[13]、今度は審査遅延問題が生じることとなった。行政法学から見ればこの問題の原因は、実行可能性に乏しい制度設計をしたか（比例原則・規制の実効性）、そうでなければ移行措置を十分に検討しなかったこと（信頼保護原則）に求められよう。また、この分野における根本的な問題として以前から指摘されている設計・施工分離（媒介者の中立性）は、実現されないまま現在に至っている[14]。

(2) 障害者自立支援法

障害者に対する福祉サービスの提供は、長らく措置制度のもとでなされてきた。措置制度とは、サービスを必要とする人に対して行政が職権処分により給付内容を決定し、サービスは行政が直接給付するか、社会福祉法人等に措置委託（財政原則）して提供を行う制度である。この制度に対しては、措置請求権が行政実務上否定されたために受給希望者の手続的権利も否定されていたこと（権利救済可能性）、サービス供給量が伸びずに待機者問題が発生していたこと（制度の実効性）が問題とされていた。そこで2000年の社会福祉事業法等改正の際には、行政による金銭給付と利用者・事業者間の直接契約に制度変更され、利用者は所得に応じて自己負担をすることとなった。契約という法形式の選択の背景には、利用者の地位の強化や利用者の意向を反映したサービス内容の決定を可能にする意図があった（人権規定）[15]。この制度改正に対しては、行政の責任を金銭給付に限定するのは生存権の観点から不適切であるとする見解や、契約内容の適正化・

---

11) 国土交通省住宅局建築指導課「改正建築基準法・建築士法及び関係政省令等」建築と社会88巻1026号（2007年）12-15頁。
12) 「後手後手に回った国交省の対策、建築団体から要望書続出の日々　結果、『官製不況』はいまだ収拾つかず」建築ジャーナル1138号（2008年）32-33頁。
13) 戸川勝紀「建築基準法大改正を受けた自治体の影響と建築行政のこれから」政策法務Facilitator16号（2007年）2-12 (7) 頁、「業務は増大、現場も混乱　それでも改定法は有益か？」建築ジャーナル1127号（2007年）32-38 (36) 頁。
14) 澤田和也『欠陥住宅紛争の上手な対処法』（民事法研究会・1996年）47-54頁。
15) 古川夏樹「社会福祉事業法等の改正の経緯と概要」ジュリスト1204号（2001年）10-14 (10) 頁。

利用者の選択の自由の実質化を図るべきとする見解(人権規定)が出され、また支援費請求権の介護保険給付請求権と比較した権利性の弱さも指摘されていた。[17]

　しかし、2005年に制定された障害者自立支援法は、こうした議論とは全く関係ない文脈から登場した。一方では介護保険法と支援費制度の統合に失敗し、他方で支援費支給の財源が施行年度から大幅に不足したこと[18]が、次のような制度設計をもたらした。まず、金銭給付と個別契約という基本枠組は維持しつつも、利用者の負担方式を応能負担から応益負担に切り替え、給付費に対しては義務的予算措置化を実現した。次に、精神障害者も[19]同じ給付枠組に取り込み、障害の種類を問わず共通の給付形式に変更した。[20]さらに、障害者の就労に関しては、一般就労への移行を促進する一方で、[21]福祉的就労には利用者が利用料を払わなければならないこととした。[22]これに対しては、生存権の観点から応益負担は過大な負担を課すものであること(人権規定)、障害者の所得保障を充実させないままに応益負担を導入することは不適切であること(立法事実の把握)、保育については応能負担を維持したまま障害児のサービスを応益負担にするのは不平等であること[23]

---

16) 原田大樹「福祉契約の行政法学的分析」法政研究(九州大学) 69巻4号 (2003年) 765-806 (798) 頁。
17) 倉田聡「支援費支給制度をめぐる法律問題」ジュリスト1204号 (2001年) 19-24 (21) 頁。この点は、障害者自立支援法においても変更されていない(中野妙子「介護保険法および障害者自立支援法と契約」季刊社会保障研究45巻1号 (2009年) 14-24 (15) 頁)。
18) 津田小百合「介護保険と障害者福祉制度の将来」ジュリスト1327号 (2007年) 40-47 (41) 頁、小澤温「障害者自立支援法改正と障害者の自立」都市問題100巻5号 (2009年) 40-47 (42) 頁。
19) 京極高宣「障害者自立支援法案における利用者負担の考え方」月刊福祉88巻13号 (2005年) 52-57 (53) 頁、大塚晃「障害者自立支援法見直しの背景とポイント」月刊福祉92巻10号 (2009年) 12-19 (14) 頁。
20) 京極高宣「障害者の就労支援はどうあるべきか?」職リハネットワーク65号 (2009年) 5-15 (8) 頁。
21) 赤松英知「自立支援法下の働くことを支える取組みの課題と展望」職リハネットワーク65号 (2009年) 35-39 (35) 頁。
22) 藤岡毅「全国の障害者が一斉提訴」賃金と社会保障1483号 (2009年) 4-16 (14) 頁。
23) 伊藤周平「障害者自立支援法と応益負担再考」賃金と社会保障1483号 (2009年) 17-29 (23) 頁。

（平等原則）、福祉的就労に対して利用料を支払わなければならないとすると労働の意欲や機会を失わせること（比例原則）などが指摘された。2012年に同法を改正して成立した障害者の日常生活及び社会生活を総合的に支援するための法律（障害者総合支援法）では、原則として応能負担に転換している。[24]

(3) 廃棄物処理法

　日本の廃棄物法制は、一般廃棄物と産業廃棄物とで全く異なる制度設計を沿革上採用してきている。一般廃棄物に関しては市町村処理原則を採用し、その事務を民間（許可業者・受託業者）に委託するかどうか、どの業者に委託するかを決めるに際しては、市町村には（一般廃棄物処理計画に基づくとはいえ）広範な裁量が認められる。[25] これに対して産業廃棄物に関しては事業者処理原則が妥当し、事業者は許可業者に処理を委託することでその責任を果たすことができるとされる。産業廃棄物処理業や処理場の許可は全て都道府県の権限であり、これらは要件を満たせば許可しなければならないとされた。[26] この許可要件が緩やかなものであったこと、また施設設置の際に地域環境への配慮が必ずしも十分になされていなかったことから、産業廃棄物処理場設置への反対運動がとりわけ1990年代に強まり、社会問題化した。[27] 産業廃棄物に関しては市町村に権限がなかったため、市町村は自主条例（水道水源保護条例や紛争調整条例）で対抗したり、住民投票を用いたり、最終的には業者と公害防止協定を締結して独自の監督資格を得たりした。廃棄物処理法の側でもこの問題に対処するため、1997年の法改正で廃棄物処理業・処理場の許可要件が厳格化され、また地元市町村や住民が処理場設置許可手続に関与するミニ・アセスメントが導入された。[28]

---

24) その詳細につき参照、原田大樹『例解　行政法』（東京大学出版会・2013年）238、320頁。
25) このことは最高裁判例（最一小判2004（平成16）年1月15日判時1849号30頁）でも確認されている。
26) 近藤哲雄「産業廃棄物処理場に係る法的問題(下)」自治研究73巻12号（1997年）16-39 (17)頁。
27) 近藤哲雄「産業廃棄物処理場に係る法的問題(上)」自治研究73巻11号（1997年）3-18 (3) 頁。
28) 他方で、この規定は、都道府県が処理場許可の際に（許可要件にはない）地元同意を事実上要求していた実務を排斥する目的も持っていた（吉野智「『廃棄物の処理及び清掃に関する法律及び産業廃棄物の処理に係る特定施設の整備の促進に関する法律の一部を改正する法

しかし、この改正に対しても例えば以下のような批判が寄せられている。採用された参加手続は公告縦覧・意見書提出にすぎず、意見書提出ができる人的範囲も限定されており、説明会の開催は予定されていない[29](執行過程の透明性・参加)。この手続によっても市町村の意見は十分に反映されないため、市町村の関与権を拡大すべきである[30](地方自治の本旨)。産業廃棄物処理は民間だけに任せておいては不十分なので、公共セクターも積極的に処理場の設置を進めるべきである[31](補充性)。この改正以後も自主条例をめぐる産廃処理場紛争が続いていることからすれば、処理場許可手続の制度設計を見直す必要性はなお残されているといえよう[32]。

(4) 独占禁止法

独占禁止法のエンフォースメントをどのように行うかは、近年の議論において大きな焦点であり続けている。オイルショックによる物価高騰が問題となった直後の1977年に改正された独占禁止法では、カルテル行為に対して刑事罰よりも簡易に利用できる制裁手段として課徴金制度が導入された[33]。課徴金は、カルテルにより得られた不当利得を国庫に帰属させるものであるから、刑罰との併科は二重処罰の禁止には当たらないと整理された[34]。その後、日米構造協議を経て1991年改正で課徴金の額の算定方法が変更されて額が引き上げられ[35]、2005年改正でも額の引き上げとともに課徴金減免

律」の概要」ジュリスト1184号 (2000年) 20-26 (20) 頁)。
29) 阿部泰隆「改正廃棄物処理法の全体的評価」ジュリスト1120号 (1997年) 6-15 (8-9) 頁、福士明「処分施設立地手続」ジュリスト1120号 (1997年) 53-58 (56) 頁、桑原勇進「廃掃法改正の評価と今後の課題」ジュリスト1256号 (2003年) 66-74 (69) 頁。
30) ただし、市町村に許可・監督権限を移すことに関しては、市町村の監督リソースでは十分な対応ができないこと、市町村が住民と業者の板挟みになって身動きが取れなくなるおそれがあることといった問題が指摘されている (加藤幸嗣「廃棄物処理施設の設置に関する協定の意義と役割」ジュリスト1055号 (1994年) 26-38 (28) 頁)。
31) 廃棄物処理センター制度につき参照、北村喜宣「廃棄物処理法2000年改正法の到達点」ジュリスト1184号 (2000年) 48-58 (51) 頁。
32) 北村喜宣『環境法 [第2版]』(弘文堂・2013年) 473-482頁。
33) 正田彬「独占禁止法改正政府案の検討」ジュリスト637号 (1977年) 91-98 (96) 頁、伊従寛「課徴金制度の運用の現状」公正取引386号 (1982年) 10-15 (10) 頁。
34) 木元錦哉「課徴金制度の運用と問題点」ジュリスト675号 (1978年) 111-117 (113) 頁。
35) 北村喜宣「『グローバル・スタンダード』と国内法の形成・実施」公法研究64号 (2002年) 96-111 (100) 頁、郷原信郎『独占禁止法の日本的構造』(清文社・2004年) 103頁。

制度が導入された。さらに、2009年改正では課徴金の対象となる行為に排除型私的独占・不公正な取引方法が加えられている[36]（規制の実効性）。

課徴金額の引き上げに伴い、従来の不当利得の類推での正当化は説得力を失いつつある[37]。代わって、課徴金の制裁としての性格を正面から認めつつ、罪刑均衡あるいは比例原則の観点から正当化する見解が有力となっている[38]（比例原則）。2005年改正で課徴金と罰金を併科した場合の調整規定が導入されたことは、この理解に対応したものともいえる。他方で、同改正により行政審判のタイミングを従前の事前から事後に転換したこと[39]、また課徴金の対象行為の拡大や金額の引き上げがなされたことから[40]、行政審判制度では判断の中立性を保つことができないとする批判も強まっており、事後審判を廃止して訴訟による処理に一本化する方向性も示されている[41]（決定の中立性）。

(5) 教員免許法

初等中等教育における教員の質を確保するため、わが国では免許制度が以前から採られている。その質の向上を図るべく、必要単位の見直しや教育実習の期間延長、介護等体験の導入がなされ、また研修など継続教育の

---

36) 岡田博己「独禁法違反行為への抑止力を強化」時の法令1848号（2009年）6-22（9-11）頁。
37) 2005年改正の立法過程を丹念に検討するものとして参照、吉田茂『政権変革期の独禁法政策』（三重大学出版会・2012年）151-233頁。
38) 佐伯仁志「二重処罰の禁止について」同『制裁論』（有斐閣・2009年）73-97（95）頁［初出1994年］、曽和俊文「行政手続と刑事手続の交錯」同『行政法執行システムの法理論』（有斐閣・2011年）139-154（148）頁［初出2002年］、高木光「独占禁止法上の課徴金の根拠づけ」NBL774号（2003年）20-26（24）頁。これに対し、課徴金の算定方法を実態に合うように変更しただけであるから、行政上の制裁と改めて整理する必要も刑事罰との調整も必要ないとする見解として参照、正田彬「独占禁止法改正案と課徴金制度の考え方」ジュリスト1274号（2004年）184-189（188）頁。また、刑事罰中心の制裁体系を主張する見解として参照、郷原信郎「課徴金と刑事罰の関係をめぐる問題と今後の課題」ジュリスト1270号（2004年）22-30頁。
39) 宇賀克也「審判手続等の見直し」ジュリスト1270号（2004年）53-58（56）頁。
40) 多田敏明「不当な取引制限に係る課徴金をめぐる諸改正」ジュリスト1385号（2009年）24-33（31）頁。
41) 村上政博「取消訴訟への移行と裁量型課徴金の創設」公正取引696号（2008年）65-72（66）頁。裁量型課徴金の制度設計をめぐる最新の議論状況につき参照、林秀弥「裁量型課徴金制度のあり方について」名古屋大学法政論集（名古屋大学）248号（2013年）250-207頁。

しくみ (教育公務員特例法21条以下) も準備されていた。これに対し、教育再生が政治的課題として選択された第1次安倍内閣のもとで、教員免許更新制を導入する法改正が2005年になされた。[42] その際には、教員が定期的に必要な知識・技能を刷新するための方策として、教員免許に10年の期間制限が新たに設けられ、[43] すでに免許を取得している教員にもこの制限が及ぶこととされた。すなわち、現在教壇に立っている教員であっても10年ごとに免許状更新講習を修了しなければならず、そうでなければ免許は失効し、教員としての身分を失うこととなった。

この制度設計に対しては次の観点からの批判が可能であろう。第1に、教員免許更新制以外の方法で目的を達成することとの十分な比較検討がなされていない[44] (比例原則)。資質向上が目的であれば、既存の研修制度の枠組でも十分であろうし、[45] 不適格教員の排除が目的なら、分限免職による対応が模索されるべきであろう。教員免許に期限が付けられることに伴う教員志望者層への負のインパクトも、その際には考慮要素とすべきである。第2に、過去の免許取得者に対する実質的な遡及適用に対する移行措置が不十分である (信頼保護原則)。教員免許が政策的に導入されているものである以上、教員免許が無期限であることを前提に取得した既保有者の信頼が絶対的に保護されるべきであるとは、当然いえない。しかし、免許の効力に事後的に制約が加えられる場合には、それに伴う不利益がより小さくなるような移行措置が用意される必要がある。例えば、非常勤講師として働いている層が一定数存在する現状を前提とするならば、初回の更新講習は無料で実施するといった措置が必要であったように思われる。

2　立法に対する行政法学の評価基準

次に、行政法総論の基本書・体系書の中から制度設計に対するコメント

---

42)　教員免許更新制導入までの経緯は、小野方資「『教員免許更新制』政策の形成過程」駿河台大学論叢 (駿河台大学) 38号 (2009年) 83-105頁が詳細に分析している。
43)　矢木澤崇「教育3法の改正」ジュリスト1341号 (2007年) 71-75 (74) 頁。
44)　佐久間亜紀「教員免許更新制の意図せざる結果」教育と医学57巻8号 (2009年) 706-712 (707) 頁。
45)　千々布敏弥「免許更新制と現職教育」教育と医学57巻8号 (2009年) 688-696頁。

をしている部分を取り出し、そこでどのような評価基準が用いられているかを抽出する（詳細は、次頁の別表参照）。

　ここで示されている評価基準の多くは、すでに見た5つの具体例から得られたものと共通である。以下では、その中に含まれていなかった評価基準について、具体例とともに簡単に紹介する。

　健康保険法等の保険医療機関の指定と医療法の医療計画・病院開設中止勧告が連動している問題に関し、阿部・Ⅰは、権限の結合ないし目的拘束原則から批判を展開している（同・129頁）。同様の評価基準は、行政サービス拒否を条例化した制度設計に対しても当てはまる（宇賀・Ⅰ266頁）。

　財政に関連する法制度において、効率性が評価基準として用いられている場合がある。自治体総合計画に関し、大橋・Ⅰは、策定過程における市民参加、計画策定と実施に対する透明性と並び、公費使用の効率性を挙げる（同・378頁）。また公共サービス改革法に関しても、宇賀・Ⅰ及び大橋・Ⅰは効率性の観点から評価している（宇賀・Ⅰ63頁及び大橋・Ⅰ246頁）。

　個別人権規定との関連を意識しつつ、これに対する強度な規制をかけるのであれば法律で明確な規定を置くべきであるとする明確性ないし規律密度が、評価基準として機能している場面がある。例えば、生活保護基準の告示は省令事項とすべき（大橋・Ⅰ139頁）とか、金融商品取引法の業務改善命令の要件規定が曖昧である（阿部・Ⅰ124頁）といった指摘は、こうした基準に基づいている。

Ⅲ　立法の質の評価基準

　これまでの作業から抽出された立法の質の評価基準を、その由来に注目して分類すると、憲法の諸規定・行政法の一般原則・公法学の指針的価値の3つにまとめることができる。以下ではこの分類軸に従って、前出の基準の背景にある行政法学の発想を明確化することとしたい。さらに、行政法学が制度設計を構想する際の思考過程の中で、こうした諸基準がどのように使われているのかも検討することとする。

別　表

教科書	頁数	具体例	評価基準
阿部・I	84	還付加算金・不納付加算税	公平性（行政と私人との）
	124	業務改善命令（金融商品取引法）	規律密度
	124	外為法27条3項	規律密度
	129	保険医療機関指定	権限の結合
	132	混合診療の禁止	明確性、財産権
	159	生活保護の処理基準	生存権、規律密度
	164	教科書検定	規律密度、透明性
	186	屋外広告物の除却	効率性、財産権
	279	ガイドライン（公取・金融庁）	法治行政、法的地位の保障
	351	汚染土壌除去責任	実効性、効率性、所有者の負担
	415	障害者自立支援法	生存権、実効性、権利救済可能性
	459	人権擁護委員会	中立性、報道の自由
	483	産廃処理業者評価	情報公開、外部評価（透明性）
	492	生活保護の資産調査	効率性、扶養義務、生存権保護義務
宇賀・I	63	公共サービス改革法	必要性（補完性）、有効性、効率性
	101	ノーアクションレター	予見可能性、公正性、透明性
	107	精神保健・精神障害者福祉法	手続的保障
	112	港湾法（港湾管理者）	補完性
	261	金融商品取引法（課徴金）	比例原則
	266	行政サービス拒否	生存権、情報の目的外使用、事前手続
	301	計画間調整	アカウンタビリティ
大橋・I	129	生活保護の水際作戦	手続的保障
	139	生活保護基準の告示	生存権
	245	公共サービス改革法	透明性、中立性、公正性
	301	感染症予防法	手続的保障
	314	指名停止	規律密度、権利救済可能性
	368	運営適正化委員会	地方自治保障、中立性、実効性、立法事実
	370	福岡県産廃条例	市民参加
	380	総合計画と予算の融合	市民参加、効率性、透明性
	393	公益法人の認定	中立性、透明性
	408	食品安全委員会	中立性
	427	地方行政組織法定主義	地方自治保障

1 立法の質の評価基準の類型

(1) 憲法の諸規定

　憲法の諸規定は、立法の質に対しても一定の評価基準を提供している。これらは、個別の人権（憲法上の権利）に関する規定と、統治機構に関する規定とに分けられる。

　(a) **個別の人権規定**　個別の人権規定は、立法を制約する方向にも、立法の指針となる方向にも作用する。立法を制約するタイプとしては、よく知られる経済規制立法（職業選択の自由）のほか、国立大学法人法（学問の自由）[46]、放送法（表現の自由）などを挙げることができる。これに対し、立法の指針となるタイプとしては、社会保障諸法（生存権）、個人情報保護法（プライバシー）、措置から契約への改革（自己決定権）などが挙げられる。

　憲法が保障する個別の人権規定は、民主政の過程を経た決定によっても奪いえない個人の領域を保護するべく設けられたものと理解されている。そこで、ある政策課題に対して立法をするかどうか、仮にするとしてどのような手段を採用するかをめぐり、個別の人権規定の含意が議論を方向づける場面がしばしば見られる[47]。個別の人権規定は同時に、国家が民主政の過程を経て実現すべき価値のカタログを提示している。それが顕在化するのが、憲法上の人権の内容実現に際して国家に一定の制度形成が要請されるタイプの権利である（例：社会権・財産権）。

　個別の人権規定と密接な関係に立つ評価基準として、次の2つを挙げることができる。第1は、法律の規律密度である。国家が個人の領域に介入する際には法律の根拠が必要となる（法治主義）。この場合には、形式的に法律の授権規定があるだけでは足りず、介入の要件や効果が法律で明確に定められているべきである[48]。この問題群の中でも、議会が行政機関に対して内容上の指示をしないまま委任立法の授権規定を置く場合は、一般に違

---

46) 合田哲雄＝神山弘「国立大学法人法について」ジュリスト1254号（2003年）130-136（132）頁、山本隆司「民営化または法人化の功罪(下)」ジュリスト1358号（2008年）42-62（56-59）頁。
47) 基本権の客観法的効力の意義につき参照、高橋和之「生存権の法的性格論を読み直す」明治大学法科大学院論集（明治大学）12号（2012年）1-25（2）頁。
48) 大橋洋一『行政法Ⅰ［第2版］』（有斐閣・2013年）38頁。

憲と理解されている (白紙委任の禁止)[49]。しかし、問題となる人権の性質や介入の態様によっては、これ以外でも規律密度の不足が違憲の問題を生じさせうるし、そうでないとしてもこの要素は立法の質の評価基準として機能すると考えられる[50]。

　第 2 は、権利救済可能性である。裁判を受ける権利 (憲法32条) は憲法上保障されている権利の 1 つであるから、仮に個別の制度設計で立法者が権利救済の途を用意していなくても、憲法から直接的に出訴の可能性が開かれているはずである[51]。他方で、現実に実効的な権利救済がなされるためには、個別の実体法の設計段階での十分な配慮が必要となる (例：措置制度のもとでの権利救済可能性)。この要素もまた、立法の質の評価基準の 1 つとして位置づけられるべきである。

　(b)　統治機構に関連する規定　　(i)　地方自治保障　　日本国憲法は、地方公共団体に対して財産管理・事務処理・行政執行・条例制定の権能を保障する (憲法94条) 一方で、その組織及び運営に関しては「地方自治の本旨」に基づいて法律で定めると規定している (92条)。この規定を踏まえて日本の行政法学は、事務配分論の文脈では、地域の事務は地方公共団体 (とりわけ基礎自治体) に割り当てられるべきと主張し、また中央地方関係論においては、地方公共団体の任務遂行に対する国の関与は必要最小限とすべきと考える傾向が強いといえる[52]。そしてこれは、1999年の地方分権改革の基底的発想でもあった (地方自治法 1 条の 2 、245条の 3)。

---

49)　芦部信喜 (高橋和之補訂)『憲法 [第 5 版]』(岩波書店・2011年) 288頁、佐藤幸治『日本国憲法論』(成文堂・2011年) 436頁。

50)　同様の指摘として、Franz Reimer, Das Parlamentsgesetz als Steuerungsmittel und Kontrollmaßstab, in: Wolfgang Hoffmann-Riem u. a. (Hrsg.), Grundlagen des Verwaltungsrechts Bd. 1, 2. Aufl. 2012, S. 585-675, 637 Rn. 64.

51)　松井茂記『裁判を受ける権利』(日本評論社・1993年) 156頁。日本の学説の現状につき参照、平良小百合「裁判を受ける権利の憲法的保障」九大法学 (九州大学) 100号 (2010年) 47-106 (59-61) 頁。

52)　例えば、塩野宏『行政法III [第 4 版]』(有斐閣・2012年) 235頁。これに対し、個別法の中にはこれと逆方向の議論も存在する。例えば、社会保障法において、生存権の実現に対する国家の直接的責任を強調する論者は、地方分権の方向には批判的である。また教育法においても、教育行政の政治的中立性を重視する論者は、地方政治に教育行政が巻き込まれるおそれがある地方分権には必ずしも好意的ではない。

このような発想の背景にはいくつかの要素が見られる。国家の負担を軽減するという消極的な議論を除くと、地域の事情に即応した政策の形成・実現が可能であること[53]、政策の形成・実施・評価のサイクルが短いために政策の最適化が図りやすいこと[54]、市民参加を組み込みながら政策の実験を行うのが容易であること[55]、などが論拠として挙げられている。

この国・地方の役割分担原則を実定化した地方自治法の規定は、執行の場面のみならず立法準則としての意義をも有している[56]。他方で、この評価基準を発展させていく際には、公共部門の多層的な構造の中でどこに事務配分するのが機能的かという要素も考慮されるべきであろう[57]。例えば、まちづくりのあり方を決定する都市計画権限は地域の自己決定に資するように配分すべきである一方、開発圧力から比較的自由な層に配分しておかなければ制度の作動は期待できない（例：準都市計画区域の指定権限の市町村から都道府県への変更）[58]。また、中央地方関係論においては、団体自治と住民自治の緊張関係（例：情報公開条例・行政手続条例の制定義務付け問題）や、地方公共団体とその行政活動の名宛人との距離の近さに起因する問題の解決に、国家が介入することが一概に否定されるべきではないと思われる。

(ii) 財政原則　憲法第7章が規定する財政原則の中にも制度設計に対する評価基準として機能する内容が含まれている。その1つは、租税法律主義（憲法84条）である。憲法83条は、財政の権限を国会の議決に基づいて行使しなければならないと規定している（財政民主主義）。これは、国家任

---

53) 阿部泰隆「廃棄物法制の課題(下)」ジュリスト946号（1989年）107-115（113）頁。
54) 大橋・前掲註48) 76頁。
55) 大橋洋一「新世紀の行政法理論」同『都市空間制御の法理論』（有斐閣・2008年）326-345（330）頁［初出2001年］。
56) 塩野・前掲註52) 230頁は、この準則に反する立法が直ちに憲法違反になるわけではないとしつつ、「これに正面から反する立法をするには、立法者の明示的な意思と説明が必要であり、その意味では、事実上、大きな効果をもつ」としている。
57) 塩野宏「地方自治の本旨に関する一考察」同『行政法概念の諸相』（有斐閣・2011年）343-360（352-356）頁［初出2004年］の指摘する「補完性の原理」「総合行政主体論」と「地方自治の本旨」の緊張関係も重要な視点と考えられる。
58) 石田康典「法令解説　都市の構造改革の実現に向けた制度改善」時の法令1786号（2007年）17-37（25）頁、市川嘉一「コンパクトシティ実現の処方箋を求めて」地域開発526号（2008年）42-46（43）頁。

務のために費用を負担した者と国家の財政支出の便益を享受する者とを切り離し、財政支出のあり方をもっぱら民主政の過程の中で決定すべきとする要請と考えられる[59]。他方で、このような理解に立つと、費用調達の目的で徴収される租税には、使途との関係で内在的な上限額を定めることはできなくなる。そこで憲法84条は、租税に関して明示的に「法律」という形式を指定し、そこに「条件」までも書き込むことを要求していると考えられる[60]。租税法律主義では法律の留保と異なり、規律密度の問題が初めから合憲・違憲の問題として設定されている。租税法ではこの規定を出発点に、課税要件明確主義や遡及禁止などの立法準則が議論されている[62]。

　もう1つは、公金支出禁止原則（憲法89条）である。この規定は政教分離原則を保障する意義とともに、社会の教育・慈善活動に対する国家介入を抑制する意図があるといわれる。このため、社会福祉分野における国費投入を正当化する立法技術として、投資的経費（例：施設建設補助金）に関しては社会福祉法人制度に基づく強度な監督によって当該民間団体を「公の支配」のもとに置き、経常的経費に関しては措置委託契約によって対価を支払ってサービスを購入する構成が第二次世界大戦後から採用されてきた[63]。制度設計準則としてこの規定を捉え直すと、この規定は教育・慈善活動に関する個人単位の給付の制度設計を誘導しつつ、団体補助の場合には団体に対する国家監督を整備することを要求していると見ることもできる[64]。

---

[59] 藤谷武史「財政活動の実体法的把握のための覚書(1)」国家学会雑誌（東京大学）119巻3＝4号（2006年）127-196 (170) 頁。ドイツの伝統的な意味での租税収入中心主義（Steuerstaatsprinzip）はこうした考慮に基づく（大脇成昭「財政法の外部効果論」熊本法学（熊本大学）103号（2003年）1-61 (11) 頁）。

[60] 最大判1955（昭和30）年3月23日民集9巻3号336頁は、「納税義務者」「課税標準」「徴税の手続」をその内容として挙げている。

[61] 租税の特殊性をその沿革の観点から説明するものとして参照、藤谷武史「市場介入手段としての租税の制度的特質」金子宏編『租税法の基本問題』（有斐閣・2007年）3-22 (18) 頁、中里実「制定法の解釈と普通法の発見(上)」ジュリスト1368号（2008年）131-140 (140) 頁。なお後掲註109）も参照。

[62] 佐藤英明「租税法律主義と租税公平主義」金子宏編『租税法の基本問題』（有斐閣・2007年）55-73 (64) 頁。

[63] 木村忠二郎『社会福祉事業法の解説』（時事通信社・1951年）124頁。

[64] 江口隆裕「支援費制度と憲法89条」ジュリスト1252号（2003年）2-5 (5) 頁。

(2) 行政上の法の一般原則

　行政上の法の一般原則は、行政法の不文法源として位置づけられており[65]、制定法を補充して解釈の指針として機能したり（例：裁量統制）、制定法をそのまま適用すると不都合が生じる場合に制定法を修正して個別事例の衡平を実現したりする機能を持つ。そしてこれらは、解釈論の場面だけではなく、制度設計論においても大きな役割を果たしている[66]。

　ⓐ　比例原則　　比例原則は目的と手段の均衡を要求する考え方であり、もとはドイツの警察法で発達した法原則である。この比例原則は、制度設計の場面における行政法学の思考方法を強く規定している。すなわち、行政法学は制度設計を論じるに当たって、その政策目的と手段の正当性を検証するという発想を採用し（目的＝手段思考）[67]、両者のバランスを取ることを非常に重要視している。その際にどこまで合理性の論証の程度を要求するかは、問題となっている政策目的や政策手段が私人の権利・利益に対して及ぼす影響の大きさにより異なっている。また、官民の役割分担を論ずる補充性（補完性）の考え方も、比例原則のコロラリーに位置づけられる。

　ⓑ　目的拘束原則（権限濫用禁止原則）　　民事法の権利濫用禁止原則に対応する行政法上の原則として、行政機関に授権された権限をその目的に違反して用いてはならないとする権限濫用禁止原則が説かれる。行政法学上は、裁量統制における目的違反・動機違反や、ある政策目的の実現のためにそれとは異なる目的で設定されている手法を利用する権限の融合の禁止（例：大規模な宅地開発を抑制するための「水攻め」）との関係で、この原則が議論される。これを制度設計に対する評価基準としても用いる際には、より広く、ある政策手段の他の政策目的への転用を禁止する原則（いわば「縦割りのすすめ」）と捉えるのが適切と思われる。

　この原則の背景には、行政法学の特色である目的＝手段思考の存在が認められる。ある政策手段は、特定の政策目的との関係において、その合理

65）　塩野宏『行政法Ⅰ［第5版補訂版］』（有斐閣・2013年）62頁。
66）　比例原則に関する言及として参照、大橋・前掲註48）55頁。
67）　これは行政法学に限らず、法律学全般に共通する思考様式でもある。参照、常木淳『法理学と経済学』（勁草書房・2008年）44頁。

性や比例性が審査された上で採用されている。この一対一の対応関係が権力行使に対する有効な歯止めとして機能している。そのため、この対応関係を破る制度設計は極めて批判的に受け止められるのである。

(c) **信頼保護原則**　民法上の信義則と対応する行政法上の原則として、行政機関の活動に対する信頼は保護されなければならないとする信頼保護原則がある。制度設計の局面において、この原則は、従前の法制度のもとで生じていた信頼は保護されなければならないという内容となる。この原則は、一度成立した法制度の事後的な変更を認めない趣旨を持つものではない。しかし、法律という政策実施基準の持つ法的安定性・予見可能性確保の機能を重視するならば、制度変更の際には変更の必要性や合理性を論証し、それに伴う負のインパクトを最小限にとどめる立法者の責務が存在するはずである。これは、後出し的に私人の行為を規制する局面で特に顕在化する(配慮義務)。また給付の局面では、段階的実施によって激変緩和を図ることがありうる(例：年金支給開始年齢の段階的引き上げ)。

(d) **平等原則**　平等原則は、合理的な理由がない限り、共通の状況にある事象に対しては同じ法的取り扱いがなされなければならないとする原則である。制度設計の場面で平等原則は、合理性の論証(正当化)のための議論フォーラムを形成する機能を有する。例えば、租税法の租税公平主義は、担税力に応じた課税を行わなければならないとする立法準則を提示しており、公平の判断基準としての所得概念論と結合することで、政策目

---

68) このような制度設計の具体例として、健康保険法上の保険医療機関指定を挙げることができる。同法65条3項5号は、指定拒否をなしうる要件として、健康保険の保険料のみならず年金保険料等を含む全ての社会保険料のいずれかを滞納している場合を規定している。医療保険と年金保険はそれぞれに異なる制度目的を持ち、その目的のために租税とは異なる公金徴収システムを別途設定しており、また制度運営者も異なっている。そのため、たとえ両者が「社会保険」制度のもとで一括されうるとしても、年金保険料の未納と医療保険の指定医療機関の地位とのリンクを正当化することは、理論上困難と思われる。

69) Eberhard Schmidt-Aßmann, Der Rechtsstaat, in: Josef Isensee/Paul Kirchhof (Hrsg.), Handbuch des Staatsrechts Bd. 2, 3. Aufl. 2004, S. 541-612, 587 Rn. 81.

70) 行政に対する配慮義務を論じる最二小判2004(平成16)年12月24日民集58巻9号2536頁〔紀伊長島町水道水源条例事件〕に示唆を受けた。

71) 金子宏「租税法の基本原則」同『租税法理論の形成と解明(上)』(有斐閣・2010年) 42-88 (76) 頁〔初出1974年〕。

的との緊張関係を維持した制度設計論の展開を可能にしている[72]。あるいは、給水契約における別荘所有者とそうでない者との基本料金の格差が争点となった事件において、最高裁は水道料金の個別原価に基づく計算を原則とした上で、両者の基本料金の大きな格差を正当化するに足りる合理性はないと判断している[73]。このように平等原則は、分野ごとの法原則によって補完されることで、制度設計に対する評価基準として機能するのである。

(3) 指針的価値

制度設計に対する評価基準の第3の類型として、公法学の指針的価値を挙げることができる。これは、もともとドイツ法・アメリカ法・日本法における自主規制に対する公法学的な分析で用いられている法的評価の観点を抽出・類型化したものであり、権利・自由の観点からは「公平性」「公正性」、民主性の観点からは「正統性」「透明性」、経済合理性の観点からは「有効性」「効率性」の合計6つの評価基準が認められる[74]。以下では、これらの中でもここまでの議論で触れられていない、決定過程の公正性・中立性、決定過程の透明性、執行過程の実効性・効率性の3点について検討することとしたい。

(a) **決定過程の公正性・中立性**　行政上の決定を下す場合には、決定者は諸利害からの中立を保っていなければならない。これは、適正な手続のもとで公正な決定がなされるための不可欠の前提である。この要請は従来、行政機関による準司法作用が問題となる局面（行政審判における職能分離）や、行政手続法が定める不利益処分の聴聞主宰者などに限定して議論されていた。

---

72) 藤谷武史「非営利公益団体課税の機能的分析(1)」国家学会雑誌（東京大学）117巻11＝12号（2004年）1021-1129 (1080) 頁、増井良啓「税制の公平から分配の公平へ」江頭憲治郎＝碓井光明編『法の再構築[I]　国家と社会』（東京大学出版会・2007年）63-80頁。また、この点と関連する租税支出論や消費型所得概念につき参照、藤谷武史「非営利公益団体課税の機能的分析（4・完）」国家学会雑誌（東京大学）118巻5＝6号（2005年）487-599 (568-570) 頁、同「所得税の理論的根拠の再検討」金子宏編『租税法の基本問題』（有斐閣・2007年）272-295頁。
73) 最二小判2006（平成18）年7月14日民集60巻6号2369頁〔高根町水道条例事件〕、山本隆司『判例から探究する行政法』（有斐閣・2012年）119頁〔初出2009年〕。
74) 原田大樹『自主規制の公法学的研究』（有斐閣・2007年）240-243頁。

しかし最近では、より一般的に、決定過程の公正性・中立性が問題とされるに至っている。その１つの背景は、規制行政組織と被規制業界との癒着への批判である。業界の保護育成と監督とを同一の行政組織が担当してきた日本的な行政スタイルを改革するため、両機能を分離する制度設計が見られるようになってきている（例：食品安全委員会[75]・消費者庁[76]）。もう１つの背景は、決定者の民間化の進展である。諸利害からの中立性を保つべく定型的に構成されてきた公務員集団に代わり、民間主体が行政上の決定や媒介作用（例：建築士・ケアマネージャー）を担うようになると、個別法の制度設計のレベルで、これらの主体の諸利害からの中立性を確保する必要性が生じるのである[77]。

(b) **決定過程の透明性**　行政上の決定過程に対して、一般市民のアクセス可能性が保障されるべきである[78]。具体的には、行政上の決定の理由が説明され（説明責任・アカウンタビリティ）、決定に関係する文書等が公開され、決定に対する参加の機会が保障されるべきである。この要請は、一方では公正な行政決定を促進する効果を持ち、他方では立法過程において十分に果たせなかった利害調整を継続する意義も有する。

(c) **執行過程の実効性・効率性**　たとえ優れた政策プログラムを規定した法律でも、それが立法者の想定通りに執行されなければ何の意味も持たない。執行の欠缺（Vollzugsdefizit）に対する注意が喚起されて以来、行政法学は執行過程の実効性にも関心を払うようになってきている。また、行政活動に対する費用便益分析の視点が政策評価法の中に取り込まれ[79]、ある

---

75)　神里達博「食品安全行政の課題」ジュリスト1359号（2008年）74-81（76）頁。
76)　宇賀克也「消費者庁関連３法の行政法上の意義と課題」ジュリスト1382号（2009年）19-36（21）頁。
77)　原田・前掲註74）292頁註(93)。同様の要請はいわゆる公私協働の場面でも働く（山田洋「参加と協働」同『リスクと協働の行政法』（信山社・2013年）27-46頁［初出2004年］）。
78)　大橋・前掲註48）57頁は、現代型一般原則の１つとして透明性原則を位置づける。行政法の一般原則の１つとして「透明性と説明責任の原則」を掲げるものとして、宇賀克也『行政法概説Ⅰ［第５版］』（有斐閣・2013年）61頁がある。
79)　梅田靖人「規制の事前評価」立法と調査289号（2009年）205-215（211）頁。ドイツの状況につき参照、Anne van Aaken, Vom Nutzen der ökonomischen Theorie für das öffentliche Recht: Methode und Anwendungsmöglichkeiten, in: Marc Bungenberg u. a. (Hrsg.), Recht und Ökonomik 44. AssÖR, 2004, S. 1-31, 16ff.

いは住民訴訟に関する判例の蓄積によって、ある程度の具体性を持った法原則としての経済性・効率性原則を構想できるようになってきている[80]。さらに、行政部門だけではなく社会全体から見た執行コストの最小化という課題も、行政法学は視野に含めつつある（例：天下り問題・自主規制）。ただし、行政法学は、執行システムが有効に作動していればそれで十分であるとは考えない。執行過程の実効性・効率性は、あくまで考慮要素の１つにとどまる。

2　制度設計の思考過程と立法の質の評価基準

　行政法学が制度設計を検討する過程は大きく、立法事実の確定→政策目的の形成→政策手段の選択の３段階に分かれる。それぞれの段階でどのような評価基準が用いられるかを、以下では検討することとする。

(1)　立法事実の確定

　ある社会問題が発生すると、さしあたり既存の法制度の枠内での対応が試みられる。既存の法令の解釈を柔軟にすることや、行政指導・行政契約などの方法での処理が試みられる。給付の場合には、予算措置や補助要綱（行政規則）で対応がなされる。こうした名宛人の個別の同意や民事法上のしくみによっては実効的な問題解決が困難であると認識された場合に、法律による制度設計がなされることとなる。行政法学からの制度設計論は常に現行制度を出発点としており、制度の変更には特別な正当化が要求されているのである（信頼保護原則）。

　法律による制度設計の出発点は、新たな法制度を必要とする諸事情（立法事実）の確定である。社会問題の認識や原因分析の際には隣接諸科学との学際的協力関係が大きな役割を果たす。行政法学は隣接諸科学から得られた知見を規範的に評価し、制度変更を正当化する理由を提示する。

(2)　政策目的の形成

　次に、政策目的の形成がなされる。国家という社会管理単位の中でいか

---

[80]　石森久広「行政法上の一般原則としての『経済性』」北野弘久先生古稀記念論文集刊行会編・北野弘久先生古稀記念『納税者権利論の展開』（勁草書房・2001年）199-215 (210) 頁。具体的な検討として参照、碓井光明『政府経費法精義』（信山社・2008年）10-41頁。

なる政策目的を追求するかは、基本的に立法者の判断に任されており、国家の民主政の過程の中でその内容の重要部分が確定されるべきである。これに対して行政法学は、個別人権規定による実体的な限界づけを試みたり、平等原則を媒介とした合理性論証のフォーラムを準備したり、比例原則に基づいて政策目的に対する合理性を要求したりすることで、立法の質を向上させようとしている。

(3) 政策手段の選択

政策目的が確定すると、それに対応する政策手段が選択されることとなる。この段階で最初に考慮される基準は、執行過程の実効性・効率性と比例原則である。政策目的を最も低いコストで実効的に達成することができ、かつ名宛人に対して与える負のインパクトが最小となる手段が選択されるべきである。手段選択に当たっては、政策目的との対応関係も重視される（目的拘束原則）。事務配分の際には、地方自治保障が配慮されなければならない。行政上の決定を制度設計する際には、決定者の中立性と決定過程の透明性が確保される必要がある。さらに、権利救済可能性を十分に確保する実体法上の制度設計が検討されなければならない。これらのうち何をどこまで法律事項とするかに関しては、法律の優位・法律の留保・規律密度の議論や財政原則等を参照することとなる。

---

81) 他方で行政法学は、政策目的の全てが立法段階で確定されており、行政過程はこれを単に執行するだけであるとも考えてこなかった（それが典型的に現れるのが裁量論の場面である）。制度設計論としての行政法学はさらに、行政過程の開放性を重視し、行政過程内部での政策目的形成や利害調整に注目することで、議会だけが政策を形成しているのではないという意味での制度設計者の多元性を強調する方向を示している（政策実施過程における政策基準の多様性につき参照、原田大樹「政策の基準」大橋洋一編『政策実施』（ミネルヴァ書房・2010年) 77-98頁［本書第9章参照］)。このことは、一方では伝統的な法治主義からの逸脱の可能性を生んでいるものの、他方では公法学が設計主義の陥穽に陥ることを回避する理論的な方途を基礎づけているようにも思われる。本章は、このような多元的な政策目的形成過程の存在を前提としつつ、その中での立法者固有の役割を同定する作業を試みている。この点に関しては、藤谷武史「書評　原田大樹著『自主規制の公法学的研究』」季刊行政管理研究122号 (2008年) 66-72 (71) 頁、同「租税法と行政法」金子宏編『租税法の発展』（有斐閣・2010年) 71-95頁から示唆を受けた。

82) 法律の優位の観点から、既存の法律規律事項を破る政策の実現のためには法律の制定が必要となる。この点につき参照、西谷剛「政策の立法判断（2・完）」自治研究71巻12号 (1995年) 3-18 (5) 頁。

IV 立法者制御の法理論

1 立法者制御の法理論の特色

　立法者制御の法理論を構築しようとしてきた制度設計論としての行政法学の特色をさらに明らかにするために、同じく制度設計論に積極的なアプローチを行っている「法と経済学」の立場との簡単な比較を行うこととしたい。もっとも、両者の差はもはやあまり大きくないともいえる。行政法学が制度設計論の要素を取り込んできた過去20年の議論の交流の中で、経済学的な発想の少なくない部分が行政法学にも取り込まれているからである[83]。例えば誘導作用（特に経済的手法）の議論においては、被規制者側への情報の偏在が説明上の重要な要素となっているし[84]、規制手法の組み合わせの議論では、社会全体の規制運営コストの観点も取り込まれている[85]。他方で、両者の差異が全く消滅したわけではない。以下では、現時点での両者の立場の違いを、「法と経済学」の3つの特徴的思考方法である「アクターの合理性」「効用の均質性」「最適解の存在」の観点から検討する。

(1) アクターの非合理性

　「法と経済学」の立場では、アクターの合理性が不可欠の前提である。アクターが合理的に行動するがゆえに、間接的な条件づけによってアクターの行動をコントロールすることができるのである[86]。しかしこれに対して、行政法学が制度設計を議論する場合には、アクターの合理性を前提にすることができないケースが多い[87]。例えば、アクターがリスクを誤認して計算する場面が、食品衛生などの安全規制には見られる。この場合、画一的な

---

83) 阿部泰隆『行政法解釈学Ｉ』（有斐閣・2008年）22-23頁。ドイツ法における説明として、Ute Sacksofsky, Anreize, in: Wolfgang Hoffmann-Riem u. a. (Hrsg.), Grundlagen des Verwaltungsrechts Bd. 2, 2. Aufl. 2012, S. 1577-1637, 1579 Rn. 3.
84) 曽和俊文「アメリカにおける環境規制の新動向」同『行政法執行システムの法理論』（有斐閣・2011年）275-290 (280) 頁［初出2002年］。
85) 原田・前掲註74) 234頁。
86) 横尾真『オークション理論の基礎』（東京電機大学出版局・2006年）71頁。
87) Christoph Möllers, Methoden, in: Wolfgang Hoffmann-Riem u. a. (Hrsg.), Grundlagen des Verwaltungsrechts Bd. 1, 2. Aufl. 2012, S. 123-178, 165f. Rn. 45f.

直接規制による最低限の安全確保が一定の効果を発揮することが期待される。また、事後的な金銭塡補では回復不可能な法益侵害が生じるおそれがある場面では、不法行為による予防効果の議論だけでは心許ないと行政法学は考える。さらに、悪意のアクターや短期的な利潤のみを追求するアクターに対しては、経済合理性を前提とする行動誘導が困難である。[88]

　上記の点は、これまで、行政法学の中では、行政規制ないし行政法の必要性として議論されてきた。[89] そこでは民事・刑事法と比較した行政法の特色を明らかにすることが課題となっていた。そこで、「法と経済学」からの知的刺激を受けて、従来の枠組にとらわれず政策手段の多様性やその選択基準を明確化していく作業が行政法学には求められていると思われる。

(2) 効用の不均質性

　「法と経済学」の理解では、個人の効用 (utility) は平等であり、その集積である社会厚生 (social welfare) を最大化させる制度設計がベストであるとされる。[90] 行政法学でも利益衡量の発想は共通であるものの、アクターの属性や効用の中身によって重みづけをする場合がある。もちろん経済学の立場でも、他者への憐憫や倫理も効用に含まれている。[91] しかし、効用の内容によって重みづけを変更することは、経済学の立場からは提示しにくいのではないだろうか。

　制度設計論としての行政法学の特色は、潜在的な法的紛争を念頭に置き、[92] また制度の副作用にも常に関心を持ちながら議論する点にある。社会の複雑な利害関係をなるべく議論の枠内に取り込むためには、価値基準を多様にし、また民主政の過程の中でも特に守られるべき利益に重みづけをすることが必要となるのである。こうした作業で大きな役割を果たすのは、憲

---

[88] 「法と経済学」が盛んに論じられているアメリカでは、このような場面での刑事罰が果たす役割が大きく、また懲罰的損害賠償の制度が存在する点で、日本法の状況とは異なる。この要素も加味した検討は、今後の課題としたい。

[89] 阿部・前掲註83) 1-23頁、大橋・前掲註48) 9-14頁。ドイツ法における説明として、Martin Eifert, Regulierungsstrategien, in: Wolfgang Hoffmann-Riem u. a. (Hrsg.), Grundlagen des Verwaltungsrechts Bd. 1, 2. Aufl. 2012, S. 1319-1394, 1328 Rn. 17.

[90] STEVEN SHAVELL, FOUNDATIONS OF ECONOMIC ANALYSIS OF LAW 664 (2004).

[91] STEVEN SHAVELL, *supra* note 90, at 596.

[92] 平井宜雄『法政策学［第2版］』（有斐閣・1995年）15頁。

法上の権利（基本権）規定である。その立法抑制機能や立法指針機能を理論的に深化させることが、大きな課題である。

(3) 最適解の不存在

「法と経済学」によれば、社会的に望ましい状態（例：パレート最適）を想定して、それを実現するためのベストの制度設計を考えるのが通常である[93]。これに対して行政法学では、制度設計の際に遵守しなければならない実体的な基準を提示するものの、その枠内であれば立法者の判断に任せることが原則である[94]。行政法学からの評価基準の多くは、いわば「べからず集」であり、その中で何がベストな解決策なのかは民主政の過程を経て初めて決まるものと考えている。制度設計に対する実体的な枠組基準を設定し、議論フォーラムを形成するのが、制度設計論としての行政法学の大きな特色である。

ただし、このような「べからず集」だけで立法者制御が有効に機能するのかについては、疑問の余地がある。そこで、民主的な政策形成過程を保障しつつ、法律学の立場から望ましい一定の立法指針を示す取り組みも必要であると考えられる。

2 立法者制御の法理論の課題

次に、上記の比較から得られた立法者制御の法理論（公共制度設計論）構築に向けての3つの課題を整理し、現時点での展望を示すこととしたい。第1は、多様な政策手段を行政法学がどのように取り込み、整序するかである。本章では、政策手法・規律構造・活動形式の3つのレベルでこれらを把握することを提唱する。第2は、立法過程における人権規定の機能である。ここでは、人権規定が立法指針として機能する局面にも焦点を当てたい。第3は、ソフトな法原則の提示である。法律学の観点から立法者に対して、あるべき立法への指針や立法のオプションを示す法理論を検討したい。

---

93) 坂井豊貴他『メカニズムデザイン』（ミネルヴァ書房・2008年）14頁。
94) この発想は憲法学とも共通である。参照、西原博史「憲法構造における立法の位置づけと立法学の役割」ジュリスト1369号（2009年）32-38（35）頁。

(1) 政策手法・規律構造・活動形式

　伝統的な行政法学は、民法の法律行為論をモデルとする行政行為論を理論の中核に位置づけ、民事法との差異を強調することで自らのアイデンティティを保とうとしていた。これに対して、行政行為論では実際の行政活動で使われているさまざまな手段を法的に把握できないことが指摘され、行政活動の法的把握に時間軸と空間軸を導入する行政過程論が、現在では有力となっている。その体系構築のあり方に関して、行政の行為形式論[96]、法的仕組み論[97]、行政手法論[98]・法システム論[99]の3つが提唱されてきた[100]。しかし、制度設計論の観点から見れば、これらは相互排他的ではなく、異なるレベルでの道具立てを示しているもののように思われる。

　例えば、家庭系一般廃棄物の排出量を抑制するという政策目的が設定されたとして、どのような政策手段が選択されるべきかを検討してみよう。最初の段階では、規制的な手法を用いるのか、給付的な手法を用いるのか、それらの組み合わせを考えるのかが課題となる（政策手法）。もし規制手法を選択するとすれば、各家庭の排出上限を決め、最終的には罰則で履行を担保する直接規制なのか、排出削減努力義務規定と地域ごとの自主的取組に委ねる間接規制なのか、それともごみ袋有料化のような経済的手法を採用するのかが選択肢となる。給付手法を選択するとすれば、排出量を一定以上削減した家庭にポイントシールを配布する公的資金助成が考えられる。その上で次に、どのような法制度が求められるかを政策目的との関係から検討することとなる（規律構造）。例えば、直接規制の場合には、行為義務を設定し、違反者に対しては行政が改善命令を出す下命制を取ることが考

---

95) 塩野宏「行政過程総説」同『行政過程とその統制』（有斐閣・1989年）3-34 (5-6) 頁［初出1984年］。
96) 塩野・前掲註65) 87-91頁、大橋・前掲註55) 342頁。
97) 小早川光郎「行政の過程と仕組み」兼子仁＝宮崎良夫編・高柳信一先生古稀記念『行政法学の現状分析』（勁草書房・1991年) 151-165 (158-162) 頁、仲野武志『公権力の行使概念の研究』（有斐閣・2007年) 11頁。
98) 高木・前掲註1)。
99) 阿部・前掲註1)。
100) 髙橋滋「法と政策の枠組み」岩村正彦他編『岩波講座・現代の法4　政策と法』（岩波書店・1998年) 3-32 (5) 頁。

えられる。間接規制の場合には、地域協議会の設置、活動支援のための基金設置・専門家派遣[101]、手数料制・課徴金制などが選択肢となる。公的資金助成の場合には、財源調達方式（一般財源か特定財源か）や補助の相手方（団体か個人か）などが検討課題となる。最後に、規律構造を構成する個別のユニットを法的に構築する（条文化する）段階が必要となる（活動形式）。例えば、下命制の場合には、法律→行政基準（行為義務の具体化）→行政調査（違反事実の有無の調査）→行政指導（改善勧告）→行政行為（改善命令）→公表・刑事罰（行政上の制裁）の６つのユニットから構成されることが考えられる。これらを具体的にどう構築するか検討するに際しては、行政法総論が蓄積してきた行為形式論・行政の一般的制度の議論が参照されることになる。

　以下では、政策手法・規律構造・活動形式のそれぞれについて、制度設計論の観点から議論する意義と今後の検討課題を略述することとする。

　⒜　**政策手法**　　政策手法とは、政策目的を達成するための諸手段の組み合わせを類型化したものをいう。伝統的な行政法学の行為形式の議論から比較的自由に、政策実施上の機能に注目した分類を提示している行政手法論・法システム論を発展させたのが政策手法論である。後述のように、規制の手法として直接規制・間接規制・枠組規制を、また給付の手法として非対価的給付・対価的給付・公的資金助成を設定する。規制・給付の区別を出発点とすることで従来の行政作用の類型論との接続を図る一方、主として裁判所がエンフォースメントを担当する枠組規制の概念（例：市場化・財の交換ルール・紛争解決システム）によって、制度論的アプローチ（institutional approach）[102]の視点の一部をも取り込むことを念頭に置いている。具体的な政策手法論の内容は後述（V）する。

　政策手法論は、政策目的を実施するためのさまざまな手法を、執行過程

101）　北村喜宣「法執行の実効性確保」同他編『自治体政策法務』（有斐閣・2011）169-184（178）頁［初出2009年］。

102）　Antonina Bakardjieva Engelbrekt, *Copyright from an Institutional Perspective*, 4-2 REVIEW OF ECONOMIC RESEARCH ON COPYRIGHT ISSUES 65, 66 (2007). このアプローチの詳細についてはさらに、藤谷武史「『より良き立法』の制度論的基礎・序説」新世代法政策学研究（北海道大学）7号（2010年）149-214（179-184）頁を参照。

における行政の介在・非介在にかかわらず集積させる場として位置づけられる[103]。それらを類型化する作業を踏まえ、立法・行政・司法の役割分担[104]、行政と民間との役割分担[105]、あるいは多層的な公共部門内部での事務配分や調整のあり方を議論すべきである。

(b) **規律構造** 規律構造とは、複数のアクターによる複数の行為の組み合わせや、それによって形成される構造・制度をいう。政策目的を達成する手段の観点から見た場合、複数者による複数の行為を一体的に把握した方が政策実施手段としての当否を論じやすいことがある。例えば建築協定は、分析的に見れば私人間協定と行政による認可に分けられるものの、両者を一体と把握することで、地域の共通利益を維持する法制度としての性格が明確になる。行政法総論の体系構築の有力な立場の1つである法的仕組み論が取り扱う法的仕組みの多くは、本章にいう規律構造と重なる[106]。

法的仕組み論と比較した規律構造論の拡張部分は次の3点にまとめられる。第1は、考察対象の拡大である。規律構造論は、行政が執行過程に介在しない場合（裁判所が利用される場合）や間接的に介在する場合（例：自主規制）、さらには公共部門内部のアクターの相互関係とその調整をも視野に含め、当該規律構造の最適政策課題や利用条件を規範的に論じる場として位置づけられる[107]。第2は、政策手段の互換性や組み合わせへの注目である。一定の政策目的を達成するための政策手段は複数存在するのが通例であり、その中でどれを選択するか、あるいは組み合わせるのかを理論的に検討す

---

103) つとに、中里実「国家目的実現のための手法」南博方他編・市原昌三郎先生古稀記念『行政紛争処理の法理と課題』（法学書院・1993年）47-67 (53) 頁がこの点の重要性を指摘している。
104) 具体例として、田村善之「知的財産法政策学の試み」知的財産法政策学研究（北海道大学）20号（2008年）1-36 (11-14) 頁が指摘するカラオケ法理とフェア・ユースの議論を挙げることができる。
105) Wolfgang Hoffmann-Riem, Gesetz und Gesetzesvorbehalt im Umbruch, AöR 130 (2005), S. 5-70, 57; Ivo Appel, Das Verwaltungsrecht zwischen klassischem dogmatischem Verständnis und steuerungswissenschaftlichem Anspruch, VVDStRL 67 (2008), S. 226-285, 257.
106) その具体的内容につき参照、宇賀・前掲註78）79-141頁。
107) 問題状況を素描したものとして参照、原田・前掲註6）126-132頁。

る場が必要である。このような政策手段の「ポートフォリオ」の中で、行政法が従来議論してきた諸手法の特質やあり方を見直す作業も重要である。第3は、政策手段との関連で作用・組織・手続・資金の流れの4つの要素を総合的に分析することである。例えば社会保険は、一方的な行為を含む諸作用（賦課徴収・給付決定）・強制加入組織（公共組合）・保険者自治・使途限定を伴う費用調達の4つの要素を含む規律構造である。この見方は、政策手段として社会保険を採用するかどうかの判断に際しては、給付の権利性の強弱だけではなく、公金徴収の正当化根拠や管理組織のガバナンス構造にも考慮を払うべきことを要請する。以上のような拡張部分に対して個別法の事例を参照しながら理論構築を進めることが今後の課題となる。

(C) **活動形式**　活動形式とは、政策手段の最小単位となる法的諸形式であり、現時点で理論上確立しているのは、行政の行為形式（行政行為・行政契約・行政立法・行政計画・行政指導）及び行政上の一般的制度（例：実

---

108) この概念については、小島立「著作権と表現の自由」新世代法政策学研究（北海道大学）8号（2010年）251-282頁を参照。同論文は、文化芸術政策のポートフォリオとして「直接的な補助金」「フィランソロピーへの税額控除（間接的な補助金）」「知的財産権」の3つを挙げた上で、その中での知的財産権の政策手段としての特質を議論しており、本章の問題関心から見ても極めて興味深い理論的作業である。

109) こうした見方は、公金徴収に対しての立法準則を導出する手がかりともなる。現在の日本法において、公金徴収の正当化根拠は、対価性（例：社会保険）、帰責性（例：障害者雇用納付金）、制裁（例：罰金）、費用調達（例：租税）の4つに大きく分けられる。このうち、対価性と帰責性に基づく公金徴収では、その使途が徴収根拠に対応していなければならないとする立法準則を導くことができるのではないだろうか。また、対価性・帰責性・罰金の場合には、いずれも政策目的と徴収額との均衡（比例原則）の要請が働く。これに対して、費用調達の場合には、使途決定と切り離されているがゆえに上限金額の内在的な設定が困難であり、だからこそ、公平性の視点（租税公平主義・担税力）を取り入れた法的議論が必要となっているように思われる（同旨、藤谷武史「環境税と暫定税率」ジュリスト1397号（2010年）28-36（35）頁）。

110) この点は、医療制度改正により登場した全国健康保険協会や都道府県ごとの後期高齢者医療の広域連合をめぐって、すでに議論されている（碓井光明「財政法学の視点よりみた国民健康保険料」法学教室309号（2006年）19-29（29）頁、加藤智章「平成18年改正法に基づく保険者の変容」ジュリスト1327号（2007年）32-39頁、太田匡彦「リスク社会下の社会保障行政(下)」ジュリスト1357号（2008年）96-106（103）頁）。多元的システムの観点からは、管理組織である保険者と地方公共団体との関係や、相互調整のあり方も議論の対象にすべきである（笠木映里「医療・介護・障害者福祉と地方公共団体」ジュリスト1327号（2007年）24-31（26）頁）。

効性確保・情報管理）である。これらは、政策手段として選択された規律構造の中から行政作用に関係する部分を条文化する際の基本単位である。このうち行為形式は、本章補論でも取り上げるように、政策内容から切り離された行政活動の形式に注目して実体法的・手続法的規律を蓄積することで、規律技術の高度化を図りうる[111]。また、行為形式は訴訟形式の議論と直結しており、制度設計の際の権利救済可能性を検討する上で有用な視点を提供する[112]。さらに一般的制度は、行為形式が配置された行政過程のインフラストラクチャーとして、制度設計の前提条件を形成している。

今後の課題として、このような学問的営為を、行政組織や[113]、行政が直接的には介在せずに執行がなされる場面における規律技術にも及ぼしていく必要性を指摘できる。規律構造の中から政策目的からは一定程度中立的に用いられている法技術のユニットを取り出すことができれば、それを他の政策分野に応用して制度設計することが容易になる。この成果は、行政法総論の内容をさらに豊かにすることにも寄与すると考えられる。

(2) 立法過程における人権規定の機能

立法事実の確定、政策目的の形成、政策手段の選択の各段階で、憲法上の権利は評価基準として機能している。憲法の人権規定は、行政法学の立場から制度設計を論じる際に固有に用意できる議論の手がかりである。その効果の観点からは、立法制約機能と立法指針機能の2つに分けられる。

⒜ **立法制約機能**　日本の戦後の憲法学の主流は、人権規定の立法制約機能に注目してきた。すなわち、民主政の過程による決定を経ても侵すことができない個人の諸価値を人権として憲法上保障するとともに、その制度的な担保措置として、裁判所による権利救済（憲法訴訟）に重点を置く理論が構築された。違憲審査に当たっては、民主政を機能させるのに不

---

111) 塩野宏「行政作用法論」同『公法と私法』（有斐閣・1989年）197-236 (228) 頁［初出1972年］。
112) Wolfgang Hoffmann-Riem, Rechtsformen, Handlungsformen, Bewirkungsformen, in: ders u. a. (Hrsg.), Grundlagen des Verwaltungsrechts Bd. 2, 2. Aufl. 2012, S. 943-1023, 945 Rn. 3.
113) 山本隆司「行政組織における法人」小早川光郎＝宇賀克也編・塩野宏先生古稀記念『行政法の発展と変革(上)』（有斐閣・2001年）847-898 (869-876) 頁。

可欠な精神的自由権が他の人権（例：経済的自由権）よりも優越するとされた[114]（二重の基準論）。

　ただし、憲法上の人権規定が立法者を一義的に拘束する場面は極めて例外的である（絶対的保障：検閲禁止など[115]）。制度設計の際には衝突し合う人権同士をどう調整するかが問題となるのであって、人権規定からあるべき制度設計が一義的に帰結されるわけではない。この意味で人権規定は、政策目的や政策手段の合理性を論証するフォーラムを形成したり、議論の手がかりを提供したりする機能を担っているといえる。言い換えると、憲法上の人権規定は、衡量すべき価値・利益を定型化し、それらに重みづけを与えることで、政策目的の形成や政策手段の選択に向けた議論を整序する役割を果たしているのである。周知の通り、現在の審査基準論についてはさまざまな問題点が指摘されてはいる[116]。しかし、民主政の考え方や裁判所の審査能力・制度的特色[117]といった統治機構のシステム上の特色を前提にすれば、憲法上の権利の性質に応じてその立法制約機能に強弱があることまでは否定できないように思われる[118]。

　(b)　**立法指針機能**　日本の憲法学の伝統的な立場によれば、人権と制度とは峻別されてきた。人権が個人単位で保障され、立法者からの介入を防御する機能を持ち、裁判による実現を念頭に置いているのに対し、制度的保障の場合には制度を単位とし、立法者の制度形成余地を認め（ただし制度の核心の侵害や制度の廃止は違憲）、裁判による救済は否定されていた[119]。しかし、人権に関しても立法者による制度形成を必要とするものは存在する。その典型は財産権や生存権である[120]。また、防御権的図式が最もよく

---

114)　芦部・前掲註49) 103頁、佐藤・前掲註49) 661頁。
115)　高橋和之「審査基準論の理論的基礎(上)」ジュリスト1363号 (2008年) 64-76 (65) 頁。
116)　石川健治「30年越しの問い」法学教室332号 (2008年) 58-66 (61) 頁、巻美矢紀「個人としての尊重と公共性」安西文雄他『憲法学の現代的論点［第2版］』（有斐閣・2009年）283-305頁。
117)　Arti K. Rai, *Engaging Facts and Policy*, 103 COLUM. L. REV. 1035, 1123 (2003).
118)　石川健治「国籍法違憲大法廷判決をめぐって（3・完）」法学教室346号 (2009年) 7-15 (11) 頁は、比例原則は常に具体化を要する原則であるとする。
119)　芦部・前掲註49) 86頁。
120)　佐藤・前掲註49) 126頁は、憲法の保障する基本的人権と制度との密接な関係に注意を喚

当てはまるはずの表現の自由であっても、受け手の自由の側面を強調すれば、そのための基盤整備は立法者の役割となるはずである。ところが、従来の憲法学の制度に対する関心は総じて低調なものにとどまっていた。もし制度設計論としての行政法学に対応する「制度の憲法学」が存在していれば、両者の対話はより容易になっていたように思われる。確かに日本には憲法裁判所が存在せず、また憲法条文のテキストとしての不明確性がネックとなって、ドイツに見られるような基本権の客観法的側面の議論を展開しにくい状況にある。しかし、制度設計に対して法律学から発言しようとするならば、憲法上の権利が法制度を誘導する機能に理論的な関心を向け、判例などの議論素材の不足を学説の努力で補うことが必要である。

　憲法上の人権規定が立法指針として機能する場面を正面から認めるとすると、権利と制度の垣根を越えて憲法制定者が立法者に対して制度形成を負託する手法を、連続的に理解することが可能となる。つまり、憲法制定者は、人権規定、制度保障（法制度保障・制度体保障）、国家任務・国家目的（プログラム規定）の方法で、立法者に対して制度形成を負託することができ、立法者の制度形成の自由はこの順に大きくなっている。しかし、人権規定が立法制約機能を有する場合と比較して、立法指針として人権規定が機能する場合に、立法者を制約する基準が不透明であることは否定できない。そこで、この場面における立法者統制手法を憲法学が発達させる

起する。
121) 小島慎司「『教育の自由』」安西文雄他『憲法学の現代的論点［第 2 版］』（有斐閣・2009年）421-438 (435) 頁の指摘する「憲法第 3 章を片手に法律上の『制度』を根底から問い直す」作業が憲法学には求められているように思われる。
122) Rainer Wahl, Die objektiv-rechtliche Dimension der Grundrechte im internationalen Vergleich, in: Detlef Merten/Hans-Jürgen Papier (Hrsg.), Handbuch der Grundrechte Bd. I, 2004, S. 745-781, 758f. Rn. 19f.
123) このような問題意識に呼応する憲法学からの取り組みとして参照、小山剛『基本権の内容形成』（尚学社・2004年）、石川健治「『基本的人権』の主観性と客観性」西原博史編『岩波講座・憲法 2　人権論の新展開』（岩波書店・2007年）3-22 (11) 頁、宍戸常寿「『憲法上の権利』の解釈枠組み」安西文雄他『憲法学の現代的論点［第 2 版］』（有斐閣・2009年）231-257 (254) 頁、平良・前掲註51) 96-106頁。
124) 高橋和之「国際人権の論理と国内人権の論理」ジュリスト1244号（2003年）69-82 (72) 頁。

ことと並び、行政法学からは個別法分野ごとの法原則を手がかりとして提示することができる。憲法制定者が立法者に制度設計を負託した趣旨は、一方では憲法制定時に現に存在する制度や憲法の理念に従って必要となる制度の存続を保障しつつ、他方で憲法が定めた価値秩序に基づく継続的な制度形成を求めるところにあると思われる。現状保障と開放性とのバランスを取るためには、憲法の定める価値を参照しながら個別法分野における実定法の発展を誘導する理念を示している個別法分野ごとの法原則が、制度設計を正当化する際の重要な判断基準になる。[126]

(3) ソフトな法原則

制度設計論に対する公法学からのアプローチの特色は、裁判の場面で違憲判決が出てしまうような立法上の禁止事項のカタログを形成することにあった。もちろん、それを基礎としてよりよい立法のためのフォーラムが形成されてきたとはいえ、この「べからず集」だけで立法者を効果的に制御することには限界があるようにも思われる。そこで、民主政の過程による制度形成を保障しつつも、政策決定の質を向上させる方法として、法律学の学問的営為によって形成されるソフトな法原則を提示することとしたい。[127]これは、立法者への制度設計のオプションを提示したり、立法の評価基準として機能させたりすることを想定した法原則であり、これに反しても直ちに違憲とはいえない。しかし、この原則から逸脱する場合には立

---

125) この点で興味深い研究として、渡辺康行「立法者による制度形成とその限界」法政研究（九州大学）76巻3号（2009年）249-301頁がある。同論文は、日本の最高裁判決をベースに、立法者による制度形成それ自体の統制手法として「憲法上の権利による枠付け」「平等原則による枠付け」「首尾一貫性要請（立法者の自己拘束）による枠付け」「判断過程統制」「総合考慮方式による審査」「憲法上の組織規定や客観原則規定による枠付け」を挙げている。

126) 長谷部恭男「『国家による自由』」同『憲法の理性』（東京大学出版会・2006年）128-138（134）頁［初出2003年］は、各制度の内容について憲法明文の制約がない場合であっても、当該制度のあるべき内容について法律家共同体内部で広く共有された理解がある場合には、そうした理解に対応する立法裁量の限定を想定することができるとする（ベースライン論）。個別法分野ごとの法原則の利用は、この考え方を制度設計論に応用すべく、動態的な構想に改鋳したものとも見うる。

127) つとに、太田匡彦「権利・決定・対価(3)」法学協会雑誌（東京大学）116巻5号（1999年）766-855（838）頁は、立法との間で緊張関係を保ちつつ相互に影響を及ぼし合うことを許す「柔らかい法ドグマーティク」を行政法学が持っていることを指摘している。

法者に正当化を要求することで、よき立法へと立法者を誘導する一定の効果を果たすことが期待できる。このソフトな法原則の具体例として、個別法分野ごとの法原則と補充的規律事項の２つを取り上げることとする。[128]

(a) **個別法分野ごとの法原則**　行政法学が参照領域とする個別の法分野には、解釈の指針として機能したり立法を嚮導したりする法原則が見られる。この議論が最も発達している環境法では、事前配慮原則・現状保護原則・補償原則といった法原則が説かれている。社会保障法においても、社会保険における拠出給付牽連原則や社会扶助における必要即応原則を語ることが可能であろうし、情報法でも、個人情報結合禁止原則や本人開示原則などをこの種の法原則として挙げることができよう。

こうした個別法分野ごとの法原則は、一方では実定法の制度設計の中から優れた制度を抽出したり、国際的な政策平準化の影響を受けたりしながら、他方では憲法規範から読み取りうる価値秩序によって整序されることで成立する。そしてこの諸原則は、政策と法律とを媒介する中間的規範性を有する。[129] 立法者が個別の法制度設計に際して、これらの法原則を参照しなくても、違憲と評価されることはない。しかし、参照しないことについて十分な正当化根拠が示されなければ、当該立法は低質な立法であるとの推定が働くのである。これと区別して論ずべきものに、個別の法律における法原則がある（例：廃棄物処理法における一般廃棄物の市町村処理原則）。このような実定法内在の法原則はむしろ、その合理性が批判的に考察されるべきである。個別法分野ごとの法原則は、憲法の価値秩序と連携することで（監視層・省察層（Beobachtungsebene）としての憲法）、[130] 実定法内在の論理からの距離を保ちながら、個別の法制度設計を評価し嚮導する機能を有しているのである。

(b) **補充的規律事項**　立法者は、憲法上の制約（例：戦争放棄・地方自

---

128) 他にも、ソフトな法原則に該当する可能性がある理論として、メタ・ルールとしての法の支配（法律の一般性）を挙げることができる。参照、阪本昌成『法の支配』（勁草書房・2006年）193頁。
129) 原田大樹「行政法総論と参照領域理論」法学論叢（京都大学）174巻1号（2013年）1-20頁。
130) ハンス・クリスティアン・レール（大橋洋一訳）「多層的システムにおける行政法学」新世代法政策学研究（北海道大学）6号（2010年）87-114（92）頁。

治)の範囲内で、原則として全ての事項に対して立法権限を有する。そしてその際には目的＝手段思考が取られ、政策的な観点が重視されることとなる。これに対し、そのような思考が単純な形では及ぼされるべきでない立法事項も存在するように思われる。例えば、個人の価値観に委ねるべき事柄について、立法者はできる限り中立を保つべきである[131]。また民事取引の一般ルールについては、個人の自律あるいは私的自治の観点から、政策的観点だけで立法のあり方を決めるべきではない。さらに家族法に関しては、立法者は最低限の枠組以外はオプションを提示するにとどめるべきである。これらに対しても立法者は立法権限を持っており、政策的観点から法制度設計をすることは当然可能である。しかし、憲法の諸規定や立憲主義の考え方から、こうした事項に対して立法者が政策的観点から制度変更する場合には、十分な正当化根拠が提示されるべきと考えられる。

　従来の公法学の議論では、議会制民主主義の強化を意図し、規律事項の法的特性に十分な関心を払わないまま、立法事項の拡大を主張する方向性が見られた。しかし、近時憲法学でも、義務的規律事項と任意的規律事項の区別をした上で立法をめぐる権限配分問題を検討すべきとする見解[132]が見られる。本章が提唱する補充的規律事項もこの2つの区別に加え、規律事項を細分化した上で、立法により決定する事項とそうでない事項との線引きを議論することが、制度設計論の観点からはより生産的である。

V　政策手法論の発展可能性

1　政策手法とその意義

　本章の最後に、立法者制御の法理論のフォーメーションの1つとして提示した政策手法論の構想を詳述することとする。政策実施の過程を分析したり、政策目的を実現させるための具体的な制度設計を考えたりする際に、政策手法論は大きな手がかりとなる。しかし、行為形式論と異なり、政策

---

131) 川﨑政司「立法をめぐる問題状況とその質・あり方に関する一考察」ジュリスト1369号(2008年) 23-31 (28) 頁。
132) 村西良太『執政機関としての議会』(有斐閣・2011年) 191-201頁。

手法論の行為形式論に対する理論的な意義の点においても、また政策手法の類型をどのように設定するかという点においても、政策実施の手法をめぐる議論はなお生成途上といえる。

(1) 政策手法の意義

ここで政策とは、立法者によって選択される公的利益実現のための構想をいい、目標設定と実現手段の双方を含むものとする。政策を定義した実定法として、行政機関が行う政策の評価に関する法律（政策評価法）がある。その2条2項が、「行政機関が、その任務又は所掌事務の範囲内において、一定の行政目的を実現するために企画及び立案をする行政上の一連の行為についての方針、方策その他これらに類するもの」を政策と定義している。この定義だけを読めば、目標設定の面に注目しているようにも思われる。しかし、政策評価の対象には政策の実施の結果も含まれていることからすれば、本章における定義と内容上大きな隔たりはない。また、環境法や公共政策学で議論されることがある、一定の目的実現のための手段の組み合わせを指す「ポリシーミックス」の概念との平仄を合わせるためにも、政策の中に実現手段の側面も含めることとしたい[133]。

政策手法とは、政策目的を達成するための諸手段の組み合わせを類型化したものをいう。それゆえ、政策手法論は政策目的との連携関係が強く、この点に大きな特色が認められる。政策手法は、行政の行為形式・活動形式や一般的制度[134]・法的仕組み[135]などの社会誘導手段を、政策目的との関係で組み合わせたものである。そのため、一定の政策目的を実現するための制度設計をしようとする場合には、政策手法が第一次的な選択肢群として位置づけられることになる。行為形式論が行政法規を読み解く文法事項であるとするならば、政策手法論は行政法規を作文する際に役立つ構文ないしコロケーションの知識と位置づけられる[136]。そこで、政策手法を論じる際に

---

133) 法学者による「政策」の定義の例として大脇成昭「政策実現の財政法的手法に関する一考察」熊本法学（熊本大学）111号（2007年）1-42 (6) 頁、藤谷・前掲註61) 3頁。
134) 塩野・前掲註95) 31頁。
135) 小早川・前掲註97) 158頁。
136) 原田大樹「法秩序・行為形式・法関係―書評・仲野武志著『公権力の行使概念の研究』」法政研究（九州大学）74巻3号（2007年）661-682 (675) 頁［本章補論所収］。

は、一方では法的な理論枠組との可能な限りの接合性の確保が求められ、他方では多様な政策課題への対応力を確保するために新たな政策実施手段を柔軟に受け止める開放性を保つことが重要である。

(2) 政策手法の類型

政策手法の類型をめぐっては、環境法における環境政策の手法論の議論が先行している[137]。代表的な環境法の体系書では、環境政策の手法は環境アセスメントに代表される「総合的手法」、行政が基準遵守を求め罰則で担保する「規制的手法」、市場を用いる経済的手法と情報を用いる情報的手法から構成される「誘導的手法」及び公害防止協定のような「合意的手法」、刑罰や損害賠償のような「事後的措置」の4つに区分されている[138]。これ以外に、環境マネジメントのような「自主的取組」も手法論との関係で説明されている。また環境基本法に基づく環境基本計画では、直接規制的手法、枠組規制的手法、経済的手法などが列挙されている[139]。同様のスタンスで行政法総論を改革する理論モデルとして、阿部泰隆教授の行政手法論がある[140]。これは政策目的実現の観点から行政の手法を整理したもので、「監督手法」「サービス・事業経営手法」「土地利用規制手法」「経済的手法」などさまざまな手法が列挙され、豊富な具体例とともに、それぞれの手法の特色や利点・問題点が説明されている。さらに、地方公共団体における政策実施現場から、行政手法を「規制によらないコントロール手法」（計画手法・誘導的手法・コミュニケーション手法・契約的手法・民間活力活用手法）、「規制によるコントロール手法」（規制的手法・実効性確保の手法）、「紛争の解決を図るための手法」（紛争処理手法）の3つに区分して論じる試みもある[141]。これに対し、行政学においては規制手法、経済手法、情報手法の3区分が説かれている[142]。

---

137) 勢一智子「ドイツ環境行政手法の分析」法政研究（九州大学）62巻3＝4号（1996年）583-631 (586) 頁。
138) 大塚直『環境法［第3版］』（有斐閣・2010年）77-131頁、北村喜宣『環境法［第2版］』（弘文堂・2013年）145-188頁。
139) 環境省『環境基本計画』（ぎょうせい・2006年）31-32頁。
140) 阿部泰隆『行政の法システム(上)［新版］』（有斐閣・1997年）24頁。
141) 山本博史（鈴木庸夫監修）『行政手法ガイドブック』（第一法規・2008年）4頁。

本章では、従来の行政法学の理論枠組との接合性を維持する意図から、これらとは異なるアプローチを採用する。行政法学においては、行政活動の分類方法として「規制」と「給付」の区分を従来から用いてきた[143]。そこで、この区分法を活かした政策手法の類型論を模索することとしたい。ただし、政策手法をより広範に把握するために、従前の「規制」と「給付」の概念を再定位する必要がある。これらはいずれも行政作用の相手方市民の側から見た区分の方法であり、市民にとってプラスに働く作用が「給付」、マイナスに働く作用が「規制」と考えられてきた。しかし、その前提である行政作用以前の市民の権利や地位をどのレベルに求めるかによって両者の線引きが変わってくること、また制度設計論を展開するためには機能面により注目すべきことから、本章では両者の定義を制度設計・運営側の視点から捉え直すこととしたい[144]。すなわち「給付」とは、公的主体により財・サービスが提供されること、「規制」とは、公的主体が（財・サービスの提供を媒介とすることなく）私人に対し公的利益の実現に適合的な行動が取られるように働きかけることをいう。

　以上のように再定義したとき、それぞれの概念には次の手法が含まれる。「規制」のグループに含まれるのは、直接規制・間接規制・枠組規制の3つである。これらは行動制御の方法に注目した分類である。「給付」のグループには、非対価的給付・対価的給付・公的資金助成の3つが含まれる。さらに、本章では詳論できないものの、国家が市場を通じて財やサービスの再分配をいわば間接的に実現する「媒介」も、給付の補助的類型として構想しうる。これらは公的主体による給付を正当化する根拠に着目した分類である。以下、これらの諸手法の特色と利用条件を検討することとしたい。

⑶　政策手法論の課題

　政策手法論の果たすべき役割は、政策課題に応じた実施手法の組み合わ

---

142)　日高昭夫「政策手法の再編」今村都南雄編『日本の政府体系』（成文堂・2002年）159-187（165）頁。
143)　小早川光郎『行政法上』（弘文堂・1999年）185-188頁。
144)　原田・前掲註74) 8頁。

せを提示することにある。それぞれの手法が持っている特性を踏まえた上で、制度設計の際の利用条件と最適分野とを詳細に示すことが肝要であり、本章では以下、こうした作業を行うこととしたい。加えて、政策実施は公費の調達・配分と表裏一体の関係にあるため、実施手法と財政の問題も併せて検討することとしたい[145]。ただし、本章では個々の政策手法の特性を論じるため、複数の手法の組み合わせ・ポリシーミックスについては、詳細に取り上げることができない[146]。また、近代国民国家のゆらぎとともに次第に顕在化しつつある社会管理単位の多元化現象を、政策手法論の側でも受け止める必要が中期的には高まってくると考えられ、さらに、多層的・複線的に展開される社会管理作用の調整原理にも目を向ける必要が出てくると考えられる[147]。しかし本章においては、主として国家による市民に対する直接的・間接的な働きかけに絞って分析することとする[148]。

2 規制的手法

規制的手法は、市民を一定の公的利益適合行為へと導くことを目的に使われる手法である。これには次の3つが含まれる。第1は、規制を意図する側による行為義務の設定とそれを貫徹する強制手段がセットになっている「直接規制」である。伝統的な行政法学は、この手法のみを考察対象としていた。これに対し、とりわけ1990年代以降、「誘導」と呼ばれる行政作用への関心が高まってきた。これは、直接規制が有する特色を欠いているにもかかわらず、市民が規制者の意図する行動を選択するものであり、本章ではこれを「間接規制」として第2の類型とする。第3は、規制者が市民による行動選択のためのシステムのみを準備し、その発動のイニシアティブは市民に委ねる方法であり、本章ではこれを「枠組規制」と呼ぶ。以下では、これらの類型について、その特色と利用条件を検討することとしたい。

---

145) 藤谷・前掲註59)。
146) 倉阪秀史『環境政策論［第2版］』(信山社・2008年) 243-251頁。
147) 松下圭一『市民自治の憲法理論』(岩波書店・1975年) 43-62頁。
148) 原田大樹「多元的システムにおける行政法学－日本法の観点から」新世代法政策学研究 (北海道大学) 6号 (2010年) 115-140頁［本書第1章参照］。

(1) 直接規制

ⓐ **特色**　直接規制とは、規制者（典型的には国家）が被規制者に対して行為義務を設定し、それに違反した場合には行為義務を履行させるための強制手段を発動する手法をいう。命令監督手法 (command and control) とも呼ばれるこの手法は、行政法の中核領域として、その理論体系の構築に強い影響を与えてきた。

直接規制の具体例として、建築規制を取り上げよう。憲法29条は財産権を保障しており、民法が規定する所有権の内容の1つである使用の自由によって、自己所有の土地であればどのような建物を建てても本来はよいはずである。しかし、安全性や衛生面への配慮を欠く建物は所有者の生命・健康を害するおそれがあり、また周辺の土地利用状況とは著しく異なる建物が建つと、周辺住民の日照利益・景観利益を害し、さらには都市構造全体にも悪影響を与えるおそれがある。そこでわが国では、建築基準法が建築行為をまず一律禁止し、建築基準法や関連法令の条件を充足する建物の建築行為についてのみ禁止を解除するしくみを採用している。法令の定める要件を充足しているかどうかチェックするために、建築基準法は建築確認→中間検査→完了検査という一連の検査を準備し、この過程を経ずに建物を建てようとした場合には刑事罰が科されたり、建物の使用が禁止されたりする。また違反建築物が発見された場合には、建築法令に合致するように現状を変更せよとの命令が下され（除却命令）、これに従わない場合には、行政が裁判所の手続を経ずに建築業者等に建物の除却をさせて、その費用を違法建築物の所有者に請求する（行政代執行）。

この例から分かる直接規制の利点を3点挙げたい。第1は、要求事項の明確性である。直接規制の場合には、法律またはそれに基づく行政基準（政省令など）により市民に課される行為義務が明確に書かれており、それは市民の側の予測可能性の確保に資することになる。加えて、法令に定められた要求事項が画一的に適用されることにより、平等取り扱いの確保も図られる。第2は、義務履行の確実性である。直接規制の場合には、行為義務が守られなかったとき、大きく分けて2つの実効性確保手段が準備されている。1つは規制者側が義務履行を強制する方法で、上記の建築基準

法の例では行政代執行がこれに当たる。もう1つは義務が履行されなかった場合に刑事罰などの制裁を準備することで間接的に義務の履行を促す方法で、直接規制の実効性確保の方法として、わが国ではこの手段の方がより使われている。このような権力的な方法を使って義務履行を確実に行わせる点が、直接規制の大きな特色である。第3は、規制コストの大半を規制者側が負担していることである。上記事例では、建築確認などの検査や違法建築物に対するモニタリングのコスト、さらにはサンクションを発動するためのコストも、ほとんどは一般財源による。その目的は、被規制者と規制者との距離を確保することにあると考えられる。仮に被規制者の直接的な費用負担により規制のシステムが動いているとすれば、被規制者の意向がシステム運営に反映される可能性が高まり、規制運用の中立性や公正性が阻害されるおそれがある。公的財源を用いての制度運営は、こうした事態を防止する役割を果たしている。

　これに対し、直接規制には次の3点にわたる問題点がある。第1は、規制対象事象が変動を繰り返したり、高度の専門性が必要とされたりする分野においては、安定的な行為義務を予め設定しておくことが難しいことである。従来、この種の問題は行政裁量との関係で議論されてきた。しかし、行為規範そのものを定めることが困難である場合には、規範との関係での判断余地という問題にとどまらず、直接規制という政策実施手法そのものの見直しへと展開せざるをえない。第2は、「執行の欠缺」と呼ばれる問題の存在である。確かに直接規制は義務を貫徹させるための手段を準備している。しかし実際にそのシステムが作動しているかという点に注目すると、わが国においては、行政上の実効性確保手段の多くが機能不全に陥っていることが明らかとなっている。第3は、政策手法としてのコストパフォーマンスの悪さである。被規制者と規制者との対立図式のもとで画一的に基準を適用すれば、規制遵守のためのコストが増大する反面で、被規制者の協力を得ることが困難な情勢となることが指摘されている[149]。また逆に、

---

149) 森田朗『許認可行政と官僚制』（岩波書店・1988年）261頁、中川丈久「インフォーマルな行政手法への問題関心」同『行政手続と行政指導』（有斐閣・2000年）295-306頁［初出1998年］。

規制権限が与えられているにもかかわらず、業界の保護育成と規制とを同一の行政機関が担当すれば、業界との癒着が機動的な権限発動を阻害してしまうおそれがあると考えられる。

(b) 利用条件　以上のような特色を持つ直接規制を政策実施手段に用いることが最適な分野として、まず挙げられるのは、生命・安全・健康・財産といった保護法益が重大な政策課題である。直接規制は強制の要素が最も強く現れるので、その手段を投入することが正当化できる政策目的を有することが必要である（比例原則）。その際に、保護法益の重大性は大きな判断要素となる。次に考えられるのは、予見可能性や平等取り扱いの要請が強く働く分野であり、租税分野が代表的である。租税法律主義の考え方に見られるように、行政活動の要件を明確に規定しその平等な適用を図らねばならない局面において、直接規制の選択は最適といえる。

さらに、直接規制を政策手法として採用する場合には、先に指摘した問題点を改善するための方策をも検討しなければならない。第1に、行為義務の設定が困難な場面においてはとりわけ、手続への専門家関与や市民参加がなされなければならない。他方で、規制者が行為義務の設定を外部の民間主体等に白紙委任してしまうことがないように、最終決定権を公的主体が確保する制度設計が求められる。第2に、規制リソースの不足をカバーするために、規制執行に民間主体を取り込む「行政権限の授権」の手段を用いることが考えられる。ただし、受任者と被規制者との利害関係が完全に切断されていなければ、耐震強度偽装問題に典型的に現れたように、規制執行は機能不全に陥る。第3に、直接規制のコストパフォーマンスを高めるため、直接規制における裁量行使を適正化する法理論の開発が急務である。わが国においては、過剰規制に対しては、行政指導を初めとするインフォーマルな規制手段が従前から緩衝機能を果たしてきた。そこで今後は、過小規制を防止するための制度設計上の工夫として、行政救済システムにおける裁量統制の活性化やオンブズマンに代表される行政監視制度の導入が考えられる。

(2) 間接規制

(a) 特色　間接規制とは、対象者に対する行為義務の設定やその履行

担保策としてのサンクション手段を用いずに、私人が公的利益に適合的な行為を選択するように誘導する手法をいう。間接規制の概念はまだ成熟したものではない。沿革をたどれば、経済学における議論に加え、1960年代以降の行政指導に対する研究の蓄積と、1990年代以降のインフォーマルな行政活動ないし誘導論の展開とを淵源とし、従来の直接規制の概念に収まらない新たな規制手法を論じる場として発展してきている。

　間接規制の内容は、大きく情報・金銭・自主規制の3種類に分けられる。情報を利用する具体例として、一定の基準を満たした製品にマークを付与するJISマーク（工業標準化法19条1項）や、食品衛生上の危険に関する情報を公表する努力義務（食品衛生法63条）がある。金銭を利用するタイプは「経済的手法」とも呼ばれ、間接規制の中では最も知られた手法である。法形式の面に注目すると、租税を利用するもの（例：法定外目的税、租税特別措置）、課徴金を利用するもの（例：公害健康被害補償法の汚染負荷量賦課金）、料金・使用料を利用するもの（例：ごみ収集有料化）に分けられる。これらはいずれも、一定の行為を命じたり禁止したりはせず、その代わりに経済的インセンティブやディスインセンティブを用いて、市民が公的利益適合行為を選択するように誘導することで共通している。間接規制としての狭義の自主規制は、団体を介在させて一定の政策目的を実現しようとするものをいう[150]。この自主規制には、一般的なルールの設定を団体が行うもの（例：会計基準の策定）と、行政法規の法執行の中に団体の活動が組み込まれているもの（例：証券取引の自主規制）とがあり、団体を用いることによって専門性の高い情報を産出させることや、公的セクターの規制コストを低減させることが意図されている。

　間接規制の利点は、次の3つに整理することができる。第1は、公的任務の遂行に関して分散的な決定システムが構築されることである。社会問題を解決するための優れたモデルが海外にあり、それに対してキャッチアップをすることで自国の法制度を高めていくことができた時代には、行政が中心となって集権的に意思決定を行い、公的利益に適合した行為義務を

---

150)　詳細には、原田・前掲註74) 14、240頁。

明確に定める方が効率的であった。しかし、先進諸国に共通する社会問題に対して共時的に解決策を生み出していかなければならない現状において、またその際に高度の専門的知識や技術が要求される局面が増えてくると、民主的な統制ルートを確保しつつ意思形成過程を分散する方が、知の生成には適合的になる。間接規制はそのための有力な手段である。第2は、国家の規制執行の負担が軽減されることである。直接規制の場合には、規制コストのほとんどを国家が一般財源の中から負担していた。これに対し間接規制、特に自主規制の場合には、被規制者が規制執行コストを負担することになり、公的セクターの役割は自主規制が適切に行われているかどうかを監督することに限定される。このことは意思形成の分散化と相まって、社会全体としての規制コストの低減にもつながりうる（部分最適化による全体最適の実現）。第3は、被規制者の自律性を確保することによる規制の受容可能性の向上である。直接規制の手法を用い、明確な行為義務を定めてサンクションを用意したとしても、それが被規制者のコンプライアンス能力を超え、あるいは被規制者のインセンティブ構造と適合しないものであれば、規制は遵守されないまま規制者との軋轢だけが強まる可能性が高い。間接規制は、公的利益適合行為の具体化を被規制者に委ねることにより、規制内容が被規制者に受容される可能性を高め、規制執行の実効性を高めようとしている。

　これに対し、間接規制の問題点もまた存在し、それは次の3点にまとめられる。第1は、意思形成過程を分散させることにより、民主政の過程に特殊利益が強い影響を与える危険性が高まることである。これは、諸身分・諸団体から構成される封建的な枠組を除去して国家と市民とが対峙する構造を作り上げようとした、近代立憲主義の根本的な発想とも抵触しうる問題である[151]。第2は、被規制者の権利や自由に対する事実上の侵害に対して、公法法理によるカバーが十分できないことである。これまでの公法学が蓄積してきた法理は、国家の権力的作用に対する市民の防御権を中核

---

151) 樋口陽一「近代憲法史にとってのフランス革命」同『近代国民国家の憲法構造』（東京大学出版会・1994年）35-70 (36) 頁［初出1989年］。

にし、その外延に公的セクターの組織上の特色に由来する行為規範（透明性・説明責任）を発達させてきた。しかし間接規制の場合には権力の要素が被規制者に明確に示される契機を欠き、また最終的な行為義務の決定者が公的セクターに属していない。このため間接規制が公法法理の潜脱手段として用いられてしまう危険がある。第3は、規制の有効性の問題である。情報や金銭を行動誘導の媒体にする場合、自らの社会的評価を気にせず、資力を十分持っている相手方には、間接規制による公的利益適合行為への誘導は困難を極める。また団体を介在させる場合には、自主規制の名のもとに業界利益保護的な活動が展開されるおそれがある。

(b) **利用条件** このような特性を踏まえ、間接規制が用いられるべき最適分野として考えられるのは、行為義務を予め明確に設定することが好ましくない領域である。例えば、規制対象事項に不確実性があるために、明確な行為義務を定めることが難しい分野（例：環境リスク）や、最低基準の遵守ではなくより高いレベルへと誘導することが意図されている分野（例：ユニバーサルデザイン）である。ただし、比例原則を類型的に適用し、最低基準遵守は直接規制、高いレベルへの誘導は間接規制と整理することは単純にすぎる。その理由は、間接規制の中にも、権利・自由に対する侵害の強度が直接規制に匹敵するものも含まれているからである（例：極端に高い課徴金額を設定した行動誘導）。間接規制は市民に対する規制効果が直接的でないため侵害強度の測定が直接規制に比べると困難であるから、むしろ直接規制を政策手法のデフォルト（既定値）とし、間接規制が選択される場合にはその正当化根拠を問う方が、制度設計上の失敗は避けられると考えられる。

さらに、前述した間接規制のデメリットを克服するための改善策も、制度設計の際には考慮される必要がある。第1は、規制内容の決定や具体化の過程において、さまざまな利害が考慮されうる手続的な保障措置を講じることである。具体的には、何が公的利益なのかという問題の重要部分については必ず議会が決定しておくこと、被規制者による規制内容の具体化の過程を透明にし、外部からの批判に曝される構造にしておくこと、規制執行のモニタリングに第三者が加わる手続を準備しておくことなどが考え

られる。第 2 は、間接規制の導入に伴う公法法理の潜脱を回避するため、民間主体にも公法法理を段階的に及ぼす制度的・理論的工夫をすることである。「私行政法」[152]あるいは「公共部門法」[153]は、その試みと位置づけられる。第 3 の方法として、規制の実効性を確保するため、間接規制が効果を発揮しなかった場合の代替措置を準備しておくことである。間接規制と直接規制（例：証券取引規制）、また、国家の規制と地方公共団体の規制（例：土地利用規制）が同一の規制対象に対して相補的関係に立つことによって、規制の実効性確保が可能になるケースも考えられる（多元的規制システム）。ただしその際には、被規制者に対する規制強度が総体として過剰とならないように調整するメカニズムも必要となる。[154]

(3) 枠組規制

枠組規制は間接規制の一種であり、枠組としてのルールないしシステムだけが用意され、公益適合的行動をとるかどうかのイニシアティブは市民に委ねられているものをいう。なお、環境基本計画にいう「枠組規制的手法」は「目標を提示してその達成を義務づけ、あるいは一定の手順や手続を踏むことを義務づけることなどによって規制の目的を達成しようとする手法」[155]とされているので、本章の分類では間接規制に当たる。このうち、政策手法として検討対象とすべきは、直接規制との制度設計上の選択・代替可能性があるタイプのものであり、そうした具体的類型として、例えば次の 3 つを挙げることができる。[156]

第 1 は、権利を配分し市場を創設する「市場化」である。この中には、福祉・介護サービスの民間開放や放送免許へのオークション制導入といっ

---

[152] 山本隆司「私法と公法の〈協働〉の様相」法社会学66号 (2007年) 16-36 (31) 頁、同「日本における公私協働」稲葉馨＝亘理格編・藤田宙靖博士退職記念『行政法の思考様式』（青林書院・2008年) 171-232 (198) 頁。
[153] 原田・前掲註74) 270頁、同「行政法学から見た制度的契約論」北大法学論集（北海道大学) 59巻 1 号 (2008年) 408-395 (397) 頁 [本書第 3 章補論所収]。
[154] 原田・前掲註74) 278頁。
[155] 環境省・前掲註139) 31頁。
[156] 山本隆司「日本における公私協働の動向と課題」新世代法政策学研究（北海道大学) 2 号 (2009年) 277-304 (304) 頁は、これを「制度的枠組の形成」と位置づける。

た「公共財の市場化」と、排出権取引に代表される「外部性の市場化」が含まれる。資源配分を市場原理に委ねることにより、一方では国家の負担軽減を、他方では意思決定の分散による配分の柔軟化を図る目的がある。[157]
第2は、財の交換ルールを規律する方法であり、民法学にいう「特別私法」に当たる。例えば製造物責任法は、不法行為の一般ルールを変更することで、製造者が安全性の高い製品を作るよう誘導するものである。また、欠陥住宅対策として立法化された特定住宅瑕疵担保責任の履行の確保等に関する法律に見られるように、補修のための費用を供託またはそのための保険に加入するしくみを導入することで、同様の効果を狙う方法もある。
第3は、紛争解決システムの設定である。行政機関が裁判外紛争処理システム（ADR）を担ったり[158]、利害の調整や仲介のための組織・手続を設定したりする方法が典型的である[159]。さらには、消費者団体や環境保護団体等に訴権を認め（団体訴訟）、拡散的・集合的利害を政策実施過程に取り込む方法もある。[160]

　これらに共通する利点は、以下の2点にまとめられる。第1は、行政組織の肥大化を回避できるとされることである。枠組規制の場合には、最終的なエンフォースメントを民事訴訟手続に委ねることにより、行政機関なしでも規制目的を一定程度達成することができる。製造物責任法や消費者契約法はいずれもこの理由から、行政による直接規制が特色の「業法」ではなく、財の交換ルールの変更という手段を採用している。第2は、市民のイニシアティブに頼ることで、執行の欠缺を回避できることである。枠組規制に共通するのは、関係者市民が自ら訴訟を提起することで自己の利

---

157) 同旨、田村善之「競争政策と『民法』」NBL863号（2007年）81-93（90）頁。
158) 田邉朋行他「JCO臨界事故の損害賠償処理の実際にみる我が国原子力損害賠償制度の課題」環境法政策学会編『環境政策における参加と情報的手法』（商事法務・2003年）175-198（181）頁。
159) 原田大樹「福祉契約の行政法学的分析」法政研究（九州大学）69巻4号（2003年）765-806（784）頁。
160) 原田大樹「集団的消費者利益の実現と行政法の役割」現代消費者法12号（2011年）17-29頁、同「集団的消費者利益の実現と行政法の役割」消費者法4号（2012年）12-17頁［ともに本書第8章参照］。

益を守り、かつそれが公的利益の実現ともリンクしていることである。[161]

これに対し、枠組規制の抱えている問題点も次の2点存在する。第1は、枠組規制の採用が行政によるモニタリングコストを必ずしも抑えることにはならないことである。この問題とは無縁に見える財の交換ルールの規律[162]においても、全ての紛争を裁判所で解決することは非現実であることから、行政機関等による苦情解決のシステムが不可欠となる。このように、枠組規制の導入は行政法から民事法への移行であると単純には整理できず、むしろ規制手法の変容・高度化の一環と捉えるべきであろう。第2は、民事不介入原則との関係である。特に行政機関がADRに乗り出す場合にこの問題が表面化する。ただし、行政機関は民事紛争に介入してはならないと単純に割り切るのではなく、比例原則との関係で介入目的と介入手段の均衡を図ることが肝要である。[163]

3　給付的手法

給付的手法は、公的セクターが市民に対して財・サービスを提供する作用をいう。給付の正当化根拠の観点から、給付的手法は「非対価的給付」「対価的給付」「公的資金助成」の3つに分けられる。強制的に徴収された公金によって運営されている公的主体には、贈与の自由は存在しない。[164]にもかかわらず、財・サービスが公的主体により特定の私人に対して給付される場合には、それを法的に正当化する根拠がなければならない。第1の方法は、憲法が規定する（立法指針としての性格をも含む広義の）生存権を具体化する法令の定める請求権を正当化根拠として給付を行うことである（非対価的給付）。これに対し第2の方法として、私人の給付と国家の反対給付とが対応関係にあるという意味における「対価性」を根拠とすることがありうる（対価的給付）。例えば、上水道の受給を支えているのは「給水

---

161)　田中英夫＝竹内昭夫『法の実現における私人の役割』（東京大学出版会・1987年）。
162)　原田・前掲註74）216頁。
163)　大橋洋一「『民事不介入』の観念と行政型ADR」同『都市空間制御の法理論』（有斐閣・2008年）238-250頁［初出2005年］。
164)　碓井光明『公的資金助成法精義』（信山社・2007年）103頁。

契約」であり、これを分解すると、契約に基づいて私人が対価を支払っていることにより受給権が生じていると考えることができる。さらに第3の方法として、公的主体が私人に対し、一定の行動を誘導するために財・サービスの交付を媒介とすることがある（公的資金助成）。この手法は、機能的には間接規制に類似したものといえる。以下、それぞれの特色及び制度設計の際の留意点を検討する。

(1) 非対価的給付

(a) 特色　非対価的給付とは、公的資金（税・保険料等）を財源とし、法令の根拠に基づき直接的な対価性（給付と反対給付の直接的対応関係）に依拠せずに行われる給付作用をいう。その具体例の多くは、生存権を実現する具体的手段としての性格を持つ。社会保障給付の大部分はここに含まれ、国家補償と社会保障の中間領域に属するいわゆる補償法（例：公害健康被害の補償等に関する法律）もこの類型に属する。

社会保障法においては、事前の拠出を給付の要件にする社会保険方式と、拠出は不要で一般財源から賄われる税方式との対比の中で、社会保険方式の「対価性」が語られることがある。しかし社会保険の場合には民間保険と異なり、給付の財源として租税もあわせて用いられていることが多く、また保険料の額に応じた給付の支払いになっていない。この局面における「対価性」とは、保険料の形式で集めた資金は保険給付にしか原則として利用されない「使途の限定」という財源の特質を示すものであり、その限りで一般財源に対する歳出削減圧力から比較的自由であること[165]が、給付の権利性の高さとなって現れているのである。そのため本章では、社会保険方式も非対価的給付の類型に含めて論じる。

非対価的給付の政策手法としての利点は、「給付」それ自体を政策目標として実現できること、換言すれば直接的な所得再分配を可能とすることにある。しかし、非対価的給付は必ずしも給付だけを目的とするものとはなっておらず、場合によっては受給者の行動を規律する作用をも同時に持

---

[165] 増田雅暢「介護保険制度の政策形成過程の特徴と課題」季刊社会保障研究37巻1号（2001年）44-58（45）頁。

つことがある。例えば生活保護は、健康で文化的な最低限度の生活を割り込んだ部分に対して給付を行う。しかし、生活保護の目的はそれにとどまらず、受給者の「自立を助長」(生活保護法1条)することも含まれている。そのため、生活保護を担当するケースワーカーは受給者に対して指導・指示を行うことができ(同法27条)、指示等に違反すると保護廃止に至ることもありうる(同法62条)。このように、給付作用に内在する行動コントロールの要素にも、行政法学は感受性を高めておかなければならない。

　さらに、非対価的給付には次の2つの問題点を指摘することができる。第1は、給付のための資金の獲得方法も含めた制度設計の必要性である。法律学は従来、受給権の権利性を高めることに大きなエネルギーを投入してきた。しかし、給付に当てるための費用調達ができなければ、十分な給付を行うことはできない。非対価的給付の費用負担方法としては、租税・保険料・分担金の3種類がある。租税による費用調達は、負担と受益を完全に分離して公的資金の使途を民主政プロセスの中で比較的自由に決定できるところに特色がある。保険料は共通のリスクを抱える集団に属する構成員から徴収し、リスクが現実化した場合に支払いを行うもので、受益者負担の発想に基づくため負担と受益の関係が比較的明確である。分担金とは帰責性、すなわち一種の原因者負担の考え方に基づいて拠出がなされるものであり、補償法の一部や社会手当の一部がこの方式を採っている。今後は給付の権利への注目とともに、費用調達のあり方にも配意した立法準則の提示が必要となろう。第2は、給付をめぐる権利救済の不透明性である。2004年の行政事件訴訟法改正によって義務付け訴訟が法定化されたため、非対価的給付に関する行政訴訟による権利救済のルートは充実したといえる。しかし、給付の要件に関して裁量の余地が広く認められている場合(例：公的扶助・社会福祉サービス)には、義務付け判決の前提となる給付請求権が成立しているといえるのか、判断が難しい局面が出てくることになる。さらに、とりわけ一般財源に基づく非対価的給付の場合には、法律・条例を根拠とせずに行政規則(通達・要綱)に基づいて給付がなされていることがあり、この場合の権利救済ルートはなお明らかではない。給付請求権の体系化と権利救済ルートの明確化が、理論の側に求められている。

(b) **利用条件**　非対価的給付が用いられるのに最適な分野は、広義の生存権の観点から所得再分配が必要と考えられる政策課題が含まれる領域である。その範囲の確定には、個人としての尊重との関係で生存権を把握する考え方が有用である[166]。この立場によれば、自律的な個人の生の追求を可能にするための公的セクターによる積極的作用として、非対価的給付を捉えることができる。

非対価的給付の制度設計との関係で留意すべき理論上の課題として、以下の3点を挙げることができる。第1は、受給権の発生方法に関する理論的な整理の必要性である。現行の実定法において受給権の発生方法は、受給権法定（例：医療保険の療養給付）、受給権確定行為（例：年金裁定）、受給権形成行為（例：生活保護開始決定）の3通りあり、加えて利用義務賦課行為（例：下水道利用）によって実質的に受給権を保障する方法も存在する。これらの選択に関する立法誘導準則を明らかにするとともに、受給権の裁判による実現を図るための裁量統制理論の開発が求められる[167]。第2は、給付組織と民主的意思形成との関係である。とりわけ保険料財源の場合には、一般財源とは別に公的資金の使途を決定する民主的意思形成ルートを確保することが、保険者自治の考え方から要請される[168]。さらに、保険料はその使途が限定されているがゆえに、法治主義による距離保障や規律密度の要求水準が不十分でも、保険者による適正な負担・給付水準の決定が期待できるのかもしれない。旭川市国民健康保険料事件最高裁判決（最大判2006（平成18）年3月1日民集60巻2号587頁）の実質的な考慮要素はこの点にあったともいえる[169]。この点の理論分析を踏まえた社会保険担当組織の制度設計が議論されなければならない。第3はサービス給付行政における民営化・

---

166) 髙田篤「生存権の省察」村上武則他編・髙田敏先生古稀記念『法治国家の展開と現代的構想』（法律文化社・2007年）132-188 (157) 頁。
167) 太田匡彦「権利・決定・対価(1)(3)」法学協会雑誌（東京大学）116巻2号185-272 (239) 頁、5号766-855 (786) 頁（以上、1999年）。
168) 太田匡彦「社会保険における保険性の在処をめぐって」社会保障法13号 (1998年) 72-89頁。
169) 原田大樹「判批（国民健康保険の保険料と租税法律主義）」行政判例百選Ⅰ[第6版] (2012年) 56-57頁。

外部委託に対応した法理論の構築である。行政・公的任務遂行主体・市民の三角関係の中で、市民の受給権の確保と公的任務遂行主体の自律的活動とを保障する理論枠組が不可欠となる。

(2) 対価的給付

⒜ 特色　対価的給付とは、給付と反対給付の対応関係の意味における「対価性」を給付の正当化根拠とする、公的主体による財・サービスの給付作用をいう。なお、公の施設と使用料の関係（地方自治法225条）や下水道利用義務と利用料支払（下水道法20条）のように、立法者が何らかの政策目的のために対価性を切断すると、これらは非対価的給付として性格づけられることになる。対価的給付の代表的分野は、水道・公営交通などの公企業行政と、公共事業等に代表される公共契約（政府調達契約）である。行政法学においては従来、公企業行政は非対価的給付とともに給付行政と、公共契約は調達行政と分類されてきた。そこでは、公共契約は行政活動の前提条件である行政手段の確保の一環として位置づけられてきた。しかし、契約による行政という点で両者には共通する法的問題があり、また公共契約には政策目的を意識した公費投入の色彩も認められることから、本章では、両者を一括して対価的給付と位置づけることとした。

対価的給付の政策手法としての利点は次の２点にまとめられる。第１は、基本的に民事法の枠内で政策過程を展開させることができるため、制度設計が容易であることである。契約の効力や契約上の義務履行に関する法システムは、特段の修正の必要性がなければ民事法のシステムを利用することができ、意思表示の合致によって柔軟な法関係を形成することができる。逆に画一的処理が求められる場合（例：公企業行政）には、民事法でも用いられる約款を利用することもできる。第２は、政策目的との関係で公費投入の適否やウエイトを柔軟に調整できることである。非対価的給付の場合には生存権が関係することから、公費支出は義務的な性格を持ちやすい。他方、対価的給付の場合には、原則として経済的な等価値交換がなされることを出発点とし、これに対して政策目的との関係から公費が段階的に投入される図式となる。このことは、非対価的給付と比較して、給付の相手方の行動誘導の色彩がより強まることをも意味する。

対価的給付の持つ問題点は、次の2点にまとめられる。第1は、公的主体としての特質からくる行為規範の未発達である。民事法をベースに契約関係が展開すると、契約の自由の名のもとに相手方が恣意的に選択されたり、あるいは公費投入過程が不透明となったりする。かつての官庁契約論においては、対外的には契約自由の原則、行政内部では契約締結手続細則は法規範性がない行政内部ルールであるとする2つの壁が立ちはだかり、平等原則や説明責任といった行政主体の行為規範を及ぼすことができていなかった。理論的努力や公共契約適正化法などの近時の立法により改善が進んでいるとはいえ、行政主体であるがゆえに要求される行為規範を行政契約理論の中で発展させていくことが必要である。第2は、給付の相手方の権利・利益の保護を図る法システムが欠如していることである。もちろん、水道法のように契約締結強制が法定化されている場合は、締結拒否に対する裁判による救済はある程度可能である。しかしそうした特別な実定法規定が存在しない場合でも、平等原則を適用して問題の解決を図ることが必要である。さらに公共契約の分野においては、入札をめぐる法的紛争に対する権利救済システムが今なお確立していない。政府調達苦情処理委員会や入札監視委員会などのADR的な手段に加え、訴訟による権利救済を可能とする理論構築が急務である。

(b) 利用条件　対価的給付が用いられうる分野は、非対価的給付ではカバーすべきでない給付領域である。換言すれば、給付プロセス以前に受給権ないし利用権を設定して給付を実現させることになじまず、経済的な等価交換関係を前提としうる給付領域において、対価的給付は用いられる。

このこととの関係で、対価的給付は次の2つの課題を抱えている。1つは、民間活動との線引きの問題である。等価交換関係を前提としうるとすれば、なぜ民間ではなく行政が当該活動を実施しなければならないのかの正当化根拠が厳しく問われることになる。1990年代後半から相次いで立法

---

170)　代表的な業績として、碓井光明『公共契約の法理論と実際』（弘文堂・1995年）がある。
171)　塩野・前掲註65) 191頁。
172)　中川丈久「行政訴訟としての『確認訴訟』の可能性」民商法雑誌130巻6号 (2004年) 963-1017 (986) 頁、碓井光明『公共契約法精義』（信山社・2005年) 446-476頁。

により導入されたPFI、指定管理者、市場化テストは、いずれもこの対価的給付を主として念頭に置いたものである。もう1つは、経済国際化との関係である。特に調達分野においては、外国企業も政府契約へ参入させる方向でWTO等の場での制度の平準化が進行している。契約過程の透明性確保や契約手続の明確化は、もはや国内法だけの問題にとどまらず、国際的な制度間調整の色彩をも強めているのである。[173]

(3) 公的資金助成

(a) 特色　公的資金助成とは、市民の行動を一定の方向に誘導するための媒体として、公的主体が金銭を交付または貸し付ける作用をいう。公的資金助成は、行為義務の賦課によらない行動誘導策として位置づけられるので、すでに述べた間接規制（とりわけ経済的手法）と機能的には類似している。なお、公的セクター内部での資金助成（例：国の地方公共団体に対する補助金）については、ここでは念頭に置かないこととする。公的資金助成の代表的方法として、補助金、公的融資、債務保証・損失補償、基金設置の4つが挙げられる。補助金とは、補助条件の使途に充当すれば返済を要しない金銭給付であり、補助事業を行う者に直接交付される直接補助と、そうでない間接補助とに分けられる。公的融資とは、公的主体または公的金融機関によってなされる、市場より低利な融資・利子補給をいう。債務保証・損失補償とは、一定の公的事業の遂行に伴って生じた損失を事後的に補塡するものであり、現行法では例外的位置づけがなされている（法人に対する政府の財政援助の制限に関する法律）。基金設置とは、公的主体が一定の目的のために財産を出捐して基金を設置し、その後の基金の管理を別の法人格で行わせる方法をいう。

　公的資金助成の政策手法としての利点は次の2点にまとめられる。第1は、予算措置さえあれば、法律・条例の根拠なしに給付できることである。国のレベルでは、補助金等に係る予算の執行の適正化に関する法律が補助金に関する法関係を規律している。しかしそれは、補助金の交付や使用に関する手続を定めたものにとどまるため、その法的性格は、ある行政活動

---

[173]　須網隆夫「WTOと地方自治体」ジュリスト1254号（2003年）72-79 (79) 頁。

ができることを前提としてその方法や手続を定めた規範である「規制規範」と理解されている。これに対し、補助金の具体的内容（要件・効果）を定める法律も存在しているものの、こうした行政活動の条件と内容を定める「根拠規範」は必須ではないと解されている。それゆえ、予算状況も踏まえた弾力的な利用が可能となる。[174] 第2は、公的資金助成の交付要件による強度な行動コントロールができることである。公的資金助成を受けて実施される活動の多くは、資金助成がなければ成立しないものである。そのため、資金の引き上げの恐怖感は、直接規制における規制権限行使のそれに匹敵する。

こうした公的資金助成の利点は、問題点ともなりうる。すなわち第1に、助成の決定過程における正統性や透明性が欠如しやすいことである。法律の留保の学説の中でも本質性理論においては、公的資金助成制度の持つ社会形成機能に着目して、個人の権利義務の防御ではなく公的制度構築の観点から、その基幹部分についての議会による法定化を要求する。[175] この考え方は、国レベルのみならず、要綱に基づく給付を多用している地方公共団体にも及ぼされるべきである。第2に、公的資金助成に詳細な交付要件が付される結果、相手方の自律性が損なわれてしまう危険性がある。この問題が顕在化するのが学術関係の公的資金助成であり、これを防止するため科学研究費補助金等においてはピア・レビュー審査やプログラムオフィサー制度などの工夫が試みられている。[176]

(b) **利用条件**　以上のような特色を有する公的資金助成が利用されるのは、政策目的の機動的な達成が要請される分野であって、市場による資源配分では原資が得られない公的利益適合的活動の促進が目指される場合である（例：社会保障サービス給付施設の建設費補助）。加えて、市場メカニズムによっては金融サービスを受けることができない分野（例：奨学金、マイクロクレジット）であって、生存権に基づく受給権の法定をするまでの必要性が認められないケースにも、公的資金助成が用いられうる。

---

174)　西谷剛『実定行政計画法』（有斐閣・2003年）242頁。
175)　大橋・前掲註48）36頁。
176)　碓井・前掲註164）441頁。

これに対し、公的資金助成を利用する際の課題を 2 点指摘することができる。第 1 は、公的資金助成のシステムを形成して公費を投入する際の正統性を調達する必要性である。2005年末から表面化した耐震強度偽装問題への対応策として、政府は「地域における多様な需要に応じた公的賃貸住宅等の整備等に関する特別措置法」に基づく地域住宅交付金を用いることとしていた。しかしこれは、もともと補助金を統合化するために立法された法律であり、耐震強度偽装対策への転用には立法目的との関係で疑問が残る。[177] 第 2 は、公的資金助成をめぐる紛争に対する訴訟による統制可能性の拡充である。補助金に関しては、交付の名宛人については原則として行政訴訟のルートでの救済が可能である。これに対し公金の適正使用へのチェック機能の観点からは、地方公共団体における住民訴訟が大きな役割を果たすものの、国レベルには訴訟によるコントロールのしくみはない。[178] 会計検査院による会計検査や総務省による行政評価だけで十分かどうか、何らかの制度的な工夫を加える余地がないか、検討する必要がある。

VI　おわりに

　本章では、制度設計論としての行政法学が有する法制度設計に対する評価基準を帰納的に導出し、それらを憲法の諸規定・行政上の法の一般原則・公法学の指針的価値の 3 つに類型化して、その背景にある発想を検討した。ここで明らかになったことは、日本の行政法学は制度設計の評価基準として、実体的な基準を主に用いているということである。つまり、行政法学がある制度設計を批評する際に、その立法過程や立法組織の善し悪しは付加的な理由づけにとどまっていることが多く、主要な評価基準は、むしろ実体的要素（実体法的内容・政策プログラムの内容）に存在するのである。そこに盛り込まれているものは、効率性と対置される「正義」という概念で整理するには、あまりに多様である。逆にこの価値基準の多様性

---

177)　碓井・前掲註164）481頁。
178)　憲法学からの検討として、松井茂記「『国民訴訟』の可能性について」村上武則他編・高田敏先生古稀記念『法治国家の展開と現代的構成』（法律文化社・2007年）351-415 (397) 頁。

こそが、社会に存在する諸利害をできるだけ取り込みながら正当化のためのフォーラムを構築するのに寄与しているように思われる。

　さらに本章では、「法と経済学」との簡単な比較を踏まえ、立法者制御の法理論を構築する上での今後の課題として、制度設計論の体系構築（政策手法・規律構造・活動形式）、憲法の人権規定の立法指針としての機能、ソフトな法原則の構築の３点を挙げた。また、政策手法論の展開可能性について試論を示した。個別法分野の具体例の分析を踏まえて、これら諸点の理論構築を進めていくことが残された課題となる。加えて、本章が検討してきた実体的な価値基準を立法者が参照するような立法手続・立法組織上の工夫についても、今後の検討課題としたい。

第5章補論

法秩序・行為形式・法関係
——書評：仲野武志『公権力の行使概念の研究』

I　はじめに

　本書は、仲野武志氏が公刊した、知的刺激に富む行政法研究書である[1]。本書の最大の主張は、従来の日本行政法学の方法論である行政実体法の個別権への分解（主観的構成）に異を唱え、新たに法秩序・法制度に着目する行政実体法の構成方法（客観的構成）を提示したところにある。本書の特色を3点にまとめると次のようになる。第1は、研究方法上の特色として、ドイツ・フランス・イタリアの3ヶ国を取り上げた学説史・比較法分析を行っていること、とりわけ日本の行政実体法について法（律）実証主義的立場での分析をしていることである。第2は、行政法学の特色を利害調整と捉え、生活環境・景観といった「凝集利益」に対する裁判上の保護に関する理論的な基礎を分析していることである。第3は、行政法学（より広くは憲法・国際公法を含む公法学一般）のフォーメーションとして、法秩序ないし法制度という新たな「基調理念」を提示していることである[2]。以上のような特色から、本書の提示する問題は行政法学のさまざまな論点について再考の契機を与えており、読者は本書の主張を触媒として自らの行政法学の構想を熟考することができると思われる。

　本書の著者である仲野武志氏（刊行時：東北大学大学院法学研究科准教授、

---

1) 仲野武志『公権力の行使概念の研究』（有斐閣・2007年）。引用の際には「本書」と表示する。
2) 2002（平成14）年12月に開催された第139回行政法理論研究会シンポジウムにおいて、仲野氏は「新たな基調理念の模索」と題する報告を行っている（仲野武志「新たな基調理念の模索」自治研究79巻4号（2003年）18-27頁〔引用の際は「基調理念」と表記する〕）。

現在は京都大学大学院法学研究科教授)は、1975 (昭和50) 年生まれの、まさに新進気鋭の行政法研究者である。本書の基盤となったのは東京大学法学部卒業後の東京大学助手時代における研究活動であり、その内容の多くは、すでに2002年から2003年にかけて、法学協会雑誌に5回にわたって連載されている。また、本書を読み解き、著者の行政法学構想を十分に理解するためには、本書に続く「法律上の争訟と既得権の観念」と題する論攷にも注目する必要性が極めて高い。初出論文の公表から本書の公刊に至る過程では、初出論文では十分に提示されていなかった日本の行政実体法の分析が加えられている。他方、初出論文で言及があった内容の一部は本書に含まれていない。以上の事情から、本書評においては本書の内容を基礎としつつも、著者の行政法学構想を明らかにするための手がかりとして必要な限りで、初出論文にのみ言及された内容や「既得権」論文の記述をも対象としたい。

本書評は、冒頭で示した3つの特色のそれぞれについて、著者の主張及びその背景となった要素(とりわけ学説史・比較法研究の成果)をまず提示し、それに対する(評者の考える)理論上ないし解釈論上の意義を述べ、最後に評者の疑問や感想を記す手順を取ることとしたい。評者の能力的限界から、取り上げる項目は評者が関心を持った内容にとどまる。とりわけ、

---

3) 仲野武志「公権力の行使概念の研究(1)～(5)」法学協会雑誌(東京大学) 119巻2号161-254頁、5号840-912頁、7号1217-1294頁(以上、2002年)、120巻1号62-137頁、2号288-361頁(以上、2003年)。引用の際には「初出論文(回)」と表記する。

4) 仲野武志「法律上の争訟と既得権の観念(1)～(9)」法学(東北大学) 67巻2号174-227頁、4号541-579頁(以上、2003年)、71巻1号35-70頁、3号329-376頁、6号752-807頁(以上、2007年)、72巻1号34-95頁、2号171-233頁、3号431-496頁、4号537-593頁(以上、2008年)。引用の際には「既得権(回)」と表記する。さらに参照、仲野武志『国家作用の本質と体系1―総則・物権編』(有斐閣・2014年刊行予定)。

5) 研究会においては仲野氏より、評者の疑問に対する回答をいただいた。そこで、当日の議論を記録し本書の理解の一助とする目的から、本書評ではこれを脚註に記すこととしたい。また、研究会において参加者から寄せられた質問等への応答に関して参照、仲野武志「[附記]書評会を振り返って―質疑応答の要旨と今後の課題」法政研究(九州大学) 74巻3号 (2007年) 683-687頁。さらに、仲野武志「不可分利益の保護に関する行政法・民事法の比較分析」民商法雑誌148巻4＝5号 (2014年掲載予定)においても、本書の構想やその発展的課題が示されている。

評者はフランス法・イタリア法に関して著者の主張を検証する基礎的知識を有していないこと、また学説史研究に取り組んだ経験がないことから、本書評の中心は、本書が日本法について言及した部分（序章1節・終章）に偏らざるをえない。

II　本書の構成と研究方法

1　本書の構成

　本書は、序章・第1章・第2章・第3章・終章の合計5章の構成であり、そのうち序章第1節と終章で日本法が取り扱われている。序章第1節においては、わが国の公法学の方法論の問題点が提示され、法制度ないし法秩序に着目する再構成の可能性が示される。序章第2節は、前近代における公権力の行使概念の検討が行われ、パンデクテン体系の成立や教会法と公法との関係が論じられており、第1章以降の学説史・比較法研究の前提をなす。

　第1章「有機体」は、19世紀から20世紀にかけてのドイツ公法学を舞台に、公法学における主観法的構成の成立までの学説の展開が扱われている。具体的にはゲルバー、ギールケ、ラーバント、イェリネク、マイヤーといった名だたる公法学者の主観法・客観法の捉え方や団体の把握方法が検討される。著者がとりわけ注目しているのは、公法学における団体・秩序の位置づけに正面から取り組んだギールケとその好敵手ラーバントとの論争であり、また行政行為発令における客観法状態を理論的に把握する途を確保していたマイヤーである。しかしこれらの客観的構成の路線は結局ドイツ公法学の主流とはならず、舞台は隣国フランスへと移ることになる。

　第2章「制度」は、フランスの公法学者オーリウの「制度」理論と彼の行政法理論との関係が主要な分析対象となる。著者が最も評価しているのは中期（『行政法精義』第6版（1907年））であり、その理由はこの時期のオーリウが行政実体法の客観的構成に精力的に取り組んでいるからである。それによると行政行為を対象とする越権訴訟に対応する実体法は団体の秩序を前提とする地位を規律するものであって権利関係レベルに変動を与え

ず、これに対し全面審判訴訟に対応する実体法は権利関係を取り扱っているとする。しかし制度を法であると同時に事実としても捉えていること、最終的には主観化を志向していたこと、さらに後期に入ると法実証主義的なアプローチから離れてきたことから、著者は客観的構成を法実証主義的に行おうとしたロマーノに考察の視点を移すのである。

　第3章「法秩序」は、イタリアの公法学者ロマーノの「法秩序」理論と彼の行政実体法理解との関係が中心的な分析対象となる。著者によれば、ロマーノの著作は初期と中期とで大きな懸隔が認められる。初期（『公権論』(1897年)及び『イタリア行政法原理』(1902年)）には主観的構成と客観的構成の間で揺れ動いていた。これに対し、中期（『法秩序』初版(1918年)及び『行政法講義』初版(1930年)）になると、客観的構成をより重視し、地位や秩序に関する法的分析が進められる。著者は中期ロマーノの法理論を最も高く評価しており、それは制度を法的なものとして法実証主義的に考察したこと、主観的な権利と客観的地位に依拠した利益とを区別して理論化したことに理由が求められよう。ただしロマーノは、法秩序理論を行政訴訟に応用することには謙抑的であった。本書で著者が試みているのは、このロマーノの理論に着想を得て、日本の行政実体法を前提に法秩序の発想（とりわけ法的関連性の概念）を応用するとどのような展望が開けるか、それは理論的にどのようなインパクトを持っているのかを明らかにすることにあると思われる（終章、基調理念・23-25頁）。

2　研究方法上の特色

　本書の研究方法上の特色は、ドイツ・フランス・イタリアを対象とする学説史・比較法研究を行っていること、法実証主義的立場を取っていることの2点ある。

(1)　学説史・比較法研究

　前述のように本書は、19世紀末から20世紀初頭にかけてのドイツ・フランス・イタリアの公法学説を検討している。その目的は、法秩序ないし法制度をライトモティーフとする行政法学の理論構築のヒントを得ることにある。そのため、ドイツ法ではギールケ、フランス法ではオーリウ、イタ

リア法ではロマーノに、著者の熱い視線が注がれている[6]。これに対して直ちに生じる疑問は、なぜ現在の日本法の問題を考えるのにドイツ・フランス・イタリアの古典的体系が有用であるのかということである。これに対する著者の回答は、共通の社会状況の存在と同一の方向の理論展開である（本書・19頁）。すなわち、多元主義的潮流から、単純な「国家と社会の分離」観が仮想にすぎず、社会は自己組織を伴う存在であることが明らかとなったという共通の社会状況に対し、公法理論は個人を社会の諸団体の一員、国家を諸団体から構成された一団体として把握する方向を示したことである。

このような著者のアプローチに対し、評者はこれを基本的に肯定的に評価したいと考える。法律学の構成のスタイルとして権利の側から出発する主観的構成と並んで、制度の側から出発する客観的構成がありうることは以前から知られていた。しかしこれを行政法学において試みた日本の法学者は稀少であった[7]。著者がこの極めてチャレンジングな作業に取り組むに当たり、過去に同じ方向性を示していたギールケ・オーリウ・ロマーノに学ぶことは、むしろ自然であると思われる。このような研究方法が現代の日本法の解釈論及び理論に対してどのような成果をもたらすかを検証することにより、著者の方法論の適切性を測定することが可能と考えられるので、本書評でもそのような観点から著者の学説史研究を取り上げることとしたい。他方で、客観的構成は著者が取り上げた日本を含む4ヶ国において今日、支持者を集めることができておらず、理論的な発展はこれまでなされてこなかった。なぜ各国の公法学とも客観的構成に成功してこなかったのか、その理由を明らかにした上で、それを克服する手段を尽くしての立論となっているかもまた、本書を読み進む際に注目すべき点といえよう。

---

6) このことは、本書の底流に流れる現実認識としての「社会の自己組織を伴った国家と社会の分離」というフレーズ（本書・19頁）を、ギールケ（本書・71頁）、オーリウ（本書・126頁）、ロマーノ（本書・222頁）の3人に対する言及で用いていることからも裏づけられる。

7) 必ずしも制度の要素を強調するものではないものの、岡田雅夫「行政法の基礎概念と行政法解釈学」同『行政法学と公権力の概念』（弘文堂・2007年）269-289 (279-281) 頁［初出2005年］は、行政法関係を権利義務関係と構成しない立場をとる。

(2) 法実証主義的立場

　本書のもう1つの研究方法上の特色は、法実証主義的立場からの分析がなされていることである。それは日本法とりわけ行政実体法の分析（終章）で強く示されているものの、学説史分析の際に制度を法化し尽くさなかったオーリウよりも、制度すなわち法との立場を取るロマーノを強くより支持するところにも現れている。このことは、理論構築における社会学的要素の拒絶という形でさらに顕著になる。社会学的概念としての「共同利益（共通利益）」の概念を避け、法概念としての「凝集利益」を論じる部分（本書・289頁）は、そのハイライトである。しかし、法実証主義的な立場の採用は、少なくとも原告適格論の文脈で見れば、結果的に現在の判例理論よりも原告適格が認められる第三者の範囲を狭く解することとなる[8]。本書が冒頭（本書・2頁）で、行政実体法を権利関係の束に還元する方法では生活環境や景観などの凝集利益を法的考察の埒外に追いやってしまうと批判したことからすると、このような帰結をもたらす法実証主義的方法に疑問がないとはいえない[9]。

　他方で、著者が法実証主義的立場を取る根拠として考えられる要素が、以下の3点考えられる。第1に、著者の関心は公権力の行使概念＝いわゆる処分性論にあり、原告適格の問題は付随的であることである。公権力の行使の性格は条文の根拠なしに認めることはできないとする学説の一致した立場を前提とすれば、著者が考察の基軸を実定法の条文としたことは首肯されよう（本書・39頁註(85)）[10]。第2に、制度・秩序に着目した法理論の構

---

[8] 角松生史「第二報告へのコメント」自治研究79巻4号（2003年）27-35（33）頁は、この点を指摘する。これに対し仲野氏より、この点に関しては柳瀬良幹教授の方法論（参照、藤田宙靖「柳瀬博士の行政法学」同『行政法学の思考形式［増補版］』（木鐸社・2002年）159-271（177-178）頁［初出1969年］）を強く意識しているとの回答を得た。

[9] この点で対照的なのが、山本隆司教授の提唱した法関係論（とりわけ新保護規範説）である。新保護規範説は、本書とは逆に当事者間の関係への分解の路線をとり、法解釈の際には社会学的知見を積極的に導入する姿勢を取った（山本隆司『行政上の主観法と法関係』（有斐閣・2000年）261-330頁、大橋洋一「法関係を基軸とした権利論の再構成―山本隆司著『行政上の主観法と法関係』」自治研究77巻4号（2001年）123-139（125）頁）。その結果、原告適格論についていえば、総じて本書よりも新保護規範説の方が第三者の原告適格をより柔軟に認める傾向を持っている。

[10] もっとも、著者が原告適格プロパーの問題に対しても同様の姿勢を示していることに注意

築には「事実と規範の緊張関係」(本書・はしがきiii頁、170頁) が不可欠であるとの認識があると思われる。著者が客観的構成の理論構築に成功したと見るロマーノが法実証主義路線を徹底していたこともまた、この立場の採用に影響を与えているのかもしれない。第3に、行政行為や取消訴訟を秩序構造の規律メカニズムと見る著者の立場が法実証主義的な考察を要請しているとも見うる。この結果、著者は原告適格の拡大のためには実体法の立法の仕方を変えるべきであると主張し、解釈論としては無理をしない立場を取っている (本書・308頁)。

III 利害調整法としての行政法

本書が提示している新たな行政法観のうち、まず具体的な解釈論と密接な関係を有する点について以下では検討することとしたい。第1は、生活環境利益に代表される凝集利益に対する裁判上の保護の方法として取消訴訟を位置づけたことである。第2は、行政手続と司法手続の並行的な展開に注意を喚起し、両者の参加資格の問題を理論的に統合したことである。

1 「団体なき団体主義」──凝集利益に対する裁判上の保護
(1) 著者の主張とその背景

行政実体法を個別権に分解して考察するこれまでの行政法学の方法では、個々人には帰属しない凝集利益に対する原告適格を保護規範の文理解釈によって導くことは困難であった。これに対して著者は、凝集利益に対して裁判上の保護を与えるには、その前提として (法人でない) 団体の存在を観念する必要があるとする (本書・281頁)。このような団体の存在を肯定して

が必要である。本書・338頁註 (208) では、行政事件訴訟法9条2項の「当該法令と目的を共通にする関連法令」の理解として、一括法として提出しうる法律群、ないしある法律に基づく処分の要件または考慮事項が他の法律中に規定されている場合と述べた上で、新潟空港事件最高裁判決や小田急事件最高裁判決の関連法令の解釈に疑問を呈している。対照的な見解として参照、橋本博之「原告適格論の課題」同『行政判例と仕組み解釈』(弘文堂・2009年) 95-122頁 [初出2004年]。

初めて、主観的権利と拡散的利益との中間領域が存立し、そこにこそ取消訴訟の機能する場面があるとするのである。そして、日本法の個別行政法規に含まれる法的仕組みを悉皆的かつ丹念に分析し、不利益処分の申請・異議の申出・意見提出という3つのしくみに注目して、凝集利益に基づく取消訴訟を肯定する。

　この背景には、オーリウとロマーノの学説の存在が認められる。オーリウは越権訴訟を国家という団体の紀律権力を対象とする紀律法の一種として位置づけ、越権訴訟に対応する実体法は占有秩序と等質であると論じた（本書・142頁以下）。またロマーノの法秩序理論は、行政行為の適法性をめぐる訴訟が権利保護訴訟ではないことが実定法上明らかなイタリア法のもとで開花した（本書・207頁）。いずれも、個人がまず実在しその交換関係を取り扱う「権利関係」とは異なり、個人の意思とは無関係な「団体」が秩序を形成し、秩序の適正性を保つための訴訟として取消訴訟が位置づけられる点で共通する。

(2) 解釈論的帰結と理論的評価

　本書の提示する凝集利益に対する裁判上の保護がもたらす解釈論上の帰結の第1は、原告適格の判断方法である。本書は、行政手続に参画する外延が実定法上明確な団体（関係人団（初出論文(5)・331頁））が観念できる場合に、その構成員に対して原告適格を認める。[11] この考え方は、いわゆる処分の効力の主観的範囲の問題とも連動する。すなわち、第2の帰結として、行政行為の法的効果を受ける集団と取消訴訟の原告適格、取消判決の第三

---

11) 原島良成「地方政府の原告適格に関する一考察(1)」上智法学論集（上智大学）50巻3号（2007年）71-91 (88) 頁は、「処分根拠法が実現しようとしている公益と係わり合いの深い提訴者の利益（法的利益とは限らない）について、それに対する適正な配慮が処分要件充足性の行政判断において求められていると言い得るだけの法律上の手がかりがあるなら、原告適格を認めてはどうであろうか」（傍点原文）と述べ、本書と親近性ある立場を示している。著者と同じく（本書・282頁、基調理念・20頁）、小早川光郎「抗告訴訟と法律上の利益・覚え書き」西谷剛他編・成田頼明先生古稀記念『政策実現と行政法』（有斐閣・1998年）43-55 (54) 頁の指摘（旅館業者による特別名勝現状変更許可取消訴訟）に注目した立論である。ただし、小早川光郎『行政法講義下Ⅲ』（弘文堂・2007年）259頁では、このケースは保護範囲に関する原則的な判断方法の例外として位置づけられている。

者効の範囲が一致することになる。従来の行政法理論によると、処分は誰に対しても処分であり、それを争う人的範囲は原告適格で論じるのが一般的であった。しかしこのように理解すると、なぜ処分の規律を受けないはずの第三者が行政行為の取消を求めることができるのか、理論的説明がつかない難点があった[12]。これに対し本書は、処分の主観的範囲と原告適格とを関係人団に一致させることで、整合的な説明を可能にした。

　このような本書の主張が持つ理論的インパクトは次の３点にまとめられる。第１は、凝集利益を取消訴訟で争わせることができる理論的な手がかりを与えていることである。最高裁判例が従来要求してきたいわゆる個別保護要件の壁を越え、団体訴訟の立法によらず第三者が提起するいわゆる現代型訴訟において、訴訟要件を充足する理論的な基礎となりうる途が示されている[13]。第２に、行政過程への参画の問題（手続法）と団体の形成（組織法）とを機能的等価なものとして把握する視点が示されていることである。本書では不利益処分の申請と公共組合の設置とが、ともに行政過程への強い参画権を有するしくみとして位置づけられている。しかし第３に、行政過程への参画と取消訴訟の出訴適格による「団体なき団体主義」（本書・304頁）の構成は、実際に中間団体が存在する場合と比べて団体と個人との利益相反が発生せず、また部分利益に公益実現過程が影響を受けにくい点でも優れている（本書はこれを「透明性」の概念（本書・53頁）で説明する）と指摘していることである。この第２・第３の問題については、評者も自主規制の文脈において類似の主張を試みており[14]、共感を持った次第である。

---

12) 法律の留保理論からこの問題にアプローチするものとして参照、藤田宙靖「行政活動の公権力性と第三者の立場」同『行政法の基礎理論(上)』（有斐閣・2005年）254-284 (260-262、280-281) 頁［初出1990年］。
13) 司法権の範囲との関係からこの問題の再検討の必要性を示すものとして、神橋一彦「取消訴訟における原告適格判断の枠組みについて」立教法学（立教大学）71号（2006年）1-34 (5) 頁がある。理論的アプローチとして参照、亘理格「公私機能分担の変容と行政法理論」公法研究65号（2003年）188-199 (191) 頁、阿部泰隆他「更なる行政訴訟制度の改革について(上)」自治研究82巻3号（2006年）3-48 (40) 頁［阿部泰隆発言］。
14) 原田大樹『自主規制の公法学的研究』（有斐閣・2007年）211、288頁。

(3) 疑問点

　他方で、本書の示す凝集利益に対する裁判上の保護の議論には次の２点の疑問がある。第１は、用途地域内に上乗せして定められる地区や環境影響評価の意見書提出が可能な「都市計画対象事業に係る環境影響を受ける範囲であると認められる地域」の居住者・事業者等は凝集利益に基づく出訴資格があるとされる点である（本書・301頁以下）。本書が出訴資格を認めている他の事例や認めていない事例と比べ、この２つは出訴資格が認められない方向に傾きそうなほどに外延が広漠なように思われる。むしろこの２つが認められるのであれば、本書の示した考え方によっても、より広い出訴資格を認める可能性があるのではないか。[15]

　第２は、拡散利益を取消訴訟によって争わせることはできないのかという問題である。本書は拡散利益の問題は民衆訴訟によると整理しており、たとえ意見提出手続が実定法上準備されていても、その外延がはっきりしていなければ（また少なくとも公示が介在しなければ）取消訴訟の利用を認めないとする立場を取っているように見える。しかし意見提出手続は、立法者が当該利益を決定において考慮するよう要請した点では、著者のいう凝集利益と同質なのではないか。また外延のはっきりしない利益であってもその享受主体が部分国民である場合や、仮に国民一般が享受する利益であったとしても民主政過程への参加の利益が問題になる場合と経済的利益が問題になる場合とでは、訴訟利用の必要性に差異が認められるのではないか。これらを一括して拡散利益とし民衆訴訟に委ねてしまうのではなく、本書が示した「秩序」の考え方でさらに分析することができないか。[16]

---

[15]　この点に関し仲野氏からは、前者については用途地域の中でさらに地域的な限定がされていること、また後者については環境影響を受ける地域は一定地域に確定できること（なお事業者アセスの場合には出訴資格は認められない）が判断のポイントとなっているとの回答を得た。

[16]　この点に関し仲野氏からは、従来客観的構成がうまくいかなかったのは拡散利益と凝集利益との区別が十分になされていなかったからではないかとの問題意識から、凝集利益を切り出して提示することが考察の中心となっており、拡散利益をさらに分析することは可能かもしれないが本書では行っていないとの回答を得た。

2 「参画＝不服申立て観」——行政手続と司法手続の関係

(1) 著者の主張とその背景

　本書は前述の通り、行政手続への参画が実定法上認められている関係人団を鍵概念として、原告適格ないし処分の主観的範囲を確定する。行政手続への参画資格と司法手続の利用資格とが一致するという本書の主張の背景には、事前参画手続と事後争訟手続とを表裏一体と捉える考え方が認められる。本書は、事前手続と事後手続の中間的色彩を持つ異議の申出の法的性質の分析を手がかりにして、事前手続と事後手続の等質性を論証する。その上で、一体的法律状態の積極的形成に参画（行政手続への参画）しうるからこそ、消極的形成（違法に形成された法律状態の修復＝司法手続）にも参画しうるとする（本書・312頁）。ここには、取消訴訟の再処分機能を重視する発想が認められる。さらに司法手続による補完のあり方として、行政手続が終わってから司法手続が開始する「通時的協働論」の理解のみならず、とりわけ法律状態が段階的に変更される場合には、行政過程の途中でも司法手続の利用を認める「共時的協働論」が相応しいとする。

　この主張の背景には、マイヤーのフランス行政法理解で示されている「私人による行政訴訟追行＝国家意思形成への参画」との見方が１つの手がかりを与えている（本書・97頁）。また初期ロマーノも、実体法の法的保障手段は裁判的保障だけではなく行政的保障もあるとした上で、いずれも法秩序維持が目的であり、その効果として個人の主観的権利利益が保護されると述べていた（本書・217頁）。

(2) 解釈論的帰結と理論的評価

　この「参画＝不服申立て観」がもたらす解釈論的な意義は、次の２点にまとめられる。第１は、原告適格の判断における事前手続の存在が持つ意味が理論的に説明されたことである。本書も引用する長沼ナイキ訴訟（最一小判1982（昭和57）年９月９日民集36巻９号1679頁）を踏まえ、原告適格の判断に当たって事前手続の存在が１つの考慮要素となることは学界の共通認識になっている。しかし、なぜ事前手続があれば原告適格が認められるのかを理論的に説明する試みはこれまであまりなく、また事前手続に参加する資格が与えられていても個別保護要件の段階で原告適格が否定されること

の理由づけも不十分なものにとどまっていた（本書・335頁註 (174)）。これに対し本書の分析によれば、取消訴訟形式による参画手続は行政上の参画手続の補完としてのみ許され、その手続を置かない法律には司法の行政に対する干渉を防ぐ趣旨を見いだすのが判例の基本的立場であるとされる（本書・312頁）。第2は、行政過程の早期段階での訴訟利用を認めるには、実体法上の工夫が必要であることを示唆していることである。本書は不利益処分の申請は義務付けの不服申立てに、異議の申出・意見提出は差止の不服申立てに相当することを指摘する（本書・310頁）。一体的法律状態の積極的形成、すなわち行政過程における利益調整に対する「修復」として司法手続を位置づけるとすれば、行政過程をスキップする形での義務付け訴訟・差止訴訟は、著者の理論体系と整合しない。これに対して著者は、むしろ実体法上の工夫をすることで、義務付け・差止の方法と同じ機能を持つ救済手段を準備すべきと考えているように思われる。

　以上のような本書の主張が持つ理論的インパクトとして次の2点が考えられる。第1は、行政行為の発令を境にする事前手続と事後手続とを一体的に把握する視点が得られ、両者の相互比較や役割分担調整を考えることができるようになることである。評者も、行政不服申立てを低グレードの争訟手続としてではなく、行政過程論と行政救済論を架橋する存在として把握すべきと考えており、著者の主張に賛同したい。第2は、本書の主張が行政手続法2008年改正案に含まれていた「是正の申出」の理論的意義を考える手がかりになりうることである。行政手続法改正案の中には、行政事件訴訟法の直接型義務付け訴訟に匹敵するしくみとして、是正の申出を導入する内容が含まれていた。最終報告書によれば、是正の申出は誰でも行うことができ、また是正の申出に対する行政側の応答には処分性がないと整理されていた[17]。しかし、具体的な事例によっては処分性が裁判所によって認められる可能性は残されており、その場合には従来申請型として整理されてこなかった局面で、申請型の事後手続が結果として機能する可能性がある。是正の申出は行政手続法に規定されるしくみであるため、著者

---

17)「行政不服審査制度検討会　最終報告」(2007年) 45-46頁。

が主張する行政実体法の工夫とは言い難い。しかし機能的に見れば、個別の行政法規で不利益処分の申請手続を準備したのとほぼ同じ効果が認められるといえなくもない。

(3) 疑問点

この問題との関係で疑問点を1つ提示したい。それは、著者が2004 (平成16) 年行政事件訴訟法改正で加わった義務付け訴訟・差止訴訟についてどのように評価しているかということである。著者は義務付け・差止訴訟の法定により、抗告訴訟の内包は極めて不均質化したと述べる (本書・5頁)。また著者の「参画＝不服申立て観」は、行政過程に司法過程にはない固有の意義 (利害調整) を認め[18]、まず行政過程を経るべきことを主張する見解と考えられる。このような点からすると、著者の理論体系にはむしろ改正前の取消訴訟中心主義の方がフィットしており、改正法で追加された義務付け・差止訴訟や当事者訴訟の活用が[19]、著者の理論体系と抵触の要素を持っているようにも思われる。それゆえ著者がとりわけ直接型義務付け訴訟を理論的にどのように評価するかに関心を抱いた[20]。

Ⅳ 法秩序・行為形式・法関係

ここでは、著者の提示する行政法理論のフォーメーションが持つ理論的な意義について、次の3点を取り上げることとしたい。第1は、著者の提示する秩序構造と行政行為概念との関係である。制度保障の文脈からは、行政行為は政策の広義の執行手段としての意味合いを強く持つことになる。

---

18) この点に関しては、興津征雄「形成力の限界」同『違法是正と判決効』(弘文堂・2010年) 109-226頁[初出2006年]の「理由の節約の法理」の分析 (149頁以下) が示唆的である。
19) 塩野宏「行政事件訴訟法改正と行政法学」同『行政法概念の諸相』(有斐閣・2011年) 258-271 (267) 頁[初出2004年]にいう「開放的抗告訴訟観」との関係が問題となる。直接型義務付け訴訟の理論的基礎付けの分析として参照、小早川光郎「行政庁の第一次的判断権・覚え書き」三辺夏雄他編・原田尚彦先生古稀記念『法治国家と行政訴訟』(有斐閣・2004年) 217-245 (241) 頁。
20) この点に関し仲野氏からは、自身の理論体系との関係で義務付け訴訟や差止訴訟を重視していないわけではなく、例えば本書・324頁註(57)の建設リサイクル法のような事例では義務付け訴訟を想定することが可能なのではないかとの回答を得た。

第2は、秩序構造理解の基底にある著者の「権利」「利益」理解についてである。とりわけ著者が提示する行政過程における権利・利益の類型論は、行政法理論のフォーメーションにも直接的な影響を及ぼす重大な問題を提起している。第3は、著者の主張する秩序構造とそれ以外の行政法学方法論との比較である。著者の主張が「法的仕組み論」の発展的継承であることから、法的仕組み論・行為形式論・法関係論の相互比較を試みることとしたい。

1 秩序構造を規律する行政行為

(1) 著者の主張とその背景

従来の学説によれば、取消訴訟の法的性質は形成（ないし確認）訴訟とされてきた。これに対し著者は、その前提にある実体法構造を個別権に分解する理解からすれば、取消訴訟は実質的には保護規範に基づく個別権に対する侵害行為の妨害排除を求める給付（ないし確認）訴訟と見る[21]。とすると、なぜ民事訴訟とは別に取消訴訟が設けられ、取消訴訟が権利保護訴訟を排除しているのかの理論的説明がつかない（本書・4頁）。

これに対する著者の回答は、取消訴訟に対応する実体法は一体的法律状態の形成が法律上予定されたものであり、個々の権利義務には分解できないとする理解から出発する[22]。著者は、取消訴訟を次の2つのタイプに分けて議論を進める（本書・272頁）。1つは、そもそも権利関係に引き直しての訴訟ができない場合である（権利に至らない利益のケース：内廓領域）。著者は、行政処分の無効等確認訴訟における「現在の法律関係」に関係する裁判例の分析から、第三者が関係する紛争事例においてこの種の訴訟が見られることを明らかにする。2004年行政事件訴訟法改正で活用が明示された

---

21) 共通の問題意識を示すものとして参照、村上裕章「越権訴訟の性質に関する理論的考察」同『行政訴訟の基礎理論』（有斐閣・2007年）102-265 (252) 頁［初出1989年］。
22) 初出論文(5)・334頁における「『公権力の行使』ないし処分とは、規範に基づいて名宛人個人の権利を変動させる公法人の行為ではなく、法的仕組み自体の形成として関係人団の地位秩序全体が変動することをさすにすぎない。この点に留意するのであれば、記述概念として、仕組みに基づいて関係人の地位を変動させる行政の行為と表現することも妨げない」とする言明にも注目する必要がある。

当事者訴訟（確認訴訟）に関して、確認の対象は法律関係に限られるか、行政の行為形式でもよいかという議論でも、この問題が再認識された（本書・35頁註(25)）。そしてもう1つは、権利関係に引き直そうと思えば引き直せる場合である（外廓領域）。著者は、課税処分のような私権形成的行政行為や、特定人の「私権でない利益」は主観的構成も論理的には可能であるとする。従来、この種の紛争において取消訴訟の持つメリットとして、行政行為の違法性だけで勝訴できるという救済面でのプラスがしばしば語られてきた。これに対し著者は、主観的構成はパンデクテン体系のような一定の体系の存在が前提であるから、行政法の場合にもそれがあることの論証が必要であるとする。

このような著者の主張の背景には、オーリウとロマーノの所説が影響を与えていると考えられる。とりわけ中期オーリウが越権訴訟と全面審判訴訟とが（占有）秩序と本権に対応する訴訟であると対比したこと（本書・152頁）、また後期オーリウが police juridique 原理を説く際に行政法における裁判官の法創造に注目し、それを著者が「民事実体法とのアナロジーを許さない、自己組織的現象」（本書・169頁）と評したことが想起されなければならない。

(2) 理論的評価

著者が主観的構成と呼ぶ従来の理論枠組によると、メタレベルにおける国家と社会の二元論の投影として、行政法関係においては行政と私人の二面関係が標準モデルの地位を得ていた。そして、いわゆる「三面関係」への注目はそのモデルを維持しながら、換言すれば「名宛人」と「第三者」の区別を維持しながら、第三者の事前手続・事後手続における法的地位を高める努力を求めるものであった。しかし、名宛人が保護規範から生じる権利に対して行政活動により直接の影響を受けるのに対し、第三者はいかなる影響を受けるといえるのかを明晰に論じたものは多くなかった（本

---

23) 参照、高木光「実務の今後の課題」同『行政訴訟論』（有斐閣・2005年）75-86（79）頁〔初出2004年〕、小早川光郎編『改正行政事件訴訟法研究』（有斐閣・2005年）107頁〔芝池義一発言〕、永谷典雄「改正行政事件訴訟法の実務上の諸問題」法律のひろば59巻5号（2006年）39-52（48）頁。

書・305頁以下)。これに対し、著者は行政行為により一体的法律状態が形成される人的集団たる「関係人団」の概念を導入することで、この疑問に応えようとしている。この方法は三面関係を標準モデルの地位に据えるものであり、それゆえ著者の体系の中には名宛人と第三者の区別はない。この客観的構成は、行政法の民事法に対する特色として以前から語られてきた「利害調整」機能を体系構築の前面に押し出したものといえる。[24]

この著者の主張は以下の２点にわたる理論的なインパクトを内包する。第１は、主観的構成を取らない以上、取消訴訟は民主主義原理に属すると評価できることである(既得権(1)・213頁註(141))。関係人団に対する一律の規律として行政行為を捉えると、その機能は行政計画と類似してくることにも注目しなければならない(本書・304頁)。三面関係への注目の初期段階で主張された「民主的事態解決のための契機」としての取消訴訟の捉え方[25]に対して、理論的な基盤を与える可能性がここに認められる。また、この理解は、政策実現の側面から公権力概念や行政過程を把握する見方[26]と親和的である(既得権(1)・207頁をも参照)。ここに、民主的選択の結果である個別の行政法規の条文構造を重視する立場(法律実証主義的立場)を著者が採用するもう１つの契機が存在する。第２は、主観的構成の私法と客観的構成の公法との新しい二元論を提唱していることである。[27] 戦後、行政法学が批

---

24) 民事訴訟とは異なる行政訴訟制度が存在する理由を考察することは、行政の存在理由を問うことに直結する。参照、小早川光郎「行政訴訟の課題と展望」司法研修所論集111号(2003年) 32-62 (49-51) 頁、大橋洋一「行政法総論から見た行政訴訟改革」同『都市空間制御の法理論』(有斐閣・2008年) 369-387頁 [初出2004年]。

25) 原田尚彦「行政過程と司法審査」同『訴えの利益』(弘文堂・1973年) 166-191 (189) 頁[初出1972年]。この点につきさらに参照、仲野武志「行政過程による〈統合〉の瑕疵」稲葉馨 = 亘理格編・藤田宙靖博士東北大学退職記念『行政法の思考様式』(青林書院・2008年) 99-139頁、原田大樹「行政法総論と参照領域理論」法学論叢(京都大学) 174巻１号 (2013年) １-20頁。

26) 村上義弘「行政法と私法ならびに抗告訴訟と民事訴訟の相違について」佐藤幸治 = 清永敬次編・園部逸夫先生古稀記念『憲法裁判と行政訴訟』(有斐閣・1999年) 321-371 (341) 頁はこの点を憲法論との関係で論じている。

27) この点に関する評者の見解は、原田・前掲註14) 264頁以下を参照。なお、行政上の義務の民事手続による履行の可能性の問題もこの文脈に位置づけられる。しかし、本書では本格的議論の展開はなされていないため、本書評でも取り上げないこととした。この点に関する著者の見解は既得権(1)・222頁及び227頁註(189)、これに対するコメントとして参照、太

判の対象とした公法・私法二元論は、少なくとも方法論のレベルでいえば、公法による一方的な私法の模倣の域を出なかった（本書・15頁）。これに対し本書は、パンデクテン体系を取る私法とは異なる体系が公法にはありうることを主張する（本書・8頁）。それが何であるかは明言していないものの、「教会法」が有力な選択肢とされているようである（本書・23頁・43頁註(120)・209頁、既得権(1)・182頁）。

(3) 疑問点

このような著者の主張に対し直ちに生じる疑問は、全てのタイプの行政行為についてこの理論枠組が通用するのかという点である（関連して本書・33頁註(14)）。その判断の際には、著者が示唆を得たオーリウやロマーノの理論が前提にしていた法分野や実定法制度の内容を注視する必要があろう。確かに、著者が問題点を指摘している妨害排除モデルに当てはまる不利益処分の名宛人や、権利構成が困難な不利益処分・許認可の第三者について、秩序構造による説明は魅力的である。しかし、許認可や給付決定の名宛人のように、従来の二面関係モデルでも十分な説明が可能であった局面に対しても、秩序の理論枠組の方がより適切といえるであろうか。とりわけ給付決定の場合、行政活動の行為規範としての作用規範と、名宛人の権利領域を画する権利規範（この文脈では「請求権規範」というべきかもしれない）とが基本的に一致している。この場合には、著者が問題にする妨害排除モデルの説明がうまく当てはまらないのではないか。[28] この問題を考える上では、行政過程における権利・利益がいかなるものであるかを検討することが先決と思われる。

田匡彦「民事手続による執行」芝池義一他編『行政法の争点［第3版］』（有斐閣・2004年）72-73 (73) 頁。

[28] この点に関し仲野氏からは、給付決定に関しても戦傷病者戦没者遺族等援護法のように三面関係になるケースがありうること、また全ての社会保障給付が既得権と考えているわけではなく、公務災害補償請求権は既得権である（本書・316頁）が、朝日訴訟判決が「権利」と呼んだ生活保護受給者の地位はもとより、（未裁定年金のような）政策的に保護される期待権も「特定者の『私権でない利益』」（本書・314頁）に当たると考えられるとの回答を得た。前者の問題（給付決定における第三者の存在）に関して、拠出と給付の法学的な把握（その具体的な現れの1つとしての保険者自治の問題）を試みる上で、秩序の見方には（少なくとも）問題発見的な意義が認められ、これを理論化の方向へ導く努力が必要となろう。

2　行政過程における権利・利益の類型論

(1)　著者の主張とその背景

　著者によれば、国家と私人との権利領域の画し方には、既得権的構成と保護規範説の2通りがある(本書・3頁)。既得権的構成とは、個人の権利規範と行政活動の行為規範としての作用規範とが別々に存在する場合である[29]。これに対し、保護規範説とは、権利規範が作用規範から汲み出されることによって生じる[30]。著者は、私権に代表される国家成立に先行する既得権と、行政作用法が成立して初めて観念できる行政法上の地位とを峻別する立場に立つ。そして、行政訴訟が法律上の争訟の枠内に含まれるためには、作用規範の誠実な執行を私人が求める「法律執行請求権」によっては訴訟を基礎づけることができないとの理解を示している。以上を前提として著者は、ロマーノによる権利・利益の二分論及び利益の類型論(本書・214頁)に示唆を得て、次のような権利・利益の類型論を示している(本書・314頁)。

　法律上の利害調整の対象となる法的利益には、私権・みなし私権、特定人の「私権でない利益」、凝集利益の3種類がある。利害調整の対象外として拡散利益がある。これらの調整をめぐる訴訟形態として著者は、私権(みなし私権)同士は民事訴訟(司法管轄留保事項)、拡散利益は民衆訴訟と捉えており、特定人の「私権でない利益」と凝集利益が関わる争いについて取消訴訟が用いられるとする。これに対し、一体的法律状態に組み込まれない場合の私権が存在する局面が権利保護訴訟に対応しており(本書・316頁)、国税還付金返還請求権や公務災害補償請求権はいずれも既得権の問題と整理する。行政実体法はこのように、行政過程における権利・利益の類型論に対応するさまざまな層から多元的に構成されており、主観的権利のみによって一元的に構成されているわけではないと本書は結論づける(本書・318頁)。

---

29)　この点に関するドイツ法の詳細な分析として参照、小早川光郎『行政訴訟の構造分析』(東京大学出版会・1983年)117-189頁。

30)　既得権(1)・195頁には、「本章では以下『既得権』として、私権に加え、財産を除く刑事法上の個人的法益(生命、身体、自由、人格)を念頭におくこととする」との説明がある。

(2) 理論的評価

　こうした著者の主張が持つ理論的意義は次の2点にまとめられる。第1は、利益の類型論を示した上で、その調整方法を法的に構成する極めて興味深い試みであることである。そしてその際、従来は脇役の座に置かれていた（権利に至らない）利益にスポットを当てて、その多様性を明らかにしたことにも注目すべきである。第2は、行政実体法の多元的構成の構想である。利害調整の対象となる法的利益には含まれていないものの、本書は行政法上の権利義務の存在を認め（本書・317頁）、これに対応する訴訟として公法上の当事者訴訟を位置づけている。秩序構造を明らかにするという本書の主題との関係であまりクローズアップされていないとはいえ、本書は行政法上の権利の存在を全否定しているわけではない。

(3) 疑問点

　これに対し、次の2つの疑問点を指摘することができる。第1は、拡散利益の取り扱いである。著者は行政訴訟を法律上の争訟の概念に収めようとする意図から、民衆訴訟的な構成に親和的な法律執行請求権を忌避する。しかし、行政法規に基づく適切な執行を行政機関に対して求める権利を私人は有しているという前提から出発する行政訴訟観もありうるところである[31]。拡散利益を取消訴訟の対象から外す選択は、取消訴訟の持つ紛争解決可能性を縮減することにはならないか。第2は、行政法上の権利義務の取り扱いである。社会保障給付を例に取れば、請求権構成をベースにした行政行為の役割を検討する素材が豊富に存在する[32]。また、社会保障給付は既得権と法律上の地位の二分論には馴染みにくい。著者が公法上の当事者訴訟の領域としたこの領域においても、行政行為・取消訴訟の構成可能性はなお存在するのではないか[33]。

---

31) 代表的な見解として参照、中川丈久「行政訴訟としての『確認訴訟』の可能性」民商法雑誌130巻6号 (2004年) 963-1017 (1000-1005) 頁、小早川編・前掲註23) 96-99、121-123頁〔中川丈久発言〕。

32) 重要な業績として参照、太田匡彦「権利・決定・対価(1)～(3)」法学協会雑誌（東京大学）116巻2号185-272頁、3号341-411頁、5号766-855頁（以上、1999年）、同「行政行為」公法研究67号 (2005年) 237-251頁。

33) より一般的には、行政行為に規律される私人の実体法的・手続法的な法的地位とそれを実

3　法秩序・行為形式・法関係

(1) 著者の主張とその背景

　著者は公益実現過程に全体として法律構成を与えることで、行政実体法を法的仕組みと行為形式の2段階に分節する法的仕組み論を支持している。しかし、法的仕組み論が最終的に個別権に還元する方法を取ることには反対で、法的仕組み段階において法秩序ないし制度といった客観的構成を与えることを主張する（本書・11頁）。また「既得権」論文において著者は、行政組織法と作用法の峻別を批判し、組織法の階層秩序構造を作用法にも及ぼす構想を提示している（既得権(1)・196頁）。このような構想には、イタリア行政法学が持つ階層秩序論や教会法学との比較が影響を与えているように思われる（本書・208頁）。

(2) 理論的評価と展望

　こうした著者の見解は、これまでも行政法学の体系化の有力な方法と目されてきた法的仕組み論[34]に新たな理論的展開可能性を与えるものといえよう。従来の法的仕組み論は、行為形式の組み合わせのパッケージと政策目的との関係を問うことが中心課題であり、そこで語られる内容は無理をすれば行為形式論に吸収可能なものが多かった。これに対し著者の主張は、法的仕組みとそれが念頭に置く関係人団との関連性が意識され、行為形式論では取り扱うことが難しい定型的な利害調整パターンをも取り込んだ理論化が可能となるように思われる。

　他方で、山本隆司教授の「法関係論」は、本書が指摘するようにどちらかといえば「権利」構成の志向を強く持っているものの、著者のいう「秩序」の要素をも取り込みうる理論枠組とも思われる[35]。評者も、「法関係」の中には客観的要素も取り込まれるべきと考えており[36]、そのような用語法

　現するための請求権・法制度の二層構造理解（山本隆司「訴訟類型・行政行為・法関係」民商法雑誌130巻4＝5号（2004年）640-675（660-665）頁）が、この局面における理論モデルとして参照されうる。

34)　小早川光郎「行政の過程と仕組み」兼子仁＝宮崎良夫編・高柳信一先生古稀記念『行政法学の現状分析』（勁草書房・1991年）151-165（158-162）頁。

35)　山本・前掲註9）255、388-389、471-473頁。

36)　原田・前掲註14）280-285頁。

はすでにマイヤーにも見られるところである(本書・100頁)。このように考えた場合の著者と「法関係論」との差異は、公法学においても個人を起点とする理論構築を行うべきかどうかの違いにあるのではないだろうか。[37]

　現在の行政法学説の主流となっている行政過程論の最大の功績は、行政活動の展開分析の際に時間的・空間的広がりの存在を意識させたことにある。[38] 法的仕組み論・行為形式論・法関係論はいずれもこれを踏まえており、その違いは行政過程時間・空間を整序する基軸として制度に注目するか、行為に注目するか、あるいは関係に注目するかの点にある。この意味でこれらは相互排他的関係に立つものではなく、また行政過程空間の整序の方法はこれに尽きるものでもない。[39] そうであるとすれば、行政法学の体系化の方法は、どのような目的で行政法総論を構築するかに大きく依存していると考えるべきであろう。法秩序を基軸とすれば行政法の利害調整機能を対象となる人的集団との関係で鮮明に描き出すことができ、法関係を基軸とすれば行政法解釈に客観法の要素と現実社会の利害状況を細やかに取り込みながら請求権に結実させていく過程を提示することができる。これに対し評者は、政策実施手法と行為形式論の2段階分節の重要性を踏まえつつも、行為形式論の理論的な発展可能性をなお追求すべきと考えている。[40]

---

37) 本書・8頁と山本・前掲註9)474頁の記述とが対照的である。
38) 塩野宏「行政過程総説」同『行政過程とその統制』(有斐閣・1989年)3-34(5-6)頁[初出1984年]。
39) 行政処分を基軸とした理論として「権力行政手続法」が以前から提示されており(兼子仁『行政学』(岩波書店・1997年)15-19頁)、また、「情報処理」を整序概念とする理論構築も可能である(角松生史「『公私協働』の位相と行政法理論への示唆」公法研究65号(2003年)200-215(204-205)頁)。
40) 共通の方向性を提示するものとして、大橋洋一「新世紀の行政法理論」同『都市空間制御の法理論』(有斐閣・2008年)326-345頁[初出2001年]、同「制度変革期における行政法の理論と体系」同書346-368頁[初出2003年]。この点に関して、研究会において斎藤誠教授(東京大学)より、「評者が提唱する行為形式論では、解釈と立法の境界線は、何によって引かれるのか。例えば、原告適格を基礎づける参加手続かどうかの解釈、そして手続の要・不要は、憲法上の権利・利益の位置づけによるのか」とのご質問を頂戴した。これに対し評者は、行為形式論は必ずしも立法論にのみ寄与するものではなく、解釈論の場面においても憲法規定の抽象性を補完して当該行為やそれが埋め込まれた法的仕組みの解釈を誘導することはありうると回答した。また原告適格論に関しては、参加手続の有無は判断の際の1つの要素であって、この点では仲野氏とは異なると回答した。

社会問題を解決するに際しての制度設計技術を蓄積することが行政法学の役割であるとした場合、なるべく広い範囲の個別法規から共通の規律技術を吸収することができるフォーメーションが、行政法学には必要となる。行為形式論には、規律の内容（政策目的）から一旦切り離した行政活動の「形式」に注目してその実体法的・手続法的なルールを個別法から蓄積することにより、規律技術の高度化を可能とするメリットが認められる。さらに、行為形式は訴訟類型論とも密接な関連性を有しており、改正行政事件訴訟法で追加された訴訟類型をもより意識した行為形式論に基づく整序によって行政過程全般の見通しを確保する機能をも持つ。[41]

V　おわりに

　以上のように、本書は、評者が関心を持った点をランダムに取り上げただけでも、行政法の基礎理論における極めて多くの問題群に対して新たな知見を提示している。これほど知的刺激に満ちた作品となっている背景には、従来誰も挑戦し成功してこなかった「行政訴訟の適法性維持機能[42]」という観点のみから行政法理論を組み立てたことがあると思われる。しかし、著者の理論的挑戦は本書によって開幕したばかりである。「既得権」論文においては、「司法管轄留保事項の理論」（既得権(1)・209頁、なお本書・337頁註(190)）の全貌が徐々に明らかにされている。著者の主張する行政実体法の多元的構成の全容が明らかになることを、他の読者とともに期待したい。

---

[41]　行為形式論と権利保護の体系との一体的発展の重要性をつとに指摘していたものとして参照、高木光『事実行為と行政訴訟』（有斐閣・1988年）273-291頁［初出1985年］。
[42]　制度改革期においてこの観点をより強く提示した論攷として参照、曽和俊文「行政訴訟制度の憲法的基礎」ジュリスト1219号（2002年）60-68 (63) 頁、亘理格「行政訴訟の理念と目的」ジュリスト1234号（2002年）8-15 (10) 頁。

第6章

政策形成過程の構造化

I　はじめに

　行政活動に対する法的統制のあり方や制度設計論を主要な検討対象とする行政法学では、個別行政分野に共通する法原則や通則的な法令を取り上げて議論する場面が多い。しかし、これらは個別法分野（参照領域）の研究成果を踏まえてなされなければならず、それゆえ行政法研究者は、環境法・都市法・教育法・財政法・社会保障法といったさまざまな分野をも取り上げて研究対象とすることを常例とする。にもかかわらず、本章が取り上げようとしている現代美術を扱うべき文化行政法学の研究は従来ほとんどなされておらず、参照領域研究におけるいわば「聖域」となっている。[1] そこで本章は、なぜ行政法学からの文化行政に対する分析が低調であったのか、本当に低調なままでよいのかを、現代美術の特色を踏まえながら検討することとしたい。

　分析に当たっては、次の2つをその視角として用いることとする。第1は、政策形成と政策実現手法との区分である。[2] 行政法学や広く公法学が制度設計を議論する場合、この両者を分けて議論し、目的の実現に必要不可欠な限度での手段選択がなされているかを確認する発想が一般的に用いられる。そこで本章でもこの発想を文化行政の分析の場面で用いることとす

---

1)　稀有な例として、根木昭『文化行政法の展開』（水曜社・2005年）がある。ただ、同書は、行政過程論を土台に文化行政法令をトレースした色彩が強く、文化行政法から行政法総論へのフィードバック作業への関心は強くないように思われる。
2)　原田大樹「立法者制御の法理論」新世代法政策学研究（北海道大学）7号（2010年）109-147 (129-131) 頁［本書第5章参照］。

る。以下では、政策実現手法のレベルと政策目的形成のレベルとに分け、文化行政法の特質と他の参照領域にはない難しさがどこにあるのかを明らかにすることとしたい。第2は、二面関係と三面関係の区分である。行政法学の伝統的な問題関心は、行政活動の直接の相手方（名宛人）の権利や自由が行政によって侵害されることの抑制にあった（二面関係）。しかし、環境問題・消費者問題などが顕在化して以降、これに加えて行政活動が適正になされることによって得られる第三者の利益をも行政法学の考慮要素に含めることが一般化した（規制行政における三面関係）。さらに最近では、より広く納税者としての立場から行政活動の妥当性をも市民が統制しうる理論枠組の模索も始まっており、その制度的な背景の1つが住民訴訟である（給付行政における三面関係）。文化行政の具体的問題を検討する際には、この二面関係と三面関係の利害状況の違いを十分意識することとしたい。

II 政策実現手法と現代美術

1 文化行政法学の不存在？

(1) 文化行政法に対する無関心

　文化行政法学研究の不存在は、文化行政の不存在を意味しない。第二次世界大戦後に限定しても、文化行政組織として文部省に社会教育局芸術課が設置され、それが1966年に文化局、1968年には外局として独立して文化庁となり、現在に至っている[3]。地方公共団体では、教育委員会に文化財担当の部や課が設置されて文化行政を所管していることが多い。これに対して、伝統的な行政法学で個別法分野を取り扱っていた行政法各論の中にも、文化行政法は存在していた[4]。しかし、時代が下るほどその内容は薄いものになってしまっている[5]。

---

3) 吉澤弥生「文化政策と公共性」社会学評論58巻2号（2007年）170-187（174）頁。
4) 伝統的な理論に基づく唯一の単著が、中村彌三次『文化行政法』（日本評論社・1939年）である。同書は、当時の時代状況やドイツ・ソビエト連邦（当時）における権力的な文化行政・文化行政計画に注目しながら（29頁）、文化行政に関わる諸問題を広く論じている。例えば都市計画（147頁以下）や自然公園（158頁以下）なども議論の対象に含まれている。
5) 文化行政法がカバーしている法領域に差異があるため単純な比較はできないものの、行政

文化行政法に対する行政法学からの関心が失われてきている原因は、政策実現手法と政策目的形成の双方に存在している。政策実現手法のレベルでは、文化行政法には行政法学の一般理論から見て注目すべき政策実現手法はないと思われてきた。また、政策目的形成のレベルでは、国家は文化に対して手を出すべきでないという考え方が、公法学においては現在でも根強い。こうした理由から、文化行政法に対する行政法学からのアプローチはほとんどなされてこなかったのである。

⑵　給付行政としての文化行政

　ⓐ　**表現の場の提供**　戦後の文化行政の基軸の１つは、教育基本法（12条）―社会教育法（9条）―博物館法の系統である。現代美術との関係で重要な意味を持つ、芸術作品の展示・表現の場である美術館は、博物館法で規定されており、学芸員制度（博物館法5条）と博物館登録制度[6]（同法10条）がその主要な内容である。また、公立博物館の設置は条例によることとされている（同法18条）。公立博物館は地方自治法にいう公の施設（地方自治法244条1項）でもあるので、住民の平等な利用権が保障されている（同法244条2項・3項）。このように、美術館は給付行政の一環に位置づけられているものの、博物館法に公立博物館の無料利用原則（博物館法23条）の規定があるほかは、一般の給付行政に見られない特有の法制度があるわけではない。

　ⓑ　**資金援助**　現代美術をはじめとする芸術作品の完成までには多額の費用を必要とする。そのため、公共部門からの資金援助もまた、文化行政における主要な政策実現手段である。法律上の規定に基づく補助金交付の例として、芸術文化振興基金[7]（日本芸術文化振興会法16条）による助成金交

　　法各論の教科書における記述頁数の変化から、関心の程度の変遷がある程度推測できると思われる。1940年刊行の美濃部達吉『日本行政法㊦』（有斐閣・1940年）では、「学芸の保護及統制」と題された箇所に8頁が当てられている。これに対して、1983年刊行の田中二郎『新版行政法下巻［全訂第2版］』（弘文堂・1983年）では、公企業法（給付行政法）の一内容としての「教育文化事業法」に約1頁が割かれているにとどまる。

6) 登録制は、博物館を育成するために財政的に保護・助成する対象を選別する目的のものであり、登録がもたらす法的効果は限定的である。そのため登録を受けている博物館数は極めて少ない状況にある。参照、中田徹「新しい博物館法の目指すもの」日本ミュージアム・マネージメント学会会報12巻1号（2007年）14-19（16）頁。

7) 経緯につき参照、栗田晃穂「芸術文化振興基金設立後の課題」音樂藝術48巻6号（1990年）

付を挙げることができる。ただし、補助金に関しては要綱や予算措置による対応が可能であるため、法律の規律する部分は少ない。加えて、現象面では他分野の補助金との差異が少なく、文化行政に固有の資金援助に関する問題状況や援助手法があるとは考えられてこなかった。

2　現代美術の特性と政策実現手法
(1)　表現内容への干渉排除

しかし、上記のような文化行政法上の政策実現手法に対する貧困な見方は、文化行政法を給付行政の一環としてのみ捉え、かつ、行政と利用者、あるいは行政と創作者との二面関係のみを個別的に捉えてきたことに起因している。文化行政法の規制的側面や多極的な法関係に視野を広げれば、現代的な課題がむしろ豊富に見られるのである。そこでまず、行政と創作者との二面関係に見られる問題状況を、給付作用に限定せずに検討することとしたい。

(a)　**表現の場の提供**　現代美術の表現の場として、美術館は必ずしも不可欠とはいえない。1960年代に現れたオフ・ミュージアムの考え方は、収集・分類・展示の過程によって作品の意味を固定してしまう美術館の機能に対する本質的な批判を含んでいたとされ、この考え方をも踏まえて、テンポラルな表現形態である「イベント」「パフォーマンス」や、自然環境の中での表現を追求する「アース・ワーク」、さらに特定の空間と結びついた芸術の表現形態である「サイト・スペシフィック」といったジャンルの表現が登場したのは周知の通りである。しかし、こうした表現形態であっても、多くの人に見てもらうためには美術館での展示（空撮写真による展示も含む）がなお必要であり、この点において美術館という表現の場の確保は現代美術においても問題となりうる。

こうした局面を念頭に置いて憲法学で展開されてきたのが、パブリッ

74-77 (74) 頁。

8)　末永照和他『【カラー版】20世紀の美術』（美術出版社・2000年）160頁、暮沢剛巳編『現代美術を知るクリティカル・ワーズ』（フィルムアート社・2002年）67、87頁。

ク・フォーラム論である。これは、規制と給付が交錯するこのような場面において、表現の自由に着目した防御権的な構成から国家に対して表現の場の提供を自由権保障の一環として要求する考え方である[9]。アメリカの判例理論が形成したこの考え方は、表現が行われるフォーラムを、公道・公園などの「伝統的 (本来的) パブリック・フォーラム」、劇場・市民会館などの「限定的 (指定的) パブリック・フォーラム」、市民の表現活動が予定されていない「非パブリック・フォーラム」の3つに分けて、政府による規制の合憲性判断基準を定立している[10]。伝統的パブリック・フォーラムにおいては、政府が市民の表現活動の利用を閉ざすことが憲法上禁止されており、その根拠は公道・公園が歴史的に見て市民の表現の場として用いられてきたことに求められている (歴史ベースライン論)。これに対して、特定の目的のために政府によって設置された限定的パブリック・フォーラムの場合には、当該フォーラムが存続している限りはアクセスを保障しなければならないものの、政府にはこれを設置する義務や廃止の禁止が憲法上課されるわけではない[11]。この考え方の影響を受けたとされる泉佐野市市民会館事件最高裁判決[12]や上尾市福祉会館事件最高裁判決[13]、さらに船橋市西図書館事件最高裁判決[14]の示した判断を前提とすれば、市民公募美術展の場合に表現内容を理由として展示が拒否されたり、すでに美術館に所蔵されている現代美術がその内容を理由として破棄されたりした場合には、当該行為の違法性を追及しうることとなろう。他方で、この理論は表現の場を創設したり維持したりする局面には無力であり、そうした場面では、芸術支援行政の正当化の問題が前面に出ることとなる。

(b) **媒介組織の利用**　パブリック・フォーラム論ではカバーし難いも

---

9) 駒村圭吾「自由と文化」法学教室328号 (2008年) 34-42 (37) 頁。
10) 松井茂記『日本国憲法 [第3版]』(有斐閣・2007年) 471頁。
11) 中林暁生「表現する場を提供する国家」ジュリスト1422号 (2011年) 94-98 (95) 頁。行政裁量論と処分違憲の関係につき参照、原田大樹＝笹田栄司「行政法―憲法との共通点と相違点」法学教室396号 (2013年) 4-18 (13-14) 頁。
12) 最三小判1995 (平成7) 年3月7日民集49巻3号687頁。
13) 最二小判1996 (平成8) 年3月15日民集50巻3号549頁。
14) 最一小判2005 (平成17) 年7月14日民集59巻6号1569頁。

う1つの局面は、現代美術の創作者の作品を美術館が購入することで表現の場が提供される場合である。この場面で創作者に美術館に対する作品買い取り請求権があると解するのは不可能である一方、美術館での展示の多くが作品の買い取りという方法による収集を前提としていることも否定できない。公費が投入される公立美術館のコレクション形成過程に行政の選好が反映されれば、その選好と適合しない創作者の表現の場は狭くなることになる。この問題を解決するために、「博物館資料の収集、保管、展示及び調査研究その他これと関連する事業についての専門的事項」をつかさどる専門職として博物館法が創設したのが、学芸員制度であると思われる[15](同法4条3項・4項)。換言すれば、学芸員制度とは、公費の使途決定に専門職の専門性を介在させることによって、表現内容に対する行政からの負のインパクトを除去しようとする試みである[16]。

芸術に関連する公費の使途決定の際に専門職を介在させることで表現内容への干渉を排除するファイヤーウォールを構築するもう1つの具体例は、芸術関連の補助金交付手続に見られる。例えば、芸術文化振興基金による助成金交付は、運営委員会や部会・専門委員会での専門家による審議を経て決定される[17]。同様の構造は、学術研究奨励金の交付手続にも見られる[18]。補助金の交付を国や地方公共団体が直接行わずにその外郭団体や業界団体に行わせる団体補助は、文化行政に限らずむしろ普遍的に見られる。行政による補助金分配のコストを削減するこの手法に対しては、他方で業界団体の組織率維持・向上策として用いられたり[19]、天下りと結びついて当該団体に中間マージンを生じさせたり(「中抜き」批判)[20]する問題点が指摘され

---

15) 現代美術の収集活動に対する学芸員の果たすべき役割につき参照、山田諭「日本の公立美術館(学芸員)の現状と展望」名古屋市美術館研究紀要10号(2000年) 14-37 (25)頁。
16) 蟻川恒正「国家と文化」岩村正彦他編『岩波講座・現代の法1 現代国家と法』(岩波書店・1997年) 191-224 (216)頁。ただし同論文が念頭に置いているのは、公立美術館が権力の圧力に屈して美術作品を撤去するという設例であり、これは援助の撤回であって規制ではないから表現の自由の侵害として取り扱うことは困難であるとする(同204頁)。
17) 根木昭『日本の文化政策』(勁草書房・2001年) 27頁。
18) 制度の概要につき参照、碓井光明『公的資金助成法精義』(信山社・2007年) 438頁以下。
19) 原田大樹『自主規制の公法学的研究』(有斐閣・2007年) 97、249頁。
20) 枝野幸男『「事業仕分け」の力』(集英社・2010年) 102頁。

てきた。ただし、文化行政においては、表現の自由や学問の自由といったセンシティブな基本権を保護するために、この手法を用いることが公法理論から要請される場面があることを見落とすべきではない。[21]

(2) 支援行政の正当化

次に、視点を給付行政の三面関係に移して、文化行政法が直面している問題点を検討する。ここでは、行政と創作者、行政と利用者の二面関係に、第三者として納税者が登場する利害構造を念頭に置く。近時、公共部門の財政悪化を背景に、行政の事務事業の見直しや民営化・外部委託が急速に進展しており、文化行政もその例外ではない。以下ではそうした現代的課題として、指定管理者と事業仕分けを取り上げることとしたい。

ⓐ 指定管理者　指定管理者は、地方公共団体の設置する美術館などの公の施設の管理を民間主体に行わせる制度である（地方自治法244条の2）。2003年の地方自治法改正以前に存在した管理委託制度がその相手方を地方公共団体が出資した法人に限定していたのに対し、指定管理者制度では住民の多様なニーズに応えるために株式会社をはじめとする民間法人にも参入を認めた。[22]また、公物管理権のみならず利用関係に関する処分権限も指定管理者に委任しているので、委任行政の一種とされる。[23]

美術館に対して指定管理者制度を導入することに対する最大の批判は、指定管理者が短期間で後退することにより事業の継続性が失われることにある。[24]しかしこの点は、指定管理者制度の問題というより、運用の問題と思われる。事業主体の民営化によって提供されるサービスの質が低下するのを防ぐため、民営化関連の法律には新たな法規制（再規制）が見られる。[25]

---

21) 山本隆司「公私協働の法構造」碓井光明他編・金子宏先生古稀祝賀『公法学の法と政策（下）』（有斐閣・2000年）531-568 (536) 頁、同「学問と法」城山英明＝西川洋一編『法の再構築［III］　科学技術の発展と法』（東京大学出版会・2007年）143-167 (156) 頁。
22) 松本英昭『新版逐条地方自治法［第7次改訂版］』（学陽書房・2013年）1041頁、南学「指定管理者制度の"最適化"に向けて」ガバナンス119号（2011年）14-16 (15) 頁。
23) 塩野宏『行政法III［第4版］』（有斐閣・2012年）227頁。
24) 小林克『新博物館学』（同成社・2009年）25頁、古賀弥生『芸術文化がまちをつくるII』（九州大学出版会・2011年）69頁。
25) 原田大樹「民営化と再規制」法律時報80巻10号（2008年）54-60頁［本書第3章参照］。

ただし、地方自治への配慮から指定管理者の場合には法律での規律はわずかで、むしろ条例や指定管理者との契約条項の工夫による対応が予定されている。この中で指定期間や移行措置の設定に配慮すれば、継続性の欠如に伴う質の低下のかなりの部分は回避できるように思われる。それでもなお残される指定管理者制度導入の問題点は、美術館の運営が行政直営から離れることに伴って政策サイクルが弱体化し、政策立案に関する行政上のノウハウが失われてしまう危険性が高まることである。

(b) 事業仕分け　公共部門の財政悪化への対策として、不要不急の事務事業に対する見直しを行い、予算を大幅にカットしたり、場合によっては事務そのものを廃止したりする動きが見られる。その最もドラスティックな形態が事業仕分けである。事業仕分けとは、行政サービスの必要性や実施主体について、予算書の項目ごとに議論し、外部の者が参加して公開の場で議論することをいう。2002年に岐阜県で最初に実施されてから地方公共団体レベルで広がりを見せ、2009年の民主党への政権交代時には国レベルでも実施されて注目を集めた。事業仕分けのポイントは、①透明性の向上、②説明責任の重視、③経済性原則（費用対効果）の重視、④政策決定への住民参加の促進の4点に集約される。つまり、事業実施担当者が外部者に対して事業の必要性と経済合理性を客観的な資料に基づいて論証し、その過程が公開されることで政策実施過程の透明性が確保されるというのである。

　事業仕分けに対しては大きく次の2点にわたる批判が提起されている。第1は、明確な評価基準の不存在である。費用対効果での分析ができない事務事業の場合に、当該事業は原則廃止とすべきなのか、それとも別の基

---

26) 大橋洋一『行政法Ⅰ［第2版］』（有斐閣・2013年）245頁。
27) 構想日本『入門行政の「事業仕分け」』（ぎょうせい・2007年）2頁。
28) 加藤秀樹「『事業仕分け』が歳出削減の切り札」Voice346号（2006年）232-239（234）頁。
29) 上﨑正則「やってみた事業仕分け 13首長『良かった』」地方行政10109号（2009年）2-5（2）頁。
30) 小瀬村寿美子「自治体における事業仕分け」自治体法務研究21号（2010年）32-38（33）頁。
31) 佐藤章「事業仕分けからみた行政評価の課題」日本評価研究7巻2号（2007年）27-37（32）頁。
32) 水上貴央『弁護士仕分け人が語る事業仕分けの方法論』（日本評論社・2010年）123頁。

準が用いられるべきかが明確ではない。第2は、事業仕分けと民主的正統性との関係である。事業仕分けの仕分け人は選挙で選ばれたわけではないにもかかわらず、行政の事務事業の必要性を判断する役割を担っている。これらの批判に対して事業仕分けを実施した側は、多数決民主主義との役割分担論[33]で反論している。すなわち、事業仕分けは客観的な基準に基づいて事業の要不要が判断できる場合にのみ行われ、仮に不要と判断されても後続する政治過程において事業実施が復活することは、当然予定されているとするのである。では、事業仕分けによって現代美術に対する重要な支援事業が廃止されれば、それは政治のリーダーシップ欠如[34]が原因であるから、事業仕分けに後続する政治過程を改善すれば問題は解決すると考えるべきであろうか。

III 政策目的形成と現代美術

1 文化に対する国家の不作為義務？

(1) 国家と文化

　行政活動の民主的な正当化の手段として通常想定されるのは議会制定法律[35]である。しかし、文化行政に関する立法に対しては公法学の中に強い嫌悪感が存在しているように思われる。その理由は次の2点にある。第1は、戦前の文化統制に対する反省[36]である。国家が特定の文化を推奨し、他を抑圧することにより戦争と破局の道を辿った過去の経験が、文化立法に対する消極的評価をもたらしている。第2は、現在の憲法学である程度共有さ

---

33) 枝野・前掲註20) 118、143頁。
34) 真山達志「『事業仕分け』と『民意』」生活経済政策166号 (2010年) 14-17 (16) 頁。
35) 原田大樹「法律による行政の原理」法学教室373号 (2011年) 4-10頁。
36) その一例としての「映画法」の立法過程を分析したものとして参照、加藤厚子「映画法案作成過程における統制構想の明文化」文化政策研究2号 (2008年) 29-48頁。
37) 行政活動と文化との関係が改めて本格的に論じられ始めた1960年代以降 (その展開につき参照、野田邦弘『イベント創造の時代』(丸善・2001年) 114-127頁) において、この分野を指すのに用いられた用語は、全体主義を思い起こさせるとされた「文化政策」ではなく、「文化行政」であった (松下圭一「自治の可能性と文化」松下圭一＝森啓編『文化行政』(学陽書房・1981年) 5-24 (9) 頁) 点にも、このような警戒感が表れているように思われる。

れている、一種の「リベラリズム」の影響である[38]。国家権力の行使を制約して個人の自由領域を確保することを主眼とする近代憲法は、公に属する事項に対しては実定憲法が創設した政治過程に基づく決定を予定しつつ、そこに属さない私的事項に対しては個人の自律性を最大限尊重することを旨とした。文化に関する事項は後者に区分され、国家による関与が控えられるべき領域と認識されたのである[39]。

　国家が特定の文化だけを支援し、あるいは特定の文化を抑圧することがあってはならない。しかし、以下の３点にわたる理由から、国家の文化的中立性原則が国家に対して文化政策への不作為義務を必ずしも導出するわけではないと考える。第１に、日本国憲法は戦争放棄・戦力不保持（９条）のように、明文で文化に関する事項を立法権限から除外したわけではない[40]。むしろ憲法25条１項は、生存権の定義要素として「文化的」の言葉を用いている。こうした条文上の手がかりから、日本国憲法はむしろ立法者に対して文化政策の実現を負託しているとさえ評価することができるのではないだろうか[41]。第２に、文化の中でも芸術に限定して考えれば、芸術は歴史的には呪術・祭祀といった社会的行為と関連した存在であって、芸術が社会から独立した存在として議論されるようになったのは20世紀になってからであるとの指摘がある[42]。つまり、芸術を私事と捉える見解は歴史的に見て普遍的なものではなく、むしろ芸術の社会性や公共性が意識され続けて

---

38)　この問題を考える上での重要な論攷として参照、長谷部恭男「文化の多様性と立憲主義の未来」同『比較不能な価値の迷路』（東京大学出版会・2000年）49-72 (58-62) 頁［初出1999年］、神江沙蘭「現代における民主的立法の規範的位置」国家学会雑誌（東京大学）116巻5=6号（2003年）572-625頁。

39)　この整理につき参照、駒村圭吾「国家と文化」ジュリスト1405号（2010年）134-146 (135) 頁。

40)　石川健治「ラオコオンとトロヤの木馬」論座145号（2007年）67-75 (74) 頁。

41)　駒村・前掲註39) 144頁は、憲法25条・26条の規定から、国家の給付責務としての文化的生存権を構成する構想を示す。主観的構成に理論的難点がある（石川健治「文化・制度・自律」法学教室330号（2008年）56-63 (61) 頁）としても、憲法上の人権規定の立法指針機能（原田・前掲註２) 141頁）から、立法者に対するマクロの制度形成要請を導出することは可能であるように思われる。

42)　八木健太郎＝重村力「芸術における公共性」日本建築学会近畿支部研究報告集計画系40号（2000年）997-1000 (997) 頁。

きたのである。第3に、事実のレベルで見れば、芸術に対する国家支援は過去にも現在でも（必ずしも立法を伴わずに）行われており、それが芸術の栄枯盛衰と深く結びついている。1930年代に世界の芸術の中心がヨーロッパからアメリカに移動し、現代美術がアメリカで花開いた理由として、ニューディール政策の中で1935年から8年間にわたって展開された芸術家支援計画（とりわけ連邦美術計画）の存在を見落とすことができない[43]。現在では世界で高く評価されている日本の現代美術が知られるようになった契機の1つとして、外務省系の外郭団体である国際交流基金や通産省系の国際芸術見本市協会（1977年に解散）が海外での日本の現代美術展覧会を企画していた事実が指摘されている[44]。さらに、こうした支援が文化政策とは異なる文脈で行われることもある。例えば、美術館以外の公共空間に設置されるパブリックアートは、日本では都市計画施策の一環の「彫刻のあるまちづくり」事業の中で主として実施されてきた[45]。国家の文化的中立性を国家の不作為要請と捉えると、文化政策が別の政策の付随的目的の枠内で実現される場面を見落とすおそれがあるように思われる。

(2) 多様性と中立性

以上の検討からいえることは、国家の文化的中立性原則を、文化に関する事項一般についてその民主的な政策目的形成を抑制するものと理解するのではなく、文化政策を構成する個別の政策目的ごとにその憲法秩序適合性を審査する際の基準として用いるべきであるということである。その際には、国家の存在とは関係なく自生的に成立する文化に対して国家が介入しないとする意味での中立性だけでなく、国家による文化に対する援助の機会が均等に保障されることで文化の「多様性」が確保されるという意味での中立性も含めて考えるべきであろう[46]。

---

43) 暮沢剛巳『現代美術のキーワード100』（筑摩書房・2009年）56-57頁。
44) 伊藤正伸他『アートマネジメント』（武蔵野美術大学出版局・2003年）58-75頁、光山清子『海を渡る日本現代美術』（勁草書房・2009年）88頁。
45) 工藤安代『パブリックアート政策』（勁草書房・2008年）8-9頁。
46) 駒村・前掲註39）144頁も、文化的生存権の内容として文化＝意味秩序の多様性・多元性の維持・再生産を挙げており、「多様な秩序の基本的な布置関係を知る機会の提供」（座談会〔駒村発言〕前掲註39）163頁）が文化政策の内容となるとしている。

2 現代美術の特性と政策目的形成

(1) 現代美術の特性と政策目的形成

　しかし、国家の文化的中立性原則を文化多様性保障の要請と捉え直すことは、民主的過程における政策目的形成のスタートラインを提示したにとどまる。かつ、この捉え直しは（少なくとも現代美術に対する支援行政を考える上では）、公法学にとってのいわば「パンドラの箱」を開く態度決定かもしれない。その理由の１つは、現代美術の「文脈」依存性と深く関わっている。芸術作品であることがその作品から自明であった近代美術までと異なり、現代美術においてはその作品が美術作品といえるかどうかは、創作者の自己言及と鑑賞者・芸術界の判断により、文脈の中で相対的に決定される。[47] その代表例としてしばしば挙げられるのが、レディ・メイドの中で最も論争的なマルセル・デュシャンの「泉」(1917年) と、ポップ・アートの代名詞ともいえるアンディ・ウォーホルの「ブリロボックス」(1964年) である。つまり、現代美術に対する支援策を考えようにも、その対象が明確には決まらない。美術にそれほど関心がない一般の市民から見てあまり美しいとも思えないものの支援に、公金が投入されることを正当化する方策はあるのだろうか。

　類似の問題状況にあるのが、先に取り上げたパブリックアートである。美術館以外の公共空間に設置される芸術作品であるパブリックアート[48]は1960年代にアメリカで本格的に展開され始めたといわれる。その背景には、公共施設の建設予算の一定割合（多くは１％）を芸術作品の購入や設置に当てる条例を制定するパーセント・プログラムがあった。[49] 日本でも1978年に

---

47) 本江邦夫『中・高校生のための現代美術入門』（平凡社・2003年）201頁、藤田令伊『現代アート、超入門！』（集英社・2009年）146頁、美術手帖編『現代アート事典』（美術出版社・2009年）20頁。

48) その用語法は論者によってさまざまである。参照、カトリーヌ・グルー（藤原えりみ訳）『都市空間の芸術』（鹿島出版会・1997年）13頁、石黒鐐二「『パブリック・アート』とは何か。」名古屋造形芸術大学・名古屋造形芸術短期大学紀要（名古屋造形芸術大学）8号（2002年）31-40 (34) 頁、秋葉美知子「パブリックアート概念の整理」デザイン学研究45巻4号（1998年）35-44 (41-43) 頁。

49) 八木＝重村・前掲註42) 999頁によると、その最初の例は1959年のフィラデルフィア・芸術のための１％条例であるという。

神奈川県が「文化のための1％システム事業」[50]を開始したり、全国各地で都市計画施策の一環としての「彫刻のあるまちづくり事業」が展開されたりするなど、パブリックアートは次第に一般化してきた。しかし、設置された彫刻が生活環境と適合しないことから生じる彫刻公害問題[51]や、設置する行政側が創作者と設置場所を指定して作品の制作を依頼する形態のコミッション・ワークは、誰が作品の価値を判断し支援対象と決定するのが正当なのかという解決困難な問題を提示している[52]。

(2) 政策目的形成過程の多段階化

この問題に対する美学・芸術学からの解答は「市民参画」である。行政が作品の価値を判断した上で啓蒙活動として市民に提示するのではなく、発案・計画の段階から管理に至る一連の過程に市民が参画して決定することが適切であるとされる[53]。これと行政法学の議論との接点は、まちづくりにおける市民参加論であろう[54]。目標を明確に確定しにくいまちづくりの政策目的形成段階では、その過程を多段階化した上で、各段階に相応しい参加システムを準備することが求められる。原案策定段階ではワークショップのような少人数討論が、原案を確定させる段階では専門家により構成される審議会に諮問する方法が、原案が固まった後の段階では意見書提出のような広範な人的範囲の参加手続が用いられる傾向にある[55]。対象そのものを明確に確定できないためにまちづくり以上に政策目的形成に困難が伴う芸術支援政策の目的決定の際にも、決定過程の分節化と段階に応じた市民

---

50) 竹田直樹『パブリック・アート入門』(公人の友社・1993年) 36頁。
51) 八木健太郎＝竹田直樹「日本におけるパブリックアートの変化に関する考察」環境芸術9号 (2010年) 65-70 (66) 頁。
52) 工藤・前掲註45) 7頁。
53) 八木＝重村・前掲註42) 1000頁、森俊太他「パブリックアートと地域社会に関する学際的研究」静岡文化芸術大学研究紀要 (静岡文化芸術大学) 9巻 (2008年) 73-81 (80) 頁、工藤・前掲註45) 192頁、八木＝竹田・前掲註51) 69頁。文化政策一般に対する同様の言及として、櫻田和也他「大阪市『新世界アーツパーク事業』にみる文化政策の課題」文化政策研究1号 (2008年) 46-59 (53) 頁。
54) 現代美術と都市再開発・まちづくりとの密接な関係につき参照、河島伸子「追及権をめぐる論争の再検討(1)」知的財産法政策学研究 (北海道大学) 21号 (2008年) 89-115 (111) 頁。
55) 原田大樹「政策の基準」大橋洋一編『政策実施』(ミネルヴァ書房・2010年) 77-98 (91-92) 頁 [本書第9章参照]。

参加手続が不可欠であり、わが国の法律では唯一「民意の反映」という言葉を用いている文化芸術振興基本法34条には、そのような含意があると理解すべきであろう。

　しかし、文化芸術振興政策の目的形成が市民参加による民意の反映を踏まえた民主的意思形成過程の中でなされることだけで十分といえるであろうか。確かに、政策目的の形成が立法者だけに独占されるわけではなく、立法者の枠組設定を前提に政策基準としての行政基準・行政計画によって行政過程の中で段階的に形成されていくと考えれば（政策の内在化モデル）、そこに参加手法を埋め込むことで生の政治の影響を遮断しつつ公費を投入する行政活動を民主的に正当化することが可能となるかもしれない。このアプローチは、政策そのものの実体的価値の議論（first-order）よりも政策形成過程を規律するルールの議論（second-order）に強い関心を示してきた公法学にとっても、従来の議論蓄積との連続性を有する点において魅力的である。しかし、文化芸術振興政策と他の政策分野との決定的な違いは、公開空間における討議を尽くしたことが、政策内容形成段階で考慮すべき事項の的確な評価を帰結すると見込まれる——換言すれば、将来世代の社会において重要な役割を果たす文化芸術に対する支援を十全にするとは言い難いところにある。芸術は、既成の概念を打ち破ることによって新たな時代を生み出す原動力となりうる。しかし、そのようなポテンシャルの有無を民主的な意思形成過程から導出することは容易ではない。それゆえ、この分野における行政過程への市民参加制度が未成熟である一方で、行政の関与の程度が相対的に低い政策実現手法である知的財産権の設定による

---

56)　この条文に関して根木昭『文化政策の法的基盤』（水曜社・2003年）155頁は、文化芸術振興に関する政策目的策定・施策の基本方針決定・施策の基本計画策定・行政庁による実施計画策定・実施計画遂行・政策全体の評価の各段階において可能な限り民意の反映がなされることが期待されているとする。

57)　藤谷武史「『法政策学』の再定位・試論」新世代法政策学研究（北海道大学）9号（2010年）181-215（197）頁。

58)　藤谷武史「公法における『法と経済学』の可能性？」法学教室365号（2011年）16-24（23）頁。本章と関連が深い財政法における経済性原則の捉え方につき参照、藤谷武史「政府調達における財政法的規律の意義」フィナンシャル・レビュー104号（2011年）57-76（75）頁。

59)　石川・前掲註41）59、61頁。

市場創出や、フィランソロピーに対する税制優遇のしくみが発達していることには十分な理由があるように思われる。

IV　おわりに

　現代美術に対する支援行政を具体例とする文化芸術振興政策のジレンマは、通常の行政活動と同様に公金投入の必要性やその経済性原則との適合性を政治過程・行政過程の中で正当化しなければならないという要請があるにもかかわらず、政策目的の形成の際に民主政的正統化を図るだけでは将来世代の社会において重要な役割を果たす文化芸術の支援を決定することが困難であるところにある。そこで、行政による関与が直接的になる場合には、専門職・専門家集団という媒介組織を介在させることでこの問題を解決しようとしている。またこの分野において、立法・行政・司法の役割分担を踏まえたインタラクティヴな手法や[60]、文化芸術政策の「ポートフォリオ」という見方が登場する背景には[61]、こうした問題を解消するために行政の関与を間接的なものにとどめ、支援対象の決定を非営利セクターや市場といった別の社会システムで決定させようとする発想がある。このようなジレンマを生じさせるという意味では、公法学にとって文化芸術振興は確かに「パンドラの箱」である。しかしこれを「多元的統御アプローチ」[62]の一例として捉えた上で、学際的な研究手法により、行政の直接的関与にこだわらず政策実現手法のカタログへの蓄積を増やす努力を続ければ、この問題へのアプローチはむしろ制度設計論としての行政法学に大きな実りをもたらす可能性がある。福祉・介護分野やまちづくり分野などで見ら

---

60)　田村善之「知的財産法政策学の試み」知的財産法政策学研究（北海道大学）20号（2008年）1-36（11-14）頁、同「muddling through としての法政策学」新世代法政策学研究（北海道大学）10号（2011年）277-299（291）頁、同「メタファの力による"muddling through"」新世代法政策学研究（北海道大学）20号（2013年）89-112頁。
61)　小島立「著作権と表現の自由」新世代法政策学研究（北海道大学）8号（2010年）251-282（260）頁、同「現代アートと法」知的財産法政策学研究（北海道大学）36号（2011年）1-56頁。
62)　原田大樹「本質性理論の終焉？」新世代法政策学研究（北海道大学）11号（2011年）259-282（278）頁［本書第10章参照］。

れる、行政が調整役として登場する「媒介行政」への注目は、その導きの糸になるかもしれない。本章はその最初の一歩として、参照領域としての文化行政法学のポテンシャルの高さを提示したにとどまる。今後とも、行政法学の文化芸術振興政策に対する寄与可能性やそこから生じる行政法学の自己革新の契機を模索したい。

---

63) Eberhard Schmidt-Aßmann, Das allgemeine Verwaltungsrecht als Ordnungsidee, 2. Aufl. 2004, S. 169f. Rn. 107ff.（エバーハルト・シュミット-アスマン（太田匡彦他訳）『行政法理論の基礎と課題』（東京大学出版会・2006年）171頁）; 原田大樹「福祉契約の行政法学的分析」法政研究（九州大学）69巻4号（2003年）765-806（785）頁。

64) 原子力政策を素材にこの問題を検討したものとして、Hiroki Harada, Atomenergie: Freund oder Feind des Gemeinwohls?, DÖV 2014, S. 74-78.

第7章

財政への法的規律

I　はじめに

　財政と民主政との関係は複雑である。それゆえ、財政法が取り上げるべき内容には法的な操作が困難な問題が目立つ。財政法は伝統的な行政法各論にも含まれていた行政法の主要分野であり[1]、またこれと表裏の関係にある租税法分野は、行政法学の基本原則である法律による行政の原理の誕生の場の1つとされることがある[2]。国民の権利・利益と直接関わるミクロの局面においては、租税法律主義[3]や補助金に関する法律の根拠論[4]に見られるように、民主的統制の重要性がこれまでも繰り返し強調されてきた。これに対して、一国の財政の安定や持続可能性のようなマクロの議論になると、様相は一変する。確かに、この局面においても財政民主主義が憲法上の要請として強調されている。これは、歳入と歳出を切断し、多額の税を負担している者が歳出の使途決定に強い影響力を行使できないようにすることで、バイアスのかからない使途決定を民主的に行わせるためではある。しかし、例えばコモン・プール問題に見られるように、福祉国家のもとでの

---

1)　例えば美濃部達吉『日本行政法下巻』（有斐閣・1940年）は、256頁を行政法各論としての「財政法」の記述に当てる。頁数として見れば警察法の276頁にほぼ匹敵する。田中二郎『新版行政法下巻［全訂第二版］』（弘文堂・1983年）でも財政法には57頁が割り当てられており、警察法の54頁よりも多い。

2)　大橋洋一「法律の留保学説の現代的課題」同『現代行政の行為形式論』（弘文堂・1993年）1-67 (2) 頁［初出1985年］。

3)　佐藤英明「租税法律主義と租税公平主義」金子宏編『租税法の基本問題』（有斐閣・2007年）55-73頁。

4)　塩野宏「資金交付行政の法律問題」同『行政過程とその統制』（有斐閣・1989年）35-107頁［初出1964年］。

財政民主主義は歳出の増大傾向を示すことが経験的にも知られている。ギリシャ問題に代表されるように、国際金融市場、中でもソブリン市場における投資家の影響力が従来とは比べものにならないほど強くなっている現状にあって、国家財政の赤字は国家破綻につながりうるものとなっている。そこで、国家財政の持続可能性を確保するために、財政民主主義に対する何らかのメタ・コントロールの必要性が認識され、日本においてもいくつかの手法が取られてきている。ただし、こうしたメタ・コントロールは財政民主主義との緊張関係が生じることに加え、国民の権利・利益と直接関わるミクロの局面においても法的な問題を引き起こすものとなっている。

そこで本章においては、財政民主主義に対するメタ・コントロール手法を3つの類型に整理する（II）。その上で、これらが行政法学に対して投げかけている法的課題を点描して、行政法学が果たすべき役割を展望したい（III）。

II 財政民主主義へのメタ・コントロール手法

1 法律による実体的規律

国家活動に必要な財源は法律の定めるところにより国民から（主として）担税力に応じて徴税し、その使途は個別の納税者の影響力から切り離された国民全体を代表する議会によって民主的に決定される、とするのが財政民主主義の理念型である。これに対して、法律によって財政に関する実体的な規律を準備することで、財政民主主義による決定事項を一定の方向へと制約する手法が見られる。1997年に成立した財政構造改革の推進に関する特別措置法はその一例である[5]。同法は、2003年度までに財政赤字の対GDP比を3％以下とする（4条1号）などの数値目標を掲げ、社会保障・公共投資など10の個別分野のそれぞれについて縮減目標を設定した（例：8条）。これらは内閣の予算作成・提出や国会の予算審議・議決を方向づける意義を有している[6]。しかし同年の秋のアジア通貨危機や国内における銀

---

5) 中村明雄「財政構造改革法について」ファイナンス33巻10号（1998年）4-10頁。
6) 櫻井敬子『財政の法学的研究』（有斐閣・2001年）257頁。

行・証券会社の経営破綻で経済状況は悪化し、赤字国債の増発による景気対策が取られることとなって、同法は翌年に改正された。さらに、橋本内閣から小渕内閣への政権交代の後、財政構造改革の推進に関する特別措置法の停止に関する法律が成立し、同法の効力は現在も停止されたままである[7]。

　他方、国家に対して一定の歳出を法律によって義務づける方法も見られる。例えば生活保護法は、市町村・都道府県が支弁した保護費等の4分の3を負担しなければならない(75条1項)。これに対して社会福祉サービス各法の給付においては、その多くが国庫補助の扱いになっており、国は予算の範囲内で費用負担をすればよいとされるにとどまっていた[8]。2003年に障害者福祉サービスの給付決定方式がそれ以前の職権利益処分から申請に対する給付決定と利用者・提供者間の直接契約に変更された際に[9]、当初の予想を超えて障害者の居宅サービスの利用が増え、予算が不足する事態が生じた。これを受けて2005年に制定された障害者自立支援法では、制度の中核的な給付に関して市町村・都道府県が支弁する費用の2分の1を国庫負担とすることとした[10](95条1項)。このように、義務的経費の定めは、国家予算の事情に左右されず国家が一定の費用負担を行うものであり、受給者の受給権が実効的に保障されるかどうかを決定づける要素となっている。

2　予算手続に対する規律

　財政民主主義に対するメタ・コントロールの第2の手法として、予算手続に対する何らかの組織法的・手続法的な規律を用意することで、財政に関する決定を一定の方向に誘導する方法を挙げることができる。2001年に

---

[7]　黒田武一郎「財政構造改革法の停止について」地方財政38巻1号(1999年)217-226頁。財政構造改革の失敗の原因を分析したものとして参照、田原総一朗「橋本『財政構造改革』はなぜ失敗したか」現代39巻4号(2005年)196-209頁。
[8]　国庫負担と国庫補助の相違につき参照、碓井光明『要説自治体財政・財務法［改訂版］』(学陽書房・1999年)71頁。
[9]　制度の概要につき参照、原田大樹「福祉契約の行政法学的分析」法政研究(九州大学)69巻4号(2003年)765-806(770-772)頁。
[10]　障害者福祉研究会編『逐条解説障害者自立支援法』(中央法規出版・2007年)19-24頁。

発足した小泉内閣は、中央省庁再編によって設置されていた経済財政諮問会議を最大限に利用して、プライマリーバランスの黒字化を目標とするさまざまな歳出削減策を講じた。経済財政諮問会議は毎年の予算編成の基本方針（いわゆる「骨太の方針」）を策定し（内閣府設置法19条1項1号）、これに従って予算編成がなされた。このスキームの中で、財政問題のみならずさまざまな政策課題が実行に移された。手続によるメタ・コントロールの可能性があるもう1つの要素は、2001年に制定された行政機関が行う政策の評価に関する法律に基づく政策評価手続である。同法は、政策評価の結果を予算と連動させることをこれまでのところ予定していない。しかし、地方公共団体の中には同種の政策評価制度を独自に設定した上で、予算・行政計画と連携させている例も見られる。

　これに対して、手続に対する規律がむしろ一定の財政支出水準を維持する機能を果たしている例も存在する。例えば、医療保険において診療報酬を定める際に重要な役割を果たす中央社会保険医療協議会（中医協）は、保険者側代表7名、医師側代表7名、公益委員6名から構成され、それぞれの利害を調整した上で、診療報酬が告示の形式で定められる（健康保険法76条2項・82条1項、社会保険医療協議会法3条）。このような同数代表構造の協議組織を設置することにより、医療保険の給付水準がこれまで一定程度に保たれてきたと評価することもできる。

---

11) 大田弘子『経済財政諮問会議の戦い』（東洋経済新報社・2006年）201-248頁。
12) 永廣顕「財政健全化への取組みと国債管理政策の課題」都市問題101巻4号（2010年）79-89 (80) 頁。
13) 飯尾潤「経済財政諮問会議による内閣制の変容」公共政策研究6号（2006年）32-42 (39) 頁。
14) 田村国昭「政策評価制度の運用実態とその影響」レヴァイアサン38号（2006年）86-109 (89) 頁。
15) 大橋洋一「自治体総合計画に関する一考察」同『都市空間制御の法理論』（有斐閣・2008年）136-163 (148) 頁［初出2008年］。
16) 笠木映里『公的医療保険の給付範囲』（有斐閣・2008年）22-27頁、同「日本の医療保険制度における『混合診療禁止原則』の機能」新世代法政策学研究（北海道大学）19号（2013年）221-238頁。

3 部分最適化による規律

　予算査定に当たって、前年度予算をベースに新規施策の必要性が審査される漸増主義（インクリメンタリズム）が広く用いられることは、よく知られている[17]。これをさらに進めて、一定の政策分野において新規に歳出増・歳入減を伴う施策を導入する場合には、同じ政策分野内でそれに見合う財源を確保する原則（ペイ・アズ・ユー・ゴー原則）が、財政民主主義に対するメタ・コントロール手法として取られうる。これは、部分最適化によって全体としての歳出増を抑制する方法と評価できる。日本では2009年の民主党政権への交代後、経済財政諮問会議を通じた予算コントロールは停止され、2010年6月22日に閣議決定された「財政運営戦略」においてペイ・アズ・ユー・ゴー原則が採用された。これを受けて、2011年に立法化された求職者支援制度では、当初予定されていた全額国庫負担ではなく、半分を国庫負担、半分を雇用保険財源から支出することとされた[18]（職業訓練の実施等による特定求職者の就職の支援に関する法律7条、雇用保険法64条・66条1項4号）。また同年に改正された介護保険法では、財源確保と保険料の上昇抑制の観点から、都道府県の財政安定化基金を2012年度に限り取り崩すことができるとの規定を置いた[19]（同法附則10条）。

　これに対して、部分最適化による規律が、むしろ一定の財政支出水準を確保する機能を果たしている例も存在する。それが社会保険方式である。社会保険方式では一般財源のルートとは別に保険料を徴収して特別会計で管理を行い、集めた財源は原則としてもっぱら給付費（及びその事務費）に充当される。金銭管理を一般財源から切り離すのみならず、その管理に関する諸決定を一般統治機構とは別組織である社会保険組合に行わせることもありうる[20]。このような方法を取ることにより、一般財源及び一般統治機

---

[17] 西尾勝『行政学 [新版]』（有斐閣・2001年）255頁、真渕勝『行政学』（有斐閣・2009年）212頁。
[18] 小園英俊＝久野克人「求職者支援制度の創設」時の法令1892号（2011年）4-25（7）頁。
[19] 「給付と負担の見直しなど両論併記の内容に」月刊介護保険179号（2011年）12-19（16）頁。
[20] このような見方につき参照、太田匡彦「リスク社会下の社会保障行政(下)」ジュリスト1357号（2008年）96-106（103）頁。

構から拠出と給付の内容・水準に関する干渉を排除し、ニーズに応じた給付を実現する規律構造こそが、社会保険における「強い権利性」の正体である[21]。無論、この社会保険が給付を抑制する方向で作動することもありうる。2004年の国民年金法・厚生年金保険法改正で導入されたマクロ経済スライドは、保険料を一定水準で固定した上で、少子高齢化等の社会経済情勢の変化に対応して自動的に年金給付水準を引き下げるものである[22]（国民年金法27条の2、厚生年金保険法43条の2）。しかし、経済状況の低迷が続いていることから、まだ一度も実施されたことはない。

Ⅲ　財政民主主義へのメタ・コントロール手法の法的課題

　以上のように、日本の過去15年を振り返ると、財政民主主義への歳出抑制方向でのメタ・コントロール手法は、実体的規律→予算手続規律→部分最適化と展開してきた。ただしそれらは、歳出拡大方向では社会保障法領域を中心として以前から用いられている手法でもある。両方の方向性での実例と問題点を視野に含めた上で、以下、これらの手法の法的課題を列挙することとする。

①　法律による実体的規律は、目標の明確な設定や法的安定性の点ではメリットを有する。他方で、予測できない社会状況の変化にどのように対応するのかという点については難がある。同様の問題は複数年度予算について[23]も当てはまる。さらに、政権交代が行われた場合に過去の政権が残した実体的規律がどこまで尊重されるべきかという問題も慎重な検討が必要となる。選挙によって示された民意を即座に反映させることと、財政の継続性・安定性の要請とは、正面から衝突するためである。

②　予算手続に対する規律は、実体ではなく手続や組織に対する規律であ

---

21) このことが生じさせる一般統治機構・公法学との緊張関係につき参照、太田匡彦「対象としての社会保障」社会保障法研究1号 (2011年) 165-271 (238) 頁、同「社会保障の財源調達」フィナンシャル・レビュー113号 (2013年) 60-78 (70) 頁。
22) 西村健一郎『社会保障法』(有斐閣・2003年) 226頁。
23) 神山弘行「財政赤字への対応」ジュリスト1397号 (2010年) 12-20 (14) 頁。

るため、変動する社会情勢に柔軟に対応しうる。他方で、予算手続の中で目指すべき財政状況をどのようなものと決定するかが問題となる。小泉政権下の構造改革では、経済学とりわけ新古典派経済学のモデルが強い影響を与えた。これと対話しつつも独自の内容を持つ財政法理論を行政法学が提示できるかどうかが、重要な課題となる。その手がかりは、住民訴訟に関する諸判例や、財政法・会計法の諸規定にある[25]。さらに、憲法上の財政に関する諸規定を踏まえ、財政法の一般原則を学説によって発展させる必要もある[26]。財政民主主義のメタ・コントロールを法律で行うことは、立法者の自己拘束に全てを委ねることと同義である。それゆえ、重要なコントロール要素については憲法上の準則と位置づけておかなければ、効果的な統制は困難であろう[27]。

③ 部分最適化による規律は、予算に関するインクリメンタリズムや、行政組織に関するスクラップ・アンド・ビルド原則とも整合する考え方であり、実現可能な歳出抑制策であることは否定できない。しかし、限定的な政策分野の中での帳簿合わせが優先されるあまり、個別の負担を正当化するロジックが軽視される危険も認められる[28]。また、既得の予算額が固定化

---

24) 藤谷武史「『法政策学』の再定位・試論」新世代法政策学研究(北海道大学)9号(2010年)181-215(204-206)頁、同「公法における『法と経済学』の可能性?」法学教室365号(2011年)16-24頁。

25) このような観点から理論化を行っている業績として参照、碓井光明『政府経費法精義』(信山社・2008年)。

26) 例えば、碓井光明『公的資金助成法精義』(信山社・2007年)79-167頁では、公的資金助成法の基本原則として、「財政民主主義原則」「公共目的(公益性)の原則」「有効性の原則・比例原則」「平等・公平原則」「偶発債務抑制原則」「公正決定原則」が掲げられている。また、政府調達における付帯的政策の問題に関して、制度配置の観点から経済性原則の意義を分析したものとして参照、藤谷武史「政府調達における財政法的規律の意義」フィナンシャル・レビュー104号(2011年)57-76(73-75)頁。

27) 同旨、藤谷武史「財政赤字と国債管理」ジュリスト1363号(2008年)2-9(5)頁。ドイツにおける試みを検討したものとして参照、石森久広「ドイツ基本法115条旧規定『ゴールデン・ルール』の問題点」西南学院大学法学論集(西南学院大学)44巻1号(2011年)55-75頁。

28) 求職者支援制度においてなぜ雇用保険財源が投入されているのかの説明は、なお十分ではない(この点につき参照、丸谷浩介「職業訓練の実施等による特定求職者の就職の支援に関する法律」ジュリスト1430号(2011年)45-51(50)頁)。また、後期高齢者医療制度においてすでに導入され(厚生労働省「医療保険制度の安定的運営を図るための国民健康保険法等の

し、社会情勢の変化に応じた新規の政策立案が困難になり、政策分野を跨ぐ調整が働きにくくなるおそれもある。そしてそれは、近代公法学が最も忌避する事態でもある。[29]

IV おわりに

　近代公法学が当初念頭に置いた財政民主主義は、租税収入中心主義と組み合わせられることで、無限定の財政膨張を回避できるものと考えられていたのかもしれない。しかし、国債による費用調達が租税収入と同程度以上にまで増大し、ソブリン市場が国際金融取引の基盤としても機能している現状においては、財政民主主義に対する何らかのメタ・コントロールが不可避である。この場面において行政法学が果たすべき役割は、民主政の過程において議論の手がかりとなるべきモデルを提示するとともに、負担と給付を正当化する議論のフォーラムを設定することにある。[30] そして、ここで蓄積される正当化の諸要素は、規律構造と資金調達の相互作用の場としての行政法学をより豊かなものにする手がかりとなりうるのである。[31]

　　一部を改正する法律案の概要」社会保険61巻3号（2010年）8-10頁）、介護保険法でも導入が議論されている拠出金の「総報酬割」は、拠出金の制度趣旨や社会保険の考え方と整合しているのか、疑問が残る。
29)　税と社会保障とを一体で議論することが憲法学上の大問題と衝突することを指摘するものとして参照、棟居快行「『右肩下がり時代』における税のあり方」同『憲法学の可能性』（信山社・2012年）113-124 (124) 頁[初出2011年]。
30)　原田大樹「立法者制御の法理論」新世代法政策学研究（北海道大学）7号（2010年）109-147 (134) 頁[本書第5章参照]。青木昌彦「なぜ財政改革か」青木昌彦＝鶴光太郎編『日本の財政改革』（東洋経済新報社・2004年）1-33 (7) 頁は、財政のコモン・プール問題の解決のためには、「分散的な財政支出要求を何らかの形で規律づける集合的 (collective) なチェックが必要であると考えられる」とする。
31)　原田大樹『自主規制の公法学的研究』（有斐閣・2007年）264頁。

第 8 章

政策実現過程の複線化

I　はじめに

　消費者被害に対する実効性ある法的救済策の検討はかねてからの法律学の課題であり、2006年に導入された適格消費者団体による差止請求制度はその1つの大きな成果であった。さらに2013年には、同種の被害が拡散的に生じる集団的消費者被害に対応する特別な救済手続を規定した「消費者の財産的被害の集団的な回復のための民事の裁判手続の特例に関する法律」（以下「集団訴訟特例法」という）が成立した。この集合訴訟の制度設計に関しては、民事訴訟法学の議論が先行し、これに民事実体法も呼応して理論的検討が進んできた。これに対し、行政法学からのこの問題へのアプローチは、一部の例外を除き総じて活発とはいえなかった。その理由として、消費者被害の救済が主として不法行為法の問題と認識されたことが挙げられる。民事法と比較した行政法の特色としてしばしば指摘されるのが、事前司法としての行政法という考え方である。この考え方によれば、行政法は被害が起こる前にその予防をする法制度であり、被害が起きた後に救済策を講じる民事法とは、時間軸の前後で役割分担していることにな

1）　参照、加納克則＝松田知丈「『消費者裁判手続特例法案』について」ジュリスト1461号（2013年）56-60頁。
2）　米丸恒治「消費者保護と行政法システムの課題」現代消費者法1号（2008年）79-86（79）頁、中川丈久「消費者被害の回復」現代消費者法8号（2010年）34-42（34）頁、同「消費者と行政法」法学セミナー56巻10号（2011年）14-17（15）頁。
3）　つとに、山田幸男『行政法の展開と市民法』（有斐閣・1961年）136-155頁。この特色を正面から取り上げている基本書として、阿部泰隆『行政法解釈学Ⅰ』（有斐閣・2008年）5-12頁、大橋洋一『行政法Ⅰ［第2版］』（有斐閣・2013年）11-12頁。

る。被害の救済の問題に行政法学が敏感でなかったのは、こうした自己規定の影響ともいえる。

しかし、この問題を消費者の集団的「利益」の「実現」の問題と捉え直すことは、次の2点において行政法学の議論との接続可能性を生み出す。第1に、「利益」に注目することは、行政法学における「公益」「法律上保護された利益」の議論との比較を可能とし、ここから両者の新たな役割分担に向けた基礎理論を生み出す可能性が生じる。第2に、「実現」に注目することで、救済の局面以外も含む制度設計全般へと議論の射程を拡大することができ、行政法学が蓄積してきた制度設計論との接合が可能となる。この2つを手がかりとして、本章は、以下の手順で集団的消費者利益の実現に対する行政法学の寄与可能性を検討する。まず、集団的消費者被害救済制度が念頭に置いている利益の性質（保護法益）に注目し、民事法の議論と行政法の議論を対照させることで、集団的利益の類型的整理を行うとともに、消費者利益の特質を明らかにしたい（Ⅱ）。次に、その利益を誰が実現すべきか（実現主体）に焦点を当て、利益帰属・代表・実現の3つを区別しつつ、利益実現主体の決定とその法的正当化の方法を検討する。具体的には、適格消費者団体のように集団的利益を集積した団体（以下「適格訴訟団体」という）と、公益を代表し実現する立場にあると考えられる行政との役割分担を、組織的特性の観点から考察する。その際に重要な視点は、利益代表資格の観点と、利益実現の実効性の観点である。あわせて、事業者側に団体を設立させて自主規制により消費者利益を保護する可能性も検討する（Ⅲ）。その上で、集団的消費者利益を実現する具体的な制度設計（実現手法）を素描する。行政法と民事法の相補的な連携関係を模索する本章は、複線的な法システムを構築する方向性を選択することとなる。他方で、相互のシステムの作動を調整する法理も検討する必要が生じる（Ⅳ）。以上の作業から、行政過程における団体の役割に光を当てるとともに、法律行為論と異なり従来手薄であった不法行為法と行政法との役割分担論を提示することが、本章の目標となる。

4）　代表的な業績として、大村敦志「取引と公序」同『契約法から消費者法へ』（東京大学出版会・1999年）163-204頁［初出1993年］、山本敬三「現代社会におけるリベラリズムと私的

II　集団的消費者利益の特質―保護法益

1　消費者の保護されるべき「利益」
(1)　民事法における消費者「利益」の諸相

　消費者法における消費者の保護されるべき「利益」は一様ではない。民事法学の議論を瞥見すると[5]、消費者の保護法益の性質は、損害の有無、被害者の特定性、被害の内容・程度といった考慮要素によって区分されている。そこで本章では、次の4つの利益の類型を以下の分析に用いることとしたい。第1は、市場競争の機能不全により社会的にはマイナスが生じているものの、損害を観念することができないタイプ（社会的損失）である[6]。第2は、損害を観念することは可能であるものの、その個別的な帰属を確定するのが困難なタイプ（拡散的利益）である。第3は、損害の観念とその個別的な帰属の確定は可能であるものの、個別の損害が軽微であるタイプ（集合的利益）である。いわゆる集合訴訟制度の議論は、このタイプへの対応を主として念頭に置いていた[7]。第4は、損害の観念とその個別的な帰属の確定が可能で、個別の損害が軽微ではないタイプ（個別的利益）である。伝統的な民事法学が想定していたのは第4の個別的利益である。これに対

自治⑴」法学論叢（京都大学）133巻4号（1993年）1-20頁、吉田克己『現代市民社会と民法学』（日本評論社・1999年）、山本敬三＝大橋洋一「行政法規違反行為の民事上の効力」宇賀克也他編『対話で学ぶ行政法』（有斐閣・2003年）1-18頁［初出2001年］、山本隆司「私法と公法の〈協働〉の様相」法社会学66号（2007年）16-36頁、大橋洋一「民法と行政法の対話」同『都市空間制御の法理論』（有斐閣・2008年）388-394頁［初出2007年］、内田貴『制度的契約論』（羽鳥書店・2010年）［初出2006年］。この点に関する私見は、原田大樹「行政法学から見た制度的契約論」北大法学論集（北海道大学）59巻1号（2008年）408-395頁［本書第3章補論所収］、同「民営化と再規制」法律時報80巻10号（2008年）54-60頁［本書第3章参照］。

5）　例えば、三木浩一「訴訟法の観点から見た消費者団体訴訟制度」ジュリスト1320号（2006年）61-71頁。

6）　林秀弥「独占禁止法による集団的消費者利益の実現」現代消費者法12号（2011年）40-56（43）頁。

7）　三木浩一「集団的消費者被害救済制度の展望」新世代法政策学研究（北海道大学）11号（2011年）239-258頁。

し第1〜第3は、問題となっている利益が個人によって主張されることが困難な類型であり、これらをまとめて「集団的利益」と呼ぶこととする。[8]

(2) 行政法における「利益」論

行政法における「利益」論として直ちに想起されるのが、「公益」をめぐる議論である。公益は行政法学の鍵概念であり、公法・私法の区分基準に関する利益説、裁量論、さらに公益法人法制でも登場する。[9] また、公益を行政が実現すべき利益と捉えると、それは政策目的ないし国家任務と言い換えることも可能である。先に見た消費者法における「利益」論と最も関係が深いのは、抗告訴訟の原告適格における「公益」「法律上保護された利益」との関係である。消費者保護を目的として事業者の活動を規制する行政法規が制定された場合、民事訴訟では困難な集団的消費者利益の主張が行政訴訟において可能となりうる。しかし周知の通り最高裁は、拡散的利益に当たると思われる主婦連ジュース訴訟（最三小判1978（昭和53）年3月14日民集32巻2号211頁）や集合的利益に当たると思われる近鉄特急訴訟（最一小判1989（平成元）年4月13日判時1313号121頁）において、問題となっている行政法規は消費者の利益を個別的に保護していると解釈できないとして、処分の第三者たる消費者の原告適格を否定している。

2004年の行政事件訴訟法改正を経てもなお最高裁判例を強く規定している法律上保護された利益説は、次の3つの考え方から構成されているように思われる。第1は、何が公益であるかは第一次的には立法者が決定する事項であるということである。理念的にいえば、公的利益は社会全体の利益であって、社会の部分利益ではない。その公的利益の中で何が「公益」なのかを確定させるのは民主政的正統性を有する立法者であるとするのが、[10]

---

8) 行政過程における消費者の利益を個別的利益と捉え、団体訴訟を個人の提訴権の制約と捉える見方を示すものとして参照、中川丈久「消費者」公法研究75号（2013年）188-203（199）頁。本章では、消費者の利益を行政過程における利益に限定せず、また利益の本来の属性として個別的かどうかではなく現実の法的主張が困難かどうかに注目して「集団的利益」の語を用いている。

9) 塩野宏「行政法における『公益』について」同『行政法概念の諸相』（有斐閣・2011年）102-130頁［初出2009年］。

10) 神橋一彦『行政訴訟と権利論［新装版］』（信山社・2008年）163頁。

法律上保護された利益説の核心であろう。第2は、公益を実現するのはもっぱら行政であるとする前提である。最高裁は第三者の原告適格が認められる条件として「不特定多数者の具体的利益をもっぱら一般的公益の中に吸収解消させるにとどめず、それが帰属する個々人の個人的利益としてもこれを保護すべきものとする趣旨を含む[11]」ことを要求しているので、ある利益が公益であるとともに私益でもある場面を正面から認めている[12]。他方で最高裁は、この場合に公益を実現しうるのは行政であるとする前提は崩していない。すなわち第3に、第三者が処分の取消を求めうる法律上の利益を持つ場面とは、端的にいえば第三者が上記のような私益を持つ場合に限られる。2004年の行政事件訴訟法改正後も最高裁は、第三者の原告適格の判断要素として、不利益・保護範囲要件と並び個別保護要件を堅持している[13]。これを満たすために法律上保護された利益説が以前から用いていた個別実定行政法規のしくみから解釈できる特別な地位（許認可数の限定・特定施設からの距離制限、行政手続上の参加権）と並んで、利益の性質（生命・安全・財産等）から直ちに個別保護要件を充足するルートが改正法によって明確化された[14]とはいえ、最高裁は処分の名宛人と同視できるだけの利益侵害が認められる場合にのみ第三者の原告適格を肯定している。言い換えれば、最高裁が認めてきた第三者の原告適格は、侵害的な行政作用からの「防御権」の延長に位置づけうるものである[15]。そしてこの発想は、取消訴訟が主観訴訟として位置づけられていることから正当化されている。

　第三者の原告適格を認める際に一般国民からは切り出された特別な法的

---

11)　最二小判1989（平成元）年2月17日民集43巻2号56頁〔新潟空港訴訟〕。
12)　この点を民事法から基礎づける議論として参照、原島重義「民法理論の古典的体系とその限界」同『市民法の理論』（創文社・2011年）5-52 (22) 頁［初出1973年］、吉田・前掲註4）182頁。
13)　この整理につき参照、小早川光郎「抗告訴訟と法律上の利益・覚え書き」西谷剛他編・成田頼明先生古稀記念『政策実現と行政法』（有斐閣・1998年）43-55頁。
14)　塩野宏『行政法Ⅱ〔第5版補訂版〕』（有斐閣・2013年）134頁。その理論的支柱となったと思われる新保護規範説につき、山本隆司『行政上の主観法と法関係』（有斐閣・2000年）250-255頁［初出1997年］。
15)　最も明快にこの立場を主張するものとして、藤田宙靖「行政活動の公権力性と第三者の立場」同『行政法の基礎理論(上)』（有斐閣・2005年）254-284 (282) 頁［初出1990年］。

地位にあることを要求するこうした理解を前提とすると、本章が取り扱っている消費者の利益を抗告訴訟で主張するのは、一般には困難である。消費者利益は、観念的には事業者利益と対立する社会の部分利益ではある。しかし、一定範囲の地域に不利益が限定されることが通例である環境利益[16]と異なり、利益の不特定性・拡散性が高い場面も想定できる。消費者が製品の不良によって生命・身体に対する危険にさらされない利益（個別的利益）や、ある鉄道路線の定期利用者が不当に高い認可運賃を支払うことのない利益[17]（集合的利益）までは、一般国民からの切り出しが可能であるのに対し、正しい表示がされたジュースを購入する利益（拡散的利益）や、事業者が競争すれば得られるはずの低価格な製品・サービスを購入する利益（社会的損失）を訴訟で主張することは、このままでは困難である。そこで学説上主張されているのは概ね次の2つの方向性である。

　第1は、個別保護要件を放棄する方法である。この場合、第三者の原告適格の判断基準は、不利益要件と保護範囲要件だけになるので、上記の拡散的利益までは原告適格が認められる可能性がある[18]。この方法を採れば、①利益が個人という単位に帰属するかを考える必要はなく、②行政訴訟ルールのみを変更するだけで足りる。他方で、この方法は第三者の原告適格を量的に拡大するにとどまらず「質的に変化」[19]させる可能性も孕む。すなわち、防御権としてではなく適正な執行を求める権利から第三者の原告適格を基礎づけるべきこととなり、行政法学が伝統的に重視してきた行政作用により侵害される私人の権利の防御を第一とするという視点は後退する。

---

16)　環境利益の特性や類型論の可能性につき参照、大塚直「公害・環境、医療分野における権利利益侵害要件」NBL936号（2010年）40-53（46）頁。

17)　阿部泰隆「鉄道運賃値下げ命令義務付け訴訟における鉄道利用者の原告適格(1)」自治研究87巻6号（2011年）3-33頁。

18)　これに対し、「法律上の利益」要件に民衆訴訟との差異化機能があるとする前提に立てば、個別保護要件を放棄しても拡散的利益に対する第三者の原告適格は肯定できないという結論となりうる（稲葉馨「行政訴訟の当事者・参加人」磯部力他編『行政法の新構想III』（有斐閣・2008年）67-84（79）頁）。

19)　村上裕章「改正行訴法に関する解釈論上の諸問題」同『行政訴訟の基礎理論』（有斐閣・2007年）300-328（302）頁。

これを突き詰めると、名宛人と第三者の区別は不要となり[20]、行政過程における市民の権利は参加権と適正執行（不執行）請求権から構成され、主観訴訟と客観訴訟を区別する意義も失われるかもしれない。

第2は、個別保護要件は維持しつつ、①利益の受け皿として個人と並んで団体を想定し、②個別行政実体法の解釈・立法論を展開してその団体に特別な法的地位を認めた上で一般国民から切り出す方法である。環境享受や公共施設利用の利益など、共通に自己の利益として享受している者が一定の広がりをもって存在しているという社会実態に注目した「共同利益」[21]や、個々人の主観的権利と法律執行請求権に親和的な拡散的利益との間に位置づけられる「凝集利益」[22]は、いずれもその受け皿としてある種の団体が想定されている。そして、行政過程への参加権を手がかりに、こうした団体の行政過程や裁判過程における利益主張を認めようとする方向が示されている[23]。したがって、拡散的利益や社会的損失に関して第三者の原告適格が認められるかどうかは、そうした利益を保護する個別の行政法規の制度設計と趣旨解釈による[24]。この路線においても、個別行政実体法の制度設計に依存するという条件付きとはいえ、取消訴訟を私人の権利保護のための主観訴訟としてのみ把握する発想は弱まり、行政活動の適法性維持機能

---

20) 興津征雄「書評　大橋洋一著『都市空間制御の法理論』」書斎の窓586号（2009年）71-75（75）頁。
21) 亘理格「公私機能分担の変容と行政法理論」公法研究65号（2003年）188-199（189）頁、同「行政訴訟の理論」公法研究71号（2009年）65-87（70）頁。
22) 仲野武志『公権力の行使概念の研究』（有斐閣・2007年）281頁。
23) 共同利益論は、共同利益から出発してこれを享受する人的集団に行政手続への参加権を認める立法を促進する（亘理・前掲註21）公法研究65号190頁）とともに、主観訴訟に取り込めない部分については団体（行政）訴訟を創設することによる対応を提唱している（亘理格「行政訴訟の理念と目的」ジュリスト1234号（2002年）8-15（15）頁）。これに対して凝集利益論は、個別行政実体法で行政手続に参画する外延が明確な団体が観念できる場合にその構成員に原告適格を認める（仲野武志「公権力の行使概念の研究(5)」法学協会雑誌（東京大学）120巻2号（2003年）288-361（331）頁）ため、団体訴権の付与なしに取消訴訟の枠内での処理を志向しているともいえる（原田大樹「法秩序・行為形式・法関係―書評・仲野武志著『公権力の行使概念の研究』」法政研究（九州大学）74巻3号（2007年）661-682（666）頁［本書第5章補論所収］）。
24) 大貫裕之「取消訴訟の原告適格についての備忘録」稲葉馨＝亘理格編・藤田宙靖博士退職記念『行政法の思考様式』（青林書院・2008年）377-419（405）頁。

が重視されている点に注意が必要である。[25]

2　事業者の違法・不法な「利益」

(1)　民事法における事業者「利益」

　次に、視点を事業者の側に移す。消費者被害の総額と事業者の違法利益の総額とは相応するものの、必ずしも同額にはならない。伝統的な民事不法行為法は損害塡補による被害者救済を主要な制度目的と考えてきたのに対し、最近では違法行為を抑止することを制度目的と解した上で、[26]制裁の要素を正面から肯定したり、[27]不法利益の吐き出しの制度を構想したりする見解が示されている。[28]

(2)　行政法における事業者の「利益」

　行政法がこうした事業者の「利益」に注目する局面は次の2つである。第1は、不利益処分の考慮要素としての位置付けである。消費者行政法規に含まれている業者に対する不利益処分（改善命令・許認可等の取消）のほとんどは、行政に裁量を認めている。ただし、事業者の違法な利益が大きければ大きいほど、権限不行使の方向の裁量の余地は狭くなると考えられる。

　第2は、（執行）課徴金額の算定要素である。行政上の義務違反に対して金銭支払義務を課す行政上の制裁金として伝統的に存在していたのは、行政上の秩序罰（過料）と重加算税などの加重税・加重返還金だけであった。しかし前者は罰金との均衡から低額に抑えられていて威嚇力に乏しく、後者は納税関係または行政との金銭授受関係が先行する場面でしか設定でき

---

25)　亘理・前掲註23) 15頁、仲野武志「法律上の争訟と既得権の観念(1)」法学（東北大学）67巻2号（2003年）174-227 (208) 頁。
26)　山田卓生「不法行為法の機能」淡路剛久他編・森島昭夫教授還暦記念『不法行為法の現代的課題と展開』（日本評論社・1995年）3-25 (24) 頁。
27)　森田果＝小塚荘一郎「不法行為法の目的」NBL874号（2008年）10-21 (16) 頁。
28)　この点に関する批判的検討を含め、不法行為法の制度としての正統性を包括的に論じたものとして、潮見佳男『不法行為法Ⅰ［第2版］』（信山社・2009年）13-55頁。瀬川信久「不法行為法の機能・目的をめぐる近時の議論について」大塚直他編・淡路剛久先生古稀祝賀『社会の発展と権利の創造』（有斐閣・2012年）349-371 (370) 頁は、これらの民法理論が公法私法二分論の伝統的な枠を超えていると指摘する。

なかった。これに対して、特に市場秩序維持に関係する行政法規のエンフォースメントを強化するために導入されているのが課徴金であり、独占禁止法・金融商品取引法・公認会計士法の3つで導入の実績がある。課徴金額の算定に際して、当該行政法規違反によって生じた事業者の違法利益は、その「標準」を示す機能を持っている。周知の通り、独占禁止法が1977年に課徴金を最初に導入した段階では、まさに事業者の違法利益を課徴金によって奪うことが制度目的とされていた（不当利得のアナロジー）。しかし課徴金額の引き上げとともに、事業者の違法利益から課徴金制度を正当化することは難しくなり、現在では課徴金の制裁としての性格を正面から認めた上で、比例原則の観点から制度を正当化する見解の方が有力化している[29]。これに対して金融商品取引法の課徴金額は、違反行為によって得た利益相当額とされている。しかし、これはあくまで規制の実効性確保のために必要な水準を設定することが目標とされた上で、初めて制度を導入することから、抑止のための必要最小限の水準として違反行為によって得た経済的利得を基準にしたと説明されている[30]。また公認会計士法の課徴金は、監査報酬相当額を標準としているものの、一方で故意による虚偽記載の場合には報酬額の1.5倍とし、他方で課徴金賦課の要件を満たしても課徴金を徴収しない処理も認めている[31]。このように、現在の課徴金額は単純に事業者の違法利益を吸収するシステムにはなっていないものの、違法行為抑止と並んで違法利益が、金額算定の際の1つの「標準」として機能している[32]。

---

29) 佐伯仁志「二重処罰の禁止について」同『制裁論』（有斐閣・2009年）73-97 (95) 頁［初出1994年］、高木光「独占禁止法上の課徴金の根拠づけ」NBL774号（2003年）20-26 (24) 頁。
30) 三井秀範編『課徴金制度と民事賠償責任』（金融財政事情研究会・2005年）13-29頁。
31) 関哲夫他「公認会計士法改正をめぐって」会計・監査ジャーナル19巻9号（2007年）11-26 (24) 頁。
32) 曽和俊文「行政手続と刑事手続の交錯」同『行政法執行システムの法理論』（2011年）139-154 (147) 頁［初出2002年］は、行政上の制裁金の制度化の考慮要素として、当該制裁が法執行システム全体として過度に制裁的でないこと、当該経済的負担を正当化する実質的理由があること等を要求している。

III 集団的消費者利益の担い手——実現主体

1 利益帰属主体と利益実現主体

(1) 主観訴訟・客観訴訟峻別論の弱体化

　個別的利益の帰属主体は当該利益の実現主体とするのが、民事法の原則的な考え方である。私的自治に根拠が求められるこの考え方の投影が、処分権主義あるいは給付訴訟・確認訴訟の原告適格の議論であろう。これに対して、集合的利益の場合には個々人に帰属する利益が訴訟を用いて実現するには小さすぎるので、これを集合させて誰かに代表してもらい、それを実現してもらう法的ルールが必要となる。また社会的損失や拡散的利益になると、その帰属主体を特定個人に求めることができなくなるため、伝統的には民事法の対象外であった。こうした個人による訴訟利用が困難ないし不可能な集団的利益に対して、利害関係者が団体を作って訴訟をするのが団体訴訟のアイデアである[33]。その制度化の際には、団体に付与する権利の性質、利益代表性の正当化方法、判決の効力などが論点となる。この場合、団体が消費者から個別に授権を得て訴訟提起するか、団体が消費者の利益について訴えを提起する固有の利益を持つかでなければ、伝統的な主観訴訟の図式から離れてしまう。

　これに対し、行政法においては、特定個人には帰属しない「公益」を行政が実現するという暗黙の前提が存在し、公益代表者たる行政と自己に帰属する私益を主張する私人との対立図式を基本としてきた。しかし、第三者の原告適格論に代表される三面関係論は、自己の権利利益と結びついた「公益」の実現を訴訟によって行政に要求することを可能にし、さらに最近では行政訴訟の適法性維持機能への注目から主観訴訟・客観訴訟峻別論が弱体化しているように思われる。また、立法論としては、2004年の行政訴訟検討会最終まとめが示しているように、利害関係者から個別の委任を

---

33) 代表的な包括的研究として、上原敏夫『団体訴訟・クラスアクションの研究』（商事法務・2001年）、宗田貴行『団体訴訟の新展開』（慶應義塾大学出版会・2006年）。

受けることなく提起することができる団体訴訟を、個別法分野ごとに検討することも考えられる。[34]他方で、とりわけ団体（構成員）の利益と関わらない団体訴訟制度の新設は、憲法上の司法権概念との抵触の可能性を生じさせる。これに対しては、憲法上の司法権概念を定義する「法律上の争訟」から事件性要件を外そうとする考え方[35]や、法律上の争訟をコア・中間領域・外周と区別した上で主観訴訟をコアに、客観訴訟を中間領域に位置づけていずれも法律上の争訟に含まれているとする立場[36]が提唱されている。行政訴訟の議論との関係で憲法上の司法権概念を拡張する理解[37]は、民事の団体訴訟制度の設計に対しても意味を持つ。なぜなら、集団的利益を民事の団体訴訟によって実現することは、以下で詳論するように、行政法制度（行政過程・行政訴訟）で実現することと制度設計上の選択関係にあるからである。

(2) 利益「代表」と利益「実現」

そもそも、利益帰属主体と利益実現主体が一致しなければならないと考えられたのは、帰属主体の自律的な意思のみによって当該利益の実現が決定されるべきであるとする考え方と、最大の利害関係者である帰属主体こそがその利益を最もよく実現しうるはずであるとする考え方の2つによる。しかし集団的利益に関しては、前者の前提となる利益帰属者の個別・特定性が十分には充足されていない。そうすると、この場面で利益実現主体を決める判断基準は後者、すなわち、その主体が当該利益実現をよりよくな

---

34) 具体的な制度設計を検討したものとして、越智敏裕「行政訴訟改革としての団体訴訟制度の導入」自由と正義53巻8号（2002年）36-47頁。
35) 髙橋和之「司法制度の憲法的枠組」同『現代立憲主義の制度構想』（有斐閣・2006年）165-193 (176) 頁［初出2001年］。「事件性」と「法律上の争訟」の概念定義が異なっているものの、野坂泰司「憲法と司法権」法学教室246号（2001年）42-49 (47) 頁も、類似の方向性を有する議論と考えられる。
36) 中川丈久「行政事件訴訟法の改正」公法研究63号（2001年）124-142 (130) 頁。佐藤幸治『日本国憲法論』（青林書院・2011年）588頁は、中間領域について、訴訟の実体（対決性・現実の司法判断適合の争訟の存在）を伴っていれば法律上の争訟に該当するとする。
37) その理論的評価と新たな限界付けの方向性につき参照、松井茂記「『国民訴訟』の可能性について」村上武則他編・高田敏先生古稀記念『法治国家の展開と現代的構成』（法律文化社・2007年）351-415 (396) 頁、長谷部恭男「司法権の概念」ジュリスト1400号（2010年）4-10 (10) 頁、村上裕章「客観訴訟と憲法」行政法研究4号（2014年）11-50 (37-47) 頁。

しうる組織属性（利益代表資格の観点）や機能的特性（利益実現の実効性の観点）を有しているかに、むしろ力点が置かれるべきである。

　本章では、利益が実現される過程を「帰属」「代表」「実現」の 3 つの概念で切り分けている。個別的利益が民事法で実現される場合には、この 3 つの主体は通常は同一である。ただし、利益帰属主体が委任などの法技術を用いて別人に利益を代表させ、実現させることも起こりうる。これに対して行政法においては、利益の帰属主体は不特定多数の国民であり、利益の代表と実現は第一次的には行政が担っている。その際の国民と行政との関係は委任ではなく、選挙と立法による民主政的正統化の連鎖である。個別的な委任によらず利益帰属主体とは別の主体が利益代表主体となることを正当化する根拠として民事法が手がかりとしてきたのは、先行する寄与[38]あるいは集団利益の存在[39]であった。これに対し、民事の団体訴訟制度と行政法制度との制度設計上の選択可能性を強調する本章の立場からは、以下で述べるように、正統性の要素でこれを正当化しうる。以下では、集団的利益の担い手として「行政」と民事の団体訴訟を担う「適格訴訟団体」の 2 つを想定し、両者の比較を行うこととする。

2　利益実現主体の組織と機能
(1)　利益代表資格の観点
　ⓐ　行政　　行政は（少なくとも理念上は）公益を代表しているのであって、社会の部分利益を代表しているのではない。集団的利益のような不特定多数者が享受する利益は、それが立法によって保護される（保護規範）ことで初めて公益としての性格を獲得する。この考え方を消費者の集団的利益に当てはめると、行政は部分利益としての消費者利益を直截に代表しているのではなく、部分利益としての消費者利益が保護規範によって社会全体の利益＝公益としての消費者利益に変換された上で、これを代表して

---

[38]　伊藤眞「ドイツ連邦共和国における環境保護と団体訴訟（2・完）」民商法雑誌83巻 3 号（1980年）367-387（373）頁。
[39]　福永有利「新訴訟類型としての『集団利益訴訟』の法理」同『民事訴訟当事者論』（有斐閣・2004年）219-250（242）頁［初出1994年］。

いることになる。そこで、社会的に禁圧すべき同一の行為に対して行政法上の不利益処分（是正命令・営業停止処分等）と団体訴権とが立法される場合には、両者の利益代表構造の違いに留意して、その要件に差異を設けることが適切であるように思われる。

　一般に、行政過程による公益の実現は、上記の過程を経て社会の部分秩序の利益から切り離された公益を、諸利害からの中立性が（少なくとも理念上は）保たれた公務員集団が実現するという構造を取る。これを担保するため、国・地方公共団体や行政組織法上の行政主体性を有する組織に対しては、行政組織法制・（広義の）公務員法制・情報公開法制によって、ガバナンス構造や国民に対する情報公開がある程度定型化されている。他方で、現実には行政も諸利害のロビイングに曝されており、政治的に強い利益の影響を受けやすいことは周知の通りである。そこで、対立する利害を同一の行政機関に担わせず、組織を分離することで諸利害からの中立性を保つ方策が採られることがある[40]。消費者庁の設置はその一例である[41]。

　(b)　**適格訴訟団体**　　消費者契約法が規定する適格消費者団体のような適格訴訟団体は、ある一定の集団的利益を共通に享受する利害関係者の利害を集積した組織である。そのため、行政が当該利益を実現する場合と異なり、他の対立する諸利益との衡量作業は必要なく、端的に当該利益を代表しうる立場にある。適格訴訟団体の利益代表資格の問題はむしろ、当該集団的利益の全体（換言すれば「不特定多数」の当該利益）を代表しているといえるかどうか、あるいは団体固有の経済的利益のために活動していないかという点にある。適格訴訟団体に対するガバナンス構造規制や情報公開規制は、さしあたり、これら諸点の担保策として位置づけられる。

　しかし、適格訴訟団体が自らの訴訟活動を正当化すべき相手方は共通利害関係者集団だけではない。集合的利益の場合、訴訟の相手方となりうる反対利害関係者集団から見れば、なぜ利益帰属主体の個別の委任を受けず

---

40)　より一般的には、原田大樹「立法者制御の法理論」新世代法政策学研究（北海道大学）7号（2010年）109-147 (128) 頁［本書第5章参照］。
41)　山本隆司「消費者庁・消費者委員会」ジュリスト1399号（2010年）21-34頁。

に訴訟が提起され、自らが被告とならなければならないのかとの不満が示されるであろう。また利益帰属主体を特定できない拡散的利益・社会的損失の場合には、適格訴訟団体の訴訟活動は客観法の維持の機能を強く持たされることとなるから、直接の利害関係が希薄な一般公衆に対してもその活動の正当化が求められよう。適格訴訟団体に対するガバナンス構造規制や情報公開規制は、このように幅広く社会全体に対するアカウンタビリティを確保するためのものでもあり、この点で行政のアカウンタビリティ構造と近似する。もちろん当該集団的利益を公益として自ら実現する行政と、部分利益としたまま訴訟で主張するにとどまる適格訴訟団体のガバナンス構造・情報公開規制の強度は大きく異なる。しかし、両者の規制目的には共通する要素があることにも注目すべきである。そしてここに、「正統性」の観点から適格訴訟団体の活動の正当性を基礎づける契機も存在する。

(2) 利益実現の実効性の観点

(a) 行政　　行政は公益実現の実効性を確保するため、一方では諸利害から中立に徴収される租税財源と多数の人員を抱え、他方では法令で認められた、時に強制力をも伴うさまざまな権限の行使をすることが可能である。ある公益の実現が特定の行政部局に所掌事務として割り当てられることにより、当該利益の実現に関する恒常的な対応も可能となる。しかし、法令上予定された規制権限の行使が実際には不十分にしかなされていないとする執行の欠缺の問題が指摘されている。その要因の1つとして、規制の執行を促進する実体的要件（例：義務的な許認可取消）や手続的要件（例：

---

42) 団体訴訟制度が民事実体法上の権利を前提として構築される場合には、「正統性」の見地からの正当化のみならず、訴訟の相手方となりうる反対利害関係者集団の権利・利益との均衡の観点からの正当化をも求められることになる。参照、仲野武志「不可分利益の保護に関する行政法・民事法の比較分析」民商法雑誌148巻4＝5号（2014年掲載予定）。
43) 原田大樹『自主規制の公法学的研究』（有斐閣・2007年）287頁。
44) 山本隆司「公私協働の法構造」碓井光明他編・金子宏先生古稀祝賀『公法学の法と政策(下)』（有斐閣・2000年）531-568 (556) 頁にいう、国家の「（波及的）正統化責任」がこの局面においても認められるべきであろう。山本隆司「日本における公私協働の動向と課題」新世代法政策学研究（北海道大学）2号（2009年）277-304 (304) 頁では、団体訴訟は、公私協働の外側に当たる公的組織と私的主体との「ネットワーク」を形成する制度と整理され、私行政法の段階的適用が主張されている。

利害関係のある第三者が規制執行を求める手続）が、個別行政法規にあまり規定されていないことが挙げられる。三面関係的な行政法理解に立てば、こうした局面で行政の執行活動をどう動機づけるかが大きな課題となる。

　(b)　**適格訴訟団体**　　適格訴訟団体は、集団的利益を実現すべく設立された団体であり、利益実現に向けた動機づけは一般的にいって十分なされているといえる。また、当該利益の実現に関心のある私人が団体を構成することによって専門知が産出され、それが利益の実現を容易にすることも期待できる。公益を担う行政の側から見れば、適格訴訟団体の活動は私人による法執行であり、訴訟に持ち込まれる前の交渉によって当該利益が実現されるとすれば、規制の民間化の一種ともいえる。しかし他方で、訴訟活動やその準備活動・訴訟を背景とした相対交渉などには莫大なコストがかかるため、活動資金を安定的に確保することが不可欠となる。

3　事業者団体による消費者利益保護の可能性

　行政・適格訴訟団体と並んで事業者団体（業界団体）も、制度設計の仕方によっては、消費者利益の保護の担い手となりうる。ここでは、事業者団体による自主規制が比較的古い段階から法律で定められてきた貸金業に対する規制を取り上げる。

⑴　貸金業規制の展開と自主規制

　第二次世界大戦後の日本社会においては、戦前には一定程度存在していた庶民向けの金融機関が企業の間接金融にその業務の中心をシフトさせたため、銀行業が個人向けに融資を行うことは少なくなり、代わって高金利・無担保融資を行う消費者金融業者が漸次増加してきた。銀行業に対しては厳しい参入規制と護送船団行政を展開してきた大蔵省は、貸金業者に対しては長期間介入を避けてきた。以下では、戦後の貸金業規制の分岐点となった3つの年を取り上げ、その時々の貸金業規制構想と自主規制に期

---

45)　大橋洋一「行政法総論から見た行政訴訟改革」同『都市空間制御の法理論』（有斐閣・2008年）369-387 (382) 頁［初出2004年］。
46)　代表的な文献として、田中英夫＝竹内昭夫『法の実現における私人の役割』（東京大学出版会・1987年）。

待された役割を検証する。

(a) 1954年—戦後の規制枠組の成立と自主規制　1954年は、戦後の貸金業規制の枠組を決定した、「出資の受入、預り金及び金利等の取締等に関する法律」（以下「出資法」という）及び「利息制限法」が制定された年である。刑事罰によって高金利を禁止する出資法と、一定以上の金利を定める契約を民事上無効とする利息制限法とは、戦後の貸金業規制の主軸となってきた。ここで注意すべきなのは、貸金業者そのものを規制する行政法規が、独立の法律としては存在していないことである。

しかしこのことは、貸金業者に対する行政法的な規制手段が従前用いられてこなかったことを意味しない。確かに利息制限に関する法的規制は、高金利の契約を民事上無効とする1877 (明治10) 年の (旧) 利息制限法に端を発する[47]。これに対し、行政法的な規制手段が取られた最初の例は1936年の「金融業取締規則」（警視庁令29号）であった[48]。これは明治憲法9条に基づく警察命令であり、金融業の許可制と行為規制を定める内容であった。この流れに加え、戦後改革の中でGHQや大蔵省が推進した金融業法構想をも受けて定められた1949年の「貸金業等の取締に関する法律」（以下「貸金業取締法」という）は、貸金業者の事前届出制と行為規制を定め、また臨時金利調整法に基づく金利最高限度を罰則によって担保するしくみを置き、貸金業に対する金融行政の第一歩としての性格を持つものであった。ところが、事前届出に応じた業者は予想された数の約1割にとどまる一方で、すでに死文化していると考えられていた (旧) 利息制限法を下級審が貸金業者にも適用するようになったため[49]、大蔵省はこの規制構想の変更に迫られた。この結果、1954年に成立した出資法は、刑事罰によるコントロ

---

47) すでに1842年には江戸幕府により、上限金利を年12％とする「金銀貸金利足改正之義」が出されていた。これに対し明治政府は1871年に、自由主義的な考え方に基づき金利規制を廃止した。しかし1875年以降の深刻な政治・経済危機を受けて、1877年に (旧) 利息制限法が制定されたのである。以上につき参照、渋谷隆一「サラリーマン金融の源流と高利貸政策」同編『サラリーマン金融の実証的研究』（日本経済評論社・1979年）5-44 (27-34) 頁。
48) 大河純夫「戦後貸金業法制の成立とその動揺(1)」立命館法学（立命館大学）141=142号 (1978年) 659-693 (666) 頁。
49) 髙橋勝好「貸金業者の金利の性格(1)」法律時報23巻3号 (1951年) 34-41 (34) 頁。

ールを中心とし、国会審議段階で追加された貸金業者の事後届出制は、大蔵省によって情報収集手段としてのみ使われることとなった。このように、戦後の貸金業規制枠組の成立段階において行政法的な規制手段が採用されなかった理由は、業者があまりに多すぎてその把握が難しかったことと、業者に届出をさせても金利の面で業者が有利になるしくみを作ることができなかったことにあった。大蔵省は、貸金業規制を刑事罰によるコントロール（主として警察庁）に委ね、事後届出制の運用にも消極的だったのである[50]。

　戦前において庶民金融の中心となっていたのは、無尽会社や市街地信用組合であった[51]。これらは相互連帯的な金融機能を担い、個人客に対する貸付を主要業務としていた。しかし戦後になると、これらは中小企業向けの融資を業務の中心とするようになり[52]、大銀行も含めて銀行が個人客に対して融資を行うことは例外的になってきた。これは企業が間接金融に依存し、また高度成長期以後は国債消化機能が銀行に期待されてきたことの裏返しでもあった[53]。ここに目を付けたのが銀行以外の貸金業者である。大量生産の時代に入って対物信用である質屋業が衰えていくのに対し、とりわけ安定した収入があるサラリーマンに対して、初めは団地金融という名称で、後にはサラリーマン金融として知られるようになる消費者金融業者は、無担保・高金利の融資によって事業規模を拡大し始めた[54]。そして悪質な取り立てや違法な金利が社会問題化し始め、さらに、昭和30年代後半からの一連の最高裁判決によって利息制限法が空文化する中で[55]、1972年に議員立法

---

50)　斎藤和夫「貸金業者と市民生活侵害事犯」警察学論集21巻10号（1968年）58-81 (65) 頁、中馬義直「出資取締法と利息制限法の関係」ジュリスト664号（1978年）50-57 (51) 頁、大河純夫「サラリーマン金融の法的規制」渋谷隆一編『サラリーマン金融の実証的研究』（日本経済評論社・1979年）159-201 (164-183) 頁。

51)　全国信用金庫協会編『信用金庫25年史』（全国信用金庫協会・1977年）31-35頁。

52)　野口祐編『日本の信用金庫』（日本評論社・1972年）33-35頁。

53)　森静朗「サラリーマン金融の成長要因と現状」渋谷隆一編『サラリーマン金融の実証的研究』（日本経済評論社・1979年）84-104 (90) 頁。

54)　岡田康雄編『消費者金融　素朴な質問77』（日本消費者金融協会・2000年）27頁、前田直典編『JCFA創立35周年記念誌 all the way』（日本消費者金融協会・2004年）47頁。

55)　最大判1964（昭和39）年11月18日民集18巻9号1868頁、最大判1968（昭和43）年11月13日民集22巻12号2526頁、最大判1969（昭和44）年11月25日民集23巻11号2137頁。

として制定されたのが、「貸金業者の自主規制の助長に関する法律」(以下「自主規制法」という) であった。他方でこの法律は、出資法によっては善良な貸金業者が保護されず健全な業界秩序が形成されないとして、1955 (昭和30) 年以来、単独の貸金営業法の制定を求めてきた業界団体 (社団法人全国金融業団体連合会) の要求の部分的な実現でもあった。[56]

　自主規制法の主要な内容は次の 2 点であった。第 1 は、貸金業者の業界団体として都道府県ごとに民法上の公益法人たる「庶民金融業協会」を設立し、契約内容適正化や顧客の利益を不当に侵害する行為を自主規制によってコントロールさせるとともに、苦情処理のための機関を設置することである (3 条・7 条)。庶民金融業協会の全国組織として同じく公益法人の「全国庶民金融業協会連合会」も設立できることとされた (11条)。第 2 は、いわゆる政令金利の導入である (4 条)。これは、庶民金融業協会会員に対して政令により定める金利以下の金利で資金を提供する努力義務を課したものである。ただし「貸金業者の自主規制の助長に関する法律第 4 条に規定する金利を定める政令」(昭和47年 9 月21日政令第337号) で定められた内容は、「庶民金融業協会が、金融情勢を勘案して、資金需要者たる顧客に対しできる限り低廉な金利により資金の提供がされることを旨として、その定款で定める金利」であり、明確な数字で示されたものではなかった。これは、自主規制法の趣旨を尊重したこと、また各都道府県によって実情が異なることを背景とした規定であった。[57]

　わが国の立法において、法律の題名に「自主規制」の文言が使われたのは、これまでのところこの自主規制法だけである。貸金業規制分野で自主規制が政策執行手段として選択された背景として考えられる事情は次の 2 点ある。第 1 は、行政による対象業者捕捉の困難性である。1949年の貸金業取締法の失敗から、大蔵省は参入規制に消極的であり、その代替策とし

---

56)　沖野岩雄編『貸金業現代史 (上)』(信用産業新報社・1992年) 30-31、43-89頁。
57)　「貸金業者の自主規制の助長に関する法律第 4 条に規定する金利を定める政令の運用について」(昭和47年 9 月25日大蔵省銀行局中小金融課長発財務局理財部長宛事務連絡)。立命館大学人文科学研究所紀要 (立命館大学) 30号 (1979年) 269-270頁所収のものを参照した。

て業界団体を形成して自主規制をさせることが選択された。第2は、利息制限法の上限金利との関係である。たとえ対象業者が無数であったとしても、許認可を得ることにより何らかの経済的メリットがあれば、事業者は自ら申請を行うはずである。しかし貸金業規制についていえば、貸金業者独自の上限金利を設定することに貸金業取締法段階で失敗したことが尾を引き、行政による業界秩序の形成を可能にする経済的インセンティブの切り札を欠いていた。自主規制法の政令金利は法律の優位原則によって利息制限法の上限（年15～20％）を超える金利にできないため、この問題の解決にはならなかった。

(b) **1983年―貸金業規制法の立法化と自主規制**　1974年以降、サラリーマン金融の問題がしばしばマスコミで取り上げられ、大きな社会問題としてクローズアップされるようになった。自主規制法の担い手として期待されていた庶民金融業協会への加入率は1978年3月時点の調査で32％程度にとどまり[58]、協会加入に伴う負担に見合う経済的メリットのなさから[59]、以降も加入は進まなかった。こうした事態を受けて1983年に成立した「貸金業の規制等に関する法律」（以下「貸金業規制法」という）は以下の3点を主要な内容とするものであり、貸金業規制の枠組を大きく変更した。

第1は、事前登録制と業務規制の導入である。無登録営業に対しては刑罰の制裁が科される。業務規制の内容としては、広告規制・契約内容書面交付義務・過剰貸付禁止・取り立て行為規制などが含まれた。第2は、出資法の刑罰金利を業として貸付を行う場合には金利を大幅に引き下げて年40.004％とするとともに、利息制限法の上限を超えて出資法の刑罰金利の範囲内の金利を債務者が「任意に」支払った場合には、貸金業法所定の義務を貸金業者が履行しているときに限り、有効な利息の債務の弁済とみなす規定が設けられたことである（貸金業規制法43条）。この規定は、一方では

---

58) 三浦正顕「貸金業の実態と今後の貸金業行政の方向」旬刊金融法務事情875号（1978年）21-23（21）頁。一方、協会側の調査によれば、加入率は10％程度であったという（沖野・前掲註56）110-112頁）。
59) 朝比奈秀夫他「新法下の大蔵省行政・貸金業協会にのぞむ」月刊消費者信用1巻6号（1983年）20-27（22）頁〔丸山慶蔵発言〕。

利息制限法に関する最高裁判例を覆すものであった。しかし他方で、登録と行為規制に服する経済的インセンティブがなければ制度が動かないことは、1949年の貸金業取締法の失敗以来実証済みであり、過渡的な手段としては一定の合理性を有していたともいいうる。第3は、自主規制のための団体として都道府県ごとに「貸金業協会」を民法上の公益法人として設立し、さらに、その全国組織の「全国貸金業協会連合会」を設置できるとしたことである。

　自主規制法と比較した貸金業規制法における自主規制の取り扱いの特色は次の3点に認められる。第1は、事前登録制の導入に伴い申請受付を貸金業協会に代行させることによって、加入率の向上を図ろうとしたことである(31条、同法施行規則27条)。大蔵省側は貸金業協会を通して行政指導等による業界コントロールを意図していた。第2は、苦情相談・カウンセリング機能の強化である。自主規制法においても、苦情対応機関を庶民金融業協会に設置することが法定されていた。これに対し貸金業規制法は、苦情解決を貸金業協会の業務と明記した(25条)。これを受けて協会は債務相談に関する部門を強化し、問題事例については除名や行政庁への通報で対応する自主規制執行手段が整備されることとなった。第3は、過剰貸付抑制のための指定情報機関制度の導入である。もともと1975年頃から業界の有志によって、貸付情報を相互に交換することが始まっており、貸金業規制法はこれを貸金業協会の指導業務として位置づけた。これは訓示規定として導入された過剰貸付禁止(13条)を制度的に担保する方策であった。

(C)　**2003年―度重なる社会問題化と自主規制**　貸金業規制法はその後、1991年の法改正でノンバンクの土地関連融資の適正化を目的とする事業報告書提出義務と目的規定に「国民経済の適切な運営に資する」との文言が

---

60)　先崎勝「貸金業規制二法の概要」ジュリスト796号(1983年) 48-52 (52)頁。
61)　朝比奈他・前掲註59) 23頁〔朝比奈発言〕。
62)　朝比奈秀夫「貸金業規制二法の運用と政令・省令・通達の解説」ジュリスト807号(1984年) 14-19 (18)頁、沖野岩雄編『貸金業現代史(下巻)』(信用産業新報社・1992年) 31-41頁。
63)　矢野利平「貸金業界の苦情・相談処理状況」ジュリスト1207号(2001年) 100-105 (105)頁。
64)　岸紀子『貸金業の真実』(ピーケイシー・2006年) 82頁。

追加される[65]以外には、大きな改正を経験してこなかった。しかし、1990年代後半からのいわゆる商工ローン問題を契機に、中小企業などに対する過剰融資・過酷な取り立てがクローズアップされ、2000年に法改正がなされた。この改正では、保証人に対する書面交付義務や取り立て行為規制の強化が図られ、また同時に行われた出資法改正では、刑罰の対象になる上限金利が29.2％に引き下げられた。

　2000年改正法に規定されていた3年後の見直し規定を受け、2003 (平成15) 年に再度、貸金業規制法が改正された。その際に問題とされたのは、無登録営業者による超高金利や悪質な取り立て行為 (いわゆる「ヤミ金」問題) であり、改正の力点は、登録の厳格化と無登録営業に対する罰則の強化、無登録業者の広告禁止などに置かれた。あわせて、新しい自主規制手段として貸金業務取扱主任者制度が創設された[66]。これは、貸金業者が営業所・事務所ごとに主任者を選任し、従業員が法令を順守するのに必要な助言・指導を行わせるものである (貸金業規制法24条の7)。主任者制度は、事業者の中にコンプライアンスを担当する職を置くことで内部の意思決定の適正化を図ろうとするものであって、自主規制の類型論でいえば監査認証モデルに該当する。加えてこの主任者制度は、業界団体への加入促進策としての性格をも有していた。なぜなら、主任者は都道府県知事が行う研修を受けなければならないとされ、その研修を貸金業協会・全国貸金業協会連合会等であって内閣総理大臣が指定する者に委託することができるしくみが、あわせて設けられていたからである[67]。

(2)　自主規制の制度設計

　2003年改正法に規定されていた3年後の見直し規定を受け、2006年に貸金業規制法が大幅に改正された。多重債務者問題を中心とする消費者金融に対する強い風当たりを背景にしたこの法改正では、一方では格差社会に

---

65)　馬渕克美「貸金業規制法の一部改正について」ジュリスト983号 (1991年) 68-70 (69) 頁。
66)　奥克彦「『ヤミ金融対策法』(貸金業規制法および出資法の改正法)の概要」旬刊金融法務事情1683号 (2003年) 34-38 (37) 頁。
67)　国が認定する資格制度の実現は協会側の年来の要求であった。全国貸金業協会連合会ではすでに1988 (昭和63) 年に金融取引管理者認定制度を理事会決定し、業界団体内部のしくみとしての制度化を行っていた。参照、沖野・前掲註62) 308-312頁。

あって消費者金融業界が大手を中心に「ビジネスモデル」として高い収益を上げていることに対する批判を[68]、他方では同年に連続して出された最高裁判決による貸金業規制法43条のみなし弁済規定解釈の厳格化の流れを踏まえ、再三にわたり批判の対象となってきたいわゆるグレーゾーン金利の撤廃に漕ぎ着けた。この改正で意識されたのは、消費者金融大手でも不適切な取り立て行為が行われていたこと、そして多重債務者問題であった[69]。

改正のポイントの第1は参入規制・業務規制の強化である。登録に必要な最低資本金額の引き上げや取り立て行為規制の強化などが規定された。第2はみなし弁済の廃止・グレーゾーン金利の撤廃である。2006年に相次いで出された最高裁判決で示された弁済の「任意」性の厳格解釈がここに大きな影響を与えている[70]。民事法・刑事法・行政法の上限金利が統一されることは、貸金業者に対する行為規制をしやすくする環境を準備することになる反面、ハイリスクの顧客に対する貸付が拒絶されることが不可避である[71][72]。その対策として、マイクロクレジットに代表される小口顧客に対する低利融資のシステム整備が不可欠となろう[73]。第3は従来自主規制に委ねられてきたしくみが法定化されたことである。多重債務者対策としての改

---

[68] この点を最も明瞭に描き出している著作として参照、須田慎一郎『下流喰い』（筑摩書房・2006年）84-90頁。つとに、宇都宮健児『消費者金融　実態と救済』（岩波書店・2002年）52-66頁も、この問題を取り上げていた。

[69] 参照、森雅子「『貸金業法』改正　目指したのは健全な業者だけを残すこと。」月刊クレジットエイジ28巻1号（2007年）10-15 (10-11) 頁、井手壮平『サラ金崩壊』（早川書房・2007年）83頁以下、田崎史郎「『政策決定の動向』『政権構造』の見誤り、マスコミ、とりわけ論説委員との対話不足が敗因なのでは」月刊クレジットエイジ28巻7号（2007年）19-25 (22) 頁。

[70] 最二小判2006（平成18）年1月13日民集60巻1号1頁、最一小判2006（平成18）年1月19日判例時報1926号17頁、最三小判2006（平成18）年1月24日民集60巻1号319頁。

[71] その理論的意義につき参照、潮見佳男「貸金業規制法と私法秩序」吉田克己編『競争秩序と公私協働』（北海道大学出版会・2011年）139-165 (154-158) 頁［初出2007年］。

[72] 花岡博「市場は急速に縮小、ヤミ金融の跋扈と自営業者の倒産に懸念」週刊金融財政事情58巻21号（2007年）20-23 (20) 頁。

[73] 坪井ひろみ『グラミン銀行を知っていますか』（東洋経済新報社・2006年）25頁。わが国の事例として参照、吉野信行「貸金業の規制等に関する法律の改正と貸金業を取り巻く環境変化」法律のひろば60巻4号（2007年）4-9 (7) 頁、藤井良広『金融NPO』（岩波書店・2007年）73-102頁。

正法の目玉である過剰貸付禁止を制度的に担保する指定情報機関が法定化されることとなった。また2003年改正で導入された貸金業務取扱主任者は必置とされ、資格制度が導入された。さらに、貸金業者はカウンセリング機関を紹介する努力義務があることが規定された。これらは社会実験としての自主規制の成果を踏まえた法制化のプロセスをたどったものと評価できる。[74] これらに加え、次の通り、貸金業協会による自主規制のしくみが大きく強化された。

(a) 組織法的側面—公益法人から認可法人へ　2006年の法改正によって貸金業協会は民法上の公益法人から貸金業法上の認可法人へと変更された。また従来は都道府県単位の貸金業協会とその全国組織の全国貸金業協会連合会の二層制を取っていたのに対し、改正法では全国組織としての貸金業協会が各都道府県に支部を置く一層制へと変更した。認可法人への変更によって内閣総理大臣による強いコントロールを受けることとなり、また一層制への変更は、従来必ずしも一体的に機能してきたとはいえなかった全国組織と地方組織を統合することが目的とされている。[75] 認可法人化案は、金融庁に設置されていた貸金業制度等に関する懇談会の検討過程からではなく、当時の連立与党の「貸金業制度の改革に関する基本的考え方」(2006年7月6日) で出されたものである。[76] そこでは、金融商品取引法の証券業協会をモデルとした制度化が指向されたことが窺える。この法改正を受けて、2007年12月に認可法人としての日本貸金業協会が設立された。

従来の行政法理論においては、特別の法律によって設立される「特殊法

---

74) これらもまた、業界団体への加入促進策と位置づけることができ、またグレーゾーン金利の撤廃に対する一種の交換条件と見ることができる。1991年改正における目的規定の追加や2006年改正により「貸金業法」と法律の題名が変更されたこともまた、政治的には同じ機能を持っている。参照、岡田康雄編『JCFA 30年とその未来像』(日本消費者金融協会・1999年) 69頁、全国貸金業協会連合会企画調査委員会編『平成18年版貸金業白書』(全国貸金業協会連合会・2007年) 2頁 (石井恒男「貸金業法改正は現代のパンドラの箱である」)。
75) 高橋洋明「貸金業の規制等に関する法律等の一部を改正する法律の概要」法律のひろば60巻4号 (2007年) 10-17 (12) 頁。改正理由として正面から謳われているわけではないものの、貸金業協会の一層制化は、金融庁による貸金業協会の一元的監督を可能にする点でも、行政側にはメリットがあったと思われる (岸・前掲註64) 85頁の記述に示唆を受けた)。
76)「新生『貸金業協会』誕生は相当の難産に」月刊消費者信用24巻11号 (2006年) 32-34 (32) 頁。

人」との対比で、特別の法律に基づき主務大臣の認可を得て設立される法人を「認可法人」と称してきた。また認可法人は、特殊法人の設立が行政改革によって制限されるとその代替策としても利用されてきた。しかし2001年の特殊法人等改革基本法及び特殊法人等整理合理化計画に基づき、現在でも狭義の認可法人に整理されているのは、日本銀行・預金保険機構・日本赤十字社などにとどまる。ここでいう狭義の認可法人とは、先の認可法人の定義に、国による役員の任命・国等の出資があり、かつ共済組合・地方共同法人でないものという条件が付け加わる。整理合理化以前に認可法人と整理されていたもののうち、特殊法人と同じく国家の行政機構の延長の性格を持つ組織は独立行政法人化され、業界団体は国による出資や役員任命を撤廃することで「特別の法律により設立される民間法人」のカテゴリに整理された。以上のような経緯をたどったため、現在では「認可法人」の概念は、説明概念としてもその切れ味が著しく悪くなっているといわざるをえない。この分類によれば、改正法に基づく貸金業協会の位置づけは「特別の法律により設立される民間法人」となる。

　それでは、このような（広義の）「認可法人」とはいかなる性格と規定できるだろうか。第1の手がかりは、公益法人から認可法人への転換が先行した証券業協会と日本商品先物取引協会である。証券業協会は、証券不祥事直後の1992年の証券取引法改正で認可法人に転換した。これを受けて証券業協会は業務規程を改正して自主規制の内容を強化したほか、自主規制ルールの形式面での明確化も行った[78]。また1999年の商品取引所法改正により、それまでの日本商品取引員協会が、自主規制部門を担当する認可法人の日本商品先物取引協会と業界団体の日本商品先物振興協会とに分離した[79]。認可法人化は、業界利益の影響から自主規制活動を独立させ、それにより自主規制に対する信頼性を確保する手段ともなりうる[80]。第2の手がかりは、貸金業協会に対する新旧の法規定の比較である。改正以前の貸金業規制法

---

77)　塩野宏『行政法Ⅲ［第4版］』（有斐閣・2012年）108-110頁。
78)　大武泰南「証券取引所の自主規制」田中誠二先生追悼論文集刊行会編・田中誠二先生追悼『企業の社会的役割と商事法』（経済法令研究会・1995年）431-445 (436) 頁。
79)　「『信頼される市場』構築をめざして」週刊東洋経済5655号（2000年）4-6 (5) 頁。
80)　大森泰人「借手のことを考えない貸手は消えてください。」月刊クレジットエイジ28巻2

には、協会が担うべき業務 (25条)、契約約款の作成・都道府県知事による認可 (27条)、苦情解決・協会員に対する説明要求 (28条)、研修の実施 (29条)、過剰貸付の防止・信用情報機関の利用指導 (30条)、申請・届出の協力 (31条) が規定されていた[81]。これに対し改正法では、認可申請書の審査基準 (28条)、営利追求の禁止 (30条)、業務規程の必要的記載事項 (32条)、業務規程認可 (33条)、政令で定める加入率の達成義務 (37条2項)、過怠金賦課権限 (38条)、内閣総理大臣による役員の解任命令 (40条)、定款等の変更命令 (41条の3)、法令違反に対する認可取り消し・業務停止命令 (41条の4)、内閣総理大臣の立入検査権 (41条の5) といった、以前には見られなかった強力な監督権限が認められている。とりわけ注目すべきは、内閣総理大臣が団体の自律性の中核ともいうべき定款・業務規程の変更を命じたり、役員の解任命令を出したりすることができることである。これほど強力な監督権限を公益法人一般に認めれば、結社の自由に基づき社会における集団的行為を支援するために必要な法的フォーマットを提供するという、民事の法人法制のコンセプトに反する結果となろう[82]。逆に「認可法人」となると、そうした法人の自律性よりも公的任務遂行が優先するとの立法者の判断が介在することで、より強度の法人監督に服することが許容されるのである。この意味で「認可」は、公共組合の設立に対するそれと同じ意義を持ち、社会の側に属していた団体を公的任務遂行主体として位置づける法技術と捉えることができる。

　(b)　作用法的側面―アウトサイダーへの規制　　2006年の改正では、自主規制ルールの法形式として貸金業協会の「業務規程」が選択され、その必要

　号 (2007年) 4-11 (7) 頁は、このような方向の制度改正が将来的に必要となるかもしれないとする。貸金業界は包含されている業態が多く、かつ大手と中小との利害対立構造も存在するため、従来から業界団体構造の再編の必要性が指摘されてきた (「今こそ必要な『前向きの努力』」月刊クレジットエイジ21巻3号 (2000年) 3-12頁、「貸金業界団体改革論」月刊消費者信用18巻3号 (2000年) 10-20頁)。
81)　改正前の貸金業規制法のもとでの自主規制の具体的内容を示すものとして参照、神奈川新聞社出版局編『神奈川県貸金業協会20周年記念誌』(神奈川県貸金業協会・2003年) 128-181頁。
82)　藤田友敬「企業形態と法」岩村正彦他編『岩波講座・現代の法7　企業と法』(岩波書店・1998年) 35-61 (36) 頁。

的記載事項は法定された。さらには業務規程の制定改廃に対しては内閣総理大臣の認可が必要となり、また内閣総理大臣は「資金需要者等の利益の保護のため必要かつ適当であると認めるときは、その必要の限度において」(41条の3) 定款・業務規程の変更命令を出すことができる。こうした作用法的監督措置は日米の証券取引規制における自主規制にも見られるものであり、その規律技術が貸金業規制にも応用されたものと評価できる。さらに、貸金業協会の構成員に対する懲戒権限（過怠金賦課・除名等）の明文化 (38条) [83] と並び、貸金業協会に加入していないアウトサイダーに対しても改正法は強力な規制手段を準備している。それは、非加入業者に対して貸金業協会の自主ルールと同等の社内規則の制定を義務づけ、その遵守状況を行政が直接監督するものである (24条の6の12)。すなわち同条1項は、「内閣総理大臣又は都道府県知事は、その登録を受けた貸金業者であって貸金業協会に加入していないものの貸金業の業務について、資金需要者等の利益の保護に欠けることのないよう、貸金業協会の定款、業務規程その他の規則を考慮し、適切な監督を行わなければならない」と規定する。ここでいう「適切な監督」とは、「貸金業協会に加入し、自主規制に服し、貸金業協会の調査・監査を受ける貸金業者との衡平性が確保された監督と解される」[84]。そこで、非協会員は協会に加入するか、全く独力で社内規則の制定（同条2項）等の体制整備を行うかの選択を求められることになり、後者の負担を回避すべく、貸金業協会への加入がなされることが期待されるとされる[85]。

---

83) 構成員に対する懲戒権の明文化、とりわけ過怠金賦課権限が法律で認められることが、認可法人としての自主規制団体の特色といえる。この点につき参照、栗原毅「国民の信頼を得る貸金業へ変わるチャンス」月刊クレジットエイジ28巻11号 (2007年) 4-9 (7) 頁。
84) 大森泰人編『Q&A 新貸金業法の解説』(金融財政事情研究会・2007年) 31頁。
85) 立案担当者によれば、2006年の法改正のポイントの1つは、貸金業者に対して銀行並みの法令遵守体制を要求することにあったという（市川健太「『新貸金業法』のもとで生き残るためには。」月刊クレジットエイジ28巻4号 (2007年) 28-35 (30) 頁）。法律の題名の「貸金業法」への変更は、貸金業者を金融の一部門と位置づける代わりに、他の金融部門で求められている規制水準の遵守を要求するものであったとも考えられる（大森泰人「貸金業は金融市場の一翼を担う存在として位置づけられた」月刊消費者信用25巻2号 (2007年) 30-37 (31-32) 頁は、金融商品取引法の「適合性の原則」の考え方が貸金業法にも導入されたと述べる）。

自主規制を担う団体の加入率が必ずしも高くない場合、団体が定めた自主規制ルールをアウトサイダーに及ぼすことができるかどうか、できるとしてどのような正当化根拠を持ち出すかは、分野を問わず普遍的に存在する問題である。[86]改正法のモデルになった金融商品取引法の場合には、上記と同様の規定が同法56条の4に存在する。また自主規制団体への加入促進効果を狙って事業者内部の体制整備を義務づける手法は、ドイツにおけるメディアの自主規制（青少年保護担当者）にも見られるものである。[87]他方で、少なくとも現状において加入率の点で証券業協会と比べてもかなり低い貸金業協会の状況を念頭に置いた場合、多数派となるアウトサイダーに対する規制の内容が、業界内少数派の貸金業協会によって事実上決められることが公法学の観点から許容できるのかについては疑問の余地がある。また仮に加入率が上がったとしても、貸金業協会の自主規制によって影響を受ける範囲は消費者（資金需要者）にも及ぶから、その利害を反映する規則制定のしくみが準備される必要性は残される。その判断の際には、作用法的な是正の余地（上記の認可・変更命令）と並び、自主規制規則の制定手続がどのように設計されるかが重大な要素となる。

　(C)　**手続法的側面—自主規制規則の制定手続**　改正法は、自主規制規則である業務規程の制定手続に関する規定を置いていない。しかし、貸金業協会は広義の認可法人に該当するので、「行政手続法第6章に定める意見公募手続等の運用について」（総管第139号・2006年3月20日）に則り、自主規制規則を制定改廃する場合には、国の行政機関が行う手続に準じた意見提出手続を経る必要があるとされる。[88]改正法がモデルにした金融商品取引法で

---

86)　具体例として、不当景品類及び不当表示防止法の公正競争規約がある。参照、原田・前掲註43）28頁。
87)　原田・前掲註43）170頁。
88)　大森編・前掲註84）32頁。2007年の日本貸金業協会設立時にパブリックコメントに付された定款案等については、「『新・貸金業協会』設立に向けて」月刊クレジットエイジ28巻9号（2007年）10-31頁及び「『苦情処理及び相談対応に関する規則』（案）」月刊クレジットエイジ28巻10号（2007年）14-31頁を参照。苦情対応の現状につき参照、「日本貸金業協会の『お客様相談・苦情処理・紛争解決』への取り組み」月刊クレジットエイジ34巻3=4号（2013年）8 -15頁。

も、自主規制規則の制定改廃に関する手続的なルールの定めはない。

　政策実現の手段として自主規制を法執行の枠組に組み込む場合、その主たる目的は、状況の変化に応じた執行の最適化にある。自主規制団体が持つ専門的知識・暗黙知を政策執行過程に導入することで、状況への迅速な対応と被規制者への受容度の向上を図ろうとしているのである。この意味で自主規制団体への法執行の授権は、行政裁量の一般論と共通性を持つ。そうだとすれば、行政裁量の有効な統制手段と位置づけられている手続的統制のアイデアを、自主規制に対する法的コントロールにも転用することが考えられる[89]。その際の制度設計のオプションには次の2つがありうる。

　第1の方法は、自主規制団体による規制執行活動を監督する権限（自主規制団体が活動しない場合に行政が独自に監督活動を行いうる並行権限を含む）を法律で与えておき、行政機関が監督活動を行う段階で行政手続法の適用を図るものである。アメリカの証券取引法制は基本的にこの手法を用いており[90]、これは、自主規制団体の自律性と行政過程における幅広い利害の考慮を両立させる制度設計といえる。第2の方法は、自主規制団体への強制加入を行わせた上で、団体の民主的意思形成の手続を法定することである。ドイツの作用特定的自治や日本の公共組合はこうした手段を取っており、行政過程への参加手段としては最も強力な方法といえる。2006年の法改正では、結社の自由との抵触関係への配慮から、貸金業協会への強制加入制の導入は見送られている[91]。しかし先に指摘したとおり、強制加入制を特色とする公共組合と今回の法改正で用いられた広義の「認可法人」とは機能的にはほぼ等価であることを考慮すれば、公共組合に見られる団体内意思形成過程の法定化の手法を広義の「認可法人」に適用する理論的な基盤は存在する。

---

89) 原田・前掲註43) 165頁。
90) 原田・前掲註43) 151頁。
91) 大森編・前掲註84) 31頁。

IV 集団的消費者利益の実現—実現手法

　集団的消費者利益に代表される集団的利益の主要な実現主体である行政と適格訴訟団体・業界団体は、それぞれ強みと弱みを持っている。そうであるとすれば、集団的消費者利益をよりよく実現するためには、弱みをカバーし、強みを生かし合うような組み合わせに基づく制度設計を行う必要がある。行政法と民事法の組み合わせによる複線的な法システムが集団的消費者利益の実現の局面においても指向される理由は、ここに存する。ただし、複線的システムでは、どちらかの機能不全をどちらかがカバーする可能性が高まるメリットがある反面、全てが作動した場合に被規制者に対して過大な不利益が及ぶおそれがある。そこで、相互のシステム作動の交通整理のルールについても合わせて検討する必要がある。[92] 以下でも、利益代表資格の観点と利益実現の実効性の観点の2つに分けて、考えられる制度設計を素描する。

1　利益代表資格の観点
(1)　集合訴訟追行者としての行政

　2013年に制定された集団訴訟特例法では、訴訟を2段階に分け、第1段階では共通争点を争い、第2段階で各自の損害を争うことが規定されている。そして第1段階の訴訟追行者として、消費者契約法上の適格消費者団体に要件を加重した特定適格消費者団体が予定されている（同法65条以下）。この点について、制度設計をめぐる議論の中では、行政機関にも訴訟追行させる可能性が指摘されていた。[93]

　日本の現行法制において、行政機関に裁判所に対する申立権を付与している例は稀少である。またそれらも、裁判所が一定の命令（injunction）を

---

[92]　原田・前掲註43) 280頁。
[93]　鹿野菜穂子「集団的消費者被害の救済制度と民事実体法上の問題点」現代消費者法8号（2010年）16-25 (24) 頁、中川・前掲註2) 34頁。

することが想定されており、損害賠償と結合したものではない。しかし、集合訴訟の第1段階で行政に訴訟追行させることは、一方では行政の保持する監督リソースを用いて消費者被害の実効的救済に道筋を付けることができ、他方では、行政が集合訴訟でも利用することを想定して証拠を十分に収集した上で慎重な判断をすることにより、違法な監督活動に伴う事業者側の経済的損害のリスクを低下させることができるかもしれない。また、適格消費者団体と行政の双方に訴訟追行を認めることで、行政に対する規制執行のインセンティブが働く可能性もないわけではない。

　行政に第1段階の訴訟を追行させる上での最大の理論的難点は、社会全体の利益を実現すべき行政が、部分利益たる消費者利益を代表して訴訟の一方当事者になることは不適切なのではないかということである。しかし先述の通り、消費者に関する集団的利益は一般に拡散性が高く、利益帰属主体の確定が可能な集合的利益であっても環境利益と比べてその人的範囲が著しく広い。消費者の集団的利益は、社会全体の利益と社会の部分利益の境界領域に位置づけられる利益であり、そのような場合には、保護規範によって当該利益が公益に変換されていることを前提に、行政が社会の部分利益を代表して訴訟追行することを通じて、全体利益の実現を図る構図を考えうるのではないだろうか。

(2) 適格訴訟団体の組織構造の規格化

　現在の日本法では、消費者契約法が定める適格消費者団体しか適格訴訟団体がない。しかし制度設計論としては、環境利益・文化的利益などの集団的利益に対しても、団体訴訟を活用することは考えられる。これらの団体訴訟にあっても、正統性をも根拠とするガバナンス・アカウンタビリティ構造規制は分野を問わず共通の内容を持つべきである。現行の適格消費者団体は、その基礎資格として特定非営利活動法人または一般社団・財団法人であることが要求されている（消費者契約法13条3項1号）。これに加え

94）例えば、金融商品取引法192条の定める緊急停止命令制度がある（神田秀樹監修・川村和夫編『注解証券取引法』（有斐閣・1997年）1329頁、桜井健夫「改正金融商品取引法の概要と実務上の課題」現代消費者法8号（2010年）57-66 (62) 頁）。

て、適格消費者団体に対する規制に見られるように[95]、①組織の目的として当該集団的利益の実現が明示され、かつその実績があること、②訴訟業務に関する情報管理体制が整備されていること、③意思決定が特定人によってなされておらず、また反対利害関係者に影響されていないこと、④訴訟業務を行うに足りる経理的基礎を有すること、⑤訴訟業務以外の業務が訴訟業務に支障を来さないこと、⑥何人も財務諸表・業務規程・訴訟活動に関する記録等の閲覧請求が可能であることなどが必要となろう（消費者契約法13条・31条）。これらを規定する適格訴訟団体の一般法を制定した上で、必要に応じて個別法で適格要件を加重する方式が考えられる。集団訴訟特例法では現にそのような立法スタイルが採用されており、同法の特定適格消費者団体の認定を得るためには、消費者契約法上の適格消費者団体として差止請求関係業務を相当期間にわたり継続して適正に行っていることに加え、情報管理・秘密保持体制の整備、損害回復関係業務に関する中立性確保などが要求されている（集団訴訟特例法65条）。

　適格訴訟団体の組織構造を規格化する際には、認定特定非営利法人制度や公益法人制度との連携・調整も検討されるべきである。確かに、団体訴訟に関する適格性を判断する考慮要素と、税制優遇を受けうる法人を選択する際の判断基準とは一致しない部分もある。しかし、正統性の観点から要求される適格消費者団体に対するガバナンス・アカウンタビリティ構造規制は、公益法人等に対するそれと類似する面がある。また両者とも不特定かつ多数の利益のために活動する（公益認定法2条4号、特定非営利活動促進法45条1項2号、消費者契約法13条1項）点は共通である[96]。適格消費者団体の経理的基礎を安定させる観点からも、こうした団体に対する税制優遇を検討

---

95) 磯辺浩一「適格消費者団体の課題」法律のひろば60巻6号（2007年）31-38（32）頁、消費者庁企画課編『逐条解説消費者契約法［第2版］』（商事法務・2010年）276頁。
96) 税制優遇の二本柱の1つである寄附控除制度は、公益のための資金配分の決定権を民主的過程ではなく財産権者の裁量に委ねるという点で、確かに「公益発見の仕組み」（藤谷武史「非営利公益団体課税の機能的分析（4・完）」国家学会雑誌（東京大学）118巻5=6号（2005年）487-599（571）頁）である。他方で、その前提として、控除の対象となる法人の活動が不特定多数者の利益実現の枠内に含まれていることを一般的に確保する法的仕組みも不可欠である。

すべきであろう。

(3) 適格訴訟団体の行政過程への参加権

現行法制の中で、適格消費者団体に行政過程における特別な参加権を規定した法令は存在しない。しかし一定の団体に行政過程への参加権を付与する制度設計は、理論的には考えられる[97]。例えば、事業者に対する許認可の際に利害関係者として意見を聴取する手続や、事業者に対する監督措置等の不利益処分を行うよう求める手続への参加権を想定しうる[98]。こうした手続を導入することで、従来から存在していた規制に対するブレーキ機能を持つ参加手続によって反映される利益と対立する利益も行政過程に位置づけられることとなり、行政による利害調整が適切になされることが期待される。さらに、このような参加手続の設定は、抗告訴訟における第三者の原告適格を肯定する重要な手がかりともなりうる[99]。

行政過程に団体が参加する制度設計として、わが国に以前から存在しているのが、前述の認可法人や公共組合である。とりわけ土地区画整理組合や健康保険組合に代表される公共組合は、強制加入制と組合員に対する処分権限の存在を理由に、行政組織法上の行政主体と位置づけられてきた[100]。公共組合は、同種の部分利益を集積して強制加入団体とした上で利害調整を内部で行わせ、終局的決定をも委ねる方式である。参加権の観点から見ればこれほど強力なものは他になく、決定の正統性は組織内部における民主的な手続で決まったこと（自律的正統化）に求められている[101]。他方で決定者と名宛人とが観念的に一致することから公正な決定に必要な距離が両者

---

97) 例えば、亘理・前掲註21) 190頁。この文脈における団体の行政過程への参加権と類似の機能を有するしくみとして、自然公園法39条は、国・地方公共団体以外の者が生態系維持回復事業の認定を受けて同事業を実施することを認めており、環境NPOがその担い手として期待されている。
98) ここでは、法令上の申請権には基づかないとされる、行政の職権行使の端緒としての「申出」（例：特定商取引に関する法律60条）よりも強い手続的関与権を想定している。
99) この方向での環境団体訴訟を構想する見解として参照、宮澤俊昭「行政に対する団体訴訟における参加権的構成についての覚書」横浜国際経済法学（横浜国立大学）21巻3号（2013年）247-281 (262) 頁。
100) 塩野・前掲註77) 113頁。
101) 仲野武志「行政過程による〈統合〉の瑕疵」稲葉馨＝亘理格編・藤田宙靖博士退職記念『行政法の思考様式』（青林書院・2008年）99-139 (114) 頁。

に確保されず、また部分利益のみによる決定が全体利益を歪ませるおそれがあることから、その意思形成に対してはさまざまな手続上・実体上の要件が法律によって与えられており（民主政的正統化）、これが決定の正統性を確保する重要な要素となる。公共組合と比較した場合、適格訴訟団体は一方で集団的利益を集積した団体ではあるものの、他方でその利害調整を内部化することを目的とするものではなく、むしろ行政過程や司法過程の中で当該利益を代表することが期待されている。そうであるとすれば、当該利益を享有する者を強制加入させる必要も、組織内決定における自律的正統性確保のための強度のガバナンス構造規制を行う必要もないであろう。ただし、適格訴訟団体の行政過程における参加権をより強いものにする（例えば、不利益処分の申請権を認める）場合には、民主政的正統化の観点から公共組合・認可法人に要求されるガバナンス・アカウンタビリティ構造規制の一部が、相応に適用される必要があるように思われる。

2 利益実現の実効性の観点

(1) 集合訴訟による行政法規の実現可能性

　不法行為法における行政法と民事法の組み合わせとして以前から議論されてきたのが、不法行為に基づく損害賠償における違法性判断要素として行政法規違反を取り込むことである。例えば、廃棄物の処理及び清掃に関する法律が定める処理場設置許可要件に違反することが民事差止の考慮要素となりうること（鹿児島地判2006（平成18）年2月3日判時1945号75頁）や、景観に対する侵害行為の民事上の違法性を判断するに際して、刑罰法規・行政法規違反が基準となること（最一小判2006（平成18）年3月30日民集60巻3号948頁）が挙げられる。こうした結びつきが広く認められるようになれば、一般に、行政による規制執行の代替・補完として民事の損害賠償・差止訴訟を位置づけうるようになる。こうした観点から、集合訴訟の導入は、

---

102) 原田・前掲註43) 208頁。
103) 吉田克己「民法学と公私の再構成」早稲田大学比較法研究所編『比較と歴史のなかの日本法学』（成文堂・2008年) 416-459 (430) 頁。
104) 原田・前掲註43) 193頁。

（行政による訴訟追行の制度設計がなされなくても）集合的利益に関連する消費者行政法規の強力な法執行手段となる可能性がある。[105]

(2) 日本型市民訴訟制度の可能性

しかし、集団訴訟特例法は損害賠償を念頭に置いたものなので、事後的な賠償請求の可能性を背景とした一般的な抑止効果によってしか損害発生の予防をすることができない。そこで、行政法上の団体訴訟によって、損害発生を防止する規制の執行を確保し、集合的利益の早期段階での実現を図ることが考えられる。立法による制度設計の方策としては、次の2つの方向がありうる。

第1は、適格訴訟団体に行政手続への参加権を個別の消費者法で認める立法を行うことである。適格訴訟団体はそのルートを用いて規制権限の行使を求めることになり、それが果たされなければ、現行の行政事件訴訟法の枠内でその適否が裁判所によって審査されることになる。[106]その基礎となるのは、個別行政実定法の参加権の規定によって団体に認められた団体固有の個別的利益である。第2は、例えば住民訴訟制度と同様に、訴訟法のレベルでこの種の訴訟を客観訴訟と位置づけて、適格訴訟団体による訴訟提起を認める方法である。[107]そのモデルとなるのがアメリカの市民訴訟制度

---

105) この方向性を理論的に推し進めると、行政法上の請求権を民事訴訟（私訴）によって実現する可能性を広く認める立場に到達する。このことを明確に説くものとして参照、中川丈久「取消訴訟の原告適格について（3・完）」法学教室381号（2012年）72-87（74）頁、宮澤俊昭「団体訴訟の実体法的基礎」小野秀誠他編・松本恒雄先生還暦記念『民事法の現代的課題』（商事法務・2012年）1059-1086（1084）頁。ただし制度設計論としては、ある法関係の内容はその当事者の特性（この見地から極めて興味深い論文として参照、岡本裕樹「行政契約に関する私法的観点からの覚書」同書1087-1119頁）や、それを取り巻く利害構造にも配慮して形成されるべきであり、行政法上の請求権そのものを私訴で実現する制度設計を行うとすれば、広範に利害関係者を訴訟手続に取り込みうる工夫が少なくとも必要であろう。関連して参照、大塚直「環境民事差止訴訟の現代的課題」同他編・淡路剛久先生古稀『社会の発展と権利の創造』（有斐閣・2012年）537-583頁。

106) 島村健「環境団体訴訟の正統性について」高木光他編・阿部泰隆先生古稀記念『行政法学の未来に向けて』（有斐閣・2012年）503-541（535）頁は、そのように解釈できる事例として、自然公園法の公園管理団体・風景地保護協定を挙げる。また、ドイツの自然保護法における団体訴訟（大久保規子「ドイツ環境法における団体訴訟」小早川光郎＝宇賀克也編・塩野宏先生古稀記念『行政法の発展と変革(下)』（2001年）35-56（47）頁）は、この系統に位置づけられる。

107) 曽和俊文「行政訴訟制度の憲法的基礎」ジュリスト1219号（2002年）60-68（65）頁。

である。これは環境法の規制執行を行わせるため、規制の不遵守による不利益を受ける市民に対し、違反者（事業者・行政機関）や裁量の余地のない行為を行わない連邦環境庁長官に対する提訴権を認める制度である。この種の訴訟は、憲法上の限界なく立法によって自由に創出できるわけではない。しかしすでに述べたように、法律上の争訟の概念に関する現在の憲法学の理解を前提とすれば、紛争の実態や行政活動に対する法的統制の可能性確保の観点から、憲法レベルの正当化は可能と考えられる。訴訟提起を基礎づける団体の利益は、客観訴訟の立法によって基礎づけられるべき公益とオーバーラップしており、このことが立法者の客観訴訟の立法化を憲法上正当化する要素ともなっている。ただし一旦そうした立法がなされれば、訴訟の段階で団体の主観的な利益の有無を判断する必要はなくなる。また、立法政策論的には、請求権の責任原因を基礎づける事業者の行為の評価の確認を請求権行使から切り離して適格消費者団体に委ねるという集団訴訟特例法の構造は、原因行為に対する行動糾弾型の確認訴訟を違法是正措置 (remedy) とは一旦切り離した上で利害関係のない主体に委ねるという点で、他の法分野における集団的利益に関する行政法上の団体訴訟の制度設計を検討する際にも応用可能な考え方のように思われる。

　それでは、上記のような手段を取らず、現行の訴訟法の解釈論の枠内で適格訴訟団体に規制権限行使を求めて提訴する余地はあるだろうか。ここでも最大の問題は、適格訴訟団体が担う利益である。利益帰属主体が確定できる集合的利益の場合には、利害関係のある消費者から個別の授権を得れば、多数当事者訴訟の枠内での処理が可能である。また、利益帰属主体が個別には特定できない拡散的利益であっても、それを正当に担いうる団体が提起すれば（任意的訴訟担当）、主観訴訟の枠内での処理が可能となるかもしれない。この場合に団体にその適性があるかどうかは、訴訟提起時

---

108)　北村喜宣『環境管理の制度と実態』（弘文堂・1992年）168-194頁が詳細である。
109)　この考え方につき参照、中川・前掲註36）133頁。
110)　抗告訴訟のこうした構造把握につき参照、興津征雄『違法是正と判決効』（弘文堂・2010年）330-333頁。また、レメディの観点から行政法上の権利のあり方を検討した論攷として参照、曽和俊文「権利と救済（レメディ）」高木光他編・阿部泰隆先生古稀記念『行政法学の未来に向けて』（有斐閣・2012年）543-572頁。

に裁判所が判断することとなる。その上で、訴訟の受け皿として想定できるのは、直接型義務付け訴訟（行政事件訴訟法３条６項１号）である。

(3) ディスゴージメントの導入

現在の課徴金は国庫に納付されるにとどまり、被害者救済に直接用いられるようにはなっていない。そこで、事業者の違法利益額を１つの基準として算定される課徴金を直接、被害者救済に充てるディスゴージメントの導入が検討されている[111]。さらに、被害者救済のための基金を設立し、課徴金に加えて適格訴訟団体が訴訟によって獲得した賠償金もここに投入し、逆に基金から団体の運営に必要な経費を支出できるようにすれば、団体の財政基盤を安定させることも可能となる。

ディスゴージメントを導入する際の論点は、資金の管理・分配に伴う事務的コストの増大にどう対応するか、事業者の不法行為に基づく賠償額と課徴金額を調整する必要があるかという点にある。以下では後者の問題を検討する。課徴金との調整対象として従来議論されてきたのは罰金との併科の問題であり、これが二重処罰禁止に該当するかどうかが問題とされてきた。周知の通り、不当利得のアナロジーで課徴金を説明する方法は、課徴金が刑事制裁とは機能を異にすることを強調するためにも用いられていた。これに対し、課徴金を被害者救済の使途に用いたり、適格訴訟団体が得た賠償額を団体の活動の財源に用いたりすると、機能的には消費者個人が企業に対して損害賠償請求する作用を制度化したものと見ることもできるため、課徴金と不法行為に基づく損害賠償請求権との調整が必要となるのではないかとの疑念が生じる。

一般的にいえば、ある利益が保護規範によって公益に変換され、行政法上の請求権・地位として位置づけられたとしても、そのことから直ちに当該利益を民事法上の手段によって追求することができなくなるわけではない[112]。例外的に、当該利益が行政行為の要件に組み込まれ、その利益の実

---

111) アメリカの制度につき、佐島史彦「米国証券取引法のディスゴージメント(上)」公正取引538号（1995年）42-49頁。
112) 山本（隆）・前掲註４）26頁。

現が行政行為の法効果として規定されれば、その実現は取消訴訟の排他的管轄に服することになり、民事訴訟による請求は不可能となる。この理解に立つと、課徴金の賦課要件が抑止効果を基準に設定され、また被害者救済給付金の請求権が加害者からの課徴金徴収の成否と関わりなく法定の基準を充足すれば発生する制度設計となっているだけならば、給付金を受領することが損害賠償請求権の失権に理論上直結するとはいえない。[113]

もちろん立法者が制度化に際し、給付金を受け取れば賠償請求権を消滅ないし請求額を減額させる立法をすることは可能である。ただしそれは、政策目的と政策手段とのバランスを求める立法準則としての比例原則から要請される制度設計であって、対象となる利益の重なり合いから自動的に帰結されるものではない。[114][115]

V おわりに

本章では、集団的消費者被害の実効的な救済方法をめぐる議論を、利益の性格とその帰属・代表・実現の観点から捉え直し、民事法と行政法の議論と接合させることで、両者の新たな役割分担のあり方を模索する作業を行った。集団的利益実現手法の観点から見れば、適格訴訟団体による団体訴訟と行政法規に基づく行政過程（業界団体による自主規制を含む）の作動とは、一方では制度設計上の選択関係にある。しかし他方では、両者には代表する利益や実現する手法の点で差異があるため、それぞれの強みを生かし弱みをカバーするには、両者の組み合わせに基づく複線的な法システムを構想すべきである。最後に、本章では十分議論することができなかった課題を2点指摘したい。

① 団体訴訟の類型区分として伝統的に注目されてきた基準は、団体が自

---

113) 塩野宏『行政法Ⅰ［第5版補訂版］』（有斐閣・2013年）149頁。
114) 原田・前掲註40) 125頁。利得吐き出しを不当利得と構成したとしても、この点は基本的に変わらないと思われる。
115) この点をより詳細に検討したものとして、原田大樹「行政法学から見た原子力損害賠償」法学論叢（京都大学）173巻1号（2013年）1-25 (19-22) 頁。

らの利益（または構成員の利益）の実現のために訴訟を提起するか（自益的団体訴訟）、それとも自らの利益とは関わらない他者の利益の実現のために訴訟を区別するか（利他的団体訴訟）であった。[116] これに対して本章では、適格訴訟団体と行政との制度設計上の選択関係を強調したことから、上記の区別を厳密に行わないまま議論を展開してきた。この要素を考慮すれば、集団的利益実現の制度設計の際に「私的自治」をどう位置づければよいか[117]という問題に帰着することが予想されるものの、この点に関する検討は他日を期す。

②　法律行為論における行政法と民事法の役割分担論は、行政法規の実現に民事法上の効力を用いてよいか、民事契約規制の理念に行政法的な発想が流入する場面がありうるかが中心であった。これに対して、不法行為法では損益の金銭的調整の要素が全面に出るため、行政過程と司法過程との役割分担論の色彩が強まる。[118] 本章はこの問題群の一齣を取り上げたにすぎず、本格的な検討は別の機会に行うこととしたい。

---

116)　上原・前掲註33) 119-120頁。
117)　原田・前掲註40) 144頁。
118)　現在の憲法学の司法権理解は、ドイツの権力分立論における核心領域説を想起させる。ドイツにおける理論展開が核心領域説をはさんで厳格分離から機能的理解へ向かったこと（村西良太『執政機関としての議会』（有斐閣・2011年) 125-150頁）は、日本法のこの領域における役割分担論の今後の進展を示唆するものかもしれない。その先駆的な業績として参照、興津・前掲註110)。

第9章
政策実現過程の多層化

I はじめに—政策基準の意義と特性

　政策実施のプロセスは通常、基準の定立（rulemaking）と個別的な執行（enforcement）とに分かれる。[1] 政策の基準は前者の段階において定立され、後者のあり方を強く規定する。それでは、そもそもなぜ政策基準は必要とされるのであろうか。その理由は次の2点ある。第1は、マクロ的な配慮に基づく政策内容・実施過程の構想段階を民主政の過程の中核として設定することによる、多数当事者間の利害調整や合意形成の促進である。第2は、一般的な基準とその個別事例への当てはめという構造を取ることにより平等取り扱いを確保し、個別の決定の合理性を担保し、それが損なわれたときには基準違背を理由とする権利救済を容易にするという、市民の権利・自由保障の促進である。このように政策基準は、政策実施過程においても、また公法学の理論体系においても極めて重要な意義を持っている。

　本章においては、政策基準の特性を次の4点に分けて明らかにすることとしたい。第1は、政策基準の法形式の多様性である。政策基準の最も基本的な形式である「法律」のほかにも、行政が策定する基準や一定の条件のもとで民間主体が創り出す基準など、さまざまな政策基準が存在する。複線的で多層的な公共部門におけるそれらの役割を法的な観点から整理するとともに、効力調整ルールを明らかにすることが重要である。第2は、政策基準の手続ルールである。民主的な意思形成を促進するためにどのような手続が必要とされるか、いくつかの手続パターンに分けて制度設計上

1）　小早川光郎『行政法 上』（弘文堂・1999年）51頁。

の工夫を検討したい。第3は、政策基準の実体ルールである。政策基準の策定の際には、権利・自由保障の観点からの内容面での限界づけが必要である。また基準の詳細度（規律密度）が不十分な場合、あるいは意図的に規律密度を落としている場合（裁量）には、どのような方法でそれを補充し、個別事情に応じた決定を行うかが問われることになる。以上を踏まえ第4に、政策基準の多層化の興味深い事例として、千葉県の「障害のある人もない人も共に暮らしやすい千葉県づくり条例」（以下「障害者差別禁止条例」という）の立案過程を検討することとしたい。[2]

II　政策基準の法形式

1　法律・条約・条例
(1)　法律

　政策基準の中で枢要な地位が与えられているのが「法律」である。このことを次の2つの側面を取り上げて説明する。1つは、行政機関により定められる政策基準（行政基準・行政計画）との関係での優越性である。憲法学における「法律」概念や委任立法の限界論、行政法学における法律による行政の原理の考え方が関係する。もう1つは、公的セクターの多層化のもとでの政策基準における優位性である。国際機構・国家・自治組織はそれぞれ、条約・法律・条例という基幹的な政策基準の法形式を有している。法律は、条約との関係では法規範の効力として劣後するとされているものの、多層化構造における政策実施の基準として最も実質的に内容を規定する性格を持っている。[3]

---

2)　同条例が制定される背景事情の1つであった国連障害者の権利に関する条約が2013年に国会承認され、2014年に日本は条約を批准した。その前提となる国内法整備として、2013年に「障害を理由とする差別の解消の促進に関する法律」が制定され、「障害者の雇用の促進等に関する法律」が改正されている。こうした条約批准前後の立法動向やその条例への影響につき参照、原田大樹「障害者差別禁止」条例政策研究会編（北村喜宣編集代表）『行政課題別条例実務の要点』（第一法規・1998年）［2014年改訂稿］。

3)　原田大樹「多元的システムにおける行政法学―日本法の観点から」新世代法政策学研究（北海道大学）6号（2010年）115-140 (137) 頁［本書第1章参照］。

国家レベルにおける意思決定過程を始原的に規定するのは、憲法である。わが国においては日本国憲法によって、国会が制定する「法律」に一次的政策基準としての性格が付与されている。すなわち、政策はまず法律の形式で制定され、行政が制定する行政基準・行政計画によって具体化され、個別的に執行される過程をたどることを通例とする。このことと密接に関連するのが「法律による行政の原理」と呼ばれる考え方である。これは、法律の法規創造力・法律の優位・法律の留保の3つから構成される[4]。これらの概念の歴史的な変遷はひとまず措くとして[5]、現時点において政策基準の観点からこの原則の機能を考えると、次のようになる。まず「法律の法規創造力」とは、一般的・抽象的な法規範としての性格を持つ一次的政策基準は法律の形式をもって議会が定立するという原則であり、それを実定化したのが憲法41条である[6]。このことは逆にいえば、法律による授権があって初めて、行政機関は一般的・抽象的な法規範を定めることができることを意味する[7]。またこの原則は、一般的・抽象的な性格を持たない法規範（例：措置法）を国会が行うことを禁止する趣旨ではないと解されている。ただし、市民の権利・自由を実効的に保障する観点から法律の規定形式に一般性を要求することは1つの有効な手段であり[8]、法律の法規創造力の発想をメタルールとして発展させていく理論的営為には独自の意義が認められる[9]。これに対し、政策内容に関する義務的な法規律の範囲や密度に関する準則が「法律の留保」の問題である。それによれば、少なくとも、国民の権利や自由を制限しまたは義務を課すことを内容とする政策基準は、国会が制定する法律でなければならない。また、政策や制度の基幹的な部分については法律で定められなければならない（本質性理論）。この原則は、行政に対しては義務的な規律範囲において法律が不存在の場合に行政活動

---

4) 代表的な説明として、塩野宏『行政法Ⅰ［第5版補訂版］』（有斐閣・2013年）68-80頁。
5) 石川健治「2つの言語、2つの公法学」法学教室322号（2007年）54-60（55）頁。
6) 小早川・前掲註1）104頁。
7) 藤田宙靖『行政法総論』（青林書院・2013年）58頁。
8) 櫻井智章「法治国家の『形式性』の論理(1)」法学論叢（京都大学）152巻2号（2002年）136-157頁。
9) 阪本昌成『法の支配』（勁草書房・2006年）193頁。

を禁止する効果を持ち、議会に対しては当該範囲に関して法律を制定する責務（規律責務）を導出する。さらにその際には、規律密度に関しても一定の詳細さを要求し、行政に対する白紙委任は禁止される[10]。一方、「法律の優位」は、政策実施過程において立法府に最終的な介入オプションを保持させる原則である[11]。法律の留保理論によって画される義務的な規律範囲に含まれない部分については、行政は自らのイニシアティブで政策展開をすることが可能である。しかしその部分に対しても法律は制定可能であり、ひとたび法律が制定されれば（たとえ法律の留保の範囲外であっても）、行政活動はこれに服さなければならない。この原則によって立法府は、政策実施過程に問題があると考えた場合には、法律を制定することによっていつでも政策内容や実施方法を変更することができるのである。

　法律・条約・条例はいずれも、国家・国際機構・自治組織における一次的政策基準としての性格を有し、また最も民主的正統性の高い法形式といえる。これらの効力調整ルールの詳細は以下の(2)と(3)で取り扱う。ここでは、その際の基本的な考え方のみ紹介する。法律・条約・条例は、国家・国際機構・自治組織の内部事項については、それぞれ至高の法形式である。ただし近代公法学が国民国家の枠組を出発点としていることから、その相互関係は第一義的には国家の憲法によって規定されることになる。日本国憲法では、地方公共団体の条例について94条で「法律の範囲内」において条例を制定することができるとしていることから、法律と条例の抵触関係が生じた場合には法律が優位することになる。これに対し、条約については61条で国会承認の手続を予定していることから、条約を法律に変更する「変型」は不要で、条約は条約の形式のまま国内法的効力を持ちうることが分かる[12]。ただし、98条2項で「誠実に遵守することを必要とする」と規定されていることが条約の優位を意味しているかどうかにつき、見解は分かれている[13]。

---

10) 大橋洋一『行政法I［第2版］』（有斐閣・2013年）38頁。
11) Wolfgang Hoffmann-Riem, Gesetz und Gesetzesvorbehalt im Umbruch, AöR 130 (2005), S. 5-70, 56.
12) 山本草二『国際法［新版］』（有斐閣・1994年）104頁。
13) 齋藤正彰『国法体系における憲法と条約』（信山社・2002年）36-47頁。

(2) 条約

　国家同士の約束、あるいは国際機構が国家代表を集めて民主的合意形成を行った上で定立される国際法規範を、条約という。日本国憲法のもとでは、条約はその形式を法律に変型しなくても国内法として通用する。しかし、法律による行政の原理との関係から、条約上の義務を国内法化する条約担保法なしに条約が機能する場面の多くは、実質的にはいわゆる自動執行性（self-executing）のある条約に限定される。自動執行性とは、国内における具体的な立法措置を必要とせずに直接適用されるという意味であり、適用機関としては主として裁判所が念頭に置かれているといってよい。その具体的な基準として、条約締約国の意思、国内の立法者の意思、条約の明確性、国家による財政措置の必要性の有無などが挙げられることが多い。[14]このように考えると、条約が政策基準として機能する場面は次の２つあることが分かる。１つは条約に自動執行性が認められる場合であり、このときには、条約それ自体が法律と同格の一次的政策基準として国内法上の効力を得ることになる。もう１つは条約の内容実現のために国内法における立法措置を要する場合であり、このときには、条約は立法指針として機能し、国際的な政策波及効果を生じさせることになる（そのような具体例として本章Ⅴ）。[15]政策実施の手法を検討する際には、この後者の機能をも射程に含め、公的セクター内部の政策調整の現状とあるべき調整ルールとを分析しなければならない。[16]

　他方で、担保法が整備されなくても、国内法に受容された条約それ自体には考慮事項提示機能が認められ、それが裁量論・原告適格論に影響を与えたり、法律の条約適合的解釈を導いたりしうると考えられる。「考慮事項」とは、行政上の決定の際に行政が考慮に入れるべき諸要素を指す。[17]考慮事項は通常、法令上の要件規定の中に現れる。しかし、法律の構成要件

---

14)　岩沢雄司『条約の国内適用可能性』（有斐閣・1985年）296-325頁。
15)　主として立法裁量論の枠組で条約の国内法的効力を論じるものとして参照、中川丈久「行政法からみた自由権規約の国内実施」国際人権23号（2012年）65-75（71）頁。
16)　江島晶子「憲法と『国際人権』」憲法問題17号（2006年）7-19（14）頁。
17)　考慮事項に関する議論の出発点として参照、芝池義一「行政決定における考慮事項」法学論叢（京都大学）116巻１～６号（1985年）571-608頁。

が閉じた構造になっていない場合（例えば、不確定概念が要件規定に用いられたり、要件裁量が認められたりする場合）には、法律の要件規定には明示されていない要素が考慮事項として決定に影響を与えうる。行政には一般的に、法律が明示的に考慮禁止としている以外の全ての考慮事項を考慮する義務があると説かれる[18]。条約を実施するための担保法が制定されず、既存の法律で条約上の義務を実施する場面を想定すると、既存の法律に基づく諸決定の際に、条約で提示された考慮事項を考慮すべき義務が行政に生じていると考えることができる。

　この考慮事項が具体的に影響を与えるのが、裁量論と原告適格論である[19]。裁量論においては、条約の実施に資するような裁量権行使を誘導する役割を考慮事項が果たすことになる[20]。また、第1種特定化学物質（化学物質の審査及び製造等の規制に関する法律2条2項）への指定の際に、ストックホルム条約の規制対象物質の要件該当性判断が条約過程における専門家委員会による科学的評価に従うかたちでなされているとの指摘は、考慮事項の考え方によって正当化されうる[21]。他方で注意すべきなのは、法律による裁量権の授権が行政に個別事情を考慮するよう求める趣旨で与えられている場合には、条約実施の実効性という考慮事項をダイレクトに裁量権行使に反映させると、裁量権の逸脱・濫用と評価される可能性があることである。また、原告適格論においては、処分根拠規定の関連法令として条約が位置づけられることで、原告適格の保護範囲要件を拡張する効果をもたらす[22]。ただし、原告適格論の主戦場である個別保護要件の充足には考慮事項は効果を発揮しないので、条約の存在ゆえに原告適格が広がることはあまりないように

---

18) 小早川光郎「基準・法律・条例」小早川光郎＝宇賀克也編・塩野宏先生古稀記念『行政法の発展と変革(下)』（有斐閣・2001年）381-400 (388-396) 頁。
19) 髙木光「行政処分における考慮事項」法曹時報62巻8号（2010年）2055-2079頁。
20) このような判断を示した下級審裁判例として、札幌地判2013（平成25）年9月19日判例集未登載〔北見道路訴訟〕がある。同判決への言及として参照、高村ゆかり「環境条約の国内実施―国際法の観点から」論究ジュリスト7号（2013年）71-79 (79) 頁。
21) 増沢陽子「化学物質規制に関する国際条約の国内実施」論究ジュリスト7号（2013年）30-36 (36) 頁。
22) 関連法令に該当するかどうかの判断基準につき参照、村上裕章「原告適格拡大の意義と限界」論究ジュリスト3号（2012年）102-108 (105) 頁。

思われる。さらに、条約の考慮事項提示機能から導出されるもう１つの帰結が法律の条約適合的解釈である。海洋汚染防止法10条の８に規定される海洋投入処分許可の要件規定である「海洋投入処分以外に適切な処分の方法がない」の解釈が争われた事件[23]で裁判所は、この制度がロンドン条約・改正議定書を背景とする海洋投入処分の処分量を減らすことを目的としていることを重視し、処分費用が高額かどうかという点はこの要件判断の考慮要素ではないとした。この事件では要件裁量は肯定されておらず、不確定概念の解釈のレベルで条約の考慮事項提示機能が働いているものと見ることができる[24]。

　政策基準としての条約の地位は、条約の定め方や各国の憲法の規定によっては、より高いものとして位置づけることができる。その具体例がヨーロッパ法には見られる。欧州連合（EU）や欧州人権条約においては、条約の執行に携わる国際機関が設置されており、とりわけ欧州裁判所・欧州人権裁判所の形成する判例法が大きな役割を果たしている。ここでは、伝統的な国際法上の義務履行手段である国家責任法の枠を大きく越えた制度設計の試みがなされているのである[25]。またドイツ連邦共和国基本法24条のように、憲法が明文規定を置くことで、国際機構に国家の統治権を委譲することが可能である。

(3) 条例

　地方公共団体の条例は、政策基準としての性格に着目すると、大きく「委任条例」と「自主条例」とに分けることができる。委任条例とは、個別行政法規の委任を受けて制定される条例であり、後に取り扱う行政基準と同じく、法律を具体化する二次的な政策基準としての性格を有する。これに対し自主条例は、地方公共団体が法律のしくみとは独立した制度設計

---

23)　東京地判2011（平成23）年12月16日判例集未登載。同判決への言及として参照、堀口健夫「海洋汚染物質に関する国際条約の国内実施」論究ジュリスト７号（2013年）25頁。
24)　法律の要件解釈の場面で考慮事項論を持ち出すのは、行政法学においてはまだ一般的ではない。ただし、酒税販売免許に関する最二小判1998（平成10）年７月３日判時1652号43頁は、この問題群に位置づけうると思われる。
25)　西村智朗「国際環境条約の実施をめぐる理論と現実」社会科学研究（東京大学）57巻１号（2005年）39-62（56-61）頁。

を行う一次的な政策基準である。法律と条例の抵触関係は主としてこの自主条例を念頭に置く議論であり、以下の検討も自主条例を前提にすることとしたい。

条例制定が可能な範囲を画する要素は次の3つである[26]。第1は地方公共団体の事務の範囲内であることである。地方自治法の定めによれば、地方公共団体はおよそ地域における公共性のある事務を処理することができる[27]。したがって条例制定権も地域における事務の全てに及ぶ。第2は憲法との関係である。憲法の条文において「法律」により定めるとされている場合にそこに条例が含まれるかどうかが解釈問題となり、具体的問題として、財産権規制、罰則、課税が取り上げられることが多い。現在における学説の多くはこれらにつき、条例もこれらの規律内容を含むことが憲法で認められていると解釈する[28]。しかし罰則については、その執行の際に国家の検察・司法機構を用いなければならず、地方公共団体による自足的執行は不可能であること、また市民との距離が近い地方公共団体[29]に憲法が直接的に無限定の刑罰権を保障していると解釈することには躊躇があることから、むしろ憲法92条の趣旨を具体化する地方自治法14条3項の規定によって条例に罰則を盛り込むことが許容されていると見るべきである。もし立法者がこの規定を廃止しようとするならば、「地方自治の本旨」に基づいた法律とはいえないために、これを違憲とすることで、地方公共団体のサンクション手段を保障することができる。第3は法律との関係である。かつては、法律と同じ対象を条例が規律することは許されないとする法律先占論が説かれていた。しかし徳島市公安条例事件最高裁判決（最大判1975（昭和50）年9月10日刑集29巻8号489頁）の示した定式により、現在では次の2段階

---

26) 具体的な検討として、小林明夫「立法検討過程の研究(3)」自治研究84巻2号（2008年）100-119頁。
27) 塩野宏『行政法Ⅲ［第4版］』（有斐閣・2012年）183頁。「事務」の要素を強調して条例制定権の範囲を拡張する試みとして参照、北村喜宣「法律改革と自治体」公法研究72号（2010年）123-136 (126) 頁。
28) 大橋・前掲註10) 71-73頁。
29) 斎藤誠「『自治体立法』の臨界論理」同『現代地方自治の法的基層』（有斐閣・2012年）190-209 (195) 頁［初出1995年］。

で法律と条例の関係を処理することとされる。まず、法律と条例の規律対象が同じ場合でも、条例制定の趣旨目的が法律と異なっているならば、条例の制定が可能である（趣旨目的基準）。紀伊長島町水道水源条例事件最高裁判決（最二小判2004（平成16）年12月24日民集58巻9号2536頁）に見られるように、産業廃棄物処理施設の立地規制を条例で行おうとする場合、条例制定目的を水道水源保護とすれば、制定が許容される可能性がある。次に、たとえ法律と条例の制定の趣旨目的が同じであっても、法律が全国一律の規制を課す趣旨でなければ、条例の制定は可能である（全国一律基準）。ただし、後に述べるように多くの規制立法は立法段階で広義の比例原則審査、すなわち政策目的との関係で必要な限度での政策手段を盛り込んでいるかのチェックを受けており、それゆえ法律は全国一律最高限度の規制をする趣旨であると解されるケースも多い。そこでこれを打破するためには、より強度の規制手段を取るだけの地域的特性があるかどうかが主として問題とされるのである。ただし実際の判例の多くでは、趣旨目的基準の段階で法律と条例との趣旨目的の違いが論証できるかどうかが、条例の許容性判断の分岐点になっている。このように、1999年の地方分権改革を経てもなお、条例制定権の自由度は、実はそれほど高くなっていない。[30]

2　行政基準・行政計画

(1)　行政基準

　行政基準とは、行政機関によって策定される法条形式の政策基準をいう（条件プログラム）。政策実施の観点から、行政基準は大きく次の2つに区分できる。

　第1は法律からの委任を受けた行政基準である（委任型）。この場合の行政基準は、二次的な政策基準として、法律が定めている内容を具体化・詳細化する役割を担う。法律で完全に決めてしまわず行政基準による具体化段階を設定する理由として通常指摘されるのは、専門的・技術的事項は立

---

[30]　西尾勝『地方分権改革』（東京大学出版会・2007年）264頁。2011年に制定された義務付け・枠付けの見直しに関する一括法は、条例制定権を委任条例によって拡大する方式を採用しており、自主条例を制定できる範囲に変更を加えるものとは整理されていない。

法府よりも行政機関に細目を決定させる方が効率的であること、突発的な事情に即応するためには制定の時間的コストが小さい行政基準に委ねる方がよいこと、政治的な影響力を排除して公正中立な立場から専門的・科学的な基準を定立させた方がよい場合があることである。[31]法律の委任を受けた行政基準にのみ法的な拘束力は認められ、裁判所においても通用する法規範と扱われる。ただし、授権の際にはその範囲や内容が明確になるようにしていなければならず、政策の基本的部分は法律によって規律されていなければならない。

　第2は行政機関が法令の委任を受けずに独立して定める行政基準である（独立型）。法律の留保の考え方によって画される法律の義務的規律の範囲外の部分については、行政機関は法律の授権を得ずに行政基準を定立することができる（給付の条件を定める給付規則や、行政組織の細目を定める組織規則がその例である）。また法律が行政機関に対して判断の余地や決定のオプション（裁量）を与えている際に、行政機関は平等取扱確保の観点から裁量行使のあり方についてのルールを定めることがある（裁量基準）。これらは制定手続にかかるコストが小さいため、状況に即応したり制度を試行的に運用したりすることに向いている。[32]また地域自治区のように法令で条例・規則制定が許容されていない場合に、独自の規範として活用する可能性もある。[33]独立型行政基準は法律の委任を受けていないので、法規範としての性格を原則として有しない。しかし、法規範以外の手がかりを裁量統制の際に裁判所が確保できない場合、裁判所はこれら独立型の行政基準（典型的には給付規則と裁量基準）の内容を精査し、それに合理性があると判断すれば、平等原則と結合させて基準と行政決定との整合性を審査する。[34]

---

31)　宇賀克也『行政法概説Ⅰ [第5版]』（有斐閣・2013年）270頁。
32)　山本隆司「リスク行政の手続法構造」城山英明＝山本隆司編『融ける境 超える法5 環境と生命』（東京大学出版会・2005年）3-59 (10) 頁、増井良啓「租税法の形成における実験」中山信弘編集代表・中里実編『政府規制とソフトロー』（有斐閣・2008年）185-207 (205) 頁。
33)　出石稔「自治立法としての規則、要綱等」鈴木庸夫編『自治体法務改革の理論』（勁草書房・2007年）54-77 (70) 頁。
34)　大橋洋一『行政規則の法理と実態』（有斐閣・1989年）362-364頁。

(2) 行政計画

　行政計画とは、行政機関によって策定される法条形式を取らない政策基準をいう（目標プログラム）。行政計画にも上記の委任型と独立型の2つの類型は認められており、都市計画のように法的拘束力を持つ行政計画については法律の授権が必要である点も、行政基準の場合と同じである。ただし、行政計画の場合には委任型でも法律の規律密度は高くはなく、規制のメニューを示すにとどまっていることが多い。ここに、政策基準としての行政計画の特色の1つが認められる。

　行政計画が使われる典型的場面は次の3つある。第1は、行政内部における施策の総合性を確保するため、セクション間を調整することに主眼を置いて使われる場合である。典型例は地方自治に見られる計画体系（基本構想→基本計画→部門計画）であり、また近時の立法に見られる「基本方針」（例：高齢者、障害者等の移動等の円滑化の促進に関する法律3条）も同じ意図を持つ行政計画である。第2は、分野特定的な自律的利害衡量システムを設定する目的で立法者が用いる場合である。狭域都市計画など土地利用に関係する計画の多くはこのタイプであり、利害関係人を組織法的に取り込んで利害調整させる公共組合と機能的に等価である[35]。第3は、補助金の分配基準として使われる場合である。老人福祉計画などの社会福祉・介護計画において、福祉・介護施設に対する補助金の算定や分配の際に、計画との連動が要求されることがある。医療とは異なり、建設費用と運営費用とを別々に賄う二元的費用調達システムのもとでは、行政計画が需要把握手段として用いられ、補助金分配基準としても働くのである[36]。

　以上のように、行政計画が使われる場面に共通するのは、法律によって政策の実体的内容を記述することが難しいことである。そのため立法者は行政計画という政策基準を策定させ、そこに幅広い手続的な参加のしくみを設定することで、立法段階では果たせなかった利害調整を行わせるのである。それゆえ、行政計画と計画策定手続とは不即不離の関係にある。

---

35) 仲野武志『公権力の行使概念の研究』（有斐閣・2007年）294頁。
36) 原田大樹「福祉契約の行政法学的分析」法政研究（九州大学）69巻4号（2003年）765-806（781）頁、同『例解　行政法』（東京大学出版会・2013年）307頁。

3 財政基準

(1) 予算と補助要綱

　法律→行政基準と並び、政策実施の大きな柱となるのが予算→補助要綱の系統である。ここで補助要綱とは、財政支出の基準となる給付規則・補助金交付基準・行政計画を総称したものを指す。予算・補助要綱には法規範性はないと解されているものの、政策実施にはそこに投入される公的資金の裏付けが必要不可欠であり、また、その政策に関する法律がなくても予算措置だけで政策実施ができる分野も存在することから、財政基準には政策基準としての独自の意義が認められる。ここでは、予算と法律の関係及び補助要綱の法的性質論を取り上げることとしたい。

　予算と法律とは、いずれも国会の議決を要する。しかし、衆議院と参議院とで議決が異なった場合の取り扱いの点で両者には差異があり（憲法59条・60条）、そのため一定の政策に関連する法律と予算の内容が食い違った場合にどのように処理がなされるかが問題となる。[37] 予算も法律の一種であるとする予算法律説によれば、法律同士の調整原則と同じく、時間的な先後関係によって解決を図ることになる。しかし、法律と予算とは法形式を異にするとする立場に立てば、次のように考えることとなる。[38] 法律が欠如しているのに予算が認められている場合には、法律の留保理論にいう義務的規律範囲に含まれていない事例では予算の執行は可能ということになる。ただし、立法者が予算執行と関連する法律を制定しようとしている場合には、予算の執行はその成立を待って初めてなされる。これに対し、法律が財政措置を規定しているのに予算が伴っていない場合には、予算措置を取ることが国会に義務づけられることになる。もしそれが果たされない場合、財政措置を受けうる市民は給付を求める訴訟を提起する余地がある。請求が認められるかどうかは、財政措置を含んでいる実定法の法的しくみによる。予算と法律とで成立手続を書き分けている日本国憲法の立場からすれば、この見解が適切であろう。

---

37)　櫻井敬子『財政の法学的研究』（有斐閣・2001年）26-43、181-187頁。
38)　実務上の取り扱いにつき、三吉卓也「政策実施と予算」法政理論（新潟大学）33巻3号（2001年）1-65 (30) 頁。

予算は一定の政策分野に対して公費を投入する金額を定めるにとどまり、財政措置の名宛人を特定するものではない。予算に基づく給付や補助の基準は法律によって定められていることが多く、またそれが望ましい。しかし法律の留保との関係で許容されている限りで、法律ではなく行政機関が内部的基準として定める補助要綱が用いられる場合がある。この場合の補助要綱は、国会の議決を経た予算を具体化させる基準であり、それゆえそれ以外の独立型行政基準と比べて民主的な正統性を持ちうる。しかしそれでも、予算は法律よりも簡易な手続で成立し、かつ議会における意思形成や討議の密度が低い[39]ことから、法律と比べれば十分な正統性を持っていない。そこで、財政支出の要件・効果は補助要綱に規定したまま、支出の手続を法律で規律することにより、正統性を補充すると同時に、支出決定を行政行為（処分）にする方法が取られうる。補助金等に係る予算の執行の適正化に関する法律は、そのような目的を持つ法律として位置づけることができる。また、そうした法律が存在しない場合であっても、法律の定める非対価的給付のしくみ全体の中で一定の役割が予定されていると解釈でき、かつ条件を満たせば給付がなされるタイプのものについては、支出決定に処分の性格が認められる理論的可能性はある。[40]

(2)　契約基準

　契約基準とは、行政契約の締結の際にその内容や手続を規律する一般的準則をいう。この中には、市民に対して契約に基づく対価的給付（本書第5章）を行う際に用いられる約款や、公共契約における入札資格基準などの契約手続基準が含まれる。本章が契約基準を取り上げた理由は、行政契約を行政行為と同格の個別執行行為と位置づけるだけでは、現実を説明できない場合があるからである。[41]行政契約は、法律・行政基準に代替して個別契約を構造化する機能をも持っており（例：外部委託における行政と受任者との契約）、この局面を法的分析の俎上に載せるために契約基準の概念が

---

[39]　碓井光明『政府経費法精義』（信山社・2008年）470-471頁。
[40]　塩野宏『行政法II［第5版補訂版］』（有斐閣・2013年）106頁、山本隆司『判例から探究する行政法』（有斐閣・2012年）324頁［初出2008年］。
[41]　原田大樹『自主規制の公法学的研究』（有斐閣・2007年）271頁。

必要である。

これまでこの種の基準は行政内部ルールと考えられ、法律学の関心は高くなかった。しかし、2000年に制定された「公共工事の入札及び契約の適正化の促進に関する法律」では、透明性の向上・苦情解決・公正競争を図ることを目的とする適正化指針の策定が規定された (15条1項)。また、2006年に制定された「競争の導入による公共サービスの改革に関する法律」においても、官民競争入札実施要項 (9条) などの契約基準の策定が規定されている。こうした実定法の動きと並行して、契約基準への法律学からのアプローチが進み[42]、そこには入札資格基準や公共工事標準請負約款・実施約款など多種・多量の契約基準があることが解明されている。契約相手方の権利利益の保護と公金支出の効率性の双方に配慮した内容を持つ契約基準が形成されるための実体ルール及び手続ルールを提示することが、行政法学に求められている課題である[43]。

4　自主規制基準

民間団体が策定する公的利益の実現に関わる基準を、自主規制基準という。一般的抽象的な法規範の定立は国家の専権であるべきで、民間団体には認められないとする考え方が公法学においては通説的であり、その背景には、公共的事項に関する意思形成が特殊利益によって歪められるべきではないとする発想がある。他方、現実には以下に述べるように民間団体が基準を策定しているケースがあり、政策実施手法としての間接規制の有用性が次第に認められてきていることが影響している。そこで公法学としては、公正性・透明性といった価値が守られるような条件付けを行った上で、政策基準として自主規制基準を位置づけることが必要となろう[44]。

自主規制基準においても委任型と独立型の区別がある。委任型の自主規制基準は、法律が団体に対して規範の定立を授権しており、国家が設計し

---

42) 碓井光明『公共契約法精義』(信山社・2005年) 15-43頁。
43) 原田・前掲註36) 794頁。
44) 原田・前掲註41) 282頁、同「国際会計基準採用の法的課題」ジュリスト1380号 (2009年) 2-7頁 [本書第4章参照]。

た政策実施過程に自主規制が組み込まれているところに特色を有する。具体例として、金融商品取引法や貸金業法が予定する自主規制のしくみがある。立法者が自主規制基準を二次的政策基準に選択した趣旨は、自主規制団体が持つ専門性・技術性や職業倫理を活かした政策実施を図ることにある。そのため授権の際の規律密度を実体法的にのみ担保することは不適当であり、意思形成を適切に行わせる組織や手続を規律する方向性が強化されるべきである。[45]

　これに対し独立型の自主規制基準は、法律による授権なしに団体が策定する基準であり、多くの場合には団体が自己の保有する執行手段を用いてエンフォースメントを行う（例：生殖補助医療の自主規制）。他方、独立型の自主規制基準が法律・条例に取り込まれ、国家または地方公共団体の保有する執行手段によって内容が実現される場合が次の2通りありうる。1つは、法律または条例が定めている不確定概念の解釈基準として独立型の自主規制基準が使われる場合である。例えば、会社法431条が規定する「一般に公正妥当と認められる企業会計の慣行」の内容は、民間主体である企業会計基準委員会が策定する企業会計基準によって解釈される。[46] この方法では、自主規制基準を受容するかどうかを行政または裁判所が個別事例のもとで判断できるため、公法理論との抵触の程度は相対的には少ない。もう1つは、立法者が特定の独立型自主規制基準を政策基準として参照することを明文で規定する場合である（例：青少年保護育成条例の有害図書指定基準）。この場合には、基準の受容を行政または裁判所が個別判断することができなくなるので、現にその自主規制基準が策定されており、それが当該分野における専門的知見を広く取り込んだものであることが確定されているものであれば許容される（静的参照）。これに対し、今後策定される自主規制基準を立法者が取り込もうとする場合（動的参照）には、その内容を行政に審査させるしくみ（認可）を置くか、基準策定団体の組織構

---

45) 原田大樹「自主規制の制度設計―貸金業規制を中心として」法政研究（九州大学）74巻4号（2008年）817-840（834）頁［本書第8章参照］。
46) 小賀坂敦「デファクト・スタンダードとしての会計基準の形成」ソフトロー研究9号（2007年）59-77（64）頁。

成または策定手続に関する詳細な規律を法定するかのどちらかが不可欠であろう。

III　政策基準の手続ルール

　本章の冒頭でも述べたように、政策実施に際して政策基準が用いられる目的の1つは、政策に関する民主的な意思形成を促進することにある。そこで以下では、政策基準の手続ルールに関する一般原則を明らかにした上で、代表的な手続として議会手続・審議会手続・意見公募手続の3つを取り上げて、その特色と課題を検討することとしたい。

1　手続ルールの一般原則
　民主的な意思形成には次の2つの要請が含まれている。1つは、考慮されるべき利害が政策決定過程に反映されることであり、日本国憲法が明示する代表民主政のプロセスの中での実現が主として予定されている。もう1つは、討議が尽くされた上でのコンセンサス形成が目指されることであり、そのためには分節化された多段階の市民参加手続が求められることになる。前者に属するのが議会手続であり、後者の討議民主政の系譜に位置づけられるのが審議会手続と意見公募手続である。
　手続ルールの一般原則として、市民参加原則・説明責任原則・透明性原則の3つが挙げられる[47]。市民参加原則とは、政策実施の各段階において市民が意見を表明する機会を保障すべきとする原則であり、政策基準の策定に関しても、その利害状況に応じて市民が策定過程に参画する機会と影響力行使の可能性を確保しなければならない。説明責任原則とは、政策実施過程に関する情報が行政によって市民に提示されなければならないとする原則で、市民参加の機会保障の前提条件を構成する。透明性原則とは、政策実施過程が誰にとっても透視可能な状態に保たれなければならないとする原則であり、市民一般に監視されることで、政策実施の適正性が担保さ

---

47)　大橋・前掲註10)　56-58頁。

れる。

2 議会手続

　議会手続は、憲法・国会法・公職選挙法等によって定められた議会を中核とする政策基準策定手続であり、代表民主政の中核をなす。この手続が国家活動の中心的役割を担うことは憲法によって定められており、また国民から直接選挙された議員による討議と決定という点で国家機関の中で最も高い民主的正統性を有することからも、議会手続が最高の意思決定手続であることを理論的に根拠づけうる。政策基準の法形式の中で最も重要な地位を占める法律を制定するためには、必ずこの議会手続を経なければならない。ただし、法律以外の法形式でも議会手続を利用して民主的な意思決定をすることは可能であり、憲法が想定している予算・条約のほか、国会決議という形式で一定の政策の方向性を示すこともありうる。

　議会手続に関する課題は次の2点にまとめられる。第1は、代表民主政のもとで代表者をどのように選出すれば民主的な意思形成が可能となるかという問題である。従来の憲法学においては、国民集団の政治的選好を忠実に反映したミニチュアを議会の構成とする半代表の理論が主流で、選挙制度は比例代表制が好まれ、議会内での利害調整を是とする立場が有力であった。これに対し、国民の政治的選好の集約こそが選挙の意義であり、選挙の結果第一党となった政党の党首が率いる内閣がまずアクションを起こし、それを議会がコントロールすべきとする国民内閣制論が1990年代前半に主張され[48]、90年代末以降の政治・行政改革論議に大きな影響をもたらした。これは、代表民主政の理念型をどのようなものと把握するかという問題と密接に関係しており、俄には結論が出せない理論的課題である。ただし、議会手続における公開の場での討論が最終的に議決される法律の質と民主政的正統性を高めることは否定できないと思われ、その意味では議会内における利害調整過程とその手続の設計は重要な意義を持っていると

---

48) 高橋和之「『国民内閣制』の理念と運用」同『国民内閣制の理念と運用』（有斐閣・1994年）17-43 (30) 頁。

考えられる。第 2 は、立法手続全体の透明化の必要性である。現実の政治過程においては、法案が提出される以前の段階で大方の勝負は決しており[49]、国会段階での踏み込んだ議論はあまり期待できない。しかしこうした事前の立法準備手続は極めて不透明で、影響力を行使しうる社会的勢力は限定されている。このことは、立法過程が相当程度確立している内閣提出法案の省庁・政府内過程よりも、与党内過程や議員提出法案についてとりわけ当てはまる[50]。そこで、少なくとも立法準備段階での議論を集約した詳細な立法理由書が作成され、国会審議に供されるべきである[51]。

3 審議会手続

限定された対象者が政策基準の立案過程に参画し、その内容形成に強い影響力を行使しうる手続を、ここでは審議会手続と呼ぶ。審議会や協議会といった合議体組織の中で議論が進むことが通例であるものの、一定の人的集団に計画提案を認めたり、団体を形成させて協定を締結したり（例：まちづくり団体とのまちづくり協定）[52] する方法で、同様の機能を持つ手続が設定されることもある。審議会手続に参加できるのは多くの場合、利害関係者または専門家である。審議会手続が利用されるのは主として政策基準の原案を作成する段階であり、行政側が提示した原案が最終決定に大きな影響力を持つことから、審議会は行政のいわば隠れ蓑であるとする批判が提起されてきていた[53]。

そこで、審議会手続を用いる場合には、次の 2 点についての改革が必要である。第 1 は、手続の参加者層を拡大することである。審議会手続の機

---

49) 2006 年の貸金業規制法改正を具体例とする実態分析として、井手壮平『サラ金崩壊』（早川書房・2007年）53-93頁。
50) 立法過程の実態を踏まえた包括的研究として、中島誠『立法学［第 3 版］』（法律文化社・2014年）。
51) 阿部泰隆「日本の立法過程管見」同『政策法学の基本指針』（弘文堂・1996年）275-313 (292) 頁 [初出1993年]。
52) 大橋洋一「街づくりにおける法定計画と協定・協議」同『都市空間制御の法理論』（有斐閣・2008年）112-116頁 [初出2004年]。
53) 審議会の実態分析として参照、森田朗『会議の政治学』（慈学社出版・2006年）8-52頁。

能から考えると構成員を増加させることは不適当なので、構成員の選考方法を見直し、公募制を導入したり、出身母体や男女比等をルール化したりすることが考えられる。第2は、審議会における審議の透明性を確保することである。1998年に制定された中央省庁等改革基本法においては、審議会の会議または議事録の公開を原則とすることが規定された (30条5号)。少なくとも議事録が公開されれば、議論の展開が外部の市民から監視されることとなり、これが審議会の議論の活性化につながることが期待される。

4　意見公募手続

　幅広く市民一般が政策基準の立案に対して意見を表明することができる手続を、意見公募手続という。ここには行政手続法が定めている行政基準に対する意見公募手続 (38条以下) のほかに、環境影響評価法が定める環境アセスメント、都市計画法などに定めがある公告縦覧・意見書提出手続、さらには公聴会の開催なども含まれる。審議会手続が合意形成を意図していたのと比較すると、これらの手続に共通する特色は、政策基準の定立に必要な情報や考慮すべき利害を広く収集することに重点を置いていることにある。

　参加者の対象範囲を限定しないことは、個々の参加者が政策基準策定に対して影響力を行使する程度が弱いことを意味する。これは、意見に対する行政の応答義務を定めている行政手続法の意見公募手続 (42条・43条) においても当てはまる。そこで、こうした意見公募手続の特性を前提に、審議会手続と組み合わせた市民参加の制度設計の工夫が必要となってくる。審議会手続の後に意見公募手続がなされる組み合わせの場合、意見公募手続で期待されているのは、審議会手続で作成された原案からは漏れていた政策形成のための情報を収集することである。意見に対する応答が義務づけられることにより、原案の合理性を再度吟味する契機が与えられるのである。これに対し、まず意見公募手続を行ってから審議会手続に進む制度設計も、(利用場面は限定的ながら) ありうるところである。例えば、後述する千葉県の障害者差別禁止条例の策定手続に見られたように、政策課題を発見するために意見公募手続を用い、そこで出された問題状況をベース

に審議会手続で政策基準の原案を作成する過程が取られることになる。このように、審議会手続と意見公募手続はそれぞれ単独でも使われうるし、その組み合わせによって政策実施に関わる利害状況をより広範に把握することも可能となるのである。

IV　政策基準の実体ルール

　政策基準の重要な意義の1つは、政策実現過程を基準策定と基準の個別事例への当てはめに区分することにより、政策決定における平等取扱を実現し、決定内容の合理性を確保し、基準違反の個別決定に対する救済可能性を確保することにある。このような市民の権利・自由を保障する観点から政策基準の実体ルールを探る場合、課題となるのは次の2つである。第1は、政策基準に盛り込まれる内容が市民の権利利益を正当化の理由なしに侵害するものとならないための、規律内容に関する指針の提示である。これは同時に、基準定立者による規律が不十分である場合の解釈指針としても機能しうる。第2は、基準定立者が意図的に規律密度を抑えることによって生じる「裁量」に対する分析である。政策実施の過程では、まず一次的政策基準が定立され、それが二次的政策基準によって具体化されて、個別執行へと進行することが多い。このような政策の具体化の連鎖において裁量がどのような機能を有しているのかを明らかにした上で、裁量行使をコントロールする手段としてどのようなものが利用可能かを検討する。

1　実体ルールの一般原則

　政策基準を策定する端緒となるのは、政策課題の発見である。しかし、政策課題の存在は直ちに政策基準の定立を帰結するわけではない。その際に考慮されるべき第1の一般原則が信頼保護原則である[54]。確かに、政策課題への対応によって影響を受ける相手方が現に保持している権利や享受している利益は、その時点における法システムの産物でしかない。しかし法

---

54)　大橋・前掲註10) 59頁は「補完性原則」として説明する。

的安定性に大きな価値を認める法治主義から導かれる考え方の1つとして、現在採用されている政策に基づく現行実定法制度に対する市民の信頼は、何らかの合理的な理由がある場合を除き保護されるべきであるとする信頼保護原則が位置づけられる。そこで、政策基準を定立する必要があるかどうかの判断に際し、それを基礎づける事実の存否(政策基準が法律・条例である場合には「立法事実」と呼ばれる)を確定することが、まず要請されることになる。また、政策基準の定立に当たっては現状に対して急激な負のインパクトを与えないような配慮義務(その代表例として経過措置がある)が課されている(前掲・紀伊長島町水道水源条例事件最高裁判決)。

　もし政策基準を必要とするだけの事実が確認されたならば、次に検討されるべきは政策実施の目的との関係で適切な手法は何かという問題である。ここでは次の3段階の判断が必要となる。第1は、政策目的の合理性である。いわゆる市場の失敗をカバーする経済的な政策目的(例：独占の排除・情報の非対称性の解消)と、社会の公正・平等を実現する非経済的な政策目的(例：所得再分配)とが典型的である。第2は、政策手段の合理性である。政策目的を実現するために、より適合的で効果的な手段が選択されているかが検討されなければならない。あわせて、その手段が最も経済効率性が高い手段であるかについても、吟味が必要である(経済性原則)。第3は、目的と手段の均衡(狭義の比例原則)である。目的との関係で相手方の権利利益を不必要に侵害する手段を排除し、原則として必要最小限度の手段のみが政策基準に盛り込まれるようにしなければならない。

　こうした審査を経て形成された政策基準案が特定者のみに利益あるいは不利益を与える内容を持つ場合には、平等原則との関係が問題となりうる。平等原則とは、同一事情・同一条件のもとでは、合理的な事情がない限り平等に取り扱わなければならないとする考え方である。問題となっている

---

55) Eberhard Schmidt-Aßmann, Der Rechtsstaat, in: Josef Isensee/Paul Kirchhof (Hrsg.), Handbuch des Staatsrechts Bd. 2, 3. Aufl. 2004, S. 541-612, 587 Rn. 81.
56) これらを広義の比例原則と位置づけるものとして、松本和彦『基本権保障の憲法理論』(大阪大学出版会・2001年) 54-63頁、石川健治「30年越しの問い」法学教室332号 (2008年) 58-66 (61)頁。

事象によって要求される合理性の程度は変化する。[57]政策基準の定立段階でのポイントは、政策基準の内容が特定者に特別の取り扱いを予定している場合、その合理性を法的に論証できるかどうか検討することにある。政策基準立案段階における平等原則は、政策実施の正当化を要求する場を提供する柔軟な立法準則である。

2 政策基準定立における裁量

(1) 裁量の意義

　行政法学において裁量とは、「行政機関が、案件の処置の判断にあたり、立法による基準の欠如している部分について案件ごとに必要な基準を補充しつつその判断を形成していくということ」[58]と解されている。伝統的には行政行為における裁量のみが注目されていたものの、現在では行為形式を問わず普遍的に存在するものと解する立場が有力である。[59]こうした理解を踏まえ、政策実施の観点から裁量を再定義するとすれば、より上位の政策基準が規律密度を抑制したために生じた、政策基準定立者・政策基準執行者に属する判断・行動決定の余地ということになろう。本章ではこのうち、政策基準定立の際の裁量の問題を主として取り扱うこととしたい。

　政策基準の定立に際して規律密度を抑制する理由として考えられるのは次の3つの場合である。[60]第1は、個別事例における衡平を確保することである。一般に、政策基準は上位に位置づけられるものの方がその策定に多くの時間的コストを要する。予測不可能な事態が発生したときの緊急対応をある程度可能にするために、規律密度を抑制する場合がある。また下位の政策基準になるほど、その適用範囲は狭まり、執行の現場との距離は小さくなる。そこで、偏在する特殊事情を加味した政策基準を定立させるために、上位の政策基準が規律密度をあえて落とすことがありうる（例：委任条例）。第2は、柔軟な利害調整可能性を確保することである。すでに

---

57) 芦部信喜『憲法学Ⅲ　人権各論(1)[増補版]』（有斐閣・2000年）24-32頁。
58) 小早川光郎『行政法講義下Ⅰ』（弘文堂・2002年）21頁。
59) 大橋・前掲註10) 122頁。
60) 行政裁量が認められる根拠については、宇賀・前掲註31) 318-319頁。

述べた行政計画における法律の規律密度の低さはこの目的のためと考えられる。第3は、専門性の尊重であり、言い換えれば政治的影響の排除を意図する場合である。一般に、政策実施過程に関わる情報や知識を最も把握しているのは現場に近い担当部局であり、その専門的知見を活かして二次的政策基準や基準の個別執行を行った方がより効率的で効果的な政策実施を期待することができる。また、安全に関する技術基準や教育内容の基準[61]（例：学習指導要領）など、政治的な中立性を確保した方が公的利益の実現に資すると考えられる領域では、他の分野以上に規律密度を引き下げ、専門職の判断に委ねる傾向が見られる。

⑵　裁量のコントロール手段

　行政裁量のコントロール手段として最も議論の対象とされてきたのは、裁判所による事後統制である。しかし従来、政策基準の多くは行政訴訟の直接的な対象とすることができず、基準を受けた個別執行行為としての行政処分を対象とする争いの中で、基準の違法性を主張することができるにとどまっていた。これに対し、2004年の行政事件訴訟法改正によって明示された当事者訴訟としての確認訴訟は、行政基準や行政計画の違法性を直截に争う途を拓くものともいえる。しかし、各行為形式に対応した専門の訴訟システムの構築が現在でも継続課題となっており[62]、また法律や条例を直接に攻撃する抽象的規範統制訴訟はわが国では認められていない。さらに行政基準・行政計画では法律が広範な裁量を認めていることから、訴訟類型の法定化だけで訴訟による裁量統制が直ちに機動的になされるようになるとは期待し難い。そこで以下では、裁判所による事後統制以外の2つの手段を取り上げて検討することとしたい。

　第1は、上位の政策基準が裁量を認める際に、下位の政策基準の策定組織・手続を詳細に規定し、加えて考慮すべき利害要素を明示することである。こうした授権条件の詳細化と並び、下位の政策基準の内容の適切性を

---

61)　高木光「技術基準の策定手続」常岡孝好編『行政立法手続』（信山社・1998年）81-114（95）頁。
62)　都市計画専門の訴訟の制度設計については、大橋洋一「都市計画訴訟の法構造」同『都市空間制御の法理論』（有斐閣・2008年）57-80頁［初出2006年］。

上位の政策基準の定立者が審査することも検討されるべきである(例:自主規制基準の「認可」)。さらに、ベストの裁量行使を誘導するための一般的な準則を上位の政策基準が明示したり(民事法における具体例として、適合性の原則・最良執行方針(金融商品取引法40条・40条の2)がある)、下位の政策基準の定立の際に定立者が裁量行使の結果とその理由づけを上記の政策基準定立者や一般市民に対して説明するしくみを設けたりすることも有効である。

第2は、行政監視制度の充実である。行政内部に設置されて法的拘束力を持たない勧告権を持つにとどまるものの、それが公表と結合することで制度改善に対する一定の影響力を持つオンブズマン制度は、この文脈においても有用な制度設計オプションである。この場合、少なくとも監視者が政策基準定立者と一致しないよう、第三者性が確保された監視システムを設定することが不可欠である。

V 具体例──千葉県障害者差別禁止条例

政策基準の多層化に関する極めて象徴的な具体例が、2006年に千葉県で制定された障害者差別禁止条例である。障害者差別禁止が地方公共団体の政策課題として位置づけられるようになった背景には、次の2つの要因がある。第1は、国際的な政策潮流との関係である。2001年の国連総会決議で、障害者の権利に関する包括的・総合的な国際条約を検討するための特別委員会の設置が決定され、その作業部会は2004年に「障害のある人の権利及び尊厳の保護及び促進に関する包括的かつ総合的な国際条約草案」を提示した。そして2006年12月に国連総会で「障害者の権利に関する条約」が採択され、2008年に発効した。この条約が登場する背景となったのは、1990年にアメリカで制定された、障害のあるアメリカ人法(ADA)であっ

---

63) 曽和俊文「行政訴訟制度の憲法的基礎」ジュリスト1219号(2002年)60-68 (68)頁。
64) 大橋洋一「福祉オンブズマンの制度設計」同『対話型行政法学の創造』(弘文堂・1999年)111-159 (146)頁[初出1997年]。
65) 鈴木誉里子「障害者権利条約─国連総会における採択までの経緯と概要」ノーマライゼーション27巻1号(2007年)14-17頁。

た。これらは障害者に対する差別を包括的に禁止している点に特色がある[66]。

　第2は、障害者の地域社会における生活を実現する基盤としての必要性である[67]。政策理念としては、こうした考え方が以前から存在していたものの、2005年に制定された障害者自立支援法が福祉サービス利用者の地域生活移行を強調したことにより[68]、その実現のための基盤整備が現実の問題として意識されるようになった。従来の給付的手法だけではこうした課題への対応をすることができず、より包括的・総合的な制度設計が求められるようになったのである。

1　条例制定過程の特色

　障害者差別禁止という政策課題は、次の2つの点で困難性を伴う。1つは、アジェンダ・セッティングの難しさである。一般的な政策形成過程において障害者自らの権利利益を主張することが困難な構造を念頭に置いた場合、条例の制定過程における参加手続のあり方が、この問題を解決する上での鍵となる。もう1つは、法制化の際の技術的な難しさである。障害者差別禁止を実現するための施策はかなり広範囲にわたり、かつそのそれぞれをどのように法制度として設計し、条文の形にするかは、多くの法的論点を抱えている。そのため、これを担当課レベルだけでこなすのは現実的には困難であり、全庁的な政策法務体制が整備されていることが条例制定の必要条件となると考えられる。

(1)　参加手続

　千葉県の条例制定と同時期に障害者差別禁止を条例化しようとした地方公共団体として、山梨県・宮城県の2県があった。しかしこれらは条例化に至らなかった。千葉県が成功した背景には、条例の制定過程において、とりわけ障害者の参加のルートを積極的に開いていたことにある[69]。

---

66)　東俊裕「『障害のある人の権利条約』、国連で採択」世界762号（2007年）25-28頁。
67)　堂本暁子「障害者差別をなくすために」毎日新聞2004年11月16日朝刊。
68)　堀越英宏「今後の施設運営と小規模多機能サービスの実践」月刊福祉88巻8号（2005年）24-27頁。
69)　伊藤清市「宮城発『障害のある人への差別をなくす条例』制定に向けて」季刊福祉労働108号（2005年）50-59頁。

千葉県が具体的に行った手続は3段階に分かれる。第1段階として、2004年9月から担当課である障害福祉課が、障害者に対する差別に当たると思われる事案について県民に対し意見募集したところ、約800件の事例が寄せられた。次いで第2段階として、障害者・福祉教育関係者・企業関係者などから公募によって選考された委員によって「障害者差別をなくすための研究会」が設置された。同委員会の議論の成果は中間報告・最終報告として公表され、その議事録も含めて千葉県のウェブサイトで公開された。さらに第3段階として、同委員会が報告をまとめる過程で、関係団体に対するヒアリングのほか、タウンミーティングやパブリック・コメントによって直接県民からの意見を聴く手続が取られた。

　こうした手続は、市民参加の一般論から見ても、ゼロベースで原案を練り上げていくワークショップ型と、幅広い層からの意見を取り込むパブリック・コメント型との組み合わせの実例として興味深い。また、通常の手法では利害のアーティキュレーションが困難な障害者の場合には、こうした重畳的な市民参加が有効な手段となる。他方で、千葉県障害者差別禁止条例は2006年2月議会では継続審議、9月議会では知事による条例案撤回となり、ようやく12月議会で議会多数派の修正を容れて成立した。議会における争点化の背景には、こうした参加手続が議会を軽視するものであるとする議員の批判的感情があった[70]。しかし、条例制定過程における市民参加手続によって考慮される利害が議会審議におけるそれと完全には重ならないとすれば、千葉県のこの方式はより多くの利害関係の集積と衡量に成功したものと評価できる。

(2) 政策法務体制

　障害者差別禁止のように、関連する施策が多岐にわたる新規政策であって、検討すべき法的論点が山積している課題では、担当課だけでの対応は困難であり、政策法務スタッフが担当課をシステマティックに支援する体制づくりが重要な役割を果たす。条例を制定するに当たり、まず確認しなければならないのは、条例を必要とする社会的な要請（立法事実）が存在

---

70)　「障害者条例案『知事の出方しだい』自民　勝負の14日」読売新聞2006年2月12日朝刊。

するかどうか、条例の制定が「法律の範囲内」であると論証することができるかどうかである。また、これらを前提として、条例の中で規定されるさまざまな政策実現手法が、市民の権利・自由を不当に侵害するものとならないようにしなければならない。政策法務体制が整備されていれば、担当課との協力体制のもとで、こうした作業を効率的かつ確実に実施することができるのである。

千葉県は、2002年に制定した「千葉県廃棄物の処理の適正化等に関する条例」を契機として、2003年に全国の都道府県に先駆けて政策法務担当組織を設置した。政策法務のスタッフは、障害者差別禁止のような新規施策の場合、企画段階から担当課とともに作業に加わり、立法事実の整理・庁内調整・参加手続の採否決定・条例の方向性の検討などに従事する。また、条例案作成の際に総合調整を図るため、知事部局各部次長と教育次長・県警本部総務部参事官の計9名からなる政策法務委員会が庁内に設置されていた。政策目的に強く規定される担当課に対し、政策法務スタッフはより幅広い視点から条例に規定する具体的な制度設計のあり方を検討することで、上記の要請を充足する条例案の作成を図っているのである。

2 条例化の目的

障害者福祉に関連する条例としてこれまで制定されてきたのは、建物の構造など主としてハード面での対策を推進する「福祉のまちづくり条例」「ユニバーサルデザイン条例」や、福祉サービスに関連する苦情を解決する「オンブズマン条例」であった。これに対し、障害者差別禁止という政策課題を条例によって実現しようとする場合、その具体的内容は、以下の3点である。

第1は、差別禁止ルール形成の契機としての条例化である。障害者差別に当たる事例を（ある程度抽象的にならざるをえないとはいえ）条例で列挙してこうした行為を禁止した上で、実際に問題となった事例に対し、解決のための手続・組織を準備することが必要となる。第2は、制度間調整のための組織を準備する手段としての条例化である。障害者の就労促進をめぐっては、福祉・教育・労働の分野間連携が必要であることが指摘されてい

る。また(障害者総合支援法によって統合の方向性が示されているとはいえ)福祉・医療サービスが分立した現状を念頭に置くと、ケアマネジメントに代表されるサービス間調整のシステムが不可欠である。第3は、恒常的な障害者政策形成プロセスの創設のための条例化である。前述の2つの目的のために設置された組織・手続によって、障害者がより生活しやすい社会の実現に必要な具体的な課題が顕在化する。これらを取り上げて政策決定へとフィードバックするための組織・手続を準備しておくことで、恒常的な政策サイクルを条例が設定し、地方公共団体の障害者施策に対する政治的影響を低減することが可能になる。[72]

3 具体的な制度設計方法

(1) 差別禁止ルール形成の手続

　差別禁止ルールを条例によって規定する場合、次の3つの段階を含むものを構想することとなる。第1は差別禁止の対象の確定であり、具体的には「障害者」「差別」の定義規定が必要となる。後述する実効性確保策の部分で、刑罰や制裁性の高いしくみを予定する場合には、この定義規定を厳密なものにしなければならない。しかし、条例の制定を契機にして差別禁止ルールを具体例の中から積み上げて形成しようとする場合には、実効性確保策をよりソフトなものにする代わりに、「障害者」「差別」の定義をより広範・柔軟にすることが可能となる。[73]千葉県の2月議会提案条例案(以下「2月案」という)では、最近の国際的な議論動向を踏まえ、「心身の状態が、疾病、変調、傷害その他の事情に伴い、その時々の社会的環境において求められる能力又は機能に達しないことにより、個人が日常生活又は社会生活において継続的に制限を受ける状態」と障害を定義し、いわゆるソーシャルモデルによる定義を試みていた。最終的には国法体系におけ

---

71) 松矢勝宏「障害者と就労」月刊福祉89巻13号 (2006年) 12-17頁。
72) 野沢和弘「みんなでつくった障害者差別をなくす千葉県条例」精神科看護34巻1号 (2007年) 48-52頁。
73) 東俊裕「障害を理由とした差別をなくすための条例の法的問題点と条例私案」季刊福祉労働108号 (2005年) 8-31頁。

る障害者の定義と一致させる修正がなされたものの、手帳保持者に対象を限定しない工夫を試みた点は高く評価されうる。これに対し、千葉県障害者差別禁止条例における「差別」の定義規定は、大きく「不利益取扱」と「合理的配慮措置の懈怠」の2つに分けられており、特に合理的配慮義務の概念は、アメリカADA法や障害者の権利に関する条約などの国際的な動向を念頭に置いたものといえる[74]。また、先に述べた参加手続の存在により、この定義規定はかなり具体性になっている。

　第2は実際に紛争が起こった場合にその解決を図る組織・手続である。組織の面では、地方自治法の執行機関法定主義の制約から、自己の名で対外的に意思表明をする機関の設置は困難である。しかし、苦情解決のための機関を長の附属機関として設置したとしても、答申の尊重義務・長への建議権を規定することにより、効率的な活動を担保することは可能であろう。手続の面では、紛争事例に対する行政調査権限とその実効性担保のしくみをどのように設定するかが重要となる。紛争解決手続としての性格上、調査への非協力は非協力者の不利益になる事実の存在を推認させるとする担保策（例：建設業法25条の20）が考えられる。

　第3は苦情解決の実効性確保手段である。千葉県条例の2月案では、勧告への不服従に対して公表が予定され、その際には事前の意見聴取手続が規定されていた（2月案38条・39条）。また内部検討段階では、公表の持つ制裁的性格に鑑み、公表を前提とする勧告に処分性を認め、行政訴訟による差止請求を可能とする設計も検討されていたという[75]。結局、千葉県では条例案の修正により公表の規定が消滅したため勧告のみが残され（24条）、条例の文言上は実効性確保手段が存在していない。しかし、情報公開制度を用いることによって（その際に個人情報等が不開示となるとしても）答申の公開請求が可能であること、苦情解決段階での議論が後続の民事訴訟の事実認定の資料として用いられうること（なお条例26条には訴訟費用補助の規定

---

74)　玉村公二彦「国連・障害者権利条約における『合理的配慮』規定の推移とその性格」障害者問題研究34巻1号（2006年）11-21頁。

75)　鑓水三千男「障害のある人もない人も共に暮らしやすい千葉県づくり条例」政策法務Facilitator 13号（2007年）16-18頁。

がある）により、間接的な形での実効性確保が図られることとなる。

(2) 制度間調整組織の設置

　障害者差別禁止という政策課題は、訴訟による解決に馴染む「差別」事例だけをターゲットにしているわけではない。むしろそこには至らない段階における、障害者の「暮らしにくさ」を少しでも低減する方策が検討されなければならない。この観点から重要なのは、分野ごとに縦割になっているさまざまな障害者支援施策を調整し、統合するための法的しくみの構築である。このことは、障害者問題のみならず、行政が実施する対人サービス一般に必要である[76]。

　千葉県障害者差別禁止条例の 2 月案では、この点を意識して、指定機関のしくみが規定されていた（2月案28条以下）。これは、障害者の権利擁護を目的とする民間団体を指定し、障害者に対する相談事業などを主として実施するものであった。議会多数派の反対によって修正案でこの規定が消滅し、代わって苦情解決等を支援する機能に特化した広域専門指導員（条例16条）が設置されることとなった。この修正によって、制度間調整組織の設置という当初の構想は頓挫することとなった。

　しかし、制度間調整組織の設置の考え方は、障害者差別禁止の文脈からだけではなく、福祉・教育オンブズマンあるいはケアマネジメントの観点からも要請されている。厳密に考えれば、差別禁止ルールの形成・適用の組織とその調整組織とは並立的な関係である方が、紛争の公平な判断には資する。しかし、千葉県障害者差別禁止条例が目指しているようなソフトなルール形成の場合には、調整組織が持つ障害者に対するアドボカシー機能と苦情解決活動とを連携させた方が、行政コストの面からも、障害者の権利擁護の実効性確保の観点からも適切である。

(3) 恒常的な障害者政策形成プロセスの創設

　恒常的な障害者政策の形成は、条例の規定がなくても、障害者基本法の定める都道府県・市町村の障害者計画（同法11条）によっても可能である。

---

76) 原田・前掲註36) 784-785頁以下、エバーハルト・シュミット‐アスマン（太田匡彦他訳）『行政法理論の基礎と課題』（東京大学出版会・2006年) 132頁。

また同法は、この計画策定に際して、合議制の機関（同法36条）の意見聴取手続を定めている。他方でこのしくみは、計画によって確定された施策の実施状況からのフィードバックルートの設定を、明示的には予定していない。

これに対し、千葉県の事例では推進会議と分野別会議を設置し（同条例29条・30条）、条例で定められた差別禁止ルールの適用・形成過程における情報をフィードバックして、施策の見直しや改善につなげる組織法的な工夫を試みている。[77]同様の目的は、施策に対する評価手続の導入によっても達成することができる。ただし、施策の具体的な評価基準や方向性がまだ固まっていない段階においては、手続法的な規律よりも組織法的なアプローチの方が、執行状況の継続的かつ柔軟な把握には資すると考えられる。

4　垂直的関係の調整方法
(1)　国との関係——条例制定権の限界論

千葉県障害者差別禁止条例のように履行確保手段が間接的なものにとどまる場合には、条例制定権の限界論の文脈で国法秩序との緊張関係が生じることはない。これに対し、例えば労働分野などで、差別に当たるケースを行政が認定し、これに民事上の効力（例えば、雇用契約締結強制）を付与することが、条例によって可能かどうかが、論点となる。

かつては、私法秩序に関係する規律は国法に独占されているとする理解が強かった。あるいは民事不介入の原則との関係で、条例による規律を消極に解する立場もありうるところである。しかし、このような問題に対してはむしろ、比例原則の発想に基づき、民事上の効力を規制することの必要性や相当性を、立法事実との関係で精査する考え方が取られるべきである。[78]このようなアプローチによれば、重大な差別事例であって地域的事情が関係するものについて、民事上の効力規制が肯定される余地がないわけではない。ただし、千葉県障害者差別禁止条例のように、今後差別禁止ル

---

77)　野沢和弘『条例のある街』（ぶどう社・2007年）73頁。
78)　大橋洋一「『民事不介入』の観念と行政型ADR」同『都市空間制御の法理論』（有斐閣・2008年）238-250頁［初出2005年］。

ールを形成していくことを主目標とする場合には、こうした手段は馴染まないと考えられる。

(2) 市町村との関係――配慮規定

　千葉県が条例制定の最初の段階で実施した「障害者差別に当たると思われる事例」の募集の結果寄せられたものの中で、最大の比率を占めたのは教育関連事例であった（約26％）。このことを踏まえ、条例では「差別」に当たる行為として、本人・保護者の意見を聴かないで、または必要な説明を行わないで、入学する学校を決定することを列挙に含めている（2条2項5号ロ）。これに対しては、就学指定権限を持つ市町村教育委員会など教育関係者から疑問の声が寄せられ、また県議会における審議においても重要論点の1つとなった。学校教育法施行令5条2項に基づく就学指定は市町村教育委員会の権限でなされることとなっており、最終的に本人・保護者の意思が貫徹できるものではないこととの調整が、ここでの課題となる。

　千葉県障害者差別禁止条例ではこの問題について、条例運用上の配慮規定を置くことで対応を試みている（33条）。これは条例の運用に当たり、地方公共団体に設置される執行機関としての委員会や市町村の自主性・自立性に配慮するとの内容を持つ。このため、市町村教育委員会に対し就学指定に関して勧告をすることは想定されていないという。また、条例が要求しているのはあくまで説明と意見聴取であって、このことは学校教育法施行規則32条の趣旨とも重なり合う。

第10章
多元的システムにおける本質性理論

I　はじめに

　行政活動は法律に基づいてなされなければならないとする「法律による行政の原理」は、公法学の最も基本的な原則の1つである。そして、ドイツ連邦憲法裁判所が判例によって形成し、法律の留保に関する基準を提示している本質性理論は、日本においても行政活動の法的統制を検討する上での有力な手がかりを提供している。本質的な事項は議会が自ら規律しなければならないと説く同理論は、一方では行政活動から私人の権利・自由を保護する機能を、他方では行政活動の内容形成が民主的過程を経て定立されることを保障する機能を有している。

　しかし、公共部門の多層化と複線化に起因する多元的システム[1]の展開の中で、本質性理論の通用力やあり方に再検討の必要性が生じている。公権力と公的任務遂行を理念上独占していた国家の機能が垂直的（国際機構・国家・自治組織）あるいは水平的（民営化・外部委託・自主規制）に拡散する多元的システムにおいては、社会を統御するアクターはもはや国家に限定されない。複数の公共制度設計者がそれぞれの考慮に従って制度を形成するとすれば、行政上の規範はこれまでになく多元化し、そのため国家の立法者が本質的な事項の規律を独占することは、（少なくとも事実のレベルで

---

1) 行政法学一般へのインパクトにつき参照、原田大樹「多元的システムにおける行政法学―日本法の観点から」新世代法政策学研究（北海道大学）6号（2010年）115-140頁［本書第1章参照］、藤谷武史「多元的システムにおける行政法学―アメリカ法の観点から」新世代法政策学研究（北海道大学）6号（2010年）141-160頁。多元的システム論と問題意識を共有する先駆的研究として参照、山本草二「国際行政法」雄川一郎他編『現代行政法大系　第1巻』（有斐閣・1983年）329-364頁。

は）困難になるはずである。

　本章では、国際金融市場規制法を素材としてこうした問題の現状を分析し、多元的な行政上の法規範を法的に統制するための理論的な基盤を構築する手がかりを探究したい。金融行政法は行政法の重要な参照領域の1つであり[2]、また近年では国際機構レベルでの法規範形成が急速に進んでいる[3]。このため、行政上の規範の多元性とこれに対する法的統制を検討する上で有用な具体例が多く獲得できると期待される。そこで本章ではまず、国際金融市場法の規制枠組を分野ごとに一瞥した後、国際機構レベルでの規範形成の具体例として、銀行に対する自己資本比率規制（バーゼル銀行監督委員会）と国際会計基準の定立を紹介する。そして、その内容が国内レベルでいかに実現されるかを法的な手法の側面から確認する（II）。この作業を踏まえ、多元的システムが本質性理論に与える理論的な影響と必要な対応策を検討する。具体的には、本質性理論のこれまでの理論的展開を確認した後、国内レベルにおける議会の役割への制約と、国際レベルにおける民主的正統性の欠如の問題を取り上げ、公法学の理論的対応の可能性を素描することとしたい（III）。

II　行政上の規範の多元性

1　国際金融市場の規制枠組
(1)　国際金融市場規制の必要性

　本章で国際金融市場とは、国際間の取引が行われる金融市場を指し、金融期間の長短は問わないものとする（国際資本市場と狭義の国際金融市場との双方を含む意味で用いる）。国際金融市場は大きく銀行・証券・保険の3分野に分けることができる。

---

2)　詳細な検討として参照、斎藤誠「金融行政システムの法的考察」日本銀行金融研究所ディスカッションペーパー2002-J-31号（2002年）1-51頁。

3)　Eberhard Schmidt-Aßmann, Der Beitrag des öffentlichen Wirtschaftsrechts zur verwaltungsrechtlichen Systembildung, in: Hartmut Bauer u. a. (Hrsg.), Umwelt, Wirtschaft und Recht, 2002, S. 15-27, 18 は、参照領域としての経済法の特色の1つとして、多元的な構造を挙げている。

国際金融市場規制の主要な課題は、金融機関の規制からの逃避を防止することにある。このことは具体的には次の2点に集約される。第1は、実体的な規制プログラムの調和・平準化の実現である。金融業は製造業と異なって立地選択の際の制約事情が少ないため、規制の緩やかな国への移転が容易である。他方で金融業は国際的に展開するため、どの国に立地していたとしてもその破綻は世界的に大きな悪影響を及ぼすこととなる。したがって、各国間で規制ダンピング競争 (race to the bottom) が生じないような政策内容調整が必要となる。第2は、規制執行の場面での協力・連携関係の構築である。実体的な規制プログラムが仮に一定の内容に収斂したとしても、それを実現する規制執行は各国の規制行政機関が担っている。そのため、各国間での規制情報の共有や役割分担ルールの設定が不可欠となる。

(2) 国際金融市場の規制枠組

このような必要性から、国際金融市場では以下のような規制枠組が構築されている。

(a) 銀行分野　　銀行分野における国際的な規範形成で最も重要な役割を果たしているのは、バーゼル銀行監督委員会である。バーゼル銀行監督委員会は、1974年に国際決済銀行 (BIS：Bank for International Settlements) のもとに設置された。[4] 国際決済銀行は、1930年に各国の中央銀行が資金を拠出して設立された最も古い国際金融機関であり、本来の設立目的は第一次世界大戦後のドイツの戦時賠償金支払を円滑に進めることにあった。[5] ただし同銀行の定款には中央銀行間協力についても明記されており、第二次世界大戦後にはこの機能が中心となった。1971年のニクソンショックを契機とするブレトン=ウッズ体制の崩壊の中で、1974年のG10中央銀行総裁会議における合意を受け、国際経済の新しい管理秩序を模索する一環としてバーゼル銀行監督委員会が設置され、国際金融システムの安定

---

4) 吉國眞一『国際金融ノート』（麗澤大学出版会・2008年）16-20頁。
5) GIANNI TONIOLO, CENTRAL BANK COOPERATION AT THE BANK FOR INTERNATIONAL SETTLEMENTS, 1930-1973 at 33-34 (2005).

性・健全性の確保がその目的として掲げられた[6]。同委員会が策定した著名な基準として知られるのが、1975年のバーゼルコンコーダット (Basel Concordat) と1988年の自己資本比率規制に関するバーゼル合意 (Basel I) である[7]。前者は国際的な金融機関を監督する際の手続面での準則を、後者は銀行監督の実体面での準則を明らかにしたものである。

(b) 証券分野　証券分野における国際的な規制枠組の形成に重要な役割を果たしているのが、証券監督者国際機構 (IOSCO：International Organization of Securities Commissions) である。1974年に南北アメリカ地域に限定して設立された米州証券監督者協会が1983年にメンバーシップを他地域に開放し、現在ではほぼ全世界の証券監督行政機関が加入する組織となっている。監督行政機関だけではなく、自主規制機関も参加できるところに大きな特色が見られる。IOSCO は各国の監督機関相互間の情報交換や執行面での協力体制の整備、監督の内容面での原則の提示など幅広い活動に取り組んでいる[8]。その名を世界中に知らしめたのは、後述する国際会計基準を監督の基準として採用するとの政策決定が、会計基準の世界的な統一への流れを形成したことであった。

国際会計基準の形成を担ってきたのは、1973年に設立された民間組織の国際会計基準委員会 (IASC) であった。当初基準としてほとんど機能していなかった国際会計基準に脚光が集まったのは、1980年代後半になって IOSCO がこの基準を積極的に利用する方針を打ち出してからのことであった[9]。1999年には欧州連合 (EU) が国際会計基準を全面採用する方針を示し、2001年には新しい国際会計基準策定組織として国際会計基準審議会

---

6) DUNCAN WOOD, GOVERNING GLOBAL BANKING 4 (2005).
7) 自己資本比率規制は日本ではしばしば「BIS 規制」と称されている。しかし、この内容を策定しているのは国際決済銀行 (BIS) ではなくバーゼル銀行監督委員会なので、Basel I (あるいは Basel II, Basel III) と呼ぶ方が正しい (佐藤隆文編『バーゼル II と銀行監督』(東洋経済新報社・2007年) 24頁)。
8) David Zaring, *International Law by Other Means*, 33 TEX. INT'L L.J. 281, 292 (1998). 日本でも、1990年に IOSCO 総会で決定された行為規範原則の一部が、1992年の証券取引法改正で取り込まれている (河本一郎＝大武泰南『金融商品取引法読本 [第2版]』(有斐閣・2011年) 567頁)。
9) 西川郁生『国際会計基準の知識』(日本経済新聞社・2000年) 16-27頁。

(IASB)が設立された。国際会計基準の策定では、民間の国際的組織が中心的な役割を果たしているところに大きな特色が認められる。[10]

(C) **保険分野**　保険分野においては、保険監督者国際機構(IAIS：International Association of Insurance Supervisors)が徐々にその影響力を強めている。同機構は1994年に設立され、公正で安定的な国際保険市場の構築をその設立目的としている。[11]もともとは規制に関する情報交換を中心としていたものの、1990年代後半以降は、規制の執行面や実体面に関する国際的な規範の形成に積極的に取り組んでいる。[12]

2　国際機構レベルでの規範形成

このように、国際金融市場規制においては、国際機構レベルでの規範形成が極めて活発に行われている。その現状を分析し公法学上の問題点を検討するために、以下ではバーゼル銀行監督委員会の自己資本比率規制と国際会計基準審議会の国際会計基準の2つを取り上げることとする。

(1)　銀行に対する自己資本比率規制

金融業者に対する規制手法は一般に、行為規制(code of conduct)と健全性(prudence)規制とに分けられる。[13]行為規制は、投資家や消費者の保護を目的として、業者側に一定の作為・不作為を義務づける方法であり、説明義務や適合性原則が代表例である。これに対して健全性規制は、金融システム全体の不安定化(システミックリスク)の防止を目的としたもので、自己資本比率規制が代表的な手段である。この自己資本比率規制という手段は、もともとアメリカにおいて発展した。[14]1864年に制定された銀行法の

---

10)　原田大樹「国際会計基準採用の法的課題」ジュリスト1380号(2009年)2-7(3)頁[本書第4章参照]。

11)　Christoph Ohler, Die Zukunft des Wirtschaftsverwaltungsrechts unter den Bedingungen globaler Märkte, in: Marc Bungenberg u. a. (Hrsg.), Recht und Ökonomik 44. AssÖR, 2004, S. 309-338, 324.

12)　1997年に採択した保険監督基本原則(Insurance Core Principles and Methodology)がその嚆矢となった。活動の現状につき参照、来住慎一「国際保険監督規制の現状と課題」共済と保険51巻9号(2009年)30-37頁。

13)　河村賢治「金融業者の規制」法律時報81巻11号(2009年)28-33(28)頁。

14)　ETHAN B. KAPSTEIN, GOVERNING THE GLOBAL ECONOMY 106-07 (1994).

段階からこの手法が取り入れられており、アメリカにおいては銀行規制の中核的な手段の1つとなっていた。[15]（広義の）自己資本比率とは、自己資本を総資産で割ったもののことで、この比率が高いと貸し倒れのリスクに対する銀行の対応能力が高いことになる。[16]

国際的な自己資本比率規制のメリットとして、①国際的な銀行の経営の安定性確保、②銀行間の競争条件の均等確保、③国際的な銀行監督行政協力の促進、④被規制者である銀行の負担軽減等が指摘される。[17]このような自己資本比率規制に向けた動きが始まったのは、1986年のイングランド銀行総裁とアメリカFRB（連邦準備制度理事会）議長との交渉からである。[18]この背景には、国内の金融システムが不安定化していたアメリカが自己資本比率規制を強化しようとしていたこと、[19]しかし当時は日本の金融機関の世界進出がめざましく（オーバープレゼンス問題）、[20]アメリカ国内だけで自己資本比率規制を強化するとアメリカの金融機関が競争上不利となることがあったとされる。[21]当初の米英合意では自己資本の定義に有価証券の含み益が含まれておらず、この計算方式では、バブル経済の中で大量の有価証券含み益を抱えていた日本の金融機関が不利になることが明らかであった。そこで日本は、アメリカとの交渉で含み益を50％まで参入することを認めさせた。しかし、その後の株価の下落によって、このことがバブル経済崩壊以降の日本の金融機関を苦しめ、1990年代後半には貸し渋りを誘発する原因ともされた。

---

15) Robert F. Weber, *New Governance, Financial Regulation, and Challenges to Legitimacy*, 62 ADMIN. L. REV. 783, 799 (2010).
16) この考え方をシンプルに表現すると、「他人のカネを預かり、それを他の人に貸す銀行業では、信用の基礎として、一定の元手を持っていなければならない」（西村吉正「緩和・延期こそ疑心暗鬼を助長する」週刊東洋経済5094号（1992年）92-97（92）頁）ということになる。
17) DANIEL K. TARULLO, BANKING ON BASEL 196 (2008).
18) アメリカとイギリスの二極に集中している現在の国際金融市場からすれば、両国の同意を得ない国際金融市場規制ルールは実効性がないといわざるをえない。Vgl. Bernhard Speyer, Governance internationaler Finanzmärkte, in: Gunnar Folke Schuppert (Hrsg.), Governance-Forschung 2. Aufl. 2006, S. 302-321, 308.
19) 氷見野良三『［検証］BIS規制と日本［第2版］』（金融財政事情研究会・2005年）107頁。
20) 徳田博美「BIS規制は妖怪、見直せ」週刊東洋経済5081号（1992年）20-25（22）頁。
21) 朝日新聞「変転経済」取材班編『失われた〈20年〉』（岩波書店・2009年）87頁。

Basel Ⅰに対してはさまざまな批判が提起され、特に、①リスクの計算方法が銀行実務の実態と整合していないこと、[22] ②銀行のインセンティブ構造への配慮がなされていないこと、[23] ③策定過程が不透明であったことが問題とされた。そこで2004年に成立したバーゼル枠組（Basel Ⅱ）では、これらの点について改善がなされた。具体的には以下の通りである。第1のリスク計算については、リスクの計算方法が精緻化され、またオペレーショナルリスク（事務事故・不正行為によるリスク）の取り込みが図られた。[24] 第2のインセンティブ構造との関係では、リスク管理と健全性の維持は第一義的には銀行自身の責任であるとの位置づけがなされ、銀行のモニタリングと情報開示によるチェック体制が盛り込まれた[25]（バーゼルⅡの第二・第三の柱）。[26] 第3の策定手続については、広く告知コメント手続を導入し、あるいは費用便益分析も実施することで、その改善を図った。[27]

2008年9月に発生したリーマンショックを契機として、世界の金融市場は大混乱に陥った。リーマンショックの背景となったサブ・プライムローン問題は、日本におけるバブル経済の崩壊と類似している面があった。しかし証券化技術の発展の影響で、アメリカにおける金融不安は瞬く間に世界中に広がった。[28] この対応策として、2009年4月に開催されたロンドンでのG20金融サミットで、国際決済銀行に金融安定理事会（Financial Stability Board）を設置することが決まった。これは1999年に設立されていた金

---

22) WOOD, *supra* note 6, at 128.
23) Pierre-Hugues Verdier, *Transnational Regulatory Networks and their Limits*, 34 YALE J. INTL' L. 113, 140 (2009).
24) 家森信善＝清水克俊「金融制度の脆弱性と法規制」法律時報81巻11号（2009年）9-15 (14) 頁。
25) 氷見野・前掲註19）161頁。
26) バーゼルⅡは、バーゼルⅠの時代から存在した「最低所要自己資本比率」(Minimum Capital Requirements：第一の柱）に加え、銀行の自主規制と監督当局によるその監視を中心とする「金融機関の自己管理と監督上の検証」(Supervisory Review Process：第二の柱)、及び銀行の情報開示によって市場が銀行をコントロールする「市場規律」(Market Discipline：第三の柱）の三本柱構造を採用している。
27) Michael S. Barr & Geoffrey P. Miller, *Global Administrative Law: The View from Basel*, 17 EUR. J. INT'L L. 15, 26 (2006).
28) 佐藤隆文『金融行政の座標軸』（東洋経済新報社・2010年）203頁。

融安定化フォーラム（FSF：Financial Stability Forum）を母体にした組織で、バーゼル銀行監督委員会などの国際的な基準策定組織に対するレビューも行うこととなった。[29]自己資本比率規制内容の改定に関しては、サブ・プライムローン問題が表面化した2007年夏以降からすでに取り組みが始まっており、[30]2008年4月にFSFが規制強化を内容とする報告書を作成していた。この動きはリーマンショック後に加速し、[31]2010年9月12日にバーゼル銀行監督委員会の上位機関である中央銀行総裁・銀行監督当局長官グループ（Group of Central Bank Governors and Heads of Supervision）が合意した銀行に対する国際的な規制枠組（Basel III）に結実した。その内容は、資本の質の向上、資本バッファーの導入、レバレッジ比率規制の導入、流動性に関する最低基準の設定など多岐にわたる。[32]

(2) 国際会計基準

銀行に対する自己資本比率規制の内容を形成するのが各国の中央銀行や金融規制当局から派遣されてきた（広義の）公務員であるのに対し、国際会計基準（本書第4章参照）を策定するのは民間人である。このため国際会計基準は、国際自主規制としての色彩を強く有している。[33]国際会計基準を

---

29) 淵田康之『グローバル金融新秩序』（日本経済新聞出版社・2009年）9頁、井上武「G20における金融規制改革の議論」資本市場クォータリー12巻4号（2009年）86-92（88）頁。

30) 2009年7月に最終文書が公表され、2010～11年に実施されたバーゼル2.5の内容につき参照、みずほ証券バーゼルIII研究会編『詳解 バーゼルIIIによる新国際金融規制』（中央経済社・2012年）57-65頁。

31) 例えば、2009年2月に出されたEUのいわゆるDe Larosière Report（The High-Level Group on Financial Supervision in the EU Report 16-17（2009））や、同年3月に出されたイギリスのTurner Review（FSA, The Turner Review 7（2009））でも、同様の内容の提言がなされている。これらのレポートの概要につき参照、井上武「欧州における金融規制改革の議論」資本市場クォータリー12巻4号（2009年）122-137頁。

32) 小立敬「バーゼル委員会による新たな銀行規制強化案」資本市場クォータリー13巻3号（2010年）37-50（39）頁、中尾武彦「グローバル金融危機への国際的対応」ファイナンシャル・レビュー101号（2010年）22-57（50）頁、太田康夫『グローバル金融攻防三十年』（日本経済新聞出版社・2010年）267-273頁。

33) 原田大樹「国際自主規制と公法理論」法政研究（九州大学）75巻1号（2008年）1-28（4）頁［本書第4章参照］は、国際会計基準の策定を国際自主規制の典型例として取り上げ、ここから生じる公法理論へのインパクトを素描したものである。なお、国際会計基準と自己資本規制比率との相互関係につき参照、村上真理「バーゼルIIIとIFRS（国際財務報告基準）」広島大学マネジメント研究（広島大学）13号（2012年）159-166頁。

策定しているIASBは、アメリカ・デラウエア州の非営利法人である国際会計基準委員会財団のもとに設置され、財団の評議員会がIASBの人事権を持っている。IASBに参加できるのは各国の民間会計基準策定主体であり、国内における行政機関からの独立性が要求されている。[34] IASBの会計基準策定手続はデュープロセスに基づいており、ディスカッションペーパーの公表と公開草案の公表の際にはパブリック・コメント手続が用意され、さらに公聴会や実務視察を行うこととされている。[35]

　国際会計基準の内容上の特色は時価会計にある。日本の会計基準は、資産や負債を実際に処分するまではその原価で保有するという原価主義を採用している。これに対して、国際会計基準は投資家保護を目的とし、保有する資産の価格変動を損益とみなす。キャッシュフローを重視するこの立場は、企業の真の姿を把握するのに適しているとされる。[36] しかし時価主義では、金融危機の際にある金融機関が資産を投げ売りすると、他の金融機関の保有財産の価値が大幅に減少するため貸し渋りが生じ、結果として実体経済に甚大な影響を与える（景気循環増幅効果（pro-cyclicality））。[37] 2008年のリーマンショックでもこの問題が生じ、IASBは会計基準を改正して、金融資産の保有区分の振替（時価評価しなければならない「売買目的有価証

---

34)　しかし、国際会計基準が各国で採用されることとの関係では、ガバナンス構造を改革してメンバーに地域代表としての性格を持たせることや、規制当局の経験が反映されるしくみを設けることが必要となる。参照、藤沼亜起「グローバル会計基準設定機関の組織と運営」季刊会計基準21号（2008年）37-46（41）頁、黒澤利武「EUの同等性評価と今後の展望」季刊会計基準22号（2008年）58-65（61）頁。
35)　Paul J. Heuser/Carsten Theile (Hrsg.), IFRS Handbuch 5. Aufl. 2012, S. 23 Rn. 42f.
36)　白鳥栄一『国際会計基準』（日経BP社・1998年）32頁。ただし、コア・スタンダードの1つとしてIOSCOが時価会計を重視したことがその背景には存在する。証券監督当局者の集まりであるIOSCOにとっては、被規制者が短期的に安全に経営していけるかどうかに関心があり、それゆえ企業の収益力を示す原価主義よりも短期的な経営安全性を示す時価主義を好むこととなる。時価主義の問題点を指摘するものとして参照、金子勝『新・反グローバリズム』（岩波書店・2010年）43-45頁、田中弘『国際会計基準（IFRS）はどこへ行くのか』（時事通信出版局・2010年）104-181頁、同『国際会計基準の着地点』（税務経理協会・2012年）。
37)　沿革的に見れば、時価主義の会計は大恐慌以前のアメリカで広く用いられており、大恐慌の反省から発達した原価主義の会計が、日本の会計基準としても用いられるようになった。参照、濱條元保「英米主導で進むIFRS日本と大陸欧州の反発」エコノミスト87巻59号（2009年）20-23（23）頁。

券」を時価評価する必要のない区分に変更する取り扱い）を認めた。[38]

3　国内レベルでの規範形成と執行

　国際金融市場規制において、国際機構が策定する規範は極めて大きくなってきている。しかしこれらの規範は条約でもなければ、条約に基づいて国際機構が策定する二次法でもない。これらは単独での法的拘束力はなく、国内のレベルで一定の法的な操作がなされて初めて法的拘束力を獲得する。その代表的な手段は、行政基準と不確定概念である。[39]

(1)　行政基準の多用

　銀行に対する自己資本比率規制の国際合意（Basel I, II, III）を実現するには、その合意内容に従って各国が国内法上の措置を取る必要がある。[40]日本における Basel I への対応は、国際的に活躍する銀行（国際基準行）のみを対象とし、合意された内容だけを実施するミニマム・スタンダード対応であった。[41]そしてその実施方法として選択されたのは、通達・行政指導であった。1988年に大蔵省銀行局長通知が改正され、バーゼル合意の内容が盛

---

38)　これは、欧州委員会からの圧力で IASB が本来取るべきとされるパブリック・コメント手続を省略してなされた。政治的な影響で会計基準の策定手続が歪むおそれは、以前から指摘されていた（Walter Mattli & Tim Büthe, *Global Private Governance*, 68-Aut L.& Cont Emp. Probs. 225, 254 (2005)）ものの、これが現実化した初めてのケースとなった。参照、藤沼亜起＝島崎憲明「IASCF トラスティーへの日本からの参画」季刊会計基準25号（2009年）49-65 (54) 頁、田中弘「IASB が目指す『全面時価会計』の正体」エコノミスト87巻59号（2009年）27-29 (28) 頁。

39)　国際環境法において、条約の二次法による対象変更に国内法がどのような立法技術で対応するかを整理したものとして参照、島村健「環境条約の国内実施—国内法の観点から」論究ジュリスト 7 号（2013年）80-89 (85) 頁。同論文は、①法律の中で条約の対象物質を列挙する法律規定型、②バーゼル法のように法律の条文で「附属書に掲げるもの」と規定して附属書の改正に自動的に連動させる動的参照型、③法律上は政令等に委任し、条約の対象が変わると政令を書き換える行政基準型、④法令の規定を性能規定のような不確定概念にしておき、学協会規格に国際基準が反映されることで実質的に国際基準に適合させる不確定概念型、の 4 つに整理している。

40)　Bryce Quillin, International Financial Co-operation 12 (2008) は、バーゼル合意のソフトローとしての性格を強調する。バーゼル合意そのものには法的拘束力はないものの、もし国内措置を取らなければ、日本の金融機関の海外での活動が制約されたり、国際市場における日本の金融機関の競争力が低下したりするおそれがあるとされる（谷澤満「自己資本比率規制」ジュリスト1412号（2010年）32-42 (33) 頁）。

41)　佐藤・前掲註 7) 29頁。

り込まれた[42]。その後、1992年の金融制度改革法によって自己資本比率規制に関する条文が追加され、この規定は現在までほぼ踏襲されている（銀行法14条の2）。この規定は、内閣総理大臣は「銀行がその経営の健全性を判断するための基準」を定めることができるとしている。立案担当者の見解によれば、「その基準を使って経営の健全性を判断する第一義的立場にあるのは当該銀行そのものであり、銀行が自己規正のために諸比率規制を利用する立場にある[43]」とされていた。この規定を踏まえ Basel II の自己資本比率規制を具体化・国内法化する「銀行法第14条の2の規定に基づき、銀行がその保有する資産等に照らし自己資本の充実の状況が適当であるかどうかを判断するための基準」が、金融庁告示の形式で制定されている。しかしこの基準は、金融庁による監督権限の行使と密接に結びついている。銀行法24条（報告・資料提出）や25条（立入検査）の要件規定（銀行の業務の健全かつ適切な運営を確保するため必要があると認めるとき）には自己資本比率規制の要素も含まれているし、26条2項（早期是正措置）ではより直截に自己資本比率規制との結びつきが見られる（銀行法第26条第2項に規定する区分等を定める命令[44]）。このように、銀行に対する自己資本比率規制の国内法レベルでの対応は、法律の規定を変更するよりはむしろ行政基準を国際基準に適合させる手段によっているのである。

(2) 不確定概念の利用

会計基準は会社法・金融商品取引法・法人税法のしくみを通じ、企業の権利義務関係に対して大きな影響を与えうる[45]。現在の会計基準は「一般に

---

42) 氷見野・前掲註19) 58頁。
43) 小山嘉昭『全訂銀行法』（大蔵財務協会・1995年) 352頁。
44) こうした規定構造を踏まえ、現在では自己資本比率規制の性格について、「その正確性を金融検査等によって指導・確認したうえで、行政当局は、この指標を早期是正措置など重要な監督執行の発動基準として使用するなど、いわば銀行と政府との共同作業によって預金者保護などの銀行法の目的の達成を期する仕組みに移り変わったということができる」（小山嘉昭『詳解銀行法［全訂版］』（金融財政事情研究会・2012年) 284-285頁）と説明されている。
45) 3つの会計制度の現在の相互関係につき参照、柿崎環「企業内容開示制度(2)」法学教室362号 (2010年) 59-69頁、齋藤真哉「会計基準の国際化と税務会計」税務会計研究21号 (2010年) 17-31 (19) 頁。会計基準に関する浩瀚な研究として参照、弥永真生『会計基準と法』（中央経済社・2013年)。

公正妥当と認められる企業会計の慣行」（会社法431条、金融商品取引法193条、法人税法22条4項）という不確定概念を媒介にして受容されることで、法的規範としての性格を獲得する。企業会計基準に関する作用法レベルでの授権規定は存在せず、組織法レベルの規定として、金融庁組織令24条2項が、企業会計審議会の所掌事務の1つに「企業会計の基準及び監査基準の設定」を挙げている。しかし、2001年にIASBにおける日本の議席を確保すべく会計基準策定が自主規制に変更されて以降[46]、企業会計基準審議会は会計基準の策定を行っておらず、国内では民間の企業会計基準委員会（ASBJ：Accounting Standards Board of Japan）だけが基準を策定している。企業会計審議会が策定した会計基準は、金融商品取引法（旧証券取引法）193条を受けた内閣府令（大蔵省令）の規定に基づき、「一般に公正妥当と認められる企業会計の基準に該当するものとする」とされる（財務諸表等の用語、様式及び作成方法に関する規則1条2項）。他方、ASBJが策定する基準については、国際会計基準の任意適用に伴う同府令の改正以前は特段の規定が設けられておらず、金融庁が個々の基準について各財務局に承認の連絡をすることで、その法的規範性が付与されていた。また、それをサポートする要素として、ASBJを運営する財団法人財務会計基準機構を設立した民間9団体（経団連・日本公認会計士協会・日本証券業協会等の業界団体）が、ASBJの定める基準に「一般に公正妥当と認められる企業会計の基準」としての性格を認めるとする共同声明を行っていた[47]。これに対して、国際会計基準の任意適用に合わせてなされた2009年の同令の改正では、一定の要件を満たす民間の会計基準策定団体が策定した会計基準が、「一般に公正妥当と認められる企業会計の基準」に該当するとの規定が追加された（同規則1条3項）。さらに、国際会計基準の任意適用そのものに関しても、類似の規定が行政基準レベルで準備されており（連結財務諸表の用語、様式及び作成方法に関する規則93条）[48]、具体的な適用基準は金融庁長官が告示で指定す

---

46) 原田大樹『自主規制の公法学的研究』（有斐閣・2007年）33頁、磯山友幸『国際会計基準戦争【完結編】』（日経BP社・2010年）126頁。
47) 羽藤秀雄『改正公認会計士法』（同文舘出版・2004年）69頁註(12)(13)。
48) 三井秀範「我が国企業への国際会計基準の適用について」季刊会計基準26号（2009年）27-

ることとされている。このように会計基準に関しては、現在では不確定概念と行政基準の併用が見られる。

III 本質性理論の終焉？

1 本質性理論から見た国際金融市場規制

　銀行に対する自己資本比率規制や企業一般に対する会計基準は、私人の権利・利益に対して重大な影響を及ぼす内容を持っている[49]。このような内容を持つ作用が行政によって担われる場合には、事前に法律の根拠を要求するのが行政法学の立場である（法律の留保）。現在ドイツで確立し、日本では有力な立場とされる本質性理論は、法律の留保についての従来の理解、すなわち法律の根拠なき行政活動の禁止を大きく転換し、議会の規律責務という見方から問題を捉え直した[50]。この結果、従来その関連性があまり意識されなかった法律の根拠の問題と法律による委任の限界の問題（規律密度の問題）が、共通の議論の枠組の中で論じられるようになった[51]。以下では、このような見方を基盤に、国際金融市場規制法に見られる現状が公法学に対して投げかけている問題を検討したい。

　本質性理論を形成したドイツの連邦憲法裁判所の判例を分析すると、議会制定法が一定の事項の決定を独占する論拠として、民主政の要請を掲げている。そしてこれを分節すれば、①立法者が民主的に正統化されていること、②審議が公開でなされていることの2点が要素となっている。とりわけ公開の審議のもとで諸利害を衡量しながら決定がなされることは、国家内部の他の決定手続にない大きな特色として、議会の規律責務の重要な

---

37 (36) 頁。
49) Peter M. Huber, Rechnungslegung und Demokratie, AöR 133 (2008), S. 389-403, 393.
50) Michael Kloepfer, Wesentlichkeitstheorie als Begründung oder Grenze des Gesetzesvorbehalts?, in: Hermann Hill (Hrsg.), Zustand und Perspektiven der Gesetzgebung, 1989, S. 187-215, 193; 山本隆司『行政上の主観法と法関係』（有斐閣・2000年）341頁［初出1997年］。
51) 大橋洋一「法律の留保学説の現代的課題」同『現代行政の行為形式論』（弘文堂・1993年）1-67 (33) 頁［初出1985年］。

論拠を形成している。[52]

　本質性理論の立場から国際金融市場規制の現状を切り取れば、授権根拠や規律密度に疑念を持たざるをえない。授権根拠についていえば、銀行に対する自己資本比率規制においては銀行が利用できるように定めたとされる基準が実際には監督措置と連動しており、会計基準についていえば明示の授権根拠は存在しない。また規律密度についていえば、いずれも基準の内容の本質的部分は国際レベルで決定されるのであり、議会自らの規律とはほど遠い。この憂慮は、基準と監督措置との関連性が強い自己資本比率規制について特に当てはまる。

2　国内議会の「本質的」決定？

(1)　国際関係における執政府優位構造

　ドイツ基本法上、外交に関する問題は執政府が取り扱うべきものとされる。[53]このため、政策プログラムの決定が国際レベルに移行すると、執政府優位の構造が必然的に生ずることとなる。もちろん議会は、条約に関して法律の形式で同意する (Vertragsgesetz) ことで、当該条約は国内法上の効力を獲得する。ただしそれは、「連邦の政治的関係を規律する」か「連邦の立法の対象に関わる」条約に限定されている(基本法59条2項)。その範囲は連邦憲法裁判所によって限定的に解されており、また「条約」の形式を取らないものへの拡張は否定されていることから、本章が取り扱っている国際金融市場規制法における国際レベルの規範に対するコントロールは議会には不可能となるはずである。[55]

---

52)　Christian Seiler, Der einheitliche Parlamentsvorbehalt, 2000, S. 83ff.; 村西良太『執政機関としての議会』(有斐閣・2011年) 169-180頁。
53)　Christoph Möllers, Transnationale Behördenkooperation, ZaöRV 65 (2005), S. 351-389, 373; Ralf Poscher, Das Verfassungsrecht vor den Herausforderungen der Globalisierung, VVDStRL 67 (2008), S. 160-200, 182.
54)　村西・前掲註52) 48頁。
55)　仮に議会同意が必要な条約であったとしても、簡素な審議しかなされず、修正も不可能である(ハンス・クリスティアン・レール(人見剛＝角松生史訳)「細分化・グローバル化する国家における法律と立法者」新世代法政学研究(北海道大学) 7号 (2010年) 83-

しかし、EU 法の層が介在している場合には状況がやや異なる。EU には自己の名で条約を締結する権限があり (EU 条約47条、EU 運営条約216条1項)、締結した国際条約は EU 法の構成要素となる (EU 運営条約216条2項)。また、本章が具体例として取り扱った自己資本比率規制と会計基準は、EU では二次法として処理されている。こうした場合には、国際レベルの規範の取り扱いは、EU 法の国内法上の効力の議論と重なり合うことになる。こうした背景から、国際レベルの規範に対する国内議会の権限の問題は、ドイツにおいては EU 法上の立法行為に対する国内議会の関与の可能性の問題としてしばしば議論されることとなる。

(2) 議会の関与可能性

EU 法上の法的行為にはいくつかの形式が存在する (EU 運営条約288条)。このうち立法行為に当たるのは、規則 (Verordnung)・指令 (Richtlinie)・決定 (Beschluss) の採択の場合である (同条289条1項)。規則は一般的拘束力を持ち、加盟国を直接拘束する。指令は加盟国に対して実現すべき目標を示すにとどまり、加盟国は実施のための形式や方法に関する選択権を有する。決定はそれ自体法的拘束力を有する点で規則と同等であるものの、名宛人が限定されている立法形式である。このうち自己資本比率規制では指令が用いられ[56]、会計基準に関しては規則が用いられている[57]。規則であれば国内法化 (Umsetzung) は不要であるから、国内議会が介在する余地はない。これに対して指令であれば、国内法化の段階で議会が登場する。このため指令は、より柔軟な立法手段であるとしばしば評価される[58]。しかしこの場面における国内議会の内容形成の余地は広くない。一方で、とりわけ各国での行政手続を統一する目的から、指令の規律密度が規則並みに高

---

107 (90) 頁)。同様のことは日本法についても当てはまる (毛利透「議院内閣制における国会と内閣への権限配分」法学教室357号 (2010年) 22-26 (25) 頁)。
56) Joachim Hennrichs, „Basel II" und das Gesellschaftsrecht, ZGR 2006, S. 563-586, 564.
57) Regine Buchheim u. a., Übernahme von IAS/IFRS in Europa, Betriebs-Berater 59 (2004), S. 1783-1788, 1783. エンドースメント手続の有する法的意義につき参照、原田・前掲註10) 5-6頁。
58) Peter Nobel, *Globalization and International Standards with an emphasis on Financial Law, in* INTERNATIONAL STANDARDS AND THE LAW 43, 64 (Peter Nobel ed., 2005).

まる場合がある[59]。他方で、国内措置の実施手段として立法措置を取らず、行政基準レベルでの対応にとどまるケースもある。このうち行政規則による対応については、周知・明確性・一義的な法的拘束力の観点から国内法化の手段として許されないと欧州裁判所が判示している[60]。ただし、Basel II の第二の柱の国内法化の際に見られるように、連邦金融監督庁の通達でリスクマネジメントの指針を定め、事実上の拘束力に期待する手法もなお存在している[61]。

このように、ひとたび EU 法上の立法行為がなされると、国内議会が本質的決定を自ら下すのは事実上困難である。このため、リスボン条約では EU 立法そのものへの国内議会の参加手続が強化された（EU 条約12条）。すなわち、EU 立法に関する事前の情報獲得・補完性審査・政策評価への参加・条約改正手続への参加・加盟申請通告獲得・欧州議会との協力である[62]。しかし、このような議会の機能強化を踏まえたとしても、議会の権限はなお関与（Beteiligung）のレベルにとどまっているといえよう。そこで、民主性の観点からの対応策としては、①欧州統合に伴う国際レベルへの決定権の引き上げに歯止めをかけること、②国際レベルでの決定における民主性を確保することが考えられる[63]。2009年に連邦憲法裁判所が出したリスボン判決（Lissabon-Urteil）においては、前者の路線が強調された。同判決

---

59) Gernot Sydow, Die Richtlinie als Instrument zur Entlastung des europäischen Gesetzgebers, JZ 2009, S. 373-379, 377.
60) 大橋洋一「多国間ルールの形成と国内行政法の変容」同『行政法学の構造的変革』（有斐閣・1996年）314-335 (319) 頁［初出1993年］。規範具体化行政規則（normkonkretisierende Verwaltungsvorschriften）では国内法化したと評価されないことから、例えば連邦イミシオン防止法48a 条は、国内法化に関して法規命令の形式を採用する。日本の金融行政における同種の問題状況につき参照、松尾直彦「金融行政運営をめぐる監督指針・検査マニュアル精緻化の桎梏」金融法務事情1883号（2009年）21-29 (22) 頁。
61) Hans Christian Röhl, Finanzmarktaufsicht, in: Michael Fehling/Matthias Ruffert (Hrsg.), Regulierungsrecht, 2010, S. 1003-1051, 1025, Rn. 66. EU 法の実施（Umsetzung）ではなく適用（Anwendung）であるとすれば、行政規則による対応が可能となるとされる。
62) リスボン条約の詳細な内容につき参照、庄司克宏「リスボン条約（EU）の概要と評価」慶應法学（慶應義塾大学）10号（2008年）195-272頁。
63) Hans Christian Röhl, Internationale Standardsetzung, in: Christoph Möllers u. a. (Hrsg.), Internationales Verwaltungsrecht, 2007, S. 319-343, 339.

はリスボン条約が基本法と整合するとしつつも、国家が留保すべき立法事項のリストを提示することで、欧州統合に限界線を引こうとしている[64]。

3　国際機構の「正統性」？
(1) 正統性概念の再構築

国際金融市場規制法に顕著に見られるように、国際機構レベルでの規範形成が現に重要な意味を持ち、またその規律密度が高まっていく傾向があるとすれば、国際機構レベルにおける意思形成の民主性をいかに確保するべきかが大きな課題となる。その際に注意しなければならないのは、この分野における規範の形式は条約ではないこと、策定主体は伝統的な意味での国際法上の法人格を持っていないことである[65]。バーゼル銀行監督委員会やIOSCO、IAIS等は、各国の行政機関の代表者が集まり、相互に利害のある問題について、その権限の範囲内で相互協力を促進するインフォーマルな組織であり、政府間行政連携機構（TRN：Transnational Regulatory Networks）と呼ばれている[66]。ここに参加しているのは各国の行政機関の職員であり、国民からの直接の選任関係にはない。また国際会計基準を策定するIASBは国際的な民間組織であり、国民からの選任関係は全くない。国際金融市場規制法上の重要な諸決定は、伝統的な意味での民主政的正統性（特に人的な正統性）を調達することなしになされているのである[67]。

このような状況に対しては、本書第2章でも検討したように、正統性概念を再構築しようとする動向が見られる[68]。これは人的な正統性以外の要素

---

64) BVerfG Urt. v. 30. 6. 2009, NJW 2009, 2267, 2274; Christoph Schönberger, *Lisbon in Karlsruhe*, 10 GERMAN LAW JOURNAL 1201, 1209.
65) Susan Emmenegger, *The Basle Committee on Banking Supervision, in* THE REGULATION OF INTERNATIONAL FINANCIAL MARKETS 224, 236 (Rainer Grote & Thilo Marauhn eds., 2006).
66) Verdier, *supra* note 23, at 118.
67) 石川健治「『国際憲法』再論」ジュリスト1387号（2009年）24-31 (29) 頁。
68) Daniel C. Esty, *Good Governance at the Supranational Scale*, 115 YALE L.J. 1490, 1515 (2006); Oliver Lepsius, Standardsetzung und Legitimation, in: Christoph Möllers u. a. (Hrsg.), Internationales Verwaltungsrecht, 2007, S. 345-374. 日本の憲法学への応用可能性につき参照、林知更「日本憲法学はEU憲法論から何を学べるか」比較法研究71号（2010年）94-107頁。

を補完的に用いることで、国際機構レベルにおける決定の民主性を、一方では正当化し、他方では向上させようとする理論的な取り組みといえる。[69] 具体的には、決定の質に注目する立場と、決定過程に注目する立場とがある。[70] 決定の質に注目する立場は、公共部門は社会に対して何らかの寄与を行うことで初めてその存在が正当化されるとの認識を出発点とし、政策決定のアウトプットの適切性や効率性に正統性の根拠を求める。[71] また決定過程に注目する立場は、国際機構レベルにおいてもコンセンサス形成を目指した討議がなされ、そこに手続的な参加のしくみが準備されているところに正統性を見いだす。[72] この考え方は、公開による審議に議会留保の主要な理論的根拠を見いだす本質性理論と共通する面があるように思われる。そしてこの立場は、国際機構レベルの決定に対しても、国内の議会手続と同様の要請である、平等なアクセス可能性や利害関係からの距離を要求する

---

69) Thomas Groß, Zum Entstehen neuer institutioneller Arrangements, in: Dieter Gosewinkel/Gunnar Folke Schuppert (Hrsg.), Politische Kultur im Wandel von Staatlichkeit WZB-Jahrbuch 2007, 2008, S.141-162, 157; Hans Christian Röhl, Ausgewählte Verwaltungsverfahren, in: Wolfgang Hoffmann-Riem u. a. (Hrsg.), Grundlagen des Verwaltungsrechts Bd. 2, 2. Aufl. 2012, S. 731-798, 786 Rn. 69; Christoph Schönberger, Die Europäische Union zwischen „Demokratiedefizit" und Bundesstaatsverbot, Der Staat 48 (2009), S. 535-558, 536ff. より広い視野から「インプット指向の正統性」と「アウトプット指向の正統性」を論じるものとして、Anne Peters, Elemente einer Theorie der Verfassung Europas, 2001, S. 524ff. がある。

70) 両要素を結合させた deliberative supranationalism を説くものとして参照、Christian Joerges & Jürgen Neyer, From Intergovernmental Bargaining to Deliberative Political Processes, 3 EUR. L. J. 273, 294 (1997).

71) Armin von Bogdandy, Gubernative Rechtsetzung, 2000, S. 35ff; Bart De Meester, Multilevel Banking Regulation, in MULTILEVEL REGULATION AND THE EU 101, 102 (Andreas Follesdal et al. eds., 2008); Anne van Aaken, Democracy in Times of Transnational Administrative Law, in PERSPECTIVES AND LIMITS OF DEMOCRACY 41, 53 (Harald Eberhard et al. eds., 2008). もっとも、決定のパフォーマンスを過度に重視するのは危険である。単純な結果指向の正統性理解は、公的利益の実現が試行錯誤のプロセスであって、「公的利益」の内容はその中で常に更新されるという状況を不明確化させてしまうおそれがある (Christoph Ohler, Herrschaft, Legitimation und Recht in der Europäischen Union, AöR 135 (2010), S. 153-184, 180f.)。

72) この立場は Global Administrative Law 論とも親和的である (Barr & Miller, supra note 27, at 17; Richard B. Stewart, The Global Regulatory Challenge to U. S. Administrative Law, 37 N.Y.U. J. INT'L L. & POL. 695, 758 (2005); Verdier, supra note 23, at 141)。この議論を詳細に分析したものとして参照、藤谷・前掲註1)。

ことで、このレベルにおける決定の民主性を向上させようとしている。[73]

(2) 正統性と多元的統御

　それでは、国際機構レベルにおける決定の正統性が高まれば、国内レベルでの本質性理論はもはや終焉を迎えてよいのだろうか。この判断に当たっては、本質性理論が理論的根拠として挙げたもう1つの要素、すなわち、選挙による選任関係を国際機構レベルで実現できるかどうか、あるいは機能的に代替できるかどうかを検討する必要がある。この（部分的）実現の例として挙げることができるのが、欧州議会である。欧州議会はEU「市民」から選挙される議員によって構成され、国家単位で民主的に正統化された各国政府の代表から構成される閣僚理事会とともに、市民からの民主的正統性の鎖に連なる機関である。[74]欧州議会はいわゆる「民主主義の赤字」論を梃子に、徐々にEU内部における権限を拡大させてきた。しかし、リスボン判決においては、欧州議会が完全な人口比例ではなく、小国に手厚い議席配分をしている点に注目して、国家の議会に機能的に代替するという意味でのParliamentとしての性格を否定している。[75]同判決はその前提として、選挙権と人間の尊厳とを結びつけ、自己決定との関係で投票権の平等に至高の価値を与えている。こうした「国家」レベルの民主政のプロセスに特別な地位を与える発想からすれば、現在の「国家」の枠組を解体することなく、国際レベルにおいて本質性理論が予定するような「議会」が成立することは事実上困難であろう。

　以上の検討から、この文脈における議会の規律責務や規律密度を国家の憲法から導出するとすれば、残された途は、多様な内容を含むと理解され[76]

---

73)　Lothar Michael, Private Standardsetter und demokratisch legitimierte Rechtsetzung, in: Hartmut Bauer u. a. (Hrsg.), Demokratie in Europa, 2005, S. 431-456, 449f.; Möllers (Anm. 53), S. 383.
74)　Christoph Möllers, Gewaltengliederung, 2005, S. 255f.
75)　BVerfG Urt. v. 30. 6. 2009, NJW 2009, 2267, 2278.
76)　もう1つの途として、国際的な規範に関しては規律密度に関する憲法上の要請と結びつけないアプローチを挙げることができる（行政組織に関して類似の立場を取るものとして、松戸浩「議会による行政組織・人事の統制」公法研究72号（2010年）165-175 (170) 頁）。この立場によると、銀行に対する自己資本比率規制や国際会計基準にはそれ自体に法的規範性がないのであるから、これを議会がどこまで規律するかは議会が自ら決めるべき任意的規律事項と解されることとなろう。

る「正統性」がさまざまな社会管理単位で多元的に存在していることを前提に社会システム全体の法的統制のあり方を検討する「多元的統御アプローチ」しかないように思われる。本章の問題領域に引き付けて多層化との関係でこれを敷衍すれば、本質性理論の要請を国際レベルにも拡張しつつ[77]、国内レベルでは理論的な再構築の作業を行うこととなろう。とりわけ、実体面の規律密度に関心を集中させるのではなく、組織や手続構造への法的規律も取り込み、あるいは多元的な制度構築のあり方も視野に収めながら、総体として一定の規律密度を保つ方向性が求められている[78]。例えば、国際的な規範を定める組織に必要な組織法・手続法上の要件を法令で定めつつ（制度的留保）[79]、これらの条件が失われた場合には当該規範の国家法上の通用力を否定する手法（例：財務諸表等の用語、様式及び作成方法に関する規則1条3項）は、今後幅広い応用可能性を持つように思われる。また、国際レベルにおける政策形成の断片化（Fragmentierung）問題に対処するため、条約の担保法制定に当たっては、本質性理論の考え方を活かして、国内レベルにおける政策の再統合や総合化を図るべきとも考えられる[80]。

他方、複線化との関係では、本質性理論の要請から導出される「立法者の規律責務論」を発展させることが肝要であろう[81]。グローバル金融市場では、もはや公共部門による全面的なコントロールが不可能な量の資金流動が行われており、国際レベルに中央銀行のような組織を創設して集権的に

---

77) 例えば、「委任をなす立法行為では、授権の目的・内容・範囲・期間が明示される。当該規律領域の本質的な要素は立法行為に留保され、その部分を授権する行為はそれゆえ排斥される」と規定するEU運営条約290条1項2文は、本質性理論の要請を国際レベルに拡張する一例といえよう。
78) 同様の再構成の必要性は、自主規制の分析からも帰結される（原田・前掲註46）164、276頁）。ドイツの本質性理論は、現在でも実体面に関しては委任の内容・目的・程度の総合判断アプローチをとり、これらの要素間での相互補完を認めているとされる（BVerfGE 38, 348, 357; Seiler (Anm. 52), S. 170; Anne Schädle, Exekutive Normsetzung in der Finanzmarktaufsicht, 2007, S. 41）。
79) 類似の指摘として、Wolfgang Kahl, Parlamentarische Steuerung der internationalen Verwaltungsvorgänge, in: Hans-Heinrich Trute u. a. (Hrsg.), Allgemeines Verwaltungsrecht - zur Tragfähigkeit eines Konzepts, 2008, S. 71-106, 98.
80) 条約の国会承認基準である大平三原則と本質性理論の整合性を強調する見解として参照、大橋洋一『行政法I［第2版］』（有斐閣・2013年）41-42、107頁。
81) 原田・前掲註46）275頁。

対応することは非現実的である[82]。また成立まで10年を要したBasel IIが完全に実施される前に世界金融危機が発生してその内容を見直さなければならなくなったことにも現れているように、状況への迅速な対応と公共部門の慎重な政策実現手続とが整合的でない部分がある。しかし、世界金融危機は同時に、被規制者と規制当局との情報の非対称性などからそれまで高く評価されていた自主規制指向の規制手段にもさまざまな問題があること[83]を白日のもとにさらすこととなった。例えば、金融技術の革新を踏まえて1996年のバーゼル銀行監督委員会での合意で導入されたトレーディング勘定や所要自己資本比率の算出等において用いられるバリュー・アット・リスク（VaR）と呼ばれる手法が、結果として証券化に代表される自己資本比率規制回避の手段に用いられ、巨額の損失を発生させたことは記憶に新しい[84]。そこで、規制回避行為の存在や規制の低い実効性をある程度前提[85]としつつ、それでもなお総体として一定の制御力を確保することができる金融監督システムが求められており、そのためには何をどこまで、どの程度法律で規律しておくのが適切かを模索する理論的な営みが不可欠と思われる。

Ⅳ　おわりに

　本章では、多元的システムのもとで求められている行政法理論の見直しの一例として、法律による行政の原理、とりわけ本質性理論を取り上げて

---

82) Viral V. Acharya et al., *International Alignment of Financial Sector Regulation*, in RESTORING FINANCIAL STABILITY 365, 373 (Viral V. Acharya & Matthew Richardson eds., 2009).
83) この文脈との関わりの深い自主規制の「監査認証モデル」につき参照、原田・前掲註46) 167-197頁。
84) Weber, *supra* note 15, at 807-822.
85) 小立敬「プルーデンス政策の新たな課題を考える」資本市場クォータリー13巻1号（2009年）49-70 (65) 頁、藤田哲雄＝李立栄「世界的危機後の金融システム再構築における課題」日本総合研究所調査部金融ビジネス調査グループ編『グローバル金融危機後の金融システムの構図』（金融財政事情研究会・2010年）3-17 (10-12) 頁。バーゼル合意に基づく自己資本比率規制を回避する他の手法として、サイレント譲渡やローン・パーティシペーション契約なども存在する（大垣尚司『金融と法』（有斐閣・2010年）407-416頁）。

検討を行った。国際金融市場規制法においては、従来の国際法上の法主体の概念枠組に収まらないアクターが規範定立を行い、それが国内法化されて制度が平準化されるプロセスが着実に進行している。このような状況のもとでは、国内議会を唯一の「本質的な決定者」と措定することはますますできなくなる[86]。他方で、こうした多元的システムにおいても国家・国家の立法者になお特別の地位を期待するとすれば、本質性理論に基づく要請[87]の多層的な方向への拡大と国内レベルでの再定位が不可欠の作業となる。同時に、行政上の法規範の多元化に対応した法理論の展開（政策基準論）[88]や、多元的システムのもとでの裁量論の捉え直しも必要となろう[89]。基本権関連性のみならず民主政の要素を取り込むと、本質性理論の法律の留保の判断基準としての切れ味は低下してしまう[90]。しかし、多元的システムにおける

---

86) 環境法等の規制執行に関する実態研究から、法律が社会を制御する能力が失われていることはドイツではつとに指摘されており（Winfried Brohm, Alternative Steuerungsmöglichkeiten als „bessere" Gesetzgebung?, in: Hermann Hill (Hrsg.), Zustand und Perspektiven der Gesetzgebung, 1989, S. 217-232, 217)、それが制度設計論としての行政法学（Steuerungswissenschaft）4 の議論の背景となっていた。
87) 原田・前掲註1) 120頁、同「立法者制御の法理論」新世代法政策学研究（北海道大学）7号 (2010年) 109-147頁 (130頁、註 (78))［本書第5章参照］。
88) 原田大樹「政策の基準」大橋洋一編『政策実施』（ミネルヴァ書房・2010年) 77-98頁［本書第9章参照］。
89) ドイツにおける規範具体化行政規則論を多元的システムの観点から捉え直す試み（自己資本比率規制における規範具体化行政規則につき参照、Fritz Ossenbühl, Rechtsverordnungen und Verwaltungsvorschriften als Neben- oder Ersatzgesetzgebung?, in: Hermann Hill (Hrsg.), Zustand und Perspektiven der Gesetzgebung, 1989, S. 99-112, 111; Johannes Junker, Gewährleistungsaufsicht über Wertpapierdienstleistungsunternehmen, 2003, S. 117ff.) や、EU 金融制度改革 (De Larosière Report, *supra* note 31, at 48; 井上哲也「欧州における金融規制・監督の見直しについて」月刊資本市場301号 (2010年) 8-17 (10) 頁) に伴って EU 域内で統一的に制定される技術的基準（例えば、Verordnungsvorschlag zur Einrichtung einer Europäischen Bankaufsichtsbehörde, Kommission (2009) 501 endgültig, S. 5) の検討などが、さしあたり考えられる。
90) 民主政原理を徹底させれば、何をどこまで法律自身で規定しなければならないかは立法者が決めるべきことであるとする発想と結びつきやすい。憲法のレベルから義務的規律事項を導出しようとする本質性理論が持つ、法律の留保の範囲の基準定立機能を考える上では、むしろ民主政原理と本質性理論との緊張関係にこそ焦点が当てられるべきであろう。それゆえ基準定立の際には、基本権関連性やその他の憲法構造上の諸要素がより考慮されるべきである。Vgl. Christoph Möllers, Die drei Gewalten, 2008, S. 127f.; 原田大樹「法律による行政の原理」法学教室373号 (2011年) 4-10 (10) 頁。

多元的統御のメタ・ルールを規律する法理論の基盤として、本質性理論に含まれている「議会の規律責務」の発想を発展させることは可能なのではないか、というのが本章のさしあたりの結論である。本章はその作業の端緒として、ドイツの議論状況を参照しながら、ありうる議論の方向性を模索したにとどまる。国際金融市場規制法の分析強化に加え、それ以外の参照領域の検討を進めながら[91]、国家の立法者の規律責務や規律手法の変容を解明することが、今後に残された課題となる。

---

91) 国際行政法における参照領域理論の通用力を肯定するものとして、Karl-Heinz Ladeur, Die Internationalisierung des Verwaltungsrechts, in: Christoph Möllers u. a. (Hrsg.), Internationales Verwaltungsrecht, 2007, S. 375-393, 376. 海上保安法制を素材とする具体的検討作業として参照、斎藤誠「国際法の国内法化と海上保安法制の整備」山本草二編集代表『海上保安法制』（三省堂・2009年）408-419頁。国際環境法を素材とする具体的検討として、「特集　環境条約の国内実施─国際法と国内法の関係」論究ジュリスト7号（2013年）所収。

事項索引

● A～Z

Akkreditierung ……………………………66
Basel I ………………………………………357
Basel II ……………………………………357
Basel III ……………………………………358
CASCO ……………………………………155
CASCO-toolbox …………………………56
common calling の法理 …………………139
DAkkS（ドイツ認定機関）……………70
IEC（国際電気標準会議）………………56
ISO（国際標準化機構）…………………56
ISO9000 シリーズ…………………………55
O メンバー ………………………………156
P メンバー ………………………………156
WTO（世界貿易機関）……………………19

● あ

アカウンタビリティ構造 ………………171
アクターの合理性 ………………………200
アドプション（採用）……………………150
姉歯事件 …………………………………181
天下り問題 ………………………………198

● い

域外指定型 …………………………103, 160
異議の申出 ………………………………246
意見公募手続 ……………………………337
イコールフッティング …………………120
一次的政策基準 …………………………322
一般条項 ……………………………………46
委任条例 …………………………………325
インクリメンタリズム（漸増主義）……277

● え

衛生植物検疫措置の適用に関する協定
　（WTO／SPS 協定）…………………155
エンドースメント ………………………151

● お

応益負担 …………………………………183

欧州議会 …………………………………369
欧州人権裁判所 …………………………170
オゾン層保護条約 …………………………10
オフ・ミュージアム ……………………260
オンブズマン制度 ………………………342

● か

外郭秩序 …………………………………135
外部委託 …………………………………116
開放型政策調整（OMC）………………172
学芸員 ……………………………………262
核査察 ………………………………………17
拡散的利益 ………………………………283
貸金業規制法 ……………………………299
貸金業者の自主規制の助長に関する法律
　……………………………………………298
貸金業等の取締に関する法律 …………296
過剰規制 …………………………………125
課徴金 ………………………………185, 289
ガバナンス・ガバナンス論………28, 167
環境政策の手法 …………………………214
関係的契約論 ……………………………137
関係人団 …………………………………250
間接規制 …………………………………219

● き

議会留保 ……………………………………46
企業年金契約 ……………………………142
基金 ………………………………………120
気候変動枠組条約 …………………………10
規制 ………………………………………215
　――のための法技術 …………………138
規制緩和 …………………………………115
規制規範 …………………………………232
規制法 ………………………………………39
規則 ………………………………………365
既得権 ……………………………………252
機能的権力分立論 …………………………44
基本権保護義務論 ………………………135
義務的経費 ………………………………275
給付 ………………………………………215

事項索引　375

教員免許更新制 ……………………187
強行法規の特別連結理論 …………104
凝集利益 ……………………240, 287
行政過程論 …………………97, 203
行政基準 ……………………………327
行政計画 ……………………………329
行政権限の授権 ……………………219
行政裁量 ……………………………308
行政上の一般的制度 ………………206
行政上の法の一般原則 ……………194
行政審判 ……………………………186
行政訴訟の適法性維持機能 ………256
行政の行為形式 ……………………206
共生の作法 ……………………………41
行政法各論 …………………………96
行政連携 ………………………………42
競争による正統化 ……………………79
共同規制 ……………………………151
共同利益 ……………………………287
業法 …………………………………224
規律構造 ………………………99, 205
規律密度 ……………………………190
金融安定化フォーラム ………………14
金融ビッグバン ……………………148

● く

苦情解決 ………………………………81
クリーン開発メカニズム ……………11
グレーゾーン金利 …………………302
グローバル化 …………………………25
グローバル・ガバナンス論 …………99
グローバルな法の支配 ………………77

● け

景気循環増幅効果 …………………359
経済財政諮問会議 …………………276
経済的手法 …………………………220
芸術 …………………………………266
契約基準 ……………………………331
係留点としての国家 …………………30
結果の義務 ……………………………10
欠陥住宅問題 ………………………181
決定の質 ………………………………44
権限の委任 ……………………………37
権限濫用禁止原則 …………………194

原告適格 ……………………………284
原子力安全基準プログラム …………16
原子力損害賠償 ………………………15
健全性（prudence）規制 …………355
憲法上の権利 ………………………201

● こ

行為規制（code of conduct）……355
広域専門指導員 ……………………348
行為形式論 …………………………255
公益法人 ……………………………57
公共組合 ………………………308, 312
公共制度設計論 ………………2, 47, 178
公共部門契約 ………………………141
公共部門法 ……………………33, 223
公共部門法論 …………………111, 140
公金支出禁止原則 …………………193
公的資金助成 ………………………231
行動糾弾型 …………………………315
公表 …………………………………347
公平性委員会 …………………………88
公法学の指針的価値 …………41, 196
公法・私法二元論 ……………101, 131
公法抵触法 …………………………101
公法法理の潜脱手段 ………………222
考慮事項提示機能 …………………323
コーデックス委員会 ………………157
国際会計基準 …………………145, 358
国際会計基準委員会 ………………354
国際会計基準審議会 …………13, 148, 354
国際行政法 …………………………96
国際競争ネットワーク ………………21
国際金融市場 ………………………352
国際原子力機関 ………………………15
国際自主規制 ………………………144
国際私法 ……………………………23
国際食品安全規格 …………………173
国際人権 ………………………108, 165
国際相互承認協定 ………64, 85, 159
国際租税法 …………………………176
国際的行政法 ………………………100
国際電気標準会議（IEC）…………56
国際ネットワーク ……………………21
国際標準化機構（ISO）……………56
国際平準化圧力 ………………………23

国際民事ルール……………………23
国際立憲主義 ……………………167
国際レジーム………………………18
国内法化 …………………………365
国民内閣制論 ……………………335
国家の任務 ……………………51, 71
国家の波及的正統化責任…………79
国家のゆらぎ ……………………143
国家賠償 …………………………129
個別交渉排除原則 ………………137
個別的利益 ………………………283
個別法分野ごとの法原則 ………211
個別保護要件 ……………………286
コミトロジー ……………………152
コモン・プール問題 ……………273
混合行政（禁止） …………… 40, 70
コンバージェンス ………………147

● さ

再規制 ……………………………117
財政構造改革 ……………………274
サイト・スペシフィック ………260
裁判外紛争処理………………86, 224
財務諸表 …………………………146
裁量 ………………………………340
裁量基準 …………………………328
最良執行方針 ……………………342
作用特定的自治 …………… 35, 78
サラリーマン金融 ………………297
参画＝不服申立て観 ……………245
参加民主主義 ……………………175
産業廃棄物処理場設置 …………184
参照領域 …………………………109
三面関係論 ………………………290

● し

事業者団体 ………………………295
事業仕分け ………………………264
私行政法 ……………………139, 223
仕組み解釈 …………………98, 128
私権形成的行政行為 ……………249
自己決定の欠如 …………………75
自己資本比率 ……………………356
自己組織 …………………………239
自己適合宣言 ……………………54

自主規制 ……………………32, 143
自主規制基準 ……………………332
自主条例 …………………………325
市場化 ……………………………223
市場外在的性格 …………………75
システミックリスク ……………355
事前司法としての行政法 ………281
自治権…………………………… 34
執行の欠缺 …………………197, 218
実施責任 …………………………127
実質法 ……………………………107
実体の規格 ………………………63
指定 ………………………………125
指定運営機関……………………… 32
指定管理者 ………………………263
自動執行性 …………………24, 323
司法間調整 ……………………… 25
私法の公法化 ……………………104
市民参画 …………………………269
市民訴訟 …………………………314
指名機関 ………………………… 66
社会厚生 …………………………201
社会的損失 ………………………283
社会による管理作用…………… 99
社会保険方式 ……………………277
社会保障協定 ……………………103
就学指定 …………………………350
集合訴訟 …………………………310
集合的利益 ………………………283
集団の自己決定 …………………108
集団の利益 ………………………284
主観的法的地位の保障………… 39
受給権確定行為 …………………228
受給権形成行為 …………………228
授権 ………………………………164
障害者差別禁止 …………………343
上下分離方式 ……………………119
証券監督者国際機構………12, 147, 354
省察層（Beobachtungsebene）としての
　憲法 ……………………………211
条約 …………………………323, 364
　──の直接適用可能性…………97
条約違反手続 …………………… 38
条約適合的解釈 …………………325
条約派生法規範（二次法）…… 19

事項索引　377

条例	325
所得再分配	139, 228
処分権主義	290
自律的正統化	312
指令	365
審議会手続	336
人権規定	190
迅速法（FTP）	158
信認	67
信頼	80
信頼保護原則	195, 338

● す

スキームオーナー	63
スクラップ・アンド・ビルド原則	279

● せ

請求権規範	251
政策	213
──の内在化モデル	270
政策形成過程	8
政策実現過程	9
政策実現志向の民法学	133
政策実現の連鎖構造	28
政策実施過程	8
政策手法	204
政策法務	345
正統化	49
正統性	42, 49, 294
制度的契約	93
制度的契約論	127, 130
制度的留保	370
制度の憲法学	209
制度配置	47
政府間行政連携機構	12, 367
政府調達苦情処理委員会	230
政府調達契約	229
政府認証	154
世界貿易機関（WTO）	19
是正の申出	246
漸増主義（インクリメンタリズム）	277

● そ

相互承認協定	51, 102, 159
ソーシャルモデル	346

組織の民営化	115
租税法律主義	192
措置制度	182
ソフトな法原則	210
ソブリン市場	280

● た

対価性	226
対価的給付	229
第三者認証	53, 154
対物許可	52
多元的規制システム	223
多元的システム	27, 110
多元的統御アプローチ	271, 370
多層化	2
多様性	267
段階的安全規制	17
団体なき団体主義	243
断片化	23, 108, 370
担保法	10

● ち

知の生成	221
地方自治の本旨	35, 191, 326
中央社会保険医療協議会	276
抽象的規範統制訴訟	341
中立性	197
直接規制	217
直接民主政	44

● つ

通達	360

● て

抵触法	24
ディスゴージメント	316
適格訴訟団体	292
適合性の原則	342
適合性評価制度	50

● と

ドイツ認定機関（DAkkS）	70
動的参照	59
透明性	243
特定人の「私権でない利益」	249

378　事項索引

特別私法 …………………………………134,224
独立行政法人通則法 ……………………………124
トレーディング勘定 ……………………………371

● に

二国間EPA ……………………………………159
二次法（条約派生法規範） ………………………19
二重処罰の禁止 …………………………………185
二次立法 …………………………………………105
日本適合性認定協会 ………………………………61
日本品質保証機構 …………………………………89
ニュー・アプローチ指令 …………………………65
ニュー・レジスレイティブ・フレームワーク
　………………………………………………………68
任意の訴訟担当 …………………………………315
認可法人 …………………………………………303
認証 …………………………………………………86
認証機関 ……………………………………………57
認証契約 ……………………………………………90
認定 …………………………………………………68
認定機関 ……………………………………………57
任務と費用の牽連性原則 …………………………37
任務の民営化 ……………………………………116

● の

ノーウォーク合意 ………………………………149

● は

バーゼル銀行監督委員会 ……………………12,353
バーゼル条約 ………………………………………10
ハーモナイゼーション …………………………146
媒介行政 …………………………………………272
配慮義務 …………………………………195,339
白紙委任の禁止 …………………………………191
パブリックアート ………………………………268
パブリック・フォーラム論 ……………………260
バリュー・アット・リスク ……………………371

● ひ

ピア・チェック ……………………………………65
美術館 ……………………………………………259
非対価的給付 ……………………………………226
平等原則 …………………………………………195
開かれた国家 ……………………………………105
開かれた正統性概念 …………………………3,77,106

比例原則 …………………………………………194

● ふ

不介入オプション …………………………………93
不確定概念 ………………………………22,164,363
福祉的就労 ………………………………………184
複線化 ………………………………………………1
不当利得のアナロジー …………………………289
部分最適化 ………………………………………221
プライベート・ガバナンス構造 …………………78
不利益処分の申請 ………………………………246
プログラムオフィサー制度 ……………………232
文化行政法学 ……………………………………258
紛争解決志向の民法学 …………………………137

● へ

ペイ・アズ・ユー・ゴー原則 …………………277
並行承認手続 ……………………………………159
べからず集 ………………………………………202

● ほ

貿易の技術的障害に関する協定（WTO／
　TBT協定） ……………………………………55
包括的管轄 …………………………………………36
法関係論 …………………………………………254
防御権 ……………………………………………285
報告審査制度 ………………………………………11
法実証主義的立場 ………………………………240
法人化 ……………………………………………115
法秩序 ……………………………………………255
法的仕組み ………………………………………205
法と経済学 ………………………………………179
法律事項 …………………………………………199
法律執行請求権 …………………………………253
法律上の争訟 ……………………………………291
法律上保護された利益説 ………………………285
法律による行政の原理 ……………………321,351
法律の法規創造力 ………………………………321
法律の留保 ……………………………………46,321
ポートフォリオ …………………………………206
補完的正統化要素 …………………………………80
保険監督者国際機構 …………………………12,355
保険者自治 ………………………………………228
保護規範 …………………………………………292
保護規範説 ………………………………………252

補充的規律事項 …………………………212
補償法 ………………………………………227
補助金 ………………………………………260
補助要綱 ……………………………………330
骨太の方針 …………………………………276
ポリシーミックス …………………………213
本質性理論 ……………………232,351,363

● ま

マイクロクレジット ……………………232,302

● み

民営化 ………………………………………114
民営化対応法 ………………………………139
民間法人化 …………………………………119
民事不介入原則 …………………………225,349
民衆訴訟 ……………………………………244
民主主義の赤字 ……………………………369
民主政的正統化……………………42,50,78,313

● め

命令監督手法 ………………………………217
メタ・コントロール ………………………274

● や

ヤミ金 ………………………………………301

● ゆ

誘導 …………………………………………200
ユニバーサルサービス ……………………122

● よ

予算 …………………………………………331

● り

リーマンショック …………………………357
リエゾン・メンバー ………………………148
利害関係の輻輳性……………………………75
リスボン判決 ………………………………366
立法者の規律責務論 ………………………370
リベラリズム ………………………………266
リベラリズム民法学 ………………………134

● れ

レディ・メイド ……………………………268
連邦制…………………………………………20

● ろ

ロビイング …………………………………293

● わ

枠組規制 ……………………………………223

事項索引　379

著者紹介

原田 大樹（はらだ・ひろき）
京都大学大学院法学研究科教授
1977年　北九州市生まれ
2000年　九州大学法学部卒業
2005年　九州大学大学院法学府公法・社会法学専攻博士後期課程修了
　　　　（博士（法学））
　　　　九州大学大学院法学研究院講師
2006年　九州大学大学院法学研究院助教授
2007年　九州大学大学院法学研究院准教授
2008〜2010年　日本学術振興会海外特別研究員（ドイツ・コンスタンツ大学）
2013年　京都大学大学院法学研究科准教授
専　攻　行政法
主　著　『自主規制の公法学的研究』（有斐閣・2007年）
　　　　『例解　行政法』（東京大学出版会・2013年）
　　　　『演習　行政法』（東京大学出版会・2014年）
　　　　「福祉契約の行政法学的分析」法政研究69巻4号（2003年）
　　　　「行政法総論と参照領域理論」法学論叢174巻1号（2013年）

公共制度設計の基礎理論　　　　　　　　　　（行政法研究双書 30）

2014（平成26）年4月15日　初版1刷発行

著　者　原　田　大　樹
発行者　鯉　渕　友　南
発行所　株式会社　弘　文　堂　　101-0062　東京都千代田区神田駿河台1の7
　　　　　　　　　　　　　　　　TEL 03(3294)4801　振替 00120-6-53909
　　　　　　　　　　　　　　　　　http://www.koubundou.co.jp
印　刷　港北出版印刷
製　本　牧製本印刷

© 2014 Hiroki Harada. Printed in Japan

[JCOPY]　〈(社) 出版者著作権管理機構 委託出版物〉
本書の無断複写は著作権法上での例外を除き禁じられています。複写される場合は、そのつど事前に、(社) 出版者著作権管理機構（電話 03-3513-6969、FAX 03-3513-6979、e-mail:info@jcopy.or.jp）の許諾を得てください。
また本書を代行業者等の第三者に依頼してスキャンやデジタル化することは、たとえ個人や家庭内での利用であっても一切認められておりません。

ISBN978-4-335-31217-5

オンブズマン法〔新版〕《行政法研究双書1》	園部逸夫 枝根 茂
土地政策と法《行政法研究双書2》	成田頼明
現代型訴訟と行政裁量《行政法研究双書3》	高橋 滋
行政判例の役割《行政法研究双書4》	原田尚彦
行政争訟と行政法学〔増補版〕《行政法研究双書5》	宮崎良夫
環境管理の制度と実態《行政法研究双書6》	北村喜宣
現代行政の行為形式論《行政法研究双書7》	大橋洋一
行政組織の法理論《行政法研究双書8》	稲葉 馨
技術基準と行政手続《行政法研究双書9》	高木 光
行政とマルチメディアの法理論《行政法研究双書10》	多賀谷一照
政策法学の基本指針《行政法研究双書11》	阿部泰隆
情報公開法制《行政法研究双書12》	藤原静雄
行政手続・情報公開《行政法研究双書13》	宇賀克也
対話型行政法学の創造《行政法研究双書14》	大橋洋一
日本銀行の法的性格《行政法研究双書15》	塩野 宏監修
行政訴訟改革《行政法研究双書16》	橋本博之
公益と行政裁量《行政法研究双書17》	亘理 格
行政訴訟要件論《行政法研究双書18》	阿部泰隆
分権改革と条例《行政法研究双書19》	北村喜宣
行政紛争解決の現代的構造《行政法研究双書20》	大橋真由美
職権訴訟参加の法理《行政法研究双書21》	新山一雄
パブリック・コメントと参加権《行政法研究双書22》	常岡孝好
行政法学と公権力の観念《行政法研究双書23》	岡田雅夫
アメリカ行政訴訟の対象《行政法研究双書24》	越智敏裕
行政判例と仕組み解釈《行政法研究双書25》	橋本博之
違法是正と判決効《行政法研究双書26》	興津征雄
学問・試験と行政法学《行政法研究双書27》	徳本広孝
国の不法行為責任と公権力の概念史《行政法研究双書28》	岡田正則
保障行政の法理論《行政法研究双書29》	板垣勝彦
公共制度設計の基礎理論《行政争訟研究双書30》	原田大樹
司法権の限界《行政争訟研究双書》	田中二郎
環境権と裁判《行政争訟研究双書》	原田尚彦
訴えの利益《行政争訟研究双書》	原田尚彦
行政救済の実効性《行政争訟研究双書》	阿部泰隆
条解 行政手続法	塩野 宏 高木 光 編
条解 行政事件訴訟法〔第3版補正版〕	南 博方 高橋 滋 編